서울이 품은
우리 역사

문동석 지음

KB076300

상상박물관

서울 2천 년의 시간 여행을 떠나며

서울은 백제의 수도 한성(漢城), 고려의 남경(南京), 조선의 한성을 거쳐 대한민국 수도 서울에 이르기까지 2천 년이 넘는 유구한 역사를 자랑하는 역사문화 도시이다. 서울의 연혁을 간략히 더듬어 보면 다음과 같다.

서울은 암사동 선사 유적이 보여 주듯 일찍부터 신석기인들이 정주해 살았던 곳이다. 암사동 유적은 한강 유역에서 발견된 최대 규모의 마을 유적으로서 황해도 봉산 지탑리 유적, 평양 남경 유적 등과 함께 우리나라 중서부 신석기시대를 대표한다.

역사시대에 들어와 서울이 처음 문헌 기록에 등장한 것은 백제의 건국과 함께였다. 백제는 기원전 18년 한성을 수도로 하여 나라를 세웠다. 그러다가 475년 고구려 장수왕의 공격에 의해 한성이 무너지면서 수도를 공주로 옮기게 된다. 하지만 백제 700년 역사 중 493년간 한성이 수도였던 까닭에 서울 곳곳에는 백제의 흔적이 남아 있다. 송파구의 풍납토성, 몽촌토성, 석촌동 고분군이 대표적인 예이다.

475년 한성을 빼앗은 고구려는 이곳에 북한산군을 설치하였다. 북한산군은 고구려 당시에는 '남평양(南平壤)'으로 불렸다. 고구려는 백제의 한성을 함락시킨 뒤 군사적 기능이 뛰어난 몽촌토성에 군대를 주둔시키고, 평지성이면서 방어에 불리한 풍납토성은 폐기하였다. 고구려는 그들의 주요한 남하루트였던 한강 북쪽 중랑천변의 평야지대인 광진구 일대에 평지 거점 성으로 남평양을 건설하였다. 하지만 551년(양원왕 7) 발생한 왕위계승 분쟁과 아울러 돌궐의 침입으로 안팎으로 어려움을 겪는 와중에, 백제·신라·가야 연합군에 밀려 76년간 차지했던 한성에서 쫓겨나 북쪽으로 물러나게 된다.

한편 한강 하류까지 진출해 중국과 직접 교류하고자 했던 신라는 고구려와 밀약을 맺고 백제를 공격해 한강 유역을 완전히 차지하게 된다(552년, 진흥왕 13). 이후 삼국을 통일하고 고려에 의해 멸망하기 전까지 신라가 이 지역을 지배했던 까닭에 서울 지역엔 신라의 유적과 유물도 많이 발견된다. 백제·고구려·신라 삼국의 흔적이 모두 발견된 곳은 서울 지역뿐으로, 이는 고대 서울 역사의 큰 특징이기도 하다.

신라를 귀속시키고 후백제를 정복하여 후삼국을 통일한 왕건은 고구려의 후계자란 뜻으로 '고려'란 이름으로 나라를 세웠다. 당시 서울은 '양주'란 이름으로 불렸지만 편리한 교통과 풍부한 물산 등 유리한 여건 때문에 1067년(문종 21) 고려 지방 제도상 최고 지위 중 하나인 '남경'으로 승격된다. 이후 부침을 겪기도 했지만 1101년(숙종 6) 이후부터 고려 말까지 개경에 뒤이은 두 번째 주도(主都)의 위치를 차지하게 된다.

1390년 공양왕은 대내외적 난국을 타개하기 위해 당시 '한양'이라 불렸던 서울로 수도를 이전하지만 이후 정치 상황이 더 불안해지는 바람에 6개월 만에 환국하는 혼란을 겪는다. 수도를 옮기고자 하는 이러한 흐름은 이성계가 조선을 세우고 한양을 수도로 지목하면서 마침내 결실을 맺게 된다.

태조 이성계는 1392년 7월 조선을 창건하고 1394년 한양을 수도로 확정·천도하였다. 1395년(태조 4) 6월 6일 '한양부'를 '한성부'로 개칭하였고, 9월 29일에는 종묘와 사직단, 그리고 경복궁이 준공되었다. 1405년(태종 5) 창덕궁이 중건되면서 한성을 중심으로 한 실질적인 조선 왕조 500년의 역사가 시작되었다.

조선은 수도 한성을 보호하기 위해 백악산(북악산), 타락산, 목멱산(남산), 인왕산을 따라 약 18km의 성곽을 쌓았고, 왕의 생활공간이자 통치 공간인 궁궐로 경복궁, 창덕궁, 창경궁, 경희궁, 경운궁을 지었다.

한성에는 여러 부류의 사람들이 섞여 살았다. 국왕을 비롯하여 양반 관료들이 살았고 각 관서의 하급 관료들이 있었다. 뿐만 아니라 전국 각지에서 올라와 일정 기간 근무하고 다시 내려가는 군졸, 노비들도 많았고 각종 기예를 지닌 기녀들이 한성으로 선상(選上)되기도 하였다. 인구는 15세기 중엽 대략 10만 명 정도였다. 임진왜란 직후 절반 이하로 인구가 대폭 줄어들었으나 17세기 중엽에는 다시 10만을 회복하였고, 18세기부터는 20만 명 규모로 늘어나 20세기 초까지 그 규모를 유지하였다.

한성은 행정구역상으로는 동부, 서부, 남부, 북부, 중부의 5부와 47방으로 나뉘었으나 일상적으로 부르는 지역 구분은 동촌, 서촌, 남촌, 북촌, 중촌과 우대, 아래대 등 독특한 이름들이 있었다.

1910년 8월 29일 대한제국을 식민지로 만든 조선총독부는 한성을 경기도의 행정 중심지인 경성으로 강등시켰다. 이후 일본인들이 대거 유입되면서 경성의 인구밀도가 높아졌다. 조선총독부는 일본인들이 집중적으로 모여 살던 남대문로와 을지로, 충무로 일대를 중심으로 경성의 도로와 구역을 개수하였다. 또한 일본은 식민 통치 권력의 위엄을 과시하기 위해 경성 곳곳에 서양식 건물을 건설하고 전시 공업화를 위해 용산과 영등포 일대에 중화학공장을 대거 건설했다.

해방 후에도 한동안 서울의 공식 명칭은 경성부였다. 경성부가 '서울시'로 바뀐 것은 해방 이듬해인 1946년 8월 15일이다. 같은 해 9월 18일 미군정은 군정법령 제166호를 통해 '서울 특별자유시'를 선포하였다. 이로써 경성부는 서울시로 바뀌고 경기도 관할에서 독립하여 특별시로 승격되었다.

이렇듯 서울은 2천 년 역사를 지닌 수도이자 우리 역사의 거대한 보고(寶庫)로서 선조들의 삶과 문화를 한눈에 엿볼 수 있는 생생한 체험 학습의 장이다. 필자는 이십여 년 전 서울교육대학교에 근무하면서 학생들과 함께 서울의 주요 유적과 문화유산을 답사하는 정기적인 활동을 진행하였다. 밟을 '답(踏)'과 조사할 '사(査)'가 합쳐진 답사(踏査)란, 글자 그대로 역사 현장을 발로 밟으면서 사실을 확인하는 것을 말한다. 처음에는 많은 시행착오를 겪었으나 차츰 시간이 지나면서 조금씩 내용이 축적되어 원만하게 꾸려나갈 수 있었다.

이러한 활동은 2000년부터 2009년 3월 서울여자대학교 사학과 교수로 부임할 때까지 약 10년 동안 방학 때마다 초등학교 선생님들을 대상으로 '답사로 풀어보는 서울의 역사와 문화'라는 강좌를 운영하는 데까지 이어졌다. 서울의 문화유산에 대한 답사는 서울여자대학교에서도 '서울의 역사와 문화'라는 강좌로 지속되고 있다. 이 책은 이러한 활동을 바탕으로 쓰인 것이다.

이 책에서는 서울의 역사와 문화유산을 크게 열여섯 가지 주제로 나누어 서술하였다. 서울의 역사가 2000년으로 긴 만큼 주변 유적도 많아 이를 한꺼번에 다루기란 사실상 불가능한 일이다. 그렇지만 초·중등학교에서 역사 체험 학습의 일환으로 선생님과 학생들이, 또한 대학생과 일반인들이 쉽게 답사해 볼 수 있는 주제를 시대별, 구역별로 묶어 서술하였다. 이 책이 서울의 역사와 문화유산을 공부하는 데 조그만 도움이라도 된다면 저자로서 큰 기쁨이겠다. 부족한 부분은 앞으로 계속 연구하고 보충하면서 고쳐 나가도록 하겠다.

끝으로 이 책을 한 가정의 가장으로서 책임감과 즐거움을 안겨주는 사랑하는 아내 박희성과 딸 서린에게 바친다.

2017년 3월

태릉 연구실에서 문동석

「도성도(都城圖)」, 1788년경, 서울대학교 규장각한국학연구원 소장. 남쪽을 바라보며 정사를 펼치는 국왕의 시각에 맞추어 그려 지도의 위쪽이 남쪽이다.

「동궐도(東闕圖)」, 1824~1830년경, 고려대학교 박물관 소장.

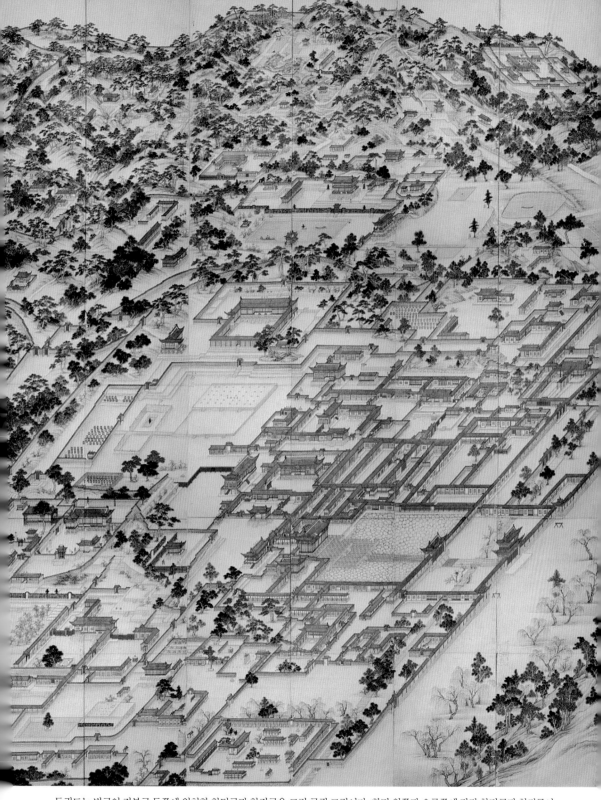

동궐도는 법궁인 경복궁 동쪽에 위치한 창덕궁과 창경궁을 그린 궁궐 그림이다. 화면 왼쪽과 오른쪽에 각각 창덕궁과 창경궁이
배치되어 있고, 왼쪽 상단의 황단, 윗부분의 후원 등 궁궐 건축과 이를 둘러싼 자연의 모습이 마치 하늘에서 내려다보듯 그려져
있다. 전체적으로 평행사선구도와 부감법에 의해 궁궐 속 건물들과 자연, 다양한 시설물, 조경물 등을 세밀하게 묘사하였고, 원
근법을 사용해 거리 공간감을 정확하게 재현하였다. 건축물은 곧고 가는 필선으로 정확하게 묘사하였으며, 녹색과 적색을 사용
하여 궁궐의 색감을 화려하고 품격 있게 표현하였다.

1904년경의 서울 전경.

1897년 경운궁으로 환궁한 고종은 원구단을 짓고 그해 10월 대한제국을 선포, 황제의 자리에 올랐다. 사진 중앙의 큰 건물은
제국의 위용을 과시하고자 새로 지은 정전인 중화전으로 당시에는 2층 건물이었다. 1904년 경운궁 대화재로 소실되어 1906년
1층 건물로 다시 세워졌다. 좌측 중앙에 숭례문, 바로 옆에 선혜청, 우측 끝에 황궁우 등이 보인다.

「경성시가도(京城市街圖)」, 1927년 조선총독부 발행

「서울 안내」, 1946년, 정구사 발행

차 례

제3부 근대 및 일제 강점기의 경성, 그리고 서울

제1부
조선시대 이전의 한성

1장 백제시대의 한성

우리는 흔히 백제라고 하면 충청남도의 공주와 부여를 연상한다. 하지만 백제는 약 700년을 존속하였던 왕조이다. 백제사에서 공주와 부여가 수도로 존속한 기간은 각기 63년, 122년 도합 185년에 불과하다. 그렇다면 나머지 500여 년은 어디에 수도를 두고 있었단 말인가? 그곳은 현재 우리가 살고 있는 서울이다. 서울의 송파구 일대에는 백제사의 비밀을 풀어줄 유적들이 분포되어 있다. 그럼에도 불구하고 많은 사람들은 이곳을 제대로 알지 못하고 있다. 이는 우리가 그동안 개발이라는 명분 아래 서울에 있는 백제 유적들을 제대로 발굴도 하지 않고 밀어붙인 결과였다.

그런데 1,500년의 침묵을 깨고 우리에게 500여 년에 걸친 서울의 백제 역사와 백제인의 삶을 되살려주는 곳이 있다. 그곳은 지하 4m 지점부터 백제 문화층이 고스란히 남아 있는 풍납토성, 몽촌토성, 그리고 석촌동 고분군이다. 이 세 곳은 백제 한성시대를 대표하는 유적지이다. 한성시대를 대표하는 3개의 유적지 중 제일 처음 알려진 곳은 석촌동 고분군이다. 일제 강점기 때 처음 조사되기 시작한 석촌동 고분군은 백제 한성시대의 최고위층이 죽어서 묻힌 공간이었다. 석촌동 고분군에 대한 본격적인 조사가 시작된 1917년까지도 아직 293기 이상의 고분이 남아 있었다. 그러나 1970년대

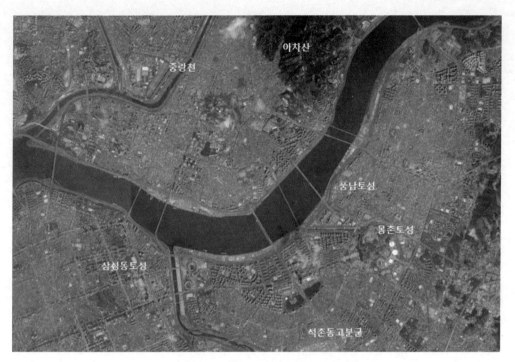

구글 위성지도에서 본 백제 한성시대 유적

잠실 개발로 석촌동에는 적석총 등 소수의 고분만 남아 있다.

몽촌토성은 1988년 서울올림픽을 앞두고 1983년부터 1989년까지 6차에 걸쳐 조사되었다. 발굴조사 결과 몽촌토성에서는 중국제 자기, 전문도기, 금동제허리띠장식 등 많은 양의 유물이 출토되어 한때 백제의 왕성, 즉 하남위례성으로 비정되기도 하였다.

백제 한성시대의 대표 유적지 중 가장 늦게 조사된 곳은 풍납토성이다. 1997년 1월 우연한 계기로 시작된 풍납토성의 발굴조사는 이곳이 백제 한성시대 왕도의 핵심이었다는 확실한 증거, 백제가 당시 동아시아 문화 강국이었음을 보여주는 유물들을 계속 쏟아내고 있다. 2017년 현재 풍납토성에서 출토된 유물은 수십만점에 이른다. 풍납토성의 발굴로 윤곽이 본격적으로 드러나기 시작한 한성시대 백제인의 삶, 그것을 오롯이 되살려내는 것은 백제의 재발견일 뿐 아니라 서울 2천 년의 재발견이며, 나아가 우리 역사의 재발견이다.

1. 백제 700년 역사

백제는 고구려, 신라와 함께 한반도 고대 삼국시대를 구성하였던 국가 가운데 하나로서 『삼국사기』에 의하면 기원전 18년에 지금의 대한민국 수도 서울의 한강 하류지역에서 건국하였다. 당시 한강 하류지역은 한반도의 중남부 이남의 서부지역에 위치한 '마한(馬韓)'에 포함된다. '마한'이라는 이름이 처음 나타난 시기는 기원전 1세기 무렵으로 알려져 있으나, 그 기원이 되는 '한(韓)'은 기원전 2세기 초에 이미 존재하였다. 중국의 『삼국지(三國志)』 위서(魏書) 동이전(東夷傳)에 의하면, 지금의 평양(平壤)에 위치한 한반도 최초 국가인 고조선(古朝鮮)과 같은 시기에 한강 이남 지역은 '한(韓)'으로 인식되고 있었다. 이후 한(韓)은 마한(馬韓)·진한(辰韓)·변한(弁韓)으로 분립되었다. 진한은 한반도의 동남부 낙동강 유역에 해당되는 곳으로서 신라의 국가 형성 무대가 되었고, 변한은 진한의 서남부 및 한반도 남해안 일대로서 가야(加耶)로 통칭되는 정치체들의 성장 기반이었다.

마한·진한·변한을 일컬어 삼한(三韓)이라고 하는데, 지금의 한강 이남 지역과 거의 같다. 『삼국지』 등 문헌사료에 의하면, 대략 기원후 3세기 중엽 이전에 삼한지역에는 마한 54국(國), 혹은 55국(國), 진한 12국, 그리고 변한 12국 등 다수의 정치체들이 존재하고 있었다. 백제는 마한의 '백제국(伯濟國)'이 주변의 정치체들을 통합하여 기원후 3세기 후반(기원후 250~300년) 국가 단계로 성장하였다. 『삼국사기』와 『삼국지』 등 국내외 문헌사료의 내용과 고고학 자료를 종합해보면 백제의 국가 성립 과정은 다음과 같이 이해된다.

기원전 18년 무렵 백제의 국가 형성을 주도하였던 '온조(溫祚)' 세력이 한강 하류의 마한 지역에 정착하였다. 당시 그 북쪽인 평양 일대에는 중국의 한(漢) 군현(郡縣)인 낙랑(樂浪)이 한반도 중남부 지역에 영향력을 행사하고 있었다. 이들은 이후 마한 지역의 여러 정치체 가운데 하나인 '백제국(伯濟國)'으로 성장하였는데, 그 과정에서 낙랑지역의 인적 물적 자원이 다소 유입되어 백제의 성장에 영향을 미쳤다.

기원후 2세기 말 낙랑의 남쪽에 해당하는 지금의 황해도 일대에 대방군(帶方郡)이

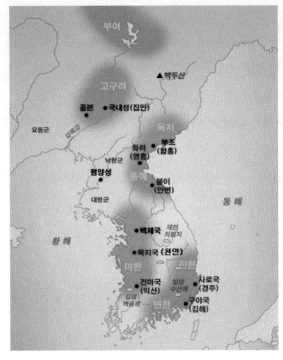

삼한 분포도

설치되면서 교역을 통한 군현 문물의 유입 및 영향이 증대되었고, 아울러 군현지역을 상대로 하는 교역 활동에서 백제의 역할이 더욱 커지게 된다. 3세기 후반 중국 내부의 정치적 변화와 더불어 한반도 소재 중국 군현이 교역에서 차지하는 비중이 감소되면서 백제는 중국의 중앙정부와 직접 교섭하는 길을 모색하게 된다. 지금의 중국 요녕성(遼寧省) 랴오양(遼陽)에 위치한 서진(西晋)의 동이교위부(東夷校尉府)를 통해 장거리 대외교섭을 주도하였다. 이 과정에 대방 등 군현지역에서 이탈한 인적자원을 적극 활용함으로써 마한 지역 내에서 백제의 대외교섭 주도권을 굳건히 할 수 있었다. 장거리 대외교섭을 통해 인접한 마한 정치체들을 통합함으로써 백제는 3세기 후반 무렵에 이르러 마침내 고대 국가 단계로 성장하였다. 풍납토성 및 몽촌토성과 같은 성벽 취락 주변에 밀집된 대형 분묘군은 고대국가 사회로 성장한 백제 도성(都城)의 도시적 성장을 잘 보여주는 고고학적 증거이다.

백제의 국가 성립 과정에서 관찰되는 고고학적 현상은 3가지로 요약된다. 첫째는 국가 단계 사회의 중심 취락이 성벽을 구비한 모습으로 전환되는 현상이다. 이는 백제뿐 아니라 한반도 고대 삼국의 중심지에서 공통적으로 나타나며, 시간적인 차이는 있으나 중국 대륙에서도 동일한 현상이 확인된다. 정치체의 중심 취락이 성벽 취락으로 전환되는 것은 동아시아 고대 국가 성립기의 보편적 현상이다. 둘째는 성벽 취락 주변에 대규모 분묘군의 형성인데, 이 역시 한반도 고대 국가 성립기의 공통적인 특징 가운데 하나이다. 마지막으로 토기 등의 물질문화 영역에서 새로운 양식이 형성되고 점차 공간적인 확산이 나타나는 현상으로서, 이 또한 한반도 고대 국가 성립 시기의 중요한 특징이라 할 수 있다.

  3세기 후반 국가 수준의 정치체로 성장한 백제는 4세기 후반에 이르러 한반도 최대 고대 국가로 성장하였다. 4세기 초 백제의 북방에 위치하였던 낙랑·대방 등 중국 군현이 고구려에 의해 멸망됨에 따라 그 지역을 둘러싼 고구려와 백제 사이의 경쟁이 마침내 군사적인 충돌로 이어졌다. 여기서 먼저 승리한 백제는 당시 남북조로 분열된 중국 대륙의 정치적 상황을 이용해 371년, 처음으로 장강(長江) 이남의 동진(東晉)과 정식 수교함으로써 국제적인 위상을 제고하였다. 나아가 369년에는 일본 열도의 왜(倭)와도 외교 관계를 수립하였는데, 당시 백제가 왜왕(倭王)에게 수여한 칠지도(七支刀)는 일본 나라현(奈良縣) 텐리시(天理市) 이소노가미(石上) 신궁(神宮)에 보관되어 있다.

  백제가 중국 역대 정권과 교섭한 사실은 백제의 중앙과 지방 각지에서 발견된 수입 도자기 및 각종 금속제품을 통해 뒷받침되고 있는데, 그 수량은 고구려나 신라 지역 출토 중국 제품과는 비교가 되지 않을 정도이다. 백제는 전통적으로 중국의 역대 남조 정권과 친밀한 외교관계를 유지하고, 동시에 일본 열도의 역대 정권과도 활발히 교섭하였다. 그리고 한반도 내에서는 가야 지역의 정치체와 우호적인 관계를 유지하였다. 중국 남조 정권~백제~일본 열도 정권으로 연결되는 국제 외교 진영은 중국 북조 정권~고구려~신라로 이어지는 세력에 대응하는 정치·군사적인 동맹의 성격도 가지고 있었지만, 그 과정에서 백제는 불교문화로 대표되는 중국의 선진 문물을 수용하여 일본 열도로 전달하는 동아시아 문화전파의 중추 역할을 담당하였다. 백제가 일본 고대 국가 성립기에 끼친 막대한 문화적 영향의 기억은 당시는 물론 이후 오랜 기간에 걸쳐 백제문화를 일본 고대문화의 원형으로 여기는 역사적 이미지로 남아 있다.

  4세기 후반 이후 점차 거세진 고구려의 반격으로 백제는 수세에 몰리게 되었다. 475년 마침내 고구려의 공격으로 한성이 함락되면서 지금의 충청남도 공주시인 웅진(熊津)으로 천도하였다. 국가 비상시의 긴급 피난처로 택한 웅진은 공간이 협소하고 홍수 등 자연 재해에 취약한 곳이었다. 6세기 전반 국력을 회복하면서 남조의 양(梁)과 활발한 외교를 재개하고, 일본 열도의 야마토(大和) 정권과도 밀접한 관계를 유지하였다. 이로써 한성 함락 이후 잠시 중단되었던 중국 남조~백제~일본열도의 전통적인 국제 외교 라인이 복원되었다. 안정화된 국내외 정세를 토대로 새로운 도성 건설이 진행되었으니, 지금의 충청남도 부여에 해당하는 사비도성(泗沘都城)이 그것이다.

538년 천도한 백제 최후의 도성이 건설된 부여 지역은 선주민이 거의 없던 미개발 지역이었다. 신도시 건설을 위한 기반 조성에는 많은 공력이 소요되었지만, 한편으로는 이상적인 도성의 모습을 충실히 구현할 수 있는 기회이기도 하였다. 그 결과 만들어진 사비도성은 한반도 고대 국가의 도성 가운데서는 최초로 도성의 도시 공간 전체를 외곽(外郭) 성벽으로 감싼 혁신적인 계획도시가 되었다. 도성 내부는 도로망에 의해 체계적인 공간 분할이 이루어졌는데, 이 역시 한반도 고대 국가 도성에서 처음으로 채택된 것이었다.

사비도성 안팎에 조성된 불교 사원, 즉 567년 창건된 능산리사지(陵山里寺址), 577년 창건된 왕흥사지(王興寺址), 639년에 세운 미륵사 서석탑 등은 당시 동아시아 지역에 유행하였던 불교문화를 충실히 수용하였는데, 이는 지금껏 중국에서는 발견되지 않아 자세히 알 수 없었던 원형을 고스란히 간직하고 있는 자료로서 매우 높은 평가를 받고 있다. 특히 583년, 일본 열도 최초로 세워진 불교 사원 아스카데라(飛鳥寺)는 백제의 기술 이전으로 만들어진 것으로서 고대 동아시아 불교문화 전도사로서 백제의 모습이 고스란히 담겨 있다.

해체 전 미륵사지 석탑

중국 대륙에서 남북조의 분열이 종식되고 새로운 동아시아 국제 질서가 수립되면서 백제는 수(隋)·당(唐) 등 통일된 중국 정권과 외교관계를 수립하는 등 기민하게 대응하며 동아시아 세력 균형을 위한 노력을 기울이기도 하였다. 특히 639년에 창건한 미륵사(彌勒寺) 석탑은 동아시아 불교 건축사상 획기적인 창안으로 평가된다.

초기 불교 사원은 부처의 유골인 사리를 안장한 탑(Stupa)을 중심으로 예배 참도(參道)를 배치한 것이 전부였다. 그러나 1세기 중엽 경 후한(後漢)대에 중국에 불교가 들어오면서 원래 반구형(半球形) 탑신위에 찰주(刹柱)와 상륜(上輪) 등으로 구성되었던 인도 스투파의 형태는 중국식으로 변화되었다. 다층의 목조 누각(樓閣) 건물 위에 인도 스투파의 원형을 축소하여 올린 누각형 목탑은 이때 등장하였다. 이는 이후 중국을 거쳐 불교를 수용한 동아시아의 한반도, 일본 등으로 전파되어 목탑의 전형으로 정착되었다. 목탑은 장구한 기간에 걸쳐 이어지지만, 639년에 세워진 미륵사 서석탑에서 처음으로 그 재질이 돌로 바뀌면서 석탑이 등장한다. 이는 불교 건축사 상 획기적인 것인데, 그것이 바로 백제에서 일어난 것이다. 백제의 석탑은 미륵사 동·서탑, 정림사(定林寺) 석탑 등 세 개밖에 없으나 이후 통일신라로 전해져 수많은 석탑이 세워져, 석탑의 본고장으로 자리 잡았다.

4세기 후반 이래 면면히 이어졌던 동아시아 고대문화 전달자로서 백제의 역할은 660년 당(唐)과 신라(新羅)의 연합 세력의 공격으로 인해 마침내 마감되지만, 고대 동아시아 세계의 문화 확산에 기여한 백제의 역할은 한반도 고대 국가 가운데는 물론이고 전체 동아시아 국제 사회에서도 유례를 찾기 어려운 독보적 지위였다.

2. 백제 위례성과 한성

백제는 시조 온조(溫祚)가 위례성(慰禮城)에 도읍한 이래 475년(개로왕 21) 고구려에 의한 한성(漢城)의 함락에 이르는 긴 기간 동안 줄곧 현재의 서울 송파구 일원에 도성(都城)를 두고 있었다. 도성이란 말은 일반적으로 일국(一國)의 수도 또는 그 주위를 에워싼 성곽(城郭)이라는 의미로 쓰이고 있다. 이런 점에서 도성은 곧 한 나라(國)의 필수적인 공간 또는 구조물이라 할 수 있다

『삼국사기』에 의하면 백제의 첫 도성은 "위례성(慰禮城)", "한성(漢城)" 등으로 기록되어 있다. 위례가 무엇을 뜻하는가에 대해서는 여러 가지 해석이 있다. 첫째, 조선 후기 정약용은 위례가 당시 울타리를 뜻하던 위리(圍哩)와 음이 비슷하다는 점을 지적하면서, 위례는 우리 또는 담장의 의미를 가진다는 견해를 피력하였다. 둘째, 백제왕의

호칭이 『주서(周書)』 이역전(異域傳) 백제 조에서는 '어라하(於羅瑕)'로 기록되어 있다. 그리고 한강의 옛적 이름이 「광개토왕릉비문」에는 '아리수(阿利水)', 『삼국사기』 개로왕 21년의 기사에는 '욱리하(郁利河)' 등으로 기록되어 있었다. 따라서 '어라', '아리', '욱리' 등과 같이 "크다(大)"는 뜻을 가진 것으로 보는 견해가 있다.

위의 두 가지 견해 중에서 '위례'의 단순한 자음만을 고려한 '우리', '담장' 설 보다는 "크다(大)"의 의미를 어원적으로 추구한 두 번째 견해가 보다 더 유력한 것으로 보인다. 이렇게 보면, '위례성'과 '한성'을 왕성(王城)의 이칭으로 나란히 함께 사용되고 있는 점도 쉽게 이해가 된다. 왜냐하면 "한(漢)"이란 곧 "대(大)"의 뜻으로 쓰이고 있기 때문이다. 따라서 한성(漢城)은 '큰 성(大城)'이라는 의미이다. 한(漢)이 크다는 의미를 갖고 있는 것은 조선 후기 황윤석(黃胤錫, 1729~1791)이 쓴 『이재유고(頤齋遺藁)』에 자세히 설명되어 있다.

우리나라 풍속에 큰 것을 한(漢)이라 하고, 한(汗)이라 하고, 간(干)이라 하고, 한(翰)이라 하고, 찬(餐)이라 하고, 건(建)이라 한다. 혹은 초성이 같고, 혹은 중성이 같고, 혹은 종성이 같다. 글자는 비록 변했지만 그 뜻은 실로 통한다. 이는 몽고 여진과 가장 가까운 것은 할아버지를 한아비라고 부르는 것 같으니 큰 아버지라는 뜻이다.

백제 한성시대의 도성인 한성은 『삼국사기』 등의 문헌 기사와 고고학적인 발굴 성과로 볼 때 풍납토성(風納土城)과 몽촌토성(夢村土城) 2개의 단위성으로 구성되었던 것으로 이해된다. 이 두 성의 축조 시점은 모두 3세기 중엽 이후에 해당되며 이는 백제가 연맹체 단계에서 영역 국가적 중앙집권체제로 성장하던 시기와 일치되고 있다. 풍납토성과 몽촌토성 2개의 단위성으로 구성된 한성에 대한 구체적인 묘사는 『삼국사기』와 『일본서기』의 기사에서 확인할 수 있다.

① 개로왕 21년(475) 가을 9월에 고구려 왕 거련(巨璉, 장수왕)이 군사 3만 명을 거느리고 와서 왕도(王都) 한성(漢城)을 포위하였다. 왕은 성문을 닫고 능히 나가 싸우지 못하였다. 고구려인이 군사를 네 길(四道)로 나누어 양쪽에서 공격하였고, 또 바람을

이용하여 불을 놓아 성문을 불태웠다. … (중략) … 이때에 이르러 고구려의 대로(對盧)인 제우(齊于)·재증걸루(再曾桀婁)·고이만년(古尓萬年) 등이 군사를 거느리고 와서 북성(北城)을 공격하여 7일만에 함락시키고, 남성(南城)으로 옮겨 공격하였다. 성안은 위태롭고 두려움에 떨었다. 왕이 성을 나가 도망가자 고구려의 장수 걸루(桀婁) 등은 왕을 보고는 말에서 내려 절한 다음에 왕의 얼굴을 향하여 세 번 침을 뱉고는 그 죄를 꾸짖었다. 그리고는 왕을 포박하여 아차성(阿且城) 아래로 보내 죽였다.(『삼국사기』 백제본기).

② 웅략천황 20년(476)『백제기(百濟記)』에서는 개로왕 을묘년 겨울, 고구려의 대군이 와서 대성(大城)을 7일 낮 7일 밤을 공격하였다. 그리하여 왕성(王城)이 함락되고 마침내 위례(尉禮)를 잃었다. 국왕과 대후(大后), 왕자 등이 모두 적의 손에 죽었다고 적고 있다.(『일본서기』 웅략천황).

『삼국사기』 개로왕 21년, 『일본서기』 웅략천황(雄略天皇) 20년의 『백제기』를 인용한 기사는 475년 고구려 장수왕의 3만 대군에게 한성이 함락당하는 상황을 전하고 있다. 이들 기사에는 개로왕 21년 무렵 백제 도성에는 2개의 성이 있는 것으로 되어 있다. 『삼국사기』의 경우에는 고구려의 공격이 먼저 7일간 북성(北城)을 대상으로 하여 성을 함락시킨 다음, 왕이 있는 남성(南城)으로 옮겨 마침내 함락시키고 왕을 사로잡았다고 되어 있다. 『일본서기』는 대성(大城)을 7일 낮 7일 밤에 걸쳐 공격하여 함락시키고, 이어서 왕성을 공격하여 함락함으로써 마침내 위례를 잃었다고 전하고 있다. 이것으로 볼 때 『삼국사기』의 북성은 『일본서기』의 대성에, 『삼국사기』의 남성은 『일본서기』의 왕성과 연결되는 것을 알 수 있다. 즉, 북성=대성, 남성=왕성인 것이다. 그리고 북성·대성과 남성·왕성을 포함한 도읍지 전체를 '위례'라 인식하고 있는 것이다.

『삼국사기』와 『일본서기』의 한성 함락 기사와 2017년 현재까지 풍납토성과 몽촌토성에 대한 발굴조사 내용과 방위상으로 볼 때 풍납토성은 "북성(北城)" 또는 "대성(大城)"에 해당된다. 이 성에는 왕을 비롯한 귀족관료, 사서(士庶), 장인층 등 국가 경영의 핵심 계층이 거주하였을 것으로 이해된다.

몽촌토성은 방위상 풍납토성의 남쪽에 위치하고 있으며, 규모는 작으나 방어 면에

풍납토성과 몽촌토성 상상 복원도

서는 풍납토성에 비해 유리한 점 등으로 미루어 일단 유사시 왕을 비롯한 귀족관료 등이 입보(入保)하였던 성으로 볼 수 있다. 그리고 "북성(北城)" 또는 "대성(大城)"인 풍납토성에 대비되는 "남성(南城)" 혹은 "왕성(王城)"으로 추정된다.

몽촌토성과 풍납토성은 모두 한강 남쪽의 저평지에 위치하고 있다. 이러한 평지성이 가지고 있는 방어상의 문제를 해결하기 위하여 성벽 외곽 삼면에 해자를 굴착하고 성벽 외면에는 목책 등을 설치하였던 것으로 보인다. 해자와 목책시설은 그간 몽촌토성에서만 알려져 왔으나 1999년, 2013년에 성벽을 절개조사한 풍납토성에서도 그러한 흔적이 확인되고 있다. 이들 해자는 한강 지천인 성내천(城內川)의 자연 유로를 그대로 이용하거나 부분적으로 물길을 끌어들이는 방식을 채택하여 축조 공력을 최소화하였던 것으로 드러났다.

이처럼 평지성들만으로 구성된 도성은 일단 유사시 전체 도성의 방어에 어려움이 예상된다. 이를 보완하기 위해서는 배후 높은 산에 입지한 도피성(逃避城)이 있었음직하나 현재까지는 그 가능성이 극히 희박하다.

391년 고구려에서 광개토왕이 즉위하면서 한성에 가해지는 위협은 매우 심각하였다. 396년 광개토왕은 왜병까지 끌어들여 고구려에 대항하는 백제를 완전히 제압하기 위해 대대적인 원정을 단행하였다. 그 결과 수많은 백제 성이 항복했고, 한강 이북의 땅은 모두 고구려에게 넘어가고 말았다. 고구려군은 그 여세를 몰아 한강을 건너, 강 남쪽에 있던 풍납토성을 에워쌌다. 궁지에 몰린 백제의 아신왕은 어쩔 수 없이 남녀 1,000명과 고급 옷감 1,000필을 광개토왕에게 바치며 항복을 청했다. 「광개토왕릉비문」에는 이 싸움으로 고구려가 백제로부터 58개 성과 700여 개 촌을 빼앗았으며, 아신왕의 아우를 포함해 백제 대신 10여 명을 포로로 붙잡아 돌아갔다는 내용이 있다.

백제는 475년 풍납토성이 함락당하기 79년 전인 396년(아신왕 5)에 이미 한성이 고구려군에게 포위된 역사적 경험을 가지고 있었다. 따라서 장수왕이 이끄는 고구려군이 한성을 포위하여 함락시킬 수도 있다는 것을 전혀 예상하지 못한 것은 아니었다. 그럼에도 불구하고 개로왕을 비롯한 지배층들이 도성 내에서 최후를 맞이하였다.

그것은 백제 한성시대 가상의 적인 낙랑, 예계 집단, 그리고 고구려 등이 모두 한강 이북에 있기 때문이 아닌가 한다. 즉, 한강이라는 천연 장애물만을 최후의 방어선으로 설정한 것이 아닐까 한다. 이 경우 한강 방어선을 견고히 하기 위해서 그 이남보다는 이북에 진성(鎭城)을 축조하는 것이 효율적이라 판단하였을지도 모른다. 이와 관련하여 현재 구체적으로 알려진 백제의 관방 유적은 없으나 한성시대 유물이 출토된 양주(楊州) 대모산성(大母山城), 풍납토성과 마주보고 있는 아차산에 백제가 쌓은 아차성이 그에 해당될 가능성이 있다.

양주 대모산성은 경기도 양주시 어둔동과 백석읍 방성리에 걸쳐 있는 대모산(해발 212.9m) 정상부에 위치하고 있다. 산성은 북쪽으로는 불곡산(佛谷山, 470.7m)과 도락산(道樂山, 441m)이 있고, 남쪽으로는 작고개를 지나 호명산(虎鳴山, 423m)과 멀리 사패산(賜牌山, 552m)·도봉산(道峰山, 739m)·북한산(北漢山, 836m)으로 이어지고 있다. 따라서 대모산성은 남북으로 높은 산으로 막혀 있고 동서가 비교적 트여 있어 문산·적성 방향 또는 연천·동두천을 거쳐 서울로 진입하기 위해서는 반드시 거쳐야 하는 교통의 요지에 해당한다.

아차산은 서울시 동쪽과 구리시 서쪽의 경계를 이루고 있다. 아차산은 해발 285.8m로 그리 높은 산은 아니지만 정상에 오르면 남으로는 한강 이남의 전 지역이 한눈에 들어오고, 북으로는 멀리 의정부에 이르는 길목까지 조망할 수 있다. 아차산의 이러한 지리적 중요성을 백제가 간과하지 않았을 것이다. 3세기 후반에 백제는 아차성(阿且城) 또는 아단성(阿旦城)을 쌓아 고구려의 침략에 대비하였다. 아차산은 동쪽으로는 왕숙천을 따라 북쪽으로 길이 뻗어 있다. 중랑천로를 통해서는 의정부~동두천 방면으로 북쪽과 연결되고, 왕숙천로를 통해서는 포천 방면으로 나아갈 수 있다. 백제가 아차성을 쌓은 주요한 목적은 왕숙천로를 따라 남하하는 고구려군을 방어하여 한성을 지키기 위해서였을 것이다. 결국 아차성은 475년 고구려에게 한성을 빼앗길

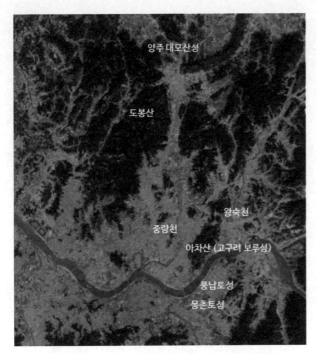
구글 위성지도에서 본 양주 대모산성과 풍납토성 일대

때까지 한강 이북에서 백제 한성을 방어하는 최후 보루였다.

그러나 2000년에 실시한 아차산성에 대한 발굴조사 결과, 백제 한성시대에 해당하는 유구와 유물은 확인되지 않았다. 그 대신 성벽 뒤쪽 성토층에서 출토된 토기가 7세기 전반으로 편년되면서 아차산성은 553년 신라의 한강 점령 이후에 축조되었으며, 557년에 설치된 북한산주의 주치인 북한산성(北漢山城)으로 비정되게 되었다. 결국 아차산성은 백제의 성과는 아무 관련이 없는 것으로 밝혀진 것이다.

그렇다면 3세기 후반 백제가 조성한 아차성은 아차산 어느 곳에 위치하였던 것일까? 이에 대한 단서는 일제 강점기 때 편찬한 『조선고적도보』에서 찾을 수 있다. 『조선고적도보』에 따르면 현재 워커힐호텔 골프연습장에서 고구려 기와편이 발견되었고, 고구려의 성이 있었다고 한다. 아차산에 고구려가 본격적으로 보루성을 쌓기 시작한 것은 500년 이후 이다. 따라서 워커힐호텔 골프연습장 부지에 있었던 고구려성은 백제가 고구려를 방어하기 위해서 축성한 성을 고구려가 한성을 함락시킨 이후 재사용한 것으로 볼 수 있다. 워커힐호텔 골프연습장에서는 왕숙천을 따라 남하하는 적들이 아차산 방면으로 오는 것이 잘 보인다.

이와 같이 백제는 한강 방어선을 견고히 하기 위해 양주 분지에 대모산성, 한성과 마주보고 있는 아차산에 진성(鎭城)을 축조하여 고구려의 침략에 대비하였던 것이다.

3. 백제 한성시대의 역사 유적

1) 풍납토성

풍납토성 유적 현황

700년 백제 역사 중 공주와 부여의 시대는 185년에 불과하고 그 나머지는 모두 한성시대이다. 백제의 유년~중년의 역사는 지금의 서울 강남에서 전개된 셈이다. 문제는 당시의 도성인 위례성, 혹은 한성의 위치를 분명히 알 수 없었다는 점이다. 이 문제를 풀기 위하여 통일신라 이후 수많은 역사가들과 지리학자들이 노력하였으나 의견은 분분하였다. 조선후기 다산 정약용 단계에 와서야 백제의 도성이 서울로 고정되었다. 정약용은 강북(하북위례성)과 하남(하남위례성)으로 나누어 보았다.

근대 역사학이 도입된 이후에도 다양한 견해가 제기되었는데 몽촌토성, 풍납토성, 이성산성 등이 주목되었으나 발굴조사 결과로서 뒷받침된 것은 아니었다. 1980년대 중반 이후 몽촌토성에 대한 발굴조사가 이루어지면서 이 토성을 왕성으로 보는 견해가 유력하였다. 하지만 1990년대 후반 이후 풍납토성이 발굴조사되면서 위례성에 대한 위치 비정은 방향을 선회하여 현재는 풍납토성이 보다 중요한 성곽이었던 것으로 인정되고 있다.

풍납토성이 처음으로 주목된 계기는 1925년 '을축년 대홍수'이다. 1925년 7월 9일부터 12일까지 4일 동안 서울에 383.7mm의 큰비가 내려서 대부분의 집들이 물에 잠기고 수많은 수재민들이 생겼다. 비가 그쳐서 서둘러 피해 현장을 복구했지만 15일부터 다시 큰비가 줄기차게 내려서 19일까지 5일 동안 365.2mm의 강우량을 기록했다.

을축년 대홍수로 풍납토성 일대는 몸살을 앓았다. 한강 물이 빠져나간 자리에 각종 유물이 땅 위로 모습을 드러냈다. 성안 남쪽 흙더미에서는 항아리 속에 담겨진 채 출토된 청동초두 1점을 비롯해 금귀걸이, 노기(弩機), 거울, 과대금구, 보라색 유리구슬 등 중요 유물이 발견되었다. 풍납토성 내부에서 이렇듯 중요한 유물이 출토되자 당시 일본인 학자들은 풍납토성을 백제 한성시대의 왕성으로 주목하였다. 아유카이 후사노신(鮎貝房之進)은 1934년 11월에 나온 『조선』 제324호에 실린 「백제고도안내기(百濟古

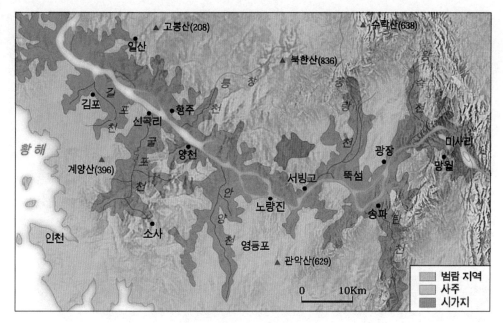

1925년(을축년) 홍수 범람 지역

都案內記)」라는 글에서 풍납토성을 『삼국사기』에서 온조왕이 도성을 확정하는 기록에 근거해 하남위례성이라고 주장하였다.

그러나 이병도에 의해서 아유카이 후사노신의 주장은 부정되었다. 이병도는 1939 년 『진단학보』 10호에 실린 「광주풍납리토성과 백제시대의 사성」이라는 논문을 통해 풍납리토성이 하남위례성이라는 주장은 잘못이며 이곳은 위례성이 아닌 사성(蛇城) 자리라고 반박하였다. 즉 '풍납'은 순우리말로 풀면 '바람드리'가 되는데 이것은 『삼국 사기』 책계왕 원년인 286년 기록에 나오는 '사성(蛇城)'의 순우리말 '배암드리'와 비슷 하므로 풍납토성은 곧 사성이라는 것이다. 이후 이 견해가 주를 이루게 되었다.

이병도가 아유카이 후사노신의 주장을 공격한 주된 근거 중 하나가 사료적 가치가 떨어지는 온조왕조 기록을 곧이곧대로 받아들였기 때문이라는 것이었다. 하지만 아유 카이 후사노신과 이병도의 주장 이후 본격적인 조사나 연구는 전혀 이루어지지 못한 채 수십 년의 세월이 흘렀다. 40년의 세월이 흐른 1964년 서울대학교 고고학과에 의해 간단한 시굴조사가 이루어졌고 유적의 중요성이 새삼 강조되었다. 그 후 풍납토성은

현재의 풍납토성 전경

아무런 보호조치 없이 방치되었지만 1970~80년대의 강남 개발의 광풍 속에서도 온
전히 보존되고 있었다.

하지만 1990년대 이후 재개발 붐이 이곳에도 들이닥치면서 고층 아파트가 들어서
기 시작하였다. 고층 아파트는 이전의 일반 주택과는 비교할 수 없을 정도로 유적에
타격을 가하였다. 주차장과 건물의 기초를 위하여 지하 깊숙이 터파기 공사를 하기 때
문에 유적은 완전히 멸실될 수밖에 없는 것이다. 그러던 와중 1997년 1월 선문대학교
이형구 교수가 아파트 터파기 공사 현장에서 백제 문화층을 발견하게 되면서 국립문
화재연구소의 발굴조사가 시작되었다. 이때부터 상황은 급변하였다. 완전히 파괴된
것으로만 알았던 풍납토성 지하 4m 아래에는 백제의 유적이 고스란히 숨 쉬고 있음이
밝혀진 것이다. 이때부터 풍납토성의 조사와 보존은 학계와 사회의 최고의 관심사로
부상하기 시작하였다.

1999년에는 동벽에 대한 절개조사가 이루어졌는데 넓이 40m 이상, 높이 12m 이상,
길이 3,500m 정도라는 수치는 예상을 훨씬 뛰어넘는 규모였다. 이 성곽의 축조에 동

원된 인원수는 대략 짐작하더라도 연인원 100만 명을 넘어서는 것이었다. 이 정도의 규모라면 왕성을 제외하고는 생각하기 어렵다. 게다가 이 정도의 인력을 동원한 토목 공사를 진행하려면 강력한 국가 권력의 존재가 필수적이다. 따라서 풍납토성의 축조는 백제의 국가 형성 시점과 긴밀히 연결되어 있음이 분명하다. 이 성곽의 축조 연대에 대해서는 다양한 견해가 있지만 3세기 후반 경으로 보는 것이 가장 합리적이다.

1999년에는 성 내부의 가장 중심부에 위치한 경당지구에 대한 발굴조사가 이루어졌다. 속속 이어지는 중요 유물의 발견과 함께, 위례성의 위치 논쟁,『삼국사기』 초기 기록의 신빙성 문제, 백제 국가 형성 시점에 대한 논쟁이 난무하는 가운데 재건축 조합장에 의한 유적 훼손 사건이 발생하였다. 이 사건은 1999년 문화계 10대 뉴스로 선정되기에 이르렀다. 경당지구의 유적 훼손 사건 이후 풍납토성은 전면 보존되도록 방침이 정해져서 현재에 이르고 있다.

경당지구의 조사 이후에도 100여 차례에 이르는 시굴조사가 국립문화재연구소에 의해 진행되면서 성 내부 전체에 걸쳐 문화층의 온존함이 확인되었다. 성 외곽에서도 완전한 형태의 목조 우물이 발견되었다.

풍납토성의 주요 발굴 성과

① 선진적인 토기(土器)와 기와(瓦), 전돌(塼) 문화

풍납토성에 출토된 유물 중 양적으로 가장 많은 것은 단연 토기류이다. 토기의 종류만 고려하면 한성시대에 사용된 모든 기종이 발견되고 있다. 사실 일반 농경 취락에서 필요한 토기의 기종은 그리 많지 않다. 취사(炊事)와 관련된 장란형(長卵形) 토기와 시루, 동이, 심발형(深鉢形) 토기와 완(盌), 저장에 관련된 대옹과 대호, 장군 정도면 충분할 것이다. 취사와 저장을 위한 일상생활용 토기 이외에 제사(祭祀)와 공헌(貢獻)에 사용되었을 고배, 삼족기, 개배 등이 추가되면 일반적인 농경 취락과는 성격을 달리하는, 다양한 기능을 담당한 취락이었을 가능성이 높아진다.

풍납토성에서 출토된 토기의 기종이 매우 풍부한 사실은 이 성곽의 기능이 다양하였음을 의미하며, 그리고 주민의 삶이 다채로웠음을 보여준다. 특히 지방의 일반취락

에서 좀처럼 보기 힘든 진귀한 형태의 토기들, 흑색이며 광택이 나게 마연(磨研)된 대형 뚜껑이나 직구유견반형호(直口有肩盤形壺), 세(洗) 등의 기종은 특수한 계층의 사람들이 특수한 용도를 위해 사용한 것이다.

한편 풍납토성에서는 막대한 양의 기와(瓦), 즉 경당지구에서는 1,000점, 197번지 일대에서는 하나의 유구(遺構)에서 5,000점이 넘는 기와가 출토되었다. 기와는 목조건물의 지붕을 덮는 건축 부재이다. 본래 목조건물의 지붕에는 이엉이나 볏짚, 나무껍질과 같은 식물성 부재를 사용하였는데, 내구력이 약하여 자주 교체해야 하기 때문에 방수 효과나 강도가 높고 반영구적인 점토 소성품인 기와가 출현하게 되었다.

지붕에 기와를 잇기 위해서는 우선 경사진 서까래 위에 널빤지를 깔거나 나뭇가지를 얼기설기 엮어 깔고, 그 위에 못 쓰는 나무토막 등을 얹어놓은 후 다시 많은 양의 흙을 올려서 적당한 곡면을 만든 다음 그 위에다 기와를 얹는다. 지붕에 얹는 흙을 보토라 하며, 그 일차적인 목적은 완만하고도 부드러운 지붕면을 만드는 데 있다. 더 중요한 기능은 실내 보온과 단열이다.

한편 기와를 얹은 건축물의 무게를 지탱하기 위해서는 반드시 적심과 초석이 필요하다. 2011년 197번지 일대 조사에서는 적심과 초석을 이용한 지상 건물지 4기가 확인되었다. 이 적심시설은 대체로 폭 1.8m, 최대 깊이 0.5~0.6m 내외로 흙을 파낸 상태에서 흙과 3~5cm 가량 크기의 강자갈들을 섞어 그 안에 채워 넣었고 상면은 황색

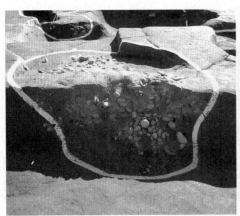

197번지 출토 적심(좌)과 초석(우)

경당지구 출토 중국 시유도기(좌)와 소가야 및 왜 토기(우)

점토를 단단하게 다졌다. 기와는 이런 특성으로 인해 고대 국가에서는 왕궁, 관청, 사원 등 극소수 시설물에 사용되었다. 그런데 풍납토성에서 수천 점의 기와가 출토되었다는 것은 이곳에 대단히 중요한 시설물, 즉 왕궁 및 이와 관련된 건물 등이 있었음을 의미한다. 백제 한성시대 기와는 얇고 회백색을 띠는 것이 많다.

풍납토성에서는 벽돌(塼)의 출토 양도 만만치 않다. 웅진시대 이후의 화려한 연화문(蓮花文)이나 동전무늬는 아니지만 격자문이 시문된 것도 적지 않아서 나름의 장식성을 염두에 두었음을 알 수 있다. 이 벽돌(塼)들이 어떠한 용도로 사용되었는지는 분명치 않지만 수혈주거지(竪穴住居址) 일색인 일반 취락에서는 보기 드문 현상이다. 또한 일상적인 벽돌 이외에 평면 팔각(八角), 십각(十角), 원형(圓形)의 토제품은 풍납토성에서만 출토되고 있다.

② 풍부한 외래물품

풍납토성에서 외래물품의 존재가 처음 알려진 것은 1925년 을축년(乙丑年) 대홍수때이다. 홍수 직후 커다란 항아리 안에서 청동초두, 금귀걸이, 노기(弩機), 거울, 과대금구, 보라색 유리구슬 등이 출토되었다. 현재 초두를 제외하고는 유물의 소재를 알수 없고 과대금구는 사진으로만 남아 있다. 이들 모두 중국산 물품들이다.

한편 경당지구 196호에서도 3세기 중후반에 장강(長江) 이남 지역에서 제작, 사용되었던 시유도기(施釉陶器) 33개체분이 발견되었다. 시유도기란 글자 그대로 유약을 바른 도기라는 의미로, 백제가 중국 남조(南朝)에서 수입해 온 것이다. 모양은 요즘도 우리 주변에서 흔히 볼 수 있는 장독을 닮긴 했으나, 그보다는 훨씬 연약한 편이고 어깨쪽이 아래쪽에 비해 넓다. 따라서 이곳은 일반적인 창고라기보다는 귀중품을 보관하던 왕실 직속의 창고로 여겨진다.

풍납토성 경당지구에서는 5세기 대에 제작된 서부 경남지역의 소가야(小加耶) 토기와 더불어, 왜(倭)에서 제작된 하나와(埴輪)도 출토되고 있다.

③ 국가 차원의 제사가 행해진 공간

경당지구에 대한 1999～2000년의 1차 조사에서 200여 기의 유구가 확인되었는데 수혈주거지는 20여 기 정도로서 수적 비중은 그리 높지 않다. 그 대신 제의(祭儀)와 관련된 유구나 유물이 많은 편이다.

A. 9호 유구 : 길이 13.25m, 폭 5.5m, 깊이 2.4m에 달하는 구덩이다. 이 안에서는 일상적인 생활용 토기가 아닌 특수 기종의 토기 수천 점, 12마리 분의 말(馬) 머리, 도미를 비롯한 생선뼈 등 다종다양한 유물이 출토되었다. 따라서 9호 유구는 국가적 차원의 제사와 관련된 것으로 추정된다.

그 이유는 첫째, 말을 여러 마리 희생시켰다는 점이다. 고대 사회에서 말은 소와 함께 하늘에 대한 희생물로 자주 사용된 귀한 동물이어서 민간에서 함부로 죽이는 일은 있을 수 없다. 둘째, '대부(大夫)'와 '정(井)'이란 글자가 새겨진 토기가 출토되었다. 대부는 그동안 알려지지 않았던 백제의 관직이나 관등으로 볼 수 있으며, 정은 문자로 보아 우물을 의미할 수도 있고, 부호로 보아 벽사(辟邪)와 관련지을 수도 있다. 벽사의 의미로 볼 경우 제의를 담당하던 관직이 대부이다. 우물로 볼 때에는 말과의 관련성이 주목된다. 말을 희생으로 삼은 제사의 목적은 기우(祈雨)일 가능성이 높은데 우(雨), 용(龍), 말(馬), 정(井)은 서로 연관되는 것이다. 셋째, 출토된 토기의 기종과 잔존상태이다. 출토된 토기류 중 삼족기와 고배 등의 소형 제기류가 압도적 비중을 점하고 있다. 또한 제기류의 많은 경우에서 인위적으로 깨뜨린 흔적이 역력히 확인되고 있다.

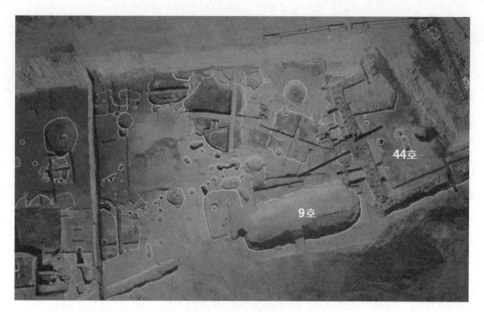

경당지구 9호 유구 전경

이는 제사 과정에서 토기를 깨뜨리고 구덩이에 던져 넣는 의식이 있었음을 보여준다.

이상의 이유로 9호 유구는 모종의 제사와 관련되었을 가능성이 지극히 높으며 주체는 국가나 왕실, 그 목적은 기우(祈雨)였을 가능성이 있다.

B. 44호 건물지 : 44호 건물지는 신전(神殿)이나 종묘(宗廟), 동명묘(東明廟) 등으로 이해되고 있다. 그 이유는 첫째, 여(呂)자 모양의 평면을 지닌 44호는 주위를 도랑으로 돌리고 그 바닥에 2겹의 판석과 정선된 숯을 깔아 외부와 격리된 신성한 공간을 연출하고 있다. 둘째, 입구를 좁게 하여 출입을 극도로 통제하였으며 유물이 거의 없다. 유물이 없다는 사실은 이 건축물이 이용될 당시에 폐기물이 함부로 버려지지 않고 세심히 관리, 유지되었음을 보여준다. 신전 등 제사와 관련된 시설물에서 자주 보이는 현상이다. 셋째, 유사한 형태의 건축물이 한반도 이주민이 많이 살았던 일본 히라카타시(枚方市)의 고대 신사(神社)에서도 발견된다. 히라카타시의 백제왕신사(百濟王神社)는 신을 모시는 본전(신전)과 제사를 지내는 집전소(대전)가 중앙통로로 연결되면서 전체적으로 여(呂)자 형태를 하고 있다.

경당지구 9호 출토 대부명 토기와 말뼈

  C. 206호 우물의 구조와 유물 : 206호 우물의 깊이는 약 3m로 네모지게 켜낸 재목 (角材)과 자갈을 이용하여 수평을 맞추고 그 위에 널빤지로 된 재목(板材)을 4단에 걸쳐 쌓아 올린 네모반듯한 모양(方形)이다. 그리고 위로 올라가면서 널돌(판석)을 이용하여 모를 줄여나가 최종적으로 약간 찌그러진 원형의 평면을 띠고 있다.

  우물 내부는 납작한 널돌과 강돌을 빽빽이 채워놓은 상태였는데 이 돌들을 제거하자 온전한 형태의 토기류가 차곡차곡 쌓인 채 노출되기 시작하였다. 기종은 대부분 호(壺)와 병(瓶)이며 약간의 장군(橫缶)이 포함되어 있다. 토기들은 5단에 걸쳐 차곡차곡 포개어 있는 상태였고 그중에는 내부에 복숭아씨가 출토된 것도 있다. 토기들은 예외 없이 아가리(口緣部)를 인위적으로 깨거나 뜯어냈는데 이러한 흔적은 9호 유구 출토 제기류에서도 확인된다.

  네모반듯한 모양의 축기부는 한 변 11m, 깊이 3m 규모로서 당시의 지표면과 생토인 모래층까지 깊게 굴착한 후 점성이 있는 흙과 모래를 교대로 채워 넣어 층을 이루도록 되

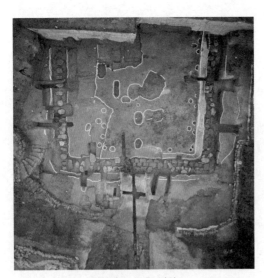

경당지구 44호 전경

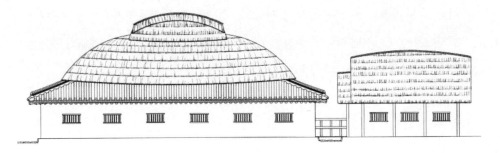

경당지구 44호 복원도

메운 것이다. 정연한 판축 수준에는 이르지 못하고 있지만, 지상에 대형 건축물을 올리기에는 부족함이 없다. 중앙의 우물과 네모반듯한 모양의 축기부는 시차를 두고 축조된 것이 아니고 동시에 만들어진 것이다. 따라서 이 우물은 단순히 물을 확보하기 위한 것이 아니라 거대한 건축물과 공존하였을 가능성이 있다.

주변에서 발견된 자갈 포석층(鋪石層), 도랑, 출입수(出入水) 시설로 추정되는 석조물(石造物) 등을 함께 고려할 때 우물은 어정(御井)으로 보고 있다. 게다가 우물 내부에서 온전한 형태로 발견된 215점의 토기류는 백제 중앙에서 제작한 것보다는 충청, 전라 지역에서 반입된 것이 주종을 이루고 있다. 이는 우물의 축조 때에 백제 중앙과 지방세력이 함께 참여한 모종의 의례가 치러졌음을 보여준다. 출토된 토기를 볼 때 우물의 축조 시기는 5세기 초에 해당된다.

경당지구 206호 우물 내부와 출토 토기

이와 같은 정황을 볼 때 풍납토성 경당지구는 일반적인 거주구역이라기보다는 종교적 행위가 이루어지던 특수한 공간일 가능성이 높아 보인다. 물론 그 행위의 주체는 일반민이 아닌 국가와 왕실이었을 것이다.

2) 몽촌토성

몽촌토성 유적 현황

몽촌토성은 『고려사』, 『신증동국여지승람』 등에 "몽촌"이라는 지명과 함께 "고원성(古垣城)"으로 기록되어 있었으나, 학계에 소개된 것은 1916~1917년 조선총독부 식산국(殖産局) 산림과에 의해 실시된 전국 임야에 남아 있는 고적조사였다. 1963년 이곳이 서울에 편입되기 전에는 경기도 광주군 중대면 이리(二里)에 속하였으므로 일제강점기 때 조선총독부에서는 이리토성(二里土城)이라고 불렀다.

남한산에서 서쪽으로 뻗어 내려온 낮은 자연구릉의 끝부분에 몽촌토성이 자리 잡고 있다. 1970년대 잠실 개발로 가락동, 방이동 일대 지형이 바뀌는 바람에 지금은 독립구릉 처럼 보인다. 전반적으로 서북쪽이 높고 동남쪽이 낮은 지세이며, 몽촌토성의 평면 형태는 불규칙하지만 크게 보아 마름모 내지는 북서~남동 방향이 긴 장방형에 가깝다. 성벽 길이는 2,285m이고, 내부 면적은 216,000㎡(총 67,000평)이다. 동문과 북문 사이의 성벽 바깥쪽에는 또 하나의 작은 능선 위에 둘레 약 270m의 외성(外城)이 위치하고 있다.

몽촌토성 바깥으로는 멀리 남한산성 부근에서 발원한 성내천이 몽촌토성의 동남쪽 부근에서 토성의 동벽을 따라 북쪽으로 흐른 다음, 다시 북벽을 따라 서쪽으로 흘러 약 1km 밖에 있는 한강 본류에 합류함으로써 자연적인 해자가 되었다. 몽촌토성에서 남쪽으로 약 1~2km 거리에 가락동, 석촌동 고분군이 위치하고 있다.

몽촌토성의 성벽은 표고(標高) 44.8m의 자연구릉을 이용하여 축조하였다. 따라서 몽촌토성의 성벽은 몇 가지 특징을 가지고 만들어졌다. 첫째, 성벽은 자연구릉 가운데 그 높이가 다른 지점보다 낮은 부분은 판축기법과 유사하게 성질이 다른 토양을 교대로 쌓는 성토 방법을 이용하여 성벽을 만들었다. 둘째, 자연구릉이 연결되지 않은 지

몽촌토성 상상 복원 모형

점에도 판축기법으로 성벽을 쌓아 양쪽 구릉 말단부가 서로 이어지도록 하였다. 셋째, 자연 지형이 그대로 성벽으로 이용된 지점의 경우 성의 바깥쪽은 주변을 깎아내려 급경사면과 단을 이루도록 만들었다. 이러한 급경사면과 단은 자연 지형에 따라 차이가 있으나 성벽 정상부에서 기저부에 이르기까지 대체로 2~3회 정도 반복되고 있으며, 성의 아래 부분에 가까운 단에는 목책을 설치한 경우도 있었다. 넷째, 몽촌토성의 서북쪽 성벽과 동북쪽 성벽, 그리고 외성에서는 바깥쪽 면에 목책을 세운 흔적이 확인되었다. 발굴조사 때 드러난 목책 구멍을 통해 추정해보면 약 1.8m 간격으로 직경 40~50㎝의 중심 기둥을 깊이 30~90㎝가량 박아 배열한 다음 그 주위에 다시 보조 기둥을 세워 지탱하는 방식이었던 것으로 보인다.

　몽촌토성은 1988년 서울올림픽을 앞두고 1983년부터 1989년까지 6차에 걸쳐 조사되었다. 하지만 조사의 목적이 학술적인 것이 아니라 올림픽에 활용하기 위한 것이었다. 그 결과 중심부에 해당되는 성 내부 저지대는 두터운 퇴적층을 걷어내지 못한 채 조사가 종료되었고, 성의 주변부인 고지대 조사로 시종(始終)하였다. 1999년도 풍납토성의 발굴조사 결과 이 일대는 현재의 지표면보다 4m 정도 아래에 백제 문화층이 존재함이 밝혀짐으로써 몽촌토성의 성 내부 중심부는 발굴조사의 손길이 미치지 못한 채 종료되었음이 드러났다. 따라서 2013년부터 한성백제박물관에서 성의 중심부에 대한 발굴조사를 재개하였다. 그 결과 국내 고대 유적 가운데 최대급인 전체 폭 13m의 대형 인공도로와 '관(官)'자가 새겨진 토기 조각 등이 출토되었다.

1980년대 6차례 발굴조사 결과 몽촌토성에서는 중국제 자기, 전문도기, 금동제허리띠장식 등 많은 양의 유물이 출토되었다. 풍납토성이 본격적으로 발굴조사되기 전에는 몽촌토성을 백제의 왕성, 즉 하남위례성에 비정하는 견해가 힘을 얻기도 하였다. 그러나 현재는 풍납토성이 북성, 몽촌토성이 남성으로서 2개의 성이 평지성(풍납토성)과 산성(몽촌토성)의 기능을 분담하면서 한성이란 도성체제를 구성하였다는 견해가 폭넓은 지지를 받고 있다. 몽촌토성을 쌓고 사용한 시기는 대략 3세기 말~5세기 말경으로 보고 있다. 한편 1989년 조사된 서남지구 고지대에서 고구려 토기가 출토되는 온돌 건물지가 발견되어, 475년 고구려가 한성을 함락한 이후 일정기간 이곳에 주둔하고 있었음을 알 수 있다.

몽촌토성의 유구와 유물

① 망루(望樓)

몽촌토성에서는 모두 4개 지역에서 확인되었다. 망루는 각 방향의 성벽 가운데 본래의 지형이 가장 높은 곳을 선택하여 일부 인위적인 성토를 한 토단(土壇) 형태로 되어 있다. 서북지구의 표고 45m 지점, 동북지구의 표고 30m 지점, 동남지구의 표고 35m 지점, 서남지구의 표고 35m 지점 등이 그것인데, 동남지구와 서남지구의 망루는 남문지의 좌우에 각각 배치되어 있다.

북쪽의 망루는 표고 45m의 봉우리로서, 이곳에 올라서면 토성 내의 북반부는 물론 풍납동, 성내동, 잠실, 석촌동 일대가 한눈에 들어온다. 지금은 주변에 고층 건물이 많아 잘 보이지 않지만, 불과 수십 년 전만 하더라도 한강 건너편까지 쉽게 조망할 수 있었다. 서남쪽의 망루는 표고 35m로 이곳에 올라서면 고분군이 위치한 방이동, 가락동,

석촌동 일대가 지척임을 실감케 된다.

② 수혈주거지

몽촌토성에 수혈주거지는 모두 9기가 확인되었다. 동북지구의 구릉지에서 4기, 서남지구의 성벽에 인접한 고지대에서 1기 등은 남아 있는 상태가 좋지 않아 본래의 평면 형태를 잘 알 수 없다. 그러나 동남지구의 동문지 남쪽 고지대에서 발견된 것 가운데 2기(88-2, 88-3호 주거지)는 출입구가 달린 평면 6각형의 이른바 '여(呂)'자형이고, 나머지 2기 가운데 1기(88-4호)는 먼저 있던 '여(呂)'자형 주거지를 폐기한 후 다시 만들어진 것이다. 동남지구 발견 나머지 1기(88-1호 주거지)는 '여(呂)'자형 주거지보다 먼저 있었던 평면 장방형의 수혈주거지인데, 긴 벽의 한쪽에 화덕이 달린 모습이다.

③ 저장혈(貯藏穴)

저장공 혹은 저장혈이라고 부르는 유구는 대개 구덩이의 평면 형태가 원형이고 위가 좁고 아래가 넓은 모양의 수직 구덩이 형태가 가장 일반적이다. 몽촌토성 안에서는 이러한 형태의 유구가 모두 31기가 확인된다. 분포 상황을 보면 서북지구 1기, 동북지구 13기, 동남지구 9기, 서남지구 8기 등이다. 성 내부의 고지대 및 성벽과 연접된 지역에 주로 분포하고 있는 특징을 보이고 있다.

그러나 구체적으로 무엇을 저장하였는지 또는 그 정확한 용도가 무엇인지는 현재까지의 조사 내용만으로는 여전히 분명하지 않다. 그럼에도 불구하고 저장혈이라고 하는 것은 내부에 거주의 흔적이 없는 점, 땅을 판 구덩이 속의 온도가 바깥보다 일정하게 유지될 수 있다는 점 등으로 미루어 비교적 항온을 요하는 물질의 보관에 유리하다고 여길 수 있는 일반적 유추가 가능하기 때문이다.

④ 지상 건물지

몽촌토성에서 지상 건물지는 서남지구의 표고 35m의 고지대에 집중되어 발견되었다. 적심 건물지·온돌 건물지·판축대지(주위보다 고도가 높고 넓은 면적의 평탄한 표면을 가지고 있는 지형) 등으로 구성되어 있다. 적심 건물지와 판축대지는 건물의 축

(軸)이 서로 어긋나지 않아 같은 시기 혹은 동일한 조성 계획에 의해 배치되었을 가능성이 있다.

⑤ 연못지

몽촌토성에서 연못은 서남지구의 고지대와 남문지 부근 저지대에서 각각 1개씩 발견되었다. 고지대 연못지는 지상 건물지 조성 시점에 매몰된 것으로 확인되었다. 고지대의 연못지는 긴 곳의 길이가 약 30m, 짧은 곳의 직경이 약 15m가량 되는 타원형을 이루고 있다. 깊이는 일정치 않으나 가장 깊은 곳은 약 2m가량 된다.

남문지 부근 저지대 연못지 역시 그 일부만 조사되었는데, 평면 형태는 동남~서북을 장축으로 하는 부정형에 가까운 한 변 길이 약 20m의 방형으로 되어 있다. 연못의 가장자리에서 완만한 경사를 이루면서 점차 깊어져 중심부는 약 1m가량 된다.

⑥ 몽촌토성의 출토 유물

1983년부터 1989년까지 6차에 걸친 조사로 출토된 유물은 삼족기, 직구단경호 등의 백제 토기 여러 종류와 더불어 뼈로 만든 갑옷, 와당, 그리고 고구려 토기인 광구장경사이호(廣口長頸四耳壺) 등이 출토되었다. 그밖에 중국 동진(東晉)대의 전문도기, 금동제 과대금구, 왜(倭)에서 반입된 것으로 추정되는 스에키(須惠器) 배(杯) 1점 등이 출토되었다.

3) 석촌동 고분군

서울시 송파구 석촌동 일대에 분포한 석촌동 고분군은 백제 한성시대의 무덤군이다. 또한 석촌동 고분군은 풍납토성, 몽촌토성과 더불어 백제 한성시대의 도성을 구성하는 주요한 시설이며, 동시에 확인 가능한 도성 지역의 유일한 매장 시설이다.

석촌동 고분군은 일제 강점기 초기인 1911년에 「고적 및 유물보존규칙(古蹟及遺物保存規則)」 제정의 일환으로 이루어진 답사로 보존 가치가 확인되었다. 1912년에는 유적에 대한 전반적인 파악을 목적으로 세키노 다다시(關野貞), 타니이 세이이치(谷井濟

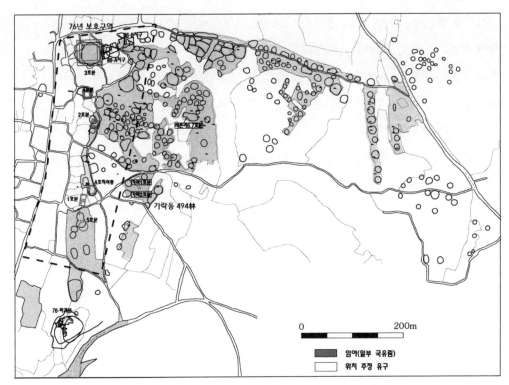

1917년 작성된 고분 분포도와 해방 이후 조사된 고분의 위치 관계

一), 구리야마 순이치(栗山俊一) 등에 의해 간단한 조사가 이루어지면서 이 일대의 고분 분포도가 작성되었다. 1916년에 간행된 이 고분 분포도에 의하면 토총(土塚) 23기, 석총(石塚) 66기의 존재를 확인할 수 있다. 토총은 석실봉토분을, 석총은 적석총과 즙석봉토분을 지칭하는 것으로 보인다. 이후, 조선총독부의 석촌동에 대한 조사는 1916년과 1917년에 이루어졌다.

1916년에는 고분의 분포와 현상에 대한 간략한 조사가 이루어졌으며, 제1~4 적석총의 크기, 상대 위치 등에 대한 기록이 남아 있어 대략적인 크기를 짐작할 수 있다. 이에 따르면 제1 적석총은 높이 20척(尺) 이상, 지름 15칸(間), 제4 적석총은 지름 8~9칸 높이 약 10척이다. 토총은 높이가 10척에 달하는 것도 있으나 5~6척이 일반적이라고 기술하고 있다.

석촌동 고분군에 대한 본격적인 조사는 1917년에 실시되었다. 조사위원 타니이 세이이치를 중심으로 측량, 제도, 촬영을 위한 3인 이상의 실무 담당 조사원들이 현장 조사에 파견되었으며, 일대의 고분 분포에 대한 도면 작성과 석촌리 제1~4호 적석총, 제6·7호분, 제8호분, 가락리 제1호분 및 제2호분 등에 대한 내부 조사 및 실측이 이루어졌다. 1917년도에 작성된 고분 분포도에 따르면 석촌동 일대에 293기 이상의 고분이 밀집 분포하였음을 알 수 있다.

그러나 1970년대 이후의 잠실지구 개발과정에서 대부분의 고분은 조사를 거치지 못한 채 사라져 버렸다. 1988년 서울올림픽을 앞두고 1984년에 3호분과 4호분을 조사한 이래 10여 년간 순차적으로 발굴함으로써 백제 초기 고분의 구조와 계통이 생각보다 훨씬 다양하고 복잡하다는 사실을 알게 되었다.

3호분은 동서 50.8m, 남북 48.5m로서 집안의 고구려 왕릉과 동급임이 밝혀졌다. 아쉬운 점은 상부가 이미 심하게 파괴되어 매장 주체 및 형태, 총 계단의 수를 밝힐 수 없었다는 점이다. 현재는 남아 있던 3단까지만 복원하고 그 이상은 복원하지 않았다. 발굴 과정에서 동진(東晉)시대 청자반구호편과 백제 토기, 옥을 마연하는 숫돌, 금제 영락 등이 출토되어 4세기 중엽~5세기 전반 경에 축조된 것으로 추정되고 있다. 나아가 규모가 초대형인 점에서 근초고왕, 혹은 근구수왕의 무덤으로 추정되고 있다.

4호분은 한 변의 길이가 30cm 정도인 평면 방형에 3단으로 축조된 적석총이다. 내부에 할석을 채운 3호분과 달리 깨끗한 점토를 판축하고 외면에 돌을 입혀 적석총의 외형을 갖춘 특이한 구조다. 정상부인 3단 중앙에 횡혈식 석실이 마련되었는데, 현실의 규모는 동서 460cm, 남북 480cm로서 거의 방형이고 남벽 중앙에 길이 230cm의 연도가 달려 있다. 4호분처럼 내부를 점토로 채운 방식은 인접한 2호분에서도 확인된다.

3호분, 1호분 남분은 내부가 돌로 채워져 있는 반면, 1호분 북분, 2·4호의 내부는 깨끗한 점토를 채워 넣은 점에서 큰 차이가 있다. 이러한 차이는 고구려 적석총이 한강 하류 유역에서 백제화하는 과정에서 생긴 변이일 것이다.

한편 석촌동 3호분 동쪽에서는 토광묘, 옹관묘, 즙석봉토분 등 다양한 형태의 분묘가 조사되었다. 옹관묘는 합구식과 단옹식이 병존하며, 석곽을 설치하고 그 내부에 옹관을 안치한 특이한 형태의 무덤, 즉 석곽옹관묘도 확인되었다. 그중 1호와 4호 옹관은 고구려 토기임이 확인되어, 고구려가 한강유역을 장악한 475년 이후 만들어진 것

현재의 석촌동 고분군

으로 추정된다.

3호분 동쪽 고분군의 B지구 상층에서도 적석총이 확인되었지만 대파되어 구체적인 구조는 알 수 없다. 이 적석총이 파괴된 후에 축조된 23호분은 지름 8cm 정도의 호석을 돌린 수혈식 석곽, 혹은 횡구식 석실로 추정되는데 내부에서 출토된 고배 형태를 볼 때 신라 고분으로 추정된다.

전체적으로 석촌동 일대에서는 3세기 후반부터 백제 고분이 조영되기 시작하여 5세기 후반 이후의 고구려 고분, 6세기 중반 이후의 신라 고분이 연속적으로 축조되었음을 알 수 있다. 하지만 중심을 이루는 것은 4~5세기 경의 백제 고분으로서 그 중에서도 적석총은 규모나 입지면에서 최상위 등급의 묘제였던 것으로 보인다. 특히 고구려 왕릉을 능가하는 초대형 규모인 3호분은 백제 한성시대 전성기의 왕릉이었을 가능성이 매우 높다.

백제, 한반도 차 문화, 발효 식품의 원조

1. 백제의 차 문화

카멜리아 시넨시스(Camellia sinensis)는 차(茶)의 학명이다. 전 세계의 차과 식물은 23속(屬) 380여 종에 달한다고 한다. 그 가운데 중국의 윈난(雲南), 꿰이조우(貴州), 스촨(四川) 등지에 15속 260여 종이 분포하고 있다. 중국의 서남부 지역은 차의 원산지이다. 이곳에는 수령이 1,700년 된 자연산 차나무가 남아 있어 그러한 사실을 뒷받침하고 있다.

오늘날 전 세계 160개 국의 약 30억 인구가 차를 마시고 있으며, 차를 생산하는 나라는 50여 개 국에 이른다. 그렇다면 우리나라는 언제부터 차를 마셨을까?

『삼국사기』에 의하면 신라 흥덕왕(興德王) 3년(828)에 "당나라에 갔다가 돌아온 김대렴(金大廉)이 차나무의 씨앗을 가지고 왔으므로 왕이 지리산에 심게 하였다."는 기록을 토대로 우리나라 차 문화는 8~9세기에 시작된 것으로 보는 것이 학계의 일반적인 견해이다. 그러나 서울의 풍납토성과 몽촌토성에 발견된 소형 돌절구와 중국제 도자기는 우리나라 차 문화가 신라에서 시작된 것이 아니라 백제에서 비롯되었음을 보여주고 있다.

백제 한성시대의 왕성으로 지목되는 서울 풍납토성과 부근 몽촌토성의 핵심부에서 9점의 소형 돌절구가 발굴조사되었다. 이 소형 돌절구는 얼핏 곡물 등을 갈아 먹는 데 쓴 것으로 볼 수도 있으나, 곡물을 도정하는 데 사용되었다고 보기에는 크기가 너무 작아 실용기로 보기에는 문제가 있다. 그런데 이 소형 돌절구는 세계 최초의 차에 대한 책이며 지금도 차에 관한 학문의 원전으로 삼는 『다경(茶經)』에도 등장한다. 육우가 쓴 『다경』에 따르면 이 소형 돌절구는 신선의 선약으로도 받아들여진 차를 만드는

백제 풍납토성 출토 돌절구(좌)와 중국 난징(南京) 조가산 출토 돌절구(우)

신성한 도구로 전해지고 있다. 중국에선 이 소형 돌절구를 '다확(茶碓)'이라고도 한다.

중국의 남조시대 차는 찻잎을 그대로 말리거나 볶아서 뜨거운 물에 불려 차즙을 우려내는 방식이 아니라 떡 같은 병차(餠茶)가 일반적이었다. 다 자란 찻잎이 끈기가 적어 쌀로 풀을 끓여서 혼합해 떡 덩어리처럼 만든 것이다. 마실 때는 우선 돌절구에 떡차(병차) 덩어리를 넣고 갈아서 가루로 만든 뒤 그릇에 넣고, 뜨거운 물을 부어 파, 귤껍질 등의 양념을 더해 마셨다고 한다. 그러니까 다확은 남조시대 차를 마시기 위한 필수 도구였다.

실제로 풍납토성과 몽촌토성에서 나온 백제 소형 돌절구는 남조시대 유적인 중국 난징(南京) 조가산(趙家山) 석기 가공 공방터 유적에서 출토된 소형 돌절구와 똑같다. 풍납토성에서 출토된 소형 돌절구는 위가 둥글고 다리가 정사각뿔대의 형태인데, 조가산 유적의 소형 돌절구도 같은 특징을 보여준다.

이와 더불어 2008년 풍납토성 197번지 발굴조사 당시 나온 중국제 청자음양각연판문완(靑磁陰陽刻蓮瓣文盌)도 차를 담아 마시던 용기이다. 이 연꽃잎무늬 청자완도 중국 저장성(浙江省)의 고대 자기 생산지 월요(越窯)에서 만든 월요연화문완(越窯蓮花紋盌)과 그릇 모양 등에서 거의 유사하다. 연꽃잎 겹친 모습을 돋을새김한 이 우아한 완은 남조시대 차를 담아 마시던 용기였다.

차를 마시는 풍조가 유행하면서 차를 담는 그릇은 차의 맛을 좌우하고 분위기를 만

풍납토성 출토 완(좌)과 중국 월요 생산 완(우)

드는데 중요하게 작용한다. 이때 필요한 용기가 완(盌)이다. 이 완이 차를 마시는 데 중요한 그릇인 것은 『다경』에도 기록되어 있다. 『다경』의 '다지기(茶之器)'에서는 차를 마시는 과정에 필요한 여러 가지 도구들과 함께 중국 각지에서 생산되던 '완'에 대해 기술하였다. 특히 완의 빛깔과 질의 특징을 품평하면서, 그릇에 따라 어떤 차를 마시면 좋은지도 함께 기술하였다.

결국 풍납토성과 몽촌토성에서 발굴된 소형 돌절구와 중국제 도자기는 남북조시대 중국 차 문화가 백제 귀족들에게 수입된 유력한 증거라고 할 수 있다. 그러나 당시 백제에서 차를 직접 재배한 것이 아니라 모두 중국에서 수입해 왔다. 이것은 오늘날 우리가 마시는 커피를 전량 수입해서 마시는 것과 별반 다르지 않다.

이와 같은 소형 돌절구와 완은 8~9세기 경주 황룡사터 동편 통일신라 왕경 지구 생활 유적에서도 다수 출토된다. 이는 백제 차 문화가 통일신라로 번져나갔음을 추정할 수 있는 대목이다.

2. 백제의 발효 문화

2008년도에 실시한 풍납토성 경당지구 재발굴조사에서 백제의 발효 문화를 살펴볼 수 있는 단서가 발견되었다. 경당지구 196호는 백제 왕실 직속의 식료품 보관 창고로 추정되는 공간이며, 이곳에서 다수의 중국제 항아리의 일종인 전문도기(錢文陶器)가

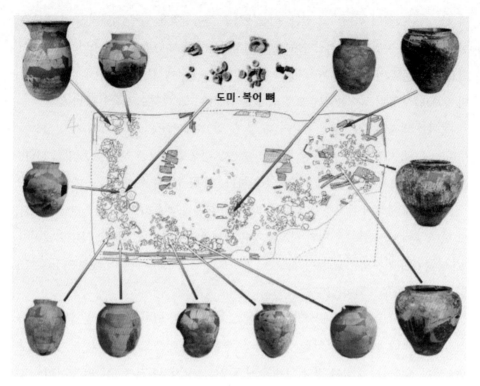

도미·복어 뼈

경당지구 196호 출토 유물과 복어 뼈

조사되었다. 그런데 이 전문도기 안에서 복어, 도미를 비롯한 어류의 뼈가 남아 있었던 것이다.

생선의 뼈가 발견된 것은 뼈를 바르지 않고 온전한 형태, 혹은 토막을 친 형태로 생선을 넣어둔 것이 살은 썩고 뼈만 남은 것으로 보인다. 생선을 한 섬들이 크기의 전문도기에 넣었다는 것은 건조가 아닌 다른 방식으로 보관하였음을 의미한다. 그 전문도기는 중국에서 수입된 것이어서 속에 담긴 복어 역시 중국에서 들어온 것이며, 곰삭은 뼈의 상태로 보아 젓갈이었을 것으로 추정된다. 중국에서 수입된 복어젓갈이다.

복어의 내장과 난소에는 테트로도톡신(tetrodotoxin)이라는 신경계통 마비 독성이 있어 엄격한 조리법을 따르지 않으면 목숨을 잃을 수도 있다. 그럼에도 불구하고 그 맛에 빠진 사람들은 목숨을 걸고 먹는다고 한다. 특히 된장과 소금으로 절여 독성을 없애고 먹는 복어알젓은 별미로 우리 전통 음식의 하나였다. 현재도 전북 군산과 제주

에서는 복어젓갈이 판매되고 있다. 일본에서도 복어알젓은 일부 지역의 지역 명물로 상미(上味) 되고 있다. 이시카와현(石川縣) 하쿠산시(白山市)의 향토요리인 '복어 난소 쌀겨 절임(河豚の卵巣の糠漬け)'이 그 대표적이다. 중국에서는 산동 연해지역에서 이미 7,000년 전부터 복어를 식용으로 삼아 온 사실이 고고학적으로 확인된 바 있다.

'복어를 먹지 않고는 생선 맛을 안다 할 수 없고 복어를 먹고 나면 백 가지 생선이 무미(無味)할 지경'이며, '어느 날 복어를 맛보면 평생토록 다른 생선 맛은 잊게 된다.'는 등의 표현에서 복어 맛의 경지를 알 만하다. 대 문장가로 유명한 소동파(蘇東坡)도 장강(長江)에 황복이 올라올 즈음에는 목민관의 본분을 게을리 하고 복 요리를 즐겼다고 한다. 중국에서 복어를 먹기 시작한 것은 백제와 같은 시기인 남북조시대로 알려져 있다. 북위의 가사협(賈思勰)이 저술한 『제민요술(齊民要術)』에 복어 젓갈[어장(魚醬)] 담그는 방법이 소개되어 있다.

우리 땅에서 복어를 언제부터 식용하였는지는 알려져 있지 않지만, 풍납토성 복어 젓갈로 하여 백제인들이 복어를 맛보았음은 틀림없다. 전문도기는 대략 3세기 중엽부터 4세기 전반까지 중국의 장강 하류의 옛 동오(東吳) 지역에서 유행하던 항아리이다. 따라서 풍납토성에서 발견된 전문도기 안의 복어 뼈는 동아시아 지역에서는 가장 이른 복어 식용 사례가 된다. 1,700여 년 전 짧게 잡아도 몇 달은 족히 걸리는 험난한 바닷길로 복어젓갈을 실어왔으니 이만저만한 정성이 아니다.

2장 고구려, 신라 지배하의 한성

고구려 장수왕은 427년(장수왕 15) 수도를 국내성으로부터 평양으로 천도하였으며, 이후 본격적인 남진정책을 추진하였다. 475년(장수왕 63, 개로왕 21) 9월 장수왕은 3만의 대군을 이끌고 백제를 공격하여 개로왕을 전사시키고 한성을 함락시켰다. 한성은 고구려 땅이 되었다. 이에 개로왕의 아우 문주왕은 고구려의 예봉을 피하기 위해서 군사상의 요충지였던 웅진으로 천도를 단행하였다.

475년 백제 한성을 함락시킨 이후 고구려는 차령산맥 북쪽의 천안~온양 일대를 경계로 백제와 대치하였다. 그러나 5세기 후반 고구려는 남쪽에서는 백제와 신라 양국이 동맹 강화를 통해 고구려 남진에 적극적으로 대처하고, 북쪽에서도 물길(勿吉)과 이통하(伊通河) 유역의 영유권을 둘러싸고 긴장 관계가 조성되는 등 어려운 상황에 처하게 된다. 이에 고구려는 남쪽의 긴장을 완화하기 위해 495년(문자명왕 5) 7월 문자명왕이 남쪽에 대한 순수(巡狩)를 실시하였다. 이와 더불어 고구려는 한강 북쪽에 군사적 거점도시로 '남평양(南平壤)'의 건설하였고 이를 보호하기 위한 외곽 방어선으로 자양동, 구의동, 아차산 일대로 이어지는 '보루(堡壘)'를 축조하였다. 보루란 성(城)의 둘레가 300m 이내인 소규모 성곽을 말한다.

그러다가 551년(양원왕 7, 성왕 29, 진흥왕 12) 백제와 신라 연합군은 한강 이북에 주둔하고 있던 고구려군을 몰아내고, 신라는 한강 상류지역, 백제는 한강 하류지역을 차지하였다. 백제로서는 76년 만에 옛 왕도 한성을 되찾은 것이다. 그런데 중국과 직접 통교할 수 있는 거점 항구를 확보하기 위해 틈을 보던 신라가 백제와의 동맹을 깨고 고구려와 밀약을 맺었다. 고구려는 이미 상실한 한강 유역에 더하여 동해안 함흥평야 일대의 영유권을 넘겨주고 양국 간의 전쟁을 중단한다는 협약을 맺었다. 고구려와 밀약을 맺은 신라는 553년 한강 하류 백제의 점령지를 기습 공격하여 장악하였다.

신라가 한강 하류 유역을 장악하자마자 설치한 행정조직은 신주(新州)였다. 557년(진흥왕 18)에는 신주를 없애고 북한산주(北漢山州)를 설치했다가, 568년(진흥왕 29)에 북한산주를 없애고 남천주(南川州)를 설치하였다. 604년(진평왕 26)에는 남천주를 없애고 다시 북한산주로 되돌아갔으며, 백제 멸망 4년 뒤인 664년(문무왕 4)에 한산주(漢山州)가 되었다가, 757년(경덕왕 16)에 한주(漢州)로 이름을 바꾸었다.

신라가 지금의 서울 지역을 중요한 지방 거점으로 경영하던 6~9세기에 수많은 사람들이 이곳에서 살다가 죽었다. 북한산 남쪽 기슭의 장의사지(莊義寺址), 한강 북쪽 연안의 아차산성(阿且山城), 안양천 옆의 호암산성(虎巖山城), 남한산 북쪽 자락의 이성산성(二聖山城) 등이 당시의 흔적을 전하는 대표적인 유적이다.

1. 고구려 지배하의 한성

고구려 장수왕은 475년 9월에 군사 3만을 동원하여 백제 한성(북성, 풍납토성)을 네 길로 나누어 공격하였고, 또 바람을 이용한 화공작전을 전개하여 성을 함락시키려고 하였다. 이에 맞선 백제의 개로왕도 동요하는 백성과 군사들을 독려하면서 7일 밤낮을 개미떼같이 기어 올라오는 고구려군에게 처절하게 대항하였다.

그러나 개로왕은 군사력의 열세로 북성(풍납토성)이 함락 당하자, 기병 수십 명을 거느리고 성문을 나와 남성(몽촌토성)으로 이동하여 대항하였으나, 이 역시 수포로 돌아갔다. 당시 고구려군의 선두에서 백제를 공격하였던 인물은 원래 백제인이었으나

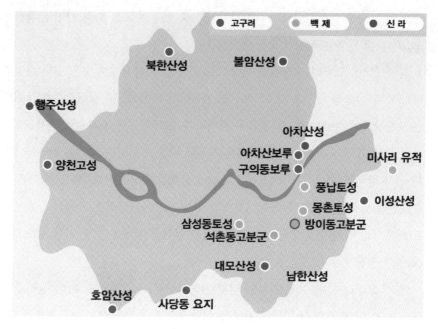

의 범례: ● 고구려 ● 백제 ● 신라

북한산성 불암산성

행주산성

양천고성

아차산성
아차산보루
구의동보루   미사리 유적

풍납토성

몽촌토성   이성산성

삼성동토성   방이동고분군
석촌동고분군

대모산성
남한산성

호암산성   사당동 요지

서울의 삼국 유적 분포도

죄를 짓고 고구려로 도망하였던 재증걸루(再曾桀婁)와 고이만년(古爾萬年)이었다. 이들은 사로잡힌 개로왕을 보고는 말에서 내려 절한 다음 왕의 얼굴을 향해 세 번 침을 뱉고는 그 죄를 꾸짖었다. 이러한 수모를 당한 개로왕은 고구려 장수왕이 주둔하고 있던 한강 건너 아차산 아래서 최후를 맞이한다.

한편 이 시기에 신라에 원군을 요청하러 간 개로왕의 아우인 문주(文周)는 신라로부터 구원군 1만 명을 이끌고 한성에 당도하였다. 그러나 구원군이 이르기 전에 이미 한성은 함락되었고 왕을 비롯한 다수의 왕족과 귀족들이 죽고 8,000여 명의 백성이 포로가 되었다. 고구려군도 아차산으로 이미 물러가고 난 뒤였다. 이에 문주는 고구려의 예봉을 피하기 위해서 군사상의 요충지였던 웅진으로 천도를 단행하였다.

고구려는 한성을 함락하고 한강 유역을 새로운 영역으로 편입한 뒤 이 지역에 군제(郡制)를 실시하였다. 이는 551년에 백제와 신라가 고구려로부터 빼앗은 지역을 6군과 10군으로 표기한 것에서 알 수 있다. 군(郡)이 설치된 지역은 임진강 서쪽과 소백산맥 이남 지역을 제외한 지역에 해당한다. 이러한 군들을 효율적으로 관리하기 위해 고구려는 거점 성을 설치하였었다. 이 거점이 바로 한강 수로를 따라 건설된 북한산군(北漢山郡)과 국원성(國原城, 지금의 충주)이다.

북한산군은 고구려 당시에는 평양으로도 불렸다. 이때의 평양은 수도 평양과 구분하기 위해 '남평양(南平壤)'으로 불렀다. 고구려가 북한산군을 남평양으로 불렀다는 것은 북한산군이 그만큼 중시되었음을 의미한다. 고구려는 전통적으로 산성을 중심으로 하여 중국 세력과 대결하였다. 이러한 전통에 따라 고구려는 백제의 한성을 함락시킨 뒤 군사 방어적 기능이 뛰어난 몽촌토성에 군대를 주둔시키고, 평지성이면서 방어에 불리한 풍납토성은 폐기하였다. 그 대신 5세기 후반 고구려는 그들의 주요한 남하루트였던 한강 북쪽의 중랑천변의 평야지대인 광진구 일대에 평지 거점 성으로 남평양(북한산군)을 건설하였던 것이다.

한편 고구려는 평지 거점 성인 남평양(북한산군)을 보호하기 위해 광진구 자양동, 구의동, 아차산, 용마산 일대에 보루를 집중적으로 축조하였다. 이는 1차적으로는 한강을 건너 쳐들어오는 적들로부터 남평양(북한산군)을 방어하기 위함이었다. 그렇다면 고구려가 아차산 일대에 보루를 축조한 것은 남평양을 보호하는 기능 이외 또 다른 이유는 없었던 것일까?

아차산은 서울시 광진구와 경기도 구리시에 걸쳐 있으며, 높이는 286m에 달한다. 아차산은 동쪽으로는 왕숙천을 따라 북쪽으로 길이 뻗어 있다. 중랑천로를 통해서는 의정부~동두천 방면으로 북쪽과 연결되고, 왕숙천로를 통해서는 포천 방면으로 나아갈 수 있다. 현재도 3번 국도와 47번 국도가 이곳을 따라 남북을 연결하는 주요 간선도로로 기능하고 있다. 또한 아차산 남쪽에 있는 광나루는 백제 한성시대부터 조선시대까지 한강을 건너는 주요 나루였다. 광나루에서 한강을 건너면 남쪽의 탄천로와 연결된다. 탄천로를 통해서 남쪽으로 가면 경기 동남부의 성남~용인을 경유해 충청도와 경상도의 각 지역으로 갈 수 있다. 따라서 고구려가 아차산 일대에 보루를 축조한 것은 중랑천과 왕숙천을 따라 전개된 교통로를 장악하고자 하는 목적도 있었다.

현재 아차산에서는 고구려가 쌓은 보루 20개가 발견되었다. 아차산 보루에서는 고구려 건물터, 온돌, 토기, 철기 등이 출토되었다. 이 보루군은 고구려 국경지대 요새의 구조와 성격은 물론이고 국경 방위체계, 군 편제 등을 규명할 수 있는 귀중한 자료이다. 아차산 보루군이 축조되고 또 유지된 시기를 추정하는 데 단서가 되는 것이 홍련봉 2보루에서 출토된 '경자(庚子)'가 새겨진 토기편이다. 이 고구려 토기의 제작 연대는 6세기 전반이다. 6세기 전반의 경자년은 520년이다. 따라서 경자명 토기는 고구려가 475년에 한성을 함락시킨 이후 551년 이곳을 다시 빼앗길 때까지 약 76년간 이 지역을 지배하였음을 입증해 주는 것이다.

2. 신라 지배하의 한성

475년 한성을 버리고 웅진으로 도읍을 옮긴 뒤 백제 부흥의 기틀을 다진 무령왕은 523년 5월에 세상을 떠났다. 그의 뒤를 이어 아들인 '명농(明禯)'이 왕위에 올랐으니, 그가 바로 성왕(재위 523~554)이다.

『삼국사기』는 성왕이 "지혜와 식견이 빼어나고 일에 결단성"이 있으며, "나라 사람들이 '성왕(聖王)'이라 했다"고 할 정도로 이상적인 군주의 면모를 갖춘 것으로 기록하고 있다. 왕의 명칭은 죽은 뒤에 붙는 것인데 생전에 거룩할 '성(聖)'자가 붙은 '성왕'으로 불렸다면, 그의 위엄뿐만 아니라 백성들로부터 받은 존경의 정도를 헤아릴 수 있다. 『일본서기』에서는 밝을 '명(明)'자까지 덧붙여서 그를 성명왕(聖明王)으로 일컫고 있는데, 역시 그의 권위를 잘 드러내는 이름이다. 또한 같은 책에서 "성왕은 하늘의 도와 지리에 신묘하게 통달했기에 명성이 사방에 나 있었다."라고 평하기도 했다.

성왕은 이름에 걸맞은 빼어난 업적을 남겼다. 회복된 국력을 바탕으로 고구려와 대등한 자세를 확고히하였고, 538년(성왕 16)에는 도읍을 협소한 웅진에서 비교적 넓은 평야를 끼고 있는 사비로 천도하여 새로운 전기를 마련했다. 그러나 성왕은 한강 유역의 탈환만이 백제 중흥의 완성으로 생각하였다.

한편 6세기 중반 들어 고구려의 국내 정세에 큰 변화가 일어났다. 544년 겨울 내란이 터졌다. 안원왕(安原王)이 병들자 왕위 계승을 놓고 귀족 간에 분쟁이 벌어졌던 것이다. 안원왕에게는 3명의 왕비가 있었는데, 첫째 왕비는 소생이 없고, 둘째 왕비와 셋째 왕비는 각각 왕자를 1명씩 두었다. 다음 왕위 계승자로 둘째 왕비 소생 왕자를 미는 귀족(추군, 麤群)과 셋째 왕비의 소생을 지지하는 귀족(세군, 細群)으로 나뉘어져 암투를 벌였는데, 안원왕이 위중하자 서로 우위를 점하기 위해 궁성으로 몰려들었다. 마침내 궁성 문 앞에서 양파 간의 무력 충돌이 벌어져, 3일간 전투가 이어졌다. 세군이 패배하고 피살자가 2천 명에 달하였다. 이듬해 545년 정월 둘째 왕비의 소생인 여덟 살난 왕자가 즉위하니 그가 곧 양원왕(陽原王)이다.

귀족 간의 분쟁은 수도에서 3일간의 전투로 종결되었으나, 정치적 맥락을 따라 분쟁은 지방으로 확산되어 이어졌다. 정란 발발 7년째인 551년 충주 지역의 절에 머물고 있던 혜량(惠亮) 법사가 진격해오는 신라군에 항복하면서 "우리나라는 정치적 변란으로 언제 망할지 모르겠다(我國政亂 滅亡無日)"고 한 것도 그런 일면을 말해준다.

이와 같이 고구려가 큰 혼란에 빠지자, 그 틈을 타 그간 절치부심하여 고토 회복을 노리던 백제가 북진을 단행하여, 옛 한성과 남평양 등을 포함한 한강 하류 지역 6개 군을 점령하였다. 한편 신라도 이에 편승해 소백산맥을 넘어 진공하여 죽령에서 고현에 이르는 한강 상류 10개 군을 차지하였다. 그러나 신라는 중국과 직접 통교할 수 있는 거점 항구를 확보하기 위해 백제와의 동맹을 깨고 고구려와 타협하였다.

고구려는 이미 상실한 한강 유역에 더하여 동해안 함흥평야 일대의 영유권을 넘겨주고 양국 간의 전쟁을 중단한다는 밀약을 맺었다. 고구려와 밀약을 맺은 신라는 553년 한강 하류 백제의 점령지를 기습 공격하여 장악하였다. 그리고 이곳에 신주(新州)를 설치하고 아찬 김무력(金武力)을 군주로 임명하였다. 그러자 백여 년 동안 동맹국이던 신라로부터 등 뒤에서 찔린 꼴이 된 백제는 일단 한강 유역에서 철수한 뒤 신라에 대한 보복전을 단행했다. 이듬해 554년 백제 성왕은 3만여 명의 군대를 동원해 신라 원정에 나섰다. 여기에는 왜군 1천 명과 대가야군이 동참하였다. 백제군이 진격하여 관산성(管山城, 충북 옥천) 지역으로 나아갔다. 신라군과의 대결에서 초반은 백제군이 우세하게 전개되었다. 이어 신주 군주 김무력이 이끄는 병력이 투입되자, 상황은 혼전 상태가 되었다. 그러던 중 백제 성왕이 백제군의 선두를 맡아 분전하던 태자 여창(뒤의 위덕왕)의 부대를 위문하러 나섰다가, 신라군의 기습 공격을 받아 포로로 잡혀 처형되었다. 이어 신라군은 혼란에 빠진 백제군을 총공격하여 좌평 4명을 포함한 2만 9천여 명의 백제군을 괴멸시키는 전과를 올렸다.

북한산 비봉의 진흥왕 순수비

554년 관산성 전투의 승리로 한강 유역을 완전히 차지하여 대 중국 교통로를 확보한 진흥왕은 새로이 편입된 지역의 민심도 살피고 새로운 정치를 하겠다는 큰 뜻을 드러내기 위해 순수(巡狩)를 실시하였다. 그리고 그것을 기념하여 북한산에 순수비를 세웠다.

신라가 한강 하류 유역을 장악하자마자 설치한 행정조직은 신주였다. 그 뒤 4년 만인 557년 신주를 없애고 북한산주(北漢山州)를 설치했다가, 568년 북한산주를 없애고 남천주(南川州)를 설치하였다. 604년에는 남천주를 없애고 다시 북한산주로 되돌아갔으며, 삼국 통일 무렵에는 한산주(漢山州)가 되었다가, 757년에 한주(漢州)로 이름을 바꾸었다.

신라가 처음 신주를 설치할 때 그 행정 범위는 한강 하류 지역뿐만 아니라 우수주(수약주~삭주), 곧 지금의 춘천 지역까지 아우를 정도로 넓었다. 이후 637년 신주의 영역을 한산주와 우수주로 분할하였다. 이 무렵의 한산주는 임진강 이남의 경기도와 충청북도 일부 지역을 포괄하는 정도였다.

3. 신라 통일기 한성 지역

660년 백제를 공격하기 위해 신라 김유신이 거느린 5만의 군대가 진군하였다. 황산벌(충청남도 논산시 연산)에서 신라군은 백제 계백이 거느린 군대를 만나 대전을 벌였다. 이때 전사한 사람 가운데 장춘랑(長春郎)과 파랑(罷郎)이 있었다. 이들은 화랑이나 낭도로 생각된다. 장춘랑과 파랑은 이 전투에서 전사하였다.

『삼국유사』에 의하면, 그 뒤에 장춘랑과 파랑의 혼백이 태종무열왕의 꿈에 나타나

당나라 장군 소정방의 위세를 꺾기 위해서라도 종군할 것을 청하므로 왕은 한편으론 놀라고 한편으론 괴이하게 여겨 두 사람의 영혼을 위하여 하루 동안 모산정(牟山亭)에서 불경을 강설하고, 북한산주에 장의사(莊義寺)를 세워 명복을 빌게 하였다.

태종무열왕이 장의사를 한성 지역에 세운 것은 이곳이 이들의 근거지였기 때문일 것이다. 현재 서울특별시 종로구 세검정로9길 1(신영동 218-9)에 장의사지가 있고 당간지주가 남아 있다. 이 당간지주는 높이에 비하여 중후한 편이며, 별다른 가공을 가하지 않은 매우 소박한 모습을 간직하고 있다. 신라 통일 초기 한성 지역에 남아 있는 유일한 사찰 유적이다.

백제와 고구려를 멸망시킨 이후 신라는 당나라와 한반도의 운명을 건 전쟁을 피할 수 없었다. 신라는 671년(문무왕 11) 10월에 당의 조선(漕船) 70여 척을 격파하였고, 673년(문무왕 13)에 임진강의 호로하(瓠瀘河) 전투와 한강의 왕봉하(王逢河) 전투에서 승리를 거두어, 당나라 군대를 한반도에서 몰아냈다. 이로써 한반도는 '통일신라'라는 통일 국가가 출현하게 되었다.

신라는 통일을 이룬 뒤 확대된 영토와 늘어난 인구를 효율적으로 다스리기 위해 신문왕 때에 전국을 9주로 나누고 그 아래에 군과 현을 두었다. 그리고 특별 행정구역으로 5소경을 두었다. 통일신라시대의 이러한 지방통치 조직을 9주 5소경제 또는 주군현제라고 한다. 9주는 옛 신라 지역에 둔 상주, 강주, 양주의 3주, 옛 고구려 지역에 둔 한주, 삭주, 명주의 3주, 옛 백제 지역에 둔 웅주, 전주, 무주의 3주를 말한다. 주는 오늘날의 도와 비슷한 성격을 갖고 있다.

5소경은 북원경(원주)·중원경(충주)·서원경(청주)·남원경(남원)·금관경(김해)을 말한다. 5소경은 한편으로는 수도가 지나치게 동남쪽에 치우쳐 있는 한계를 극복하기 위해, 다른 한편으로는 옛 고구려나 가야의 귀족 세력을 강제로 이주시켜 이들을 감시하고 견제하려는 목적에서 설치하였다. 주에 파견된 장관은 '총관(뒤에는 도독)'이라 하였고, 도독의 보좌직으로 주조(州助)와 장사(長史)가 설치되었다. 군에는 태수, 현에는 현령을 두었다. 소경의 장관은 사신(仕臣)이라고 하였다. 이들 지방관들의 감독, 감찰하는 관리로 '외사정(外司正)'이 파견되었다.

신라의 삼국 통일 후 중앙의 핵심 군단으로는 6정과 9서당이 있었고, 지방의 핵심 군단으로는 10정이 있었다. 한주에는 6정의 하나인 한산정을 두었다. 그리고 10정 가운데 한주에만 남천정(경기도 이천시), 골내근정(경기도 여주군 여주읍) 2개의 정이 설치되었다. 이는 한주가 북쪽의 국경 지대로서 군사적 중요성이 강하였기 때문에 취한 조치인 것이다.

신라 삼국 통일 이후 한산주 도독으로 그 이름이 알려진 사람은 김대문이다. 그는 신라 귀족의 자제로서 704년(성덕왕 3)에 한산주 도독이 되었다. 그가 쓴 책으로는 『고승전』, 『화랑세기』, 『악본』, 『한산기』 등이 있다. 『고승전』은 신라 고승들의 전기이고, 『악본』은 음악을 정리한 것이다. 『화랑세기』는 화랑들의 활동상을 기록한 것이다. 『삼국사기』의 사론에는 "김대문의 화랑세기에 이르기를 현좌충신이 이로부터 빼어나고 양장용졸이 이로 말미암아 생겨났다."라고 하여 김대문이 쓴 『화랑세기』의 일부를 인용하고 있다. 『한산기』는 한산주의 역사·풍물·지리 등을 기록한 풍토기 또는 풍물지 성격의 책이다. 이 책은 김대문 자신이 704년(성덕왕 3)에 한산주 도독을 역임하면서 보고 듣고 조사한 내용들을 정리한 것으로 보인다. 따라서 이 『한산기』는 우리나라 최초의 풍토기라고 할 수 있다. 앞의 『고승전』 등은 모두 수도 경주 중심의 자료들을 활용하여 편찬한 것인 반면에 풍물지인 『한산기』는 지방의 전통적인 신앙이나 설화 등이 많이 수록되었을 가능성이 높다. 이는 한산주 도독을 지낸 김대문이 전통적 사상에도 깊은 관심을 가진 인물임을 보여준다.

4. 고구려, 신라 지배하 한성의 역사 유적

1) 고구려의 아차산 보루

아차산은 서울시 동쪽과 구리시 서쪽의 경계를 이루고 있는데, 흔히 서쪽의 용마봉, 북쪽의 망우산 및 봉화산 등 주변 산지를 포함하여 아차산이라 부른다. 아차산의 남쪽에는 서울의 젖줄이라 불리는 한강이 흐르고, 한강 남쪽에는 풍납토성과 몽촌토성이 자리하고 있다. 한편 아차산 서쪽으로는 중랑천, 동쪽으로는 왕숙천이 흘러서 한강으로 유입되고 있으며, 이들 강 유역은 충적평야가 비교적 넓게 발달해 있다. 아차산은 해발 286m로 그리 높은 산은 아니나 용마봉(해발 348m)과 함께 인근에서는 가장 높은 봉우리를 이루고 있으며, 아차산에 오르면 남으로는 한강 남쪽의 전 지역이 한눈에 들어오고, 북으로는 멀리 의정부에 이르는 길목까지 한눈에 조망할 수 있다. 이러한 까닭에 아차산은 백제, 고구려, 신라가 모두 중요시하였다.

백제 아차성과 왕숙천 위성지도

아차산에 가장 먼저 군사적 요새를 만든 것은 백제였다. 백제는 3세기 후반 아차성(阿且城) 또는 아단성(阿旦城)이라 불리는 성을 쌓아 고구려의 침략에 대비하였다. 백제가 아차성을 쌓은 주된 목적은 왕숙천을 따라 남하하는 고구려를 방어하여 한성의 안전을 지키기 위해서였다. 이로 볼 때 아차성은 475년 고구려에게 한성을 빼앗길 때까지 한강 이북에서 백제 한성을 방어하는 최후의 보루 역할을 하였다.

그렇다면 백제의 아차성은 아차산 어느 곳에 있었을까? 이에 대한 단서는 일제 강점기에 편찬된 『조선고적도보』에서 찾을 수 있다. 이에 따르면 현재 워커힐호텔 골프연습장에서 고구려 기와편이 발견되었고, 고구려의 성이 있었다고 한다. 아차산에 고구려가 본격적으로 보루성을 쌓기 시작한 것은 495년 이후이다. 따라서 워커힐호텔 골프연습장 부지에 있었던 고구려 성은 백제가 고구려를 방어하기 위해서 축성한 성을 고구려가 한성을 함락시킨 이후 재사용한 것으로 볼 수 있다. 워커힐호텔 골프연습장에서는 왕숙천을 따라 남하한 적들이 아차산 방면으로 오는 것이 잘 보인다.

475년 백제의 한성 함락 이후 고구려는 차령산맥 북쪽의 천안~온양 일대를 경계로 백제와 대치하였다. 그러나 5세기 후반 고구려는 남쪽에서는 백제와 신라 양국이

워커힐호텔과 골프연습장 전경

동맹 강화를 통해 고구려 남진에 적극적으로 대처하고, 북쪽에서도 물길(勿吉)과 이통
하(伊通河) 유역의 영유권을 둘러싸고 긴장 관계가 조성되는 등 어려운 상황에 처하게
된다. 이에 고구려는 남쪽에 대한 긴장을 완화하기 위해 495년 7월의 문자명왕의 남쪽
에 대한 순수(巡狩)를 실시하였다. 이와 더불어 고구려는 한강 북쪽에 군사적 거점으
로 '남평양(南平壤)'을 건설하고 이를 보호하기 위한 외곽 방어선으로 광진구 자양동,
구의동, 아차산 일대로 이어지는 '보루(堡壘)'를 축조하였다.

   아차산 일대에는 모두 20개소의 고구려 군사 유적이 있는데, 조사 이전에 파괴된
것을 감안한다면 이보다 많은 수의 유적이 있었을 것으로 추정된다. 이들 유적은 산성
보다는 규모가 작고 기능이 제한적이라는 점에서 보루라고 불린다. 아차산 일원의 고
구려 보루는 아차산과 용마산 능선을 따라서 이어지고 있는 것들과 한강변에 인접한
것들의 두 부류로 나뉘며, 모두 주변을 조망하기 좋은 곳에 입지하고 있다.

   한강변에 인접한 보루로 현재는 구의동 보루가 유일하지만 일제 강점기에 조사된
자료에 의하면 중랑천과 한강이 만나는 뚝섬 근처의 자양동 일대에도 보루가 있었다.

이러한 점을 감안할 때 중랑천 하구에서 아차산 자락에 이르는 한강변에도 일정한 간격으로 보루들이 배치되어 있었을 것이다.

능선상의 보루들은 아차산과 용마산 줄기를 따라 두 줄로 배치되어 있으며, 한강 이남은 물론 아차산 서쪽 중랑천변 일대와 동쪽의 왕숙천변 일대를 조망하기 위한 것이다. 각 보루들 사이의 거리는 400~500m 가량으로 비교적 일정한 편인데, 각 보루는 목책이나 석축 등의 시설로 연결되어 있었다.

아차산 일원의 고구려 보루는 외곽의 성곽과 내부 건물지로 구성되어 있다. 보루의 평면은 원형 또는 타원형을 이루고 있다. 성곽의 규모는 대소의 차이가 있으나, 외곽에 석축 성벽을 쌓고 내부에 건물 등의 시설물을 설치한 점에서는 동일한 구

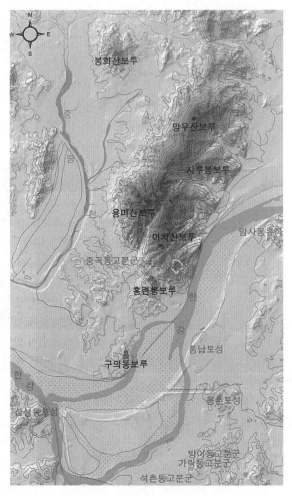

1972년 간행된 지형도에 표기한
아차산 일대 고구려 보루 분포도

조를 하고 있다. 성벽 또한 대체로 다듬은 화강암 석재로 쌓았으며, 구의동 보루의 경우는 특이하게 성벽 상부는 강돌로 쌓았다. 성벽의 총연장 길이는 50m 내외에서 300m 이내 규모이다. 발굴조사된 보루 모두에서 성벽 방어시설인 치(雉)가 설치되어 있는 점도 구조상의 특징으로 볼 수 있다.

성벽 내부 평탄지에는 군용 막사로 이용된 여러 기의 건물과 저수시설 및 배수시설 등이 설치되었다. 최근의 조사결과 성벽을 쌓기 전에 먼저 목책을 세우고 내부를 평탄하게 정지한 후 시설물을 축조한 것으로 밝혀지고 있다. 규모가 가장 작은 구의동 보

고구려 아차산 4보루 항공사진

루의 경우는 수혈식 건물이 1기 축조되었으며, 그 내부에 방형 저수시설과 온돌 및 배수시설이 설치되어 있었다. 아차산 4보루와 시루봉 보루, 홍련봉 1, 2보루 등에는 여러 기의 지상건물과 시설물이 설치되었다. 구조가 비교적 잘 남아 있는 아차산 4보루의 경우는 모두 7기의 건물이 설치되었으며, 모두 12기의 온돌이 설치되었다. 7기의 건물은 모두 장방형의 평면을 하고 있으며, 일부를 제외하고는 돌과 점토를 섞어 쌓은 담장식 벽채이고, 그 위에 맞배식 지붕을 덮었다. 건물지 내부에 설치된 온돌은 지금의 온돌과는 구조가 달리 벽난로와 같은 형태이다.

모든 보루의 내부에는 1~2기의 저수시설이 갖추어져 있다. 저수시설은 풍화암반토를 네모나게 굴토하여 만들었으며, 벽채와 바닥에는 뻘을 채워 방수처리를 하였다. 벽체에는 통나무를 쌓아가며 뻘을 채웠으므로 사용할 당시에는 통나무가 노출되어 벽체 역할을 하였을 것으로 보인다. 저수시설의 규모는 약간씩의 차이는 있으나 저수용량은 비교적 일정한 것으로 보아 보루의 규모에 따라 확보해야 할 저수용량이 정해져 있었던 것으로 보인다.

아차산 4보루와 아차산 3보루에는 간이 대장간도 설치되어 있어서 간단한 철기의 제작과 보수가 가능하였던 것으로 보이는데, 실제로 간이 대장간 주변에는 수리중인 철기가 다량으로 발굴되었다. 그밖에 아차산 3보루에서는 디딜방앗간이 설치되어 있었고, 홍련봉 2보루에는 가마와 유사한 시설물이 설치되어 있어서 고구려군의 생활상을 엿볼 수 있게 한다.

아차산 일대 고구려 보루에서는 많은 양의 유물이 출토되었는데, 대부분은 토기류이다. 발굴된 토기류는 대략 30여 종으로, 용도에 따라 저장용, 조리용, 배식용, 운반용 등으로 사용된 실용기와 부장용이나 의례용으로 사용된 비실용기로 대별된다. 그밖에 접시를 비롯한 개인용 배식기에는 문자를 새긴 토기들도 출토되는데 당시 사회를 이해하는 데 귀중한 자료가 되고 있다.

토기류 다음으로 철기류가 많이 출토되었다. 철기류는 무기류와 마구류, 농공구류 및 용기류 등으로 구분되는데, 무기류가 가장 많은 양을 차지한다. 그밖에 소량이지만 벽돌과 기와류가 출토되었다. 벽돌은 구의동 보루에서만 출토되며, 기와류는 홍련봉 1보루에서만 출토되었다. 홍련봉 1보루에서는 다량의 기와와 함께 연꽃무늬 수막새가 출토되었다. 막새 면에는 단판연화문과 변형화판을 교대로 네 판씩 배치하였는데, 연판(蓮瓣) 사이에는 8개의 삼각형 주문(珠文)을 도드라지게 새겼으며, 가운데 자방(子房)에는 2조의 돋을 테를 둘렀다. 이러한 와당은 남한 지역에서는 처음 출토되는 것으로 고구려에서 기와나 와당은 왕궁이나 사찰 및 관청 등 공공건물에만 사용된 점으로 미루어 홍련봉 1보루의 위상을 짐작하게 해준다.

홍련봉 1보루 출토 연꽃무늬 수막새

아차산 일대의 고구려 보루는 한강을 경계로 광진구 일대에 건설한 군사적 거점 도시인 남평양을 보호하기 위해 그 외곽에 설치되었다. 그리고 중랑천과 왕숙천을 따라 전개된 교통로를 장악하는 기능도 가지고 있었다. 5세기 후반 축조되어 나제연합군의 공격이 있었던 551년에 폐기된 것으로 밝혀지고 있다. 또한 이들 각 보루에는 10명, 50명, 100명 단위로 군사들이 주둔했으며, 아차산 일원에 주둔했던 전체 군사 수는 2,000여 명에 달했던 것으로 추정된다. 보루의 입지와 기와 건물의 존재 등으로 보아 중심 부대는 홍련봉 1보루에 주둔하고 있었을 가능성이 큰 것으로 보인다.

2) 신라의 아차산성

신라가 한강 하류 지역을 백제로부터 탈취한 것은 553년(진흥왕 14)이다. 신라에는 이곳에 신주(新州)를 설치하고 김무력(金武力)을 군주(軍主)로 임명하였다. 이에 대하여 백제는 신라에게 한강 하류 지역의 반환을 요구하면서 결혼정책을 펼치기도 하였다. 그러나 554년 7월 백제는 신라의 관산성(현 충북 옥천)을 공격했다. 초기에는 신라의 장수 우덕, 탐지 등이 군사를 이끌고 싸웠으나 전세가 불리했다. 이때 신주 군주 김무력이 군사를 이끌고 나왔는데, 그 휘하의 군사 도도가 기습적으로 백제군을 쳐서 성왕을 전사시켰다. 이 전투에서 신라군은 백제의 좌평 네 명을 비롯한 2만 9,600명의 군사를 전멸시키는 전과를 올렸다.

신라는 관산성 전투 승리 이후 한반도 내 역학 관계에서 주도적인 위치를 차지하게 되었다. 이듬해인 555년(진흥왕 16) 10월에는 진흥왕이 직접 북한산을 방문해 둘러보았다. 그리고 557(진흥왕 18)년에는 한강 하류의 신주를 폐지하고 북한산주(北漢山州)를 두었다. 이는 신라의 최전방 기

신라 아차산성 위치도

지를 한강 남쪽에서 북쪽으로 옮긴 것이다. 이후 신라는 7세기 중엽 삼국 통일 이전까지 임진강을 경계로 고구려와 대치하게 된다. 이와 관련된 유적 중 하나가 서울시 광장동 일대에 위치한 아차산성이다.

신라의 아차산성은 한강 하류 나루터 중 하나인 광장동 일대, 지금의 워커힐호텔 뒤편 아차산 줄기의 말단에 조성된 포곡식 석축산성이다. 평면 형태는 대체로 육각형을 띠고 있으며, 전체 둘레는 1,038m에 높이는 6~7m 내외로 확인되었다. 아단성(阿旦城) 또는 아차산성(阿且山城)·장한성(長漢城)·광장성(廣壯城)이라고도 불렸다.

아차산성은 『삼국사기』에는 책계왕 때인 286년 축성한 것으로 알려져 있으며, 「광개토왕릉비문」에는 396년 광개토왕이 백제를 공격하여 58성과 700촌을 빼앗을 때 언급된다. 475년 고구려 장수왕의 한성 공격으로 사로잡힌 개로왕을 처단한 곳 역시 이곳이다. 따라서 한강 하류 풍납토성이나 몽촌토성 등과 함께 백제가 쌓은 성으로 이해되어 왔다. 그러나 2000년에 실시한 발굴조사 결과, 백제 한성시대에 해당하는 유구와 유물은 확인되지 않았다. 그 대신 성벽 뒤쪽 성토층에서 출토된 토기가 7세기 전반으로 편년되면서 아차산성은 553년 신라의 한강 점령 이후 축조되었음을 알게 되었으며, 557년에 설치된 북한산주의 주치인 북한산성(北漢山城)으로 비정할 수 있게 되었다.

아차산성의 성벽 축조 방식을 보아 신라 성임을 알 수 있다. 성벽은 잘 다듬어진 화강암 석재를 사용하여 안팎을 모두 쌓은 내외 협축식 석성이며, 가운데 커다란 할석을 채워 넣었다. 바깥쪽 기초 부분은 별도로 보축하였다. 보축성벽은 체성(體城)보다 작은 석재를 사용하여 축조하였으며, 보축성벽 위에 다시 점토를 덮어

신라 아차산성의 체성과 보축성벽

서 마감하였다. 이처럼 체성 외부 기초 부분에 보축성벽을 쌓고 점토
를 덮어서 보강하는 축성법은 삼국시대 말~통일신라시대의 신라
성에 자주 보이는 특징적인 수법이다.

한편 아차산성 성벽과 성 내부를 조사하는 과정에서 수 천
점의 기와와 함께 12개 기종의 토기 945점이 출토되었다.
토기류는 전형적인 신라 토기의 특징을 보이며 백제 및
고구려 토기는 확인되지 않았다. 한편 기와의 등에 명
문이 새겨진 기와도 147점이 확인되고 있다. 전체 명문
이 온전히 남아 있는 예는 없으나, '북(北)…', '…한(漢)…',
'북한(北漢)…', '…한산(漢山)○…' 등의 문자가 확인된다.

신라 아차산성 출토 '북한'명 기와

이들 명문 내용을 종합해 보면 당초 명문의 내용은 '북한산○(北漢山○)'으로 보이며,
'북한산' 다음 자를 '성(城)'으로 추정하면 '북한산성'으로 이해할 수 있다. 이로 볼 때
557년(진흥왕 18)에 설치된 북한산주의 주치인 북한산성으로 비정할 수 있다.

3) 신라의 방이동 고분군

방이동 고분군은 송파구 방이동 일대에 위치하고 있다. 원래 얕은 구릉지대였으나
잠실지구 아파트 건설공사에 의해 대부분 삭평되었다. 1971년 국립중앙박물관과 국
립문화재연구소의 합동 지표조사 결과 8기의 고분이 확인되었다. 1975년 잠실지구 신
시가지 조성계획에 따라 6기의 고분이 발굴조사되었다.

1975년 발굴조사 이후 방이동 고분의 석실분은 백제의 한성시대 횡혈식 석실분으
로 그동안 이해되어 왔다. 그러나 방이동 1·4호분의 중앙형, 좌편형 연도와 궁륭식 천
장 구조는 공주·부여 등 백제 지역의 석실분(우편형)에서 찾아볼 수 없고, 오히려 경주
충효리·서악리 등 경주 일대와 합천 저포리 등 경주 주변 지역에서 조사되고 있다. 또
한 방이동 4, 6호분에서 출토된 회청색 경질 단각고배의 경우 투창은 전형적인 신라
토기에서 볼 수 있는 형식이다. 이러한 점을 들어서 근자에는 방이동 고분은 신라가 6
세기 이후 한강 유역을 차지하면서 조성된 무덤으로 보고 있다.

신라 방이동 고분군 전경과 출토 단각고배

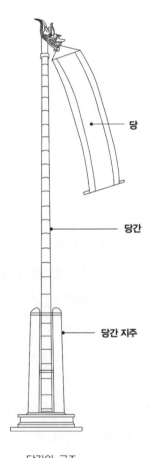

당간의 구조

사실이 이러함에도 문화재청 홈페이지에는 방이동 석실분을 "방이동백제고분군", 석촌동 적석총을 "석촌동백제초기적석총"으로 구분하고 있다. 또한 현장 안내판도 이를 따르고 있다. 그러다 보니 잠실 일대 가로 표지판에 표기된 '백제고분공원'은 곧 방이동 석실분을 지칭하는 것처럼 되어 있다. 따라서 일반 시민들과 외국인들에게 많은 오해를 불러일으키고 있다.

4) 신라 장의사지 당간지주

당간지주는 사찰 입구에 세워두는 것으로, 절에서는 행사나 의식이 있을 때 당(幢)이라는 깃발을 다는데, 깃발을 걸어두는 길쭉한 장대를 당간이라 하며, 당간을 양쪽에서 지탱해주는 두 돌기둥을 당간지주라 한다. 이 당간지주는 세검정초등학교가 들어서 있는 장의사 옛터에 동서로 마주 서 있다.

장의사는 660년 백제 계백 장군과의 황산벌 전투에서 전사한 신라 장수 장춘랑(長春郞)과 파랑(罷郞)의 명복을 빌기 위해 신라 무열왕 6년(659)에 세웠다고 전한다. 이 당간지주는

마주보는 기둥 바깥 면 두 모서리를 죽
여 약간의 장식을 보이고, 기둥머리는
안쪽 면에서부터 바깥쪽으로 약간 평평
하다가 이내 원을 그리며 깎여져 있다.
당간을 단단히 고정하기 위해 안쪽 면
윗부분 가까이에 둥근 구멍을 뚫어 놓았
다. 대개의 경우 당간을 꽂기 위한 장치
를 하더라도 기둥머리에 따로 홈을 내는
것이 보통인데, 여기에서는 그 유례를
따르지 않고 있어 흥미롭다.

장의사지 당간지주

전체적으로 높이에 비하여 중후한 편
이며, 별다른 장식이 없는 매우 소박한 모습이다. 세워진 시기는 확실히 알 수 없으나,
경주의 망덕사지 당간지주와 비교하여 볼 때 통일신라시대의 작품으로 추측된다.

5) 신라 호암산성

호암산성은 서울시 금천구 시흥동과 안양시 석수동의 경계를 이루는 호암산(해발
347m) 정상부에 위치한 석축산성이다. 성의 동쪽은 삼성산과 관악산 등과 같은 높은
산으로 연결되어 있으나, 서쪽으로는 복류하는 안양천을 따라 평지가 형성되어 있다.
산성은 해발 325m의 능선을 따라 이어지는 테뫼식으로 평면은 길쭉한 마름모꼴을 하
고 있다.

호암산성은 서울대학교박물관에서 1989년부터 1990년까지 발굴조사하였다. 조사
결과 성 내부에서는 통일신라시대의 연못지 2개소, 건물지 4개소, 조선시대 연못지 1
개소(한우물) 등이 확인되었다. 한우물은 제1우물지로 성의 북쪽에 위치하고 있다. 가
뭄에는 기우제를 지내고 전시에는 군사용으로 이용되었다고 한다. 연못지는 통일신라
시대 석축 연못 구조 위에 조선시대에 새로 석축 연못을 만들었음이 발굴조사를 통해
밝혀졌다. 남쪽 제2우물지에서는 통일신라시대 토기와 함께 '잉벌내력지내미(仍伐內

호암산 정상부에 위치한 한우물

力只乃未)…'라는 명문이 새겨진 청동숟가락이 출토되었다. 이는 호암산성이 위치한 일대가『삼국사기』지리지에 나오는 잉벌노현(仍伐奴縣)임을 밝혀주는 자료이다.

호암산성의 축성 목적과 시기를 알려주는 직접적인 문헌 자료는 없지만 조사 과정에서 출토된 유물, 유적과 산성의 입지 조건, 지형을 근거로 축성 목적을 살펴볼 수 있다. 통일신라 문무왕 시절 나당전쟁을 수행하고 있을 때, 신라가 한강을 넘어 수원으로 넘어가는 육로와 남양만으로 침입하는 해로를 효과적으로 방어 공격하기 위해 세웠을 가능성이 있다.

6) 신라 이성산성

이성산성은 경기도 하남시 춘궁동 산36번지 해발 209.8m의 이성산에 위치한다. 이성산의 남쪽에는 금암산과 청량산 등으로 시야가 막혀 있지만 북쪽에는 황산(해발 78.8m), 성산봉(해발 104.9m), 응봉(해발 88.3m) 등 작은 구릉밖에 없다. 따라서 이성산성은 부채살 모양으로 굽이쳐 흐르는 한강의 주변 지역을 한눈에 조망할 수 있는 전략적 요충지이다.

이성산성은 이성산 정상부에서 남쪽으로 계곡을 감싸도록 쌓은 포곡식 석축산성이다. 이성산성은 1986년부터 1차 발굴조사가 시작된 이후 2010년까지 12차 발굴조사가

구글 위성지도에 표기한 신라의 북한성과 남한성

진행되었다. 이러한 일련의 발굴조사 결과 이성산성 성벽은 2차에 걸쳐서 쌓은 것으로 확인되었다. 1차 성벽을 쌓고 일정 기간이 지난 후 성이 붕괴되자 1차 성벽의 바깥쪽 4m 지점에 다시 성벽을 덧붙여 2차 성벽을 쌓았다.

그동안 조사를 맡아온 한양대학교박물관은 12차에 걸친 발굴조사 결과를 바탕으로 이성산성이 551년 신라가 한강 유역으로 진출하여 신주(新州)를 설치하면서 쌓은 신라 성으로 발표하였다. 신주는 이후 신라의 삼국 통일 이후 신문왕 때에는 한산주(漢山州)로, 757년(경덕왕 16)에는 한주(漢州)로 명칭이 변경되었다. 이에 반하여 하남시의 향토사학자들을 중심으로 한 일부에서는 이성산성을 백제 한성시대 도성의 하나였다는 주장을 계속하고 있다. 그러나 이들의 주장은 다음의 이유로 성립할 수 없다.

첫째, 3차 발굴조사에서 이성산성의 원래 이름인 '남한성(南漢城)'이라고 적힌 목간이 출토되었다. 이성산성 A지구로 명명된 남문지 안쪽에서 대규모 저수지가 확인되었다. 저수지는 2차에 걸쳐 조성되었는데 1차 저수지가 퇴적되어 제 기능을 못하게 되자, 일부를 준설하고 석축으로 호안석을 쌓아 장방형의 2차 저수지를 조성하였다. 3차 발굴조사에서 처음 조성된 성벽과 관련이 있는 1차 저수지 안에서 글자가 적힌 목간이 한 점 출토되었다. 목간에는 '무진년정월십이일붕남한성도사촌주수성도사촌주(戊辰長正月十二日朋南漢城道使村主須城道使村主)…'라는 글자가 확인되었다. 목간과 함께 출토된 유물은 전형적인 신라 토기인 굽이 낮은 고배류 등이었다. 목간과 함께 출토된

신라 산성의 현문식 성문 삽화와 이성산성의 현문식 성문

유물을 바탕으로 목간에 적힌 무진년은 608년(진흥왕 30)으로 추정되었으며, 이성산성의 원래 명칭이자 한산주의 치소성의 명칭이 '남한성(南漢城)'이었음을 알 수 있게 되었다. 이후 한강 북안의 신라 아차산성에 대한 발굴조사 결과 '북한성(北漢城)'이라는 명문기와가 출토되었다. 따라서 한강을 사이에 두고 이성산성과 아차산성은 신라의 '남한성'과 '북한성'이었음이 밝혀지게 되었다.

둘째, 9차 동문지 발굴조사에서 신라 성의 가장 큰 특징 중 하나인 현문식(懸門式) 성문이 확인되었다. 현문은 출입구가 성 외벽의 하단에서 3m 정도 높이에 조성되기 때문에 사다리를 타고 올라가야 성 안으로 진입할 수 있도록 만든 독특한 성곽 구조물이다. 성문의 위치도 능선이나 계곡부에서 벗어난 위치에 조성되어 적이 공격하기 어렵도록 하였다. 이러한 형태의 성문은 보은 삼년산성이나 문경 고모산성, 충주 온달산성 등 신라 성곽에서는 공통적으로 확인되는 가장 특징적인 성문의 형태이다.

셋째, 신라 건축 양식인 다각형 건물지가 조사되었다. 이성산성이 신주의 치소성이었다가 이후 한산주의 치소성이었던 것만큼 성 내에서는 많은 수의 건물지가 확인되었다. 특징적인 것은 길이 36m가 넘는 대규모 장방형 건물지와 함께 다수의 다각형 건물지가 확인되었다는 점이다. E지구에서 확인된 장방형 건물지를 사이에 두고 대칭을 이루며 배치된 8각 건물지와 9각 건물지는 독특한 구조로 인하여 주목을 받게 되었다. 8각 건물지는 중심부에 4개의 둥근 돌이 세워져 있어 사직단(社稷壇)으로 추정되

나정 발굴에서 확인된 8각 건물지(8세기경)와 건물 복원 조감도

었으며, 동편의 9각 건물지는 9라는 숫자가 하늘을 상징하는 숫자임을 감안할 때 하늘
에 제사를 지내는 천단(天壇)으로 추정되었다.

이러한 다각형 건물지가 공주 공산성이나 순천 검단산성 등 백제 지역의 산성에서
도 발굴되었음을 근거로 일부 연구자들은 이성산성이 백제성이라는 주요한 근거 자료
로 삼고 있다. 그러나 공산성이나 검단산성에서 발굴된 다각형 건물지들은 모두 통일
신라기에 구축된 유구이다. 최근 경주의 나정과 용인 할미산성에서도 8각 건물지가
확인되어 다각형 건물은 오히려 신라의 특징적인 건축양식임을 확증해 주고 있다.

3장 고려시대의 남경

　고려시대의 남경(南京)은 지금의 서울특별시 종로구를 중심으로 서울 강북 일대와 경기도 구리시, 남양주시 일부에 이르는 지역에 설치되었던 별경(別京)이다.

　고려는 건국 이후 12대 또는 120년이 지나면 개경의 땅기운이 다한다는 도참설이 공공연하게 퍼져 있었다. "용의 후손인 고려 왕실은 12대가 지나면 그 기운이 다한다"는 것이다. 개경의 땅기운을 보완하는 방법으로 인근의 명당에 이궁(離宮)이나 임시 궁궐을 짓고 국왕이 순행하는 조치가 취해졌다. 다른 곳으로 천도하는 방법이 적극 모색되기도 했다. 남경은 문종(文宗, 재위 1046~1083) 때인 1067년(문종 21) 처음 설치되었으나, 얼마 지나지 않아 폐지된 것으로 보인다. 남경이 서경(西京, 지금의 평양), 동경(東京, 지금의 경주)에 이어 문종 때 처음 설치된 이유는 문종이 고려의 11대 왕으로서 12대에 근접하고 개국 120년과도 가까운 시기의 국왕이었던 것과 관련이 있다.

　남경을 본격적으로 건설하기 시작한 이는 숙종(肅宗, 재위 1095~1105)이다. 술사(術士)인 김위제(金謂磾)는 풍수 예언서에 근거하여, 왕조의 통치를 연장하기 위해서는 새로이 도읍(京)을 설치해야 한다고 주장하였다. 그에 의하면 양주(楊州, 현재의 한강 이북 지역) 삼각산(북한산) 남쪽 목멱산 인근에 남경을 설치하여, 국왕이 서경(평양)·중경(개경)·남경에서 1년에 4개월씩 돌아가며 머문다면, 왕조의 통치가 연장되고 주변 국가들이 조회할 것이라는 것이다.

그리하여 1099년(숙종 4) 양주 일대에 궁궐 터를 살핀 후, 1101년(숙종 6) 남경개창도감(南京開創都監)을 설치하고 궁궐 등을 짓기 시작하였다. 남경의 전체 영역은 확실하지 않으나, 북쪽은 백악, 동쪽은 대봉(大峯), 남쪽은 사리(沙里), 서쪽은 기봉(岐峯)을 자연 경계로 삼은 것으로 보인다. 남경 궁궐은 1104년(숙종 9)에 완공되었으며, 국왕이 때때로 머무는 별경 역할을 수행하였다. 남경에는 행정 기구로 유수관(留守官)이 설치되었으며, 남경 유수관에 배속된 관원으로는 3품 이상 임명하는 유수(留守) 1명, 4품 이상의 부유수 1명, 6품 이상의 판관(判官) 1명, 8품 이상의 법조(法曹) 1명, 9품 이상의 문사(文師)·의사(醫師) 각 1명 등이 있었다.

남경은 1308년(충렬왕 34) 한양부(漢陽府)로 격하되고, 윤(尹)·판관(判官)·사록(司錄) 등의 관원이 설치되었다. 우왕(禑王, 재위 1374∼1388)과 공양왕(恭讓王, 재위 1389∼1392) 때 잠시 이곳으로 천도(遷都)하기도 하였으며, 조선 건국 후 조선의 수도 한성이 되었다. 고려시대 남경의 도시 시설은 조선시대 한성의 도시 시설이 자리 잡는 데 그 배경이 되었다.

1. 남경의 건설 과정과 국왕의 순행

고려 문종 때 남경 건설과 관련한 첫 번째 일은 1067년(문종 21) 12월 양주를 남경 유수관으로 승격하고 인근 백성을 이곳으로 옮기는 것으로 시작되었다. 이듬해 12월에는 남경에 새 궁궐을 창건하였다. 이후 1076년(문종 30)에 제정된 외관록(外官祿)에 남경 유수관이 포함되어 있어 이때까지는 남경이 경영되고 있었음을 알 수 있다. 그러나 문종 때 설치된 남경은 머지않아 폐지되고 양주로 환원되었다. 이는 1078년(문종 32)의 외관록 지급 규정에 남경 유수관이 보이지 않고, 송나라 사신의 조칙을 받는 자리에도 남경이 나타나지 않아, 문종 30년에서 32년 사이에 폐지된 것으로 보인다.

그리고 20년이 지난 1096년(숙종 1)에 남경 건설에 대한 재논의가 김위제 등에 의해 거론되었다. 김위제는 도선의 후계자임을 자처하면서 당시에 전해지고 있었던 『도선기(道詵記)』, 『도선답산가(道詵踏山歌)』, 『삼각산명당기(三角山明堂記)』, 『신지비사(神誌秘詞)』 등 다양한 도참서의 내용에 근거를 두고 남경 설치와 이곳으로 천도해야 하는 당위성을 설명했다.

첫째, 『도선기』에 근거해 고려에는 송악의 중경, 목멱양(木覓壤)의 남경, 평양의 서경과 같이 3경이 있으니, 1년 가운데 11월부터 2월까지는 중경, 3월에서 6월까지는 남경, 7월에서 10월까지는 서경에 머무르면 36개국이 알현하러 오고, 또한 고려 건국 160여 년 후에는 목멱양에 도읍한다고 했던 만큼 지금이 바로 그때이다. 둘째, 『도선답산가』를 들어 송악은 지력이 쇠약해져 도읍으로 정한 지 100여 년에 이르러서 폐지될 것이니 도읍을 옮겨야 하는데, 이는 꼭 한강 북쪽에 자리 잡은 양주여야 국운이 크게 일어나 태평할 것이다. 셋째, 『삼각산명당기』에 근거해 삼각산은 북쪽을 등지고 남쪽을 향한 선경으로 그곳에서 화맥(花脈), 곧 산맥이 3중·4중으로 산이 산을 등져 명당을 수호하고 있다. 따라서 삼각산에 의지해 도읍을 세우면 국운이 융성할 것이니, 양주야말로 태평성대를 누릴 땅이다. 넷째, 『신지비사』에 근거를 두고 3경은 저울과 같으니, 개경을 저울대, 양주를 저울추, 평양은 받침대로 삼아 균형을 이룬다면 국가가 융성하고 크게 편안함을 지속해 나아갈 수 있다.

김위제의 도참서에 근거한 한양 명당설에 천문과 점성(占星)을 맡았던 일관(日官)들은 동의했으나, 다른 신하들은 그렇지 않았다. 따라서 그 조치는 즉시 이루어지지 못했다. 3년이 지난 1099년(숙종 3) 9월에 재상과 일관 등에게 남경 건설에 대해 의논하라는 왕명이 내려져 본격화되었다. 한양 명당설을 인용하며 남경 건설을 강력하게 주장한 김위제의 요청은 사실 국왕인 숙종의 의중을 적극 대변한 것이었다.

순종(順宗, 재위 1083, 3개월)·선종(宣宗1083~1094)과 함께 문종의 아들이었던 계림공 왕옹(王顒)은 이자의(李資義) 난을 진압한 후 어린 조카인 헌종(憲宗, 재위 1094~1095)을 1년 반 만에 폐위시키고 1095년 10월 즉위했다. 그가 바로 숙종이었다. 숙종은 헌종을 선왕(先王)으로 인정하지 않고, 자신이 선종을 직접 이었다고 알리고, 반정 직후의 국면 전환에 고심했다. 이런 점에서 남경 건설은 당연히 주목되었다. 김위제는 남경 건설의 배경으로 새 수도를 돌아보고 거기에 머물 때가 숙종이 즉위한 시점

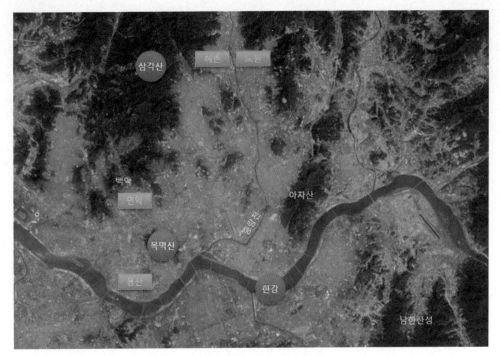

구글 위성지도에 표기한 숙종 때 남경 건설 당시 주요 거점

이며, 그곳이 현명한 임금이 성대한 덕정(德政)을 펼칠 땅이라고 밝히고 있다. 풍수도
참에서 남경은 왕업이 오래도록 발전하고 온 천하가 조회하러 모여들어 왕실이 창성
할 큰 명당으로 논의되고 있었다.

김위제가 남경 건설을 주창한 시기는 1096년(숙종 1) 8월이었다. 『도선답산가』에
서는 그 시기와 장소를 "삼동(三冬)의 해 뜨는 곳"으로 언급하고 있는데, 이에 대해 그
는 "음력 11월에 해가 동남쪽에서 뜬다는 말, 즉 목멱산이 송경(松京, 개경)의 동남쪽
에 있기 때문에 그렇게 설명한 것"이라고 밝혔다. 그런데 김위제의 설명은 『도선기』와
어긋나는 해석이다. 『도선기』를 따르면, 11월에는 국왕이 중경인 개경에 머물러야 한
다고 밝히고 있기 때문이다. 남경 건설을 주장하는 도참 서적들에서 참언 내용은 자료
에 따라 조금씩 상이했다.

숙종은 즉위와 동시에 추진하려던 남경 건설을 곧바로 시행하지 못하고 3년 동안
지지부진한 시간을 보내야 했다. 신료의 반대에 직면했기 때문이다. 이후 1099년(숙

종 3) 남경 건설의 재논의가 이루어진 것도 전적으로 왕명에 따른 것이었다. 그것은 숙종에게 필수불가결한 사항이었다. 마침내 숙종 자신이 직접 왕비와 원자(元子), 조정 백관, 그리고 자신의 바로 밑의 동생으로서 출가하여 우세라는 법명을 가진 의천 등 대규모의 인원을 거느리고 양주 지역의 삼각산과 승가굴에 행차하였다. 이후 양주에 들러 도성이 들어설 만한 명당자리도 물색했다. 숙종이 몸소 양주 지역을 답사해 도성의 터를 물색한 뒤에는 남경 재건에 더욱 박차를 가했다.

1101년(숙종 6) 9월에는 남경 건설을 위한 전담 관청인 남경개창도감을 설치했다. 이때 문하시랑평장사 최사추, 지주사 윤관 등에게 남경에 가서 지세를 살펴보도록 했다. 당시 김위제가 거론한 남경의 주요 지형적 조건은 한강의 북쪽, 목멱산 인근, 삼각산의 남쪽이라는 세 지점이었다. 이들 일행은 10월에 돌아와 탐사 결과를 보고하였다. 남경의 후보지로 용산(龍山), 노원역(蘆原驛), 도봉산 아래 해촌(海村), 삼각산 면악(面岳)이었다. 이중 용산은 한강의 북쪽이자 목면산의 남쪽이었고, 노원역과 해촌은 삼각산 남쪽 목멱산 북쪽이면서 한강의 지류인 중랑천을 끼고 있는 지역이었다. 삼각산 면악도 삼각산과 목멱산 사이에 위치한 지역이면서 한강 이북에 해당하였다. 최종적으로 선정된 곳은 면악 아래였으며, 궁궐의 좌향(坐向)은 김위제가 언급한『삼각산명당기』에 거론된 대로 '임좌병향(壬坐丙向)'이었다. 임좌병향이란 임방(壬方), 즉 북서 방향을 등지고, 남동 방향인 병방(丙方)을 바라보는 방향이다. 이러한 결정이 있었음에도 관료들의 반대가 여전했으나, 대세는 이미 기울어졌다.

남경의 영역은 정확치 않다. 다만 기록상 자연의 형세에 따라 동쪽으로는 대봉(大峯, 지금의 낙산), 남쪽으로는 사리(沙里, 용산 남쪽 끝), 서쪽으로는 기봉(岐峯, 지금의 안산), 북쪽으로는 면악(面岳, 지금의 북악산)을 경계로 삼았다고 전한다.

이에 숙종은 명을 내려 1101년(숙종 6) 10월 남경 설치를 종묘·사직·산천에 고하고 공사를 착수하였다. 이어 2년 8개월간에 걸친 대역사 끝에 1104년(숙종 9) 5월에 낙성을 보게 되었다. 면악 아래 건설된 남경 궁궐의 정전은 연흥전(延興殿)이다. 연흥전은 '이어서 흥성한다'는 의미가 담겨 있다. 연흥전 외에도 대사(臺榭)와 후원이 조성되었다. 숙종의 아들인 예종 때 기록을 보면 내전에서 강경 법회, 천수전(天授殿)에서는 연회를 열었다. 또한 남명문(南明門)에서는 신기군의 격구를 보았고, 북령문(北寧門)에

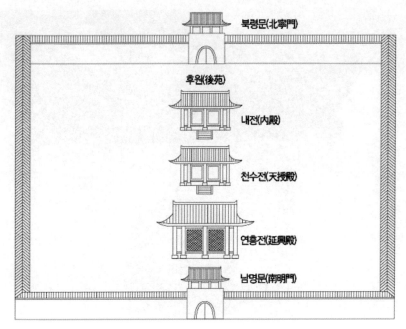

북령문(北寧門)

후원(後苑)

내전(內殿)

천수전(天授殿)

연흥전(延興殿)

남명문(南明門)

고려 남경 행궁 추정 복원도

서는 관료들의 활쏘기를 보았다는 기록이 전해진다.

　면악 아래 건설된 남경 궁궐은 매우 비좁았던 것 같다. 조선 초 경복궁을 건설할 때 고려 숙종 때 건설했던 궁궐 터가 너무 좁기 때문에 남쪽의 평탄한 땅을 선택했다고 기록하고 있다. 이로 볼 때 남경 궁궐은 지금의 경복궁 북쪽 청와대 일대나 아니면 그보다 좀 더 북쪽으로 산록을 따라 입지했을 것이다.

　숙종의 남경 순행은 1104년(숙종 9) 7월 27일 단행되었다. 국왕의 지방 순행은 통치영역의 확인과 백성과의 직접 교감이라는 점에서 가장 적극적인 정치 행위였다. 고려 국왕들은 태조의 유훈을 받들어 서경을 중심으로 순행을 했다. 남경 건설 이후에는 순행 장소로 남경이 포함되었다. 숙종의 첫 번째 순행은 남경 완성을 직접 살피기 위해 7월 말에 이루어졌다. 많은 신료의 반대를 무릅쓰고 즉위 직후부터 시작한 일을 매듭 짓는 것이었다. 이때의 순행에는 남경 건설에 반대했던 신료들도 동행했다.

　『고려사』에는 이때 왕의 거둥과 관련한 행사가 "일관들이 건의한 대로 진행되어 예제(禮制)에 맞지 않았으나 감히 말하지 못했다"고 전하고 있다. 그리고 돌아오는 길에

경복궁 신무문에서 바라본 고려 남경 행궁(현재 청와대 본관 자리)

숙종은 예성강변의 장원정(長源亭)에 들러 부왕 문종의 숙원이 이루어졌음을 아뢰었다. 이후 남경에는 예종(睿宗, 재위 1105~1122) 4차례, 인종(仁宗, 재위 1122~1146) 1차례, 의종(毅宗, 재위 1146~1170) 2차례의 순행이 있었다. 예종 때에도 남경 운영에 대한 신료들의 반대가 만만치 않았다. 이에 술사(術士) 은원중은 도선의 설을 인용하여 김위제와 같은 주장으로 대응했다. 그 뒤에 예종의 후원이 있었음은 당연했다.

개경에서 남경까지 어가(御駕)는 평균 12일, 돌아오는 길은 8~9일 정도가 걸렸다. 비교적 오랜 시일이 소요되었던 것은 국왕 행차에 많은 인원과 비용이 부담되었을 뿐 아니라 지나는 길목의 군현에서 일정한 통치행위가 이루어졌기 때문이다. 국왕은 남경에서 짧은 경우 17일, 길게 83일까지 머물렀다. 그 기간 동안에 국왕이 반야도량(般若道場)이라는 불사를 열고, 삼각산 승가굴과 장의사·문수사에 가서 재계하였다. 반야도량은 『반야경』에 대한 신앙 및 수행법으로 행해지는 동시에 공덕으로 천변이나 질병을 물리치고 비가 오기를 기다리는 등 현세구복적인 측면에서 널리 행해졌다. 물론 이런 행위가 남경 순행의 일차적 목적은 아니었다. 하지만 승가굴의 방문은 왕위에 오르기 전 이곳에 숨어 있었던 현종(顯宗, 재위 1009~1031)을 기리고, 그 후손으로서의 왕실 안녕과 정통성을 기원하려는 목적이 있었다.

국왕이 남경으로 갈 때에는 내시관·승제원·후전관·감찰어사 등 수행 관료를 제외한 816명이 의장행렬에 참여했다. 교방악관 45명, 청악 5명, 취각군사 10명이 행렬 앞 좌우에, 취라군사 10명은 행차 뒤를 따랐다. 가는 도중에 국왕이 돈원(頓院)에 도착하면, 광주에서 안찰사가 의위와 악부를 갖추어 영접했다. 남경에 도착하면, 남경 유수관이 예의를 갖춰 영접하고 양산·말·소 등을 바쳤다. 또 국왕은 도착한 날에 내시와 중방(重房)을 시켜 활을 쏘게 하여 과녁을 맞힌 자에게 비단을 하사하고 잔치를 벌였다. 남경에서 돌아올 때는 악관을 포함하여 1,989명이 참여했다. 교방악관 100명이 좌우로 서고 안국기(安國伎) 40명, 잡극기(雜劇伎) 160명이 각각 좌우로, 취각군사 10명은 행차 전면에, 취라군사 10명은 행차 뒤에서 각각 좌우에 배치되었다.

그러나 거란과 몽고의 침입으로 개경이 함락되어 국왕이 피란했음에도 불구하고 남경은 부도로서의 역할을 거의 하지 못했다. 그러다가 1234년(고종 21) 7월에 고종이 내시 이백전을 보내 어의(御衣)를 남경 가궐(假闕, 임시 궁궐)에 안치하는 것을 계기로 또 다시 발전을 이루었다. 한 승려가 도참설을 인용하여 옛 양주 땅에 궁궐을 짓고 왕이 이곳에 거처하면 국운이 가히 800년 더 연장할 수 있다는 말을 따른 것이다. 이때 고종은 강화도에 있어서 스스로 나올 수 없었던 까닭에 대신 어의(御衣)만 남경 가궐에 봉안하게 하였던 것이다. 가궐은 정궁에 대한 이궁 또는 별궁의 뜻이다. 따라서 가궐은 숙종 이래의 옛 궁궐에 대하여 새로운 이궁을 가리키는 것으로 지금의 창경궁 부근으로 추정된다. 창경궁은 조선 성종 때 건립된 것으로 그 이전 태조 때는 별궁으로, 세종 때에는 상왕 태종을 위한 수강궁으로 존재하였다. 그리고 『한경지략』을 보면 창경궁 통명전은 원래 푸른 기와집이었으며, 전하는 말로는 고려 때 건물이었다고 하는 기록이 있어, 고려 남경의 가궐과 연관시켜 볼 수 있다.

1308년(충렬왕 34)에 즉위한 충선왕은 중앙과 지방의 관계를 개편하였는데, 이때 남경을 한양부(漢陽府)로 개편하면서 3경제는 폐지되었다. 이에 한양부는 고양·양주·포천 등 현재의 한강 이북 지역과 그 주변 일대만 관할하였으며, 왕이 순행하여 머물던 행사와 어의 안치 등 정치적 의미는 사라지고 개경과 가깝기 때문에 국왕의 놀이터와 사냥터가 되면서, 왕의 임시 거처인 행궁이 설치되었다.

1324년(충숙왕 11) 원(元)에서 혼인한 충숙왕은 조국장공주(曹國長公主)에게 태기가 있자, 1325년(충숙왕 12) 5월에 고려로 귀국하였다. 이후 조국장공주의 산월이 임박하여 오자 궁중의 복잡한 분위기를 떠나 일찍부터 산수풍경이 좋고 길지로 알려진 부원현 용산으로 가서 함께 지내다가 공주가 순산하고 회복한 후에 환궁하고자 하였다. 따라서 1325년(충숙왕 12) 8월에 충숙왕은 공주와 함께 개경을 떠나 용산에 와서 높은 언덕에 몽고식 장막을 치고 행궁을 조성하여 공주와 함께 거처하면서 임시로 정무를 행하기도 하였다.

이후 공민왕이 배원정책(排元政策)을 실시함에 따라 관제 복원과 천도가 논의되면서 한양부는 다시 주목받았다. 공민왕은 1356년(공민왕 5) 6월에 남경에서 땅을 살펴보고 12월에 남경 궁궐을 수리하게 하였다. 1357년(공민왕 6) 1월이 되면서 약간의 망설임도 있었으나 점을 쳐서 '동(動)'자가 나오자 천도 준비가 다시 시작되었다. 2월 4일에는 이제현으로 하여금 한양에서 집터를 보고 궁궐을 짓도록 하였다.

이와 같은 공민왕의 남경 천도 배경에는 승려 보우가 있었다. 공민왕의 왕사였던 보우가 "한양에 도읍하면 36국이 조공을 바칠 것이다."라는 도참설을 근거로 한양 천도를 주장했던 것이다. 그러나 신흥 유신의 한 사람인 윤택이 보우를 묘청에 견주어 가며 반대하였다. 하지만 이들의 반대가 공민왕의 천도 의지를 꺾지 못했고, 당분간 천도 준비가 계속되었다. 그런데 공사의 규모가 점점 커지면서 고려의 재정으로 그것을 부담하기가 어려웠다. 따라서 한양 천도는 사실상 중단되었다.

그러다가 우왕 때인 1382년(우왕 7)과 공양왕 때인 1390년(공양왕 2)에 비록 몇 개월이었지만 실제로 남경으로 도읍을 옮겼다. 이같이 고려 말 왕들이 한양 천도를 자주 생각했던 것은 몰락해가는 개경을 떠나 새로운 정치를 펴보려는 의도가 작용한 것으로 보인다. 당시에는 이미 이성계가 새로운 강자로 떠오르고 있어 '한양은 이씨(李氏)가 도읍할 터전으로 예시되어 있다'는 도참설이 상당히 퍼져 있었다. 따라서 고려 조정에서는 이씨의 기운을 누른다고 한양 여기저기에 이씨를 상징하는 오얏나무를 심었다가 후에 베어 버리는 일을 하기도 했다. 그뿐만이 아니다. 같은 목적으로 왕이 일 년에 한 번씩 반드시 한양을 방문해 지기를 누른다거나 임금의 옷인 용봉장(龍鳳帳)을

국왕의 남경 순행 및 어진 봉안 사례

연대	순행 여부	내용	비고
1099년(숙종 4) 9월 정묘	(삼각산)	을해 양주 지역 상지	
1101년(숙종 6) 10월 병신	남경개창	남경개창도감 설치	
1104년(숙종 9) 7월 무술	○	8월 신해 남경 도착 8월 갑인 연흥전 백관 조하 8월 을묘 반야도량 8월 계해 남경 출발	2월 1차 여진 정벌 5월 남경 궁궐 완공
1108년(예종 3) 9월 갑술	○	10월 기축 연흥전 반야경 읽기 11월 환어	4월 여진 정벌 후 개선
1110년(예종 5) 8월 계묘	○	8월 임자 연흥전 반야도량 10월 환어	
1117년(예종 12) 8월 무자	○	8월 정묘 거란 투화인의 가무 구경 8월 무진 연흥전 백관조하 9월 환어	
1120년(예종 15) 2월 병신	○	4월 계유 환어	
1126년(인종 4) 10월 계축	○	11월 경오 환어	2월 이자겸의 난 5월 진압
1150년(의종 4) 9월 정축	○	9월 갑오 환어	
1167년(의종 21) 8월 기미	○	9월 경오 환어	
1234년(고종 21) 7월 갑자	×	남경 가궐에 어의 봉안	
1235년(고종 22) 2월 임자	×	3~5월까지 남경 궁궐에 어의 봉안, 11~2월까지 다시 남경에 어의를 봉안토록 함.	
1283년(충렬왕 9) 10월 갑신	○	남경에서 사냥	
1285년(충렬왕 11) 9월 갑신	○	남경 행차	
1301년(충렬왕 27) 11월 경신	○	남경에서 사냥 12월 임오 남경에서 돌아옴	
1317년(충숙왕 4) 2월	○	봉성에서 사냥 9일 후 한양에서 사냥	
1325년(충숙왕 12) 8월	○	한양 행차, 부원 용산에 머무름 10월 정유 조국장공주 산고로 용산 행궁에서 훙서 11월 경술 국왕이 한양에서 돌아옴	
1356년(공민왕 5) 6월	×	남경 상지 9년 1월 중단	
1382년(우왕 8) 8월	○	9월 천도, 9년 2월 환도	
1390년(공양왕 2) 9월	○	7월 서운관 건의 9월 천도, 3년 2월 환도	

땅에 묻어 왕기(王氣)를 억누르는 행위를 하였다. 그러나 고려는 결국 기운이 다하고 왕위는 이성계에게 넘어간다. 새 왕조를 개창한 이성계가 한양을 자신의 새로운 도읍지로 생각했던 것은 매우 자연스러운 일이었을 것이다.

현종 이후 왕들의 삼각산 일대 사찰 순행과 숙종 때 이후 남경 개창은 개경~남경 간 도로 개발에도 큰 영향을 주었다. 이전까지 개경에서 남쪽으로 내려가는 도로는 장단을 거쳐 옛 양주를 지나는 장단도로가 더 많이 이용되었다. 그러나 남경을 건설한 이후에는 개경과 남경을 잇는 좀 더 빠른 길인, 임진~봉성을 거쳐 내려가는 임진도로가 발달하게 되었다. 이 도로에 있었던 시설이 바로 파주 혜음사지였다. 김부식의 중창 기문이 남아 있던 혜음사는 원래 폐 절터였던 곳을 12세기에 다시 개발하여 원(院)과 임금이 머물 수 있는 행궁 시설 등을 갖춘 대규모의 절로 변모시킨 곳이었다.

2. 남경의 도시 시설

1) 한양부의 관아

고려 남경에 관아와 객사가 설치된 것은 이 지역이 중앙정부의 직접적인 지방통치 체제에 편제되면서부터라고 볼 수 있다. 즉 983년(성종 2) 전국에 설치된 12목의 하나로 양주목(楊州牧)이 설치되면서 지방관이 파견되어 지방통치가 이루어졌다. 이후 995년(성종 14) 양주에는 좌신책군절도사(左神策軍節度使)가 파견되었는데 황해도 해주의 우신책군절도사(右神策軍節度使)와 더불어 수도인 개성을 지키는 좌우이보(左右二輔)가 되었다. 1012년(현종 3)에는 절도사제도가 폐지되면서 양주에는 안무사가 파견되었고, 1018년(현종 9) 지방관제의 개편에 따라 지사가 파견되는 주(州)로 격하되었다. 이어 1067년(문종 21)에 3경의 하나로 남경이 설치되면서 유수관이 파견되어 약 10년 유지되었다가 다시 양주 지사로 낮아졌다.

101년(숙종 6) 남경 설치를 종묘·사직에 고하고 1104년(숙종 9)에 낙성을 보았다. 남경은 3군 6현의 속군현을 관할하였고, 1도호(都護) 2지군사(知郡事) 1현령관(縣令官)

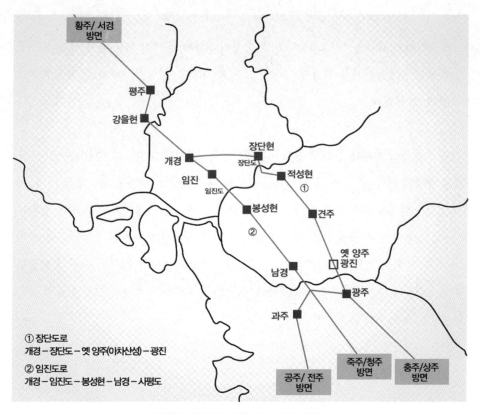

황주/ 서경
방면

평주

강을현

장단현
개경   장단도
임진   적성현
    임진도   ①
          봉성현   견주
          ②
                    옛 양주
                    광진
          남경
                    광주

과주

① 장단도로
개경－장단도－옛 양주(아차산성)－광진
② 임진도로
개경－임진도－봉성현－남경－사평도

죽주/청주
방면

충주/상주
방면

공주/ 전주
방면

고려시대 개경과 남방을 잇는 주요 교통로

을 거느렸다. 그리고 이곳의 계수관(界首官, 큰 고을의 행정장관)으로서 오늘날 서울
과 경기도 서쪽을 관장하는 지방행정상 최고 단위가 된 것이다. 1308년(충렬왕 34)에
즉위한 충선왕은 중앙과 지방제도를 개편하였다. 남경을 한양부로 개칭하고, 그 관제
도 축소하여 3속군과 6속현만을 관할하게 하였다.

　이와 같이 성종 이후 고려 말까지 여러 지방행정 단위에 속했던 남경 지역에 지방
관의 통치 공간인 관아와 객사가 있었던 것은 자명한 일이다. 남경 관아의 위치에 대
한 기록이 없어 정확한 사실을 확인할 수는 없으나, 남경과 한양부의 관아는 남경 궁
궐 연흥전이 있었던 곳에서 가까이 위치하였을 것으로 추정된다. 아울러 조선 개창 후
한양 천도 때 태조 일행이 머물렀던 옛 한양부 객사도 그 근처에 있었던 것으로 보인
다. 고려시대 한양부의 위치는『태종실록』6년 6월 5일 기사를 통해서 알 수 있다.

예조에서 아뢰기를, "신도(新都, 한성) 성황신(城隍神)을 예전 터에 옮겨 사당(祀堂)을 세우고서 제사하기를 빕니다." 하니, 그대로 따랐다. 한양부(漢陽府)는 성황당(城隍堂)의 옛 터였다.

위 기록은 조선시대 한성부 청사를 지은 곳이 고려시대 한양부의 성황당이 있던 곳임을 말하고 있다. 한성부 청사를 처음 건축할 때 성황당을 다른 곳으로 옮겼는데, 이때 예조가 한성부 청사 부근에 다시 성황당을 짓고 제사를 지내기를 청하였다. 성황은 해당 고을과 관아의 수호신으로 관아 안이나 산성 가까이에 위치하여 봉사하는 곳이었다. 따라서 조선 왕조 수도의 모든 일을 담당하였던 한성부 청사도 고려의 한양부 청사가 위치했던 자리에 계승되었음을 알 수 있다. 조선시대 한성부 청사가 있던 곳은 오늘날 KT광화문빌딩 자리이다.

2) 한양부 향교

고려시대 한양부 향교는 조선시대 한성부 중부 경행방의 향교동(지금의 종로구 경운동 일대)에 위치하였다. 『한경지략』에 보면 '향교동에는 조광조의 옛 집이 있었는데, 이곳에는 고려의 한양 향교가 있었다.'라고 기록하고 있다. 종로구 경운동에 고려시대 향교가 있었음은 『태종실록』 4년 10월 6일 기사를 통해서도 확인할 수 있다.

다시 한양에 도읍을 정하고, 드디어 향교동(鄕校洞)에 이궁(離宮)을 짓도록 명하였다. 이날 새벽에 임금이 종묘의 문밖에 나아가서 여러 사람에게 포고하여 말하였다.
"내가 송도(松都)에 있을 때 여러 번 수재(水災)와 한재(旱災)의 이변이 있었으므로, 하교하여 구언하였더니, 정승 조준 이하 신도(新都, 한성)로 환도하는 것이 마땅하다고 말한 자가 많았다. 그러나 신도도 또한 변고가 많았으므로, 도읍을 정하지 못하여 인심이 안정되지 못하였다. 이제 종묘에 들어가 송도(松都)와 신도(新都)와 무악(毋岳)을 고하고, 그 길흉을 점쳐 길(吉)한 데 따라 도읍을 정하겠다. 도읍을 정한 뒤에는 비록 재변이 있더라도 이의가 있을 수 없다."

임금이 제학 김첨에게 묻기를, "무슨 물건으로 점(占)칠까?" 하니, 대답하기를, "종묘 안에서 척전(擲錢, 동전을 던져서 점을 치던 일) 할 수 없으니, 시초(蓍草)로 점치는 것이 좋겠습니다." 하였다. 임금이 말하기를, "시초가 없고, 또 요사이 세상에는 하지 않는 것이므로 알기가 쉽지 않으니, 길흉을 정하는 것이 어렵지 않을까?" 하니, 김과가 나와서 말하기를, "점괘의 글은 의심나는 것이 많으므로, 가히 정하기가 어렵겠습니다." 하니, 임금이 말하기를, "여러 사람이 함께 알 수 있는 것으로 하는 것이 낫다. 또 척전도 또한 속된 일이 아니고, 중국에서도 또한 있었다. 고려 태조(太祖)가 도읍을 정할 때 무슨 물건으로 하였는가?" 하니, 조준이 말하기를, "역시 척전을 썼습니다." 하니, 임금이 말하기를, "그와 같다면, 지금도 또한 척전이 좋겠다." 하고, 여러 신하를 거느리고 예배한 뒤에, 완산군 이천우·좌정승 조준·대사헌 김희선·지신사 박석명·사간 조휴를 거느리고 묘당(廟堂)에 들어가, 상향(上香)하고 꿇어앉아, 이천우에게 명하여 반중(盤中)에 척전하게 하니, 신도는 2길(吉) 1흉(凶)이었고, 송경과 무악은 모두 2흉(凶) 1길(吉)이었다. 임금이 나와 의논이 이에 정해지니, 드디어 향교동 동쪽 가를 상지(相地)하여 이궁(離宮)을 짓도록 명하였다.

위 기사의 내용은 태종이 종묘에서 측근 몇 명과 동전치기를 통해 한양으로 다시 천도하기로 결정하였고, 새로운 이궁을 건설하는데 그 장소를 향교동 동쪽으로 하라는 것이다. 그렇다면 왜 태종은 향교동에 이궁을 건설하도록 하였을까? 1394년 태조가 천도할 때 가장 먼저 건설된 공간은 종묘다. 종묘는 거주 공간이 아니었다. 따라서 태종은 사람이 살지 않고 비어 있던 공간에 창덕궁을 건설하도록 명하였던 것이다.

3) 승가사

종로구 구기동 산 1번지 북한산 비봉 아래 위치한 승가사는 『동문선』에 이예가 쓴 「삼각산중수승가굴기」를 통해 그 역사를 대략 알 수 있다. 이에 의하면 신라 때 낭적사(狼迹寺)의 승려 수태(秀台)가 중국 당나라 때의 승가대사(僧伽大師)의 행적을 듣고

승가사 승가굴 약사전(왼쪽)과 석조승가대사좌상(오른쪽)

삼각산에 바위를 뚫어 굴을 만들고 승가대사의 얼굴을 조각하여 두었다고 한다. 이후 국가에 재난이 있을 때나 수재·한재가 있을 때 기도하면 매번 효과를 보았으므로 봄과 가을로 사신을 파견하여 법회를 3일 동안 열었고 연말에는 옷을 바치는 것을 항례(恒例)로 했다고 한다. 또한 병을 낫게 하거나 자식을 낳는 일 등의 개인적인 소망도 이루어졌으며, 고려가 건국된 이후에도 여러 임금들이 친히 행차했다고도 한다.

실제로 『고려사』를 보면 1090년(선종 7년), 1099년(숙종 4년), 1104년(숙종 9), 1108년(예종 3년), 1110년(예종 5), 1117년(예종 12년), 1167년(의종 21)에 국왕이 행차했음을 확인할 수 있다. 이들 행차는 모두 남경을 방문하면서 함께 이루어진 것인데, 숙종 때는 행차와 함께 법회를 열고 비가 오기를 기도했다는 내용도 함께 전하고 있다. 또한 숙종은 법회를 열면서 옷을 바쳤다고도 한다. 이는 「삼각산중수승가굴기」의 신라 때부터 연말에 옷을 바치는 것이 항례였다거나, 수재·한재가 있을 때 기도를 하면 효험을 보았다는 내용과 연관되어 보인다. 뿐만 아니라 왕실의 관심 때문인지, 승가대사상의 영험함 때문인지, 고려시대 승가굴을 찾아보고 글을 지은 인물도 있었다. 『동문선』에 정항이 지은 「제승가굴(題僧伽窟)」이나 『신증동국여지승람』에 유원순의 시 등이 전하고 있다.

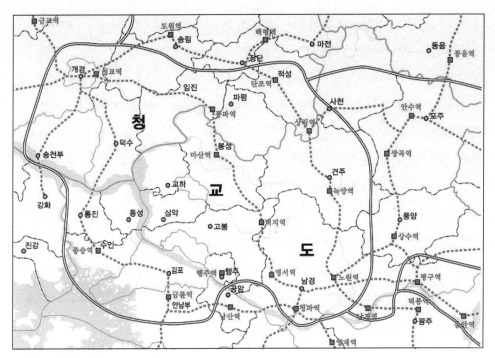

남경과 그 주변의 역도 분포

한편『동문선』「삼각산중수승가굴기」는 제목 그대로 승가사의 굴을 중수하는 내용을 전하고 있다. 선종은 1090년(선종 7) 행차에서 굴이 많이 허물어진 것을 보고 수리를 명했고, 귀산사의 주지였던 선사 영현이 이를 책임졌다고 한다. 1099년(숙종 4)에도 숙종과 왕비·태자·의천(義天) 등이 함께 행차하여 많은 시주를 하고 공사를 독려하였다. 이러한 내용을 통해 볼 때 앞서 승가굴의 중수를 담당했던 영현이 선사라는 선종계 승계를 가지고 있던 점으로 보아 승가사도 선종에 속했을 것으로 보인다.

4) 남경 영역에 위치한 역과 나루

고려시대에 주요 교통로를 따라 전국에 525곳의 역이 설치되었고, 525역은 22역도(驛道)로 구분되어 관리 운영되었다. 이중 오늘날 서울을 지나는 교통로인 청교도(靑郊道)는 개경의 시발역인 청교역에서 통파(임진)~마산(파주)~벽지(고양)~영서(남경)~평리(덕수)~상림~단조(적성)~청파(남경)~노원(남경)~행주~종승(수안)~금륜(부평)~중림(인천)~녹양(견주) 등 15개역으로 편제되었다. 서울 지역에는 은평구의 영서역과 노원구의 노원역 그리고 용산구의 청파역이 있었다. 영서역은 현 서울시 은평구 대조동 일대로, 조선시대에도 영서역(연서역)으로 이어졌으며, 현재도 연신내라 불리는 매우 번화한 지역이다. 청파역은 현재도 그 지명이 그대로 남아 있는 서울시 용산구 청파동 지역에 위치했으며, 조선시대에는 노원역과 아울러 병조에 직속되었던 핵심 역 중 하나였다. 노원역은 현재의 서울시 노원구 지역에 해당하는 것으로 알려져 있다.

한편 용산구 이촌동과 한남동의 한강변 연안에는 고려시대 사평리진 또는 사평도라는 나루가 있었고, 그 일대 마을을 사평리·사리 등으로 불렀다. 조선시대에는 한강도라 불렀다.

제2부

조선시대의 한성

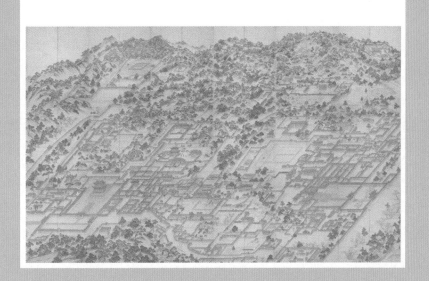

4장 조선시대의 한성부

　조선시대에 지금 서울의 공식적인 행정구역 명칭인 한성부(漢城府)는 남경(南京), 경성(京城), 한양(漢陽), 열양(洌陽), 수선(首善), 경조(京兆) 등 여러 가지 이름으로 불렸다. 남경은 개경(開京, 개성), 동경(東京, 경주)에 대비된 이름이고 경성, 수선, 경조는 도읍이란 뜻이다. 그 중에서도 경성이라는 이름은 삼국시대부터 일제 강점기까지 쓰인 이름이다. 한양, 열양은 한강, 곧 열수(洌水)의 북쪽이라는 뜻이다.

　한양이 수도로 자리 잡은 것은 조선 개국 초기부터였다. 함경도 출신 고려의 무장 이성계는 요동 정벌을 나섰다가 1388년(우왕 14) 5월에 위화도에서 회군하여 쿠데타를 일으키고 정권을 잡았다. 그 후 4년 만인 1392년 7월 17일에 개성의 수창궁(壽昌宮)에서 도평의사사의 추대에 의해 왕으로 즉위했다. 이성계는 즉위한 지 한 달 만에 한양부(漢陽府)의 이궁(離宮)을 수리하게 하고 그곳으로 도읍을 옮기기로 했다.

　태조가 한양으로 천도하기로 하였지만 천도 후보지로는 한양만이 아니라 계룡산 기슭도 떠올랐다. 그러나 계룡산 기슭은 좁고 교통이 불편하다는 이유로 하륜이 반대하여 계룡산으로의 천도는 실현되지 않았다. 이에 반하여 한양은 한강의 북쪽, 동서남북으로 타락산·인왕산·목멱산(남산)·백악산(북악산)에 둘러싸인 아늑한 분지이며, 나

라의 중심에 위치하여 전국을 통솔하기에 유리하고, 한강을 끼고 있어 강을 이용한 수
륙교통이 발달하여 국가 재정의 중심인 조세를 거두기에 편리하였다. 또 한양을 둘러
싼 지세가 방어에 유리한 군사적 요새였다는 점 등이 개경보다 도읍지로서의 매력을
한결 돋보이게 하였다.

　태조가 즉위한 지 한 달 만에 한양으로 천도를 서둔 것에는 이유가 있었다. 새 나라
를 세움에 따라 도읍도 새롭게 정해야 한다는 점, 개경의 지덕(地德)이 이미 쇠하여 조
선의 도읍지로 마땅하지 않다는 여론, 우왕과 창왕을 폐출하고 명망 높은 중신들인 최
영과 정몽주 등을 살해한 개경에서 하루 빨리 벗어나고 싶어 하는 태조의 심리 등이
주요 원인으로 작용하였다. 또한 조선이 건국되었지만 아직 전 왕조의 그늘이 완전히
걷혀진 것도 아니었다. 이성계는 조선의 국왕으로 즉위했지만 명(明)은 이성계를 '조
선국왕(朝鮮國王)'이 아니라 '권지고려국사(權知高麗國事)'로 봉했다. '권지고려국사'란
아직 왕호를 인정받지 못한 왕의 임시 칭호로, 고려국 일을 임시로 맡아보는 사람이라
는 뜻이다. 고려 이후 역대 왕들은 즉위하면 중국에 보고하여 승인을 받아야 왕호를
사용할 수 있었다. 조선의 왕은 태종 때에 가서야 정식으로 "조선국왕"의 이름을 지닐
수 있게 되었다. 이와 같은 중국의 입김은 조선시대 내내 계속되다가 일본의 개입으로
약화되었고 1895년 시모노세키조약 이후 완전히 제거되었다.

　태조는 1394년(태조 3) 8월에 한양을 새로운 도읍지로 확정하고, 9월 1일 한양에 궁

고려 말~조선 초의 주요 사건

연도	주요 사건
1388년(우왕 13)	이성계 위화도 회군 단행
1389년(창왕 1)	김저 사건으로 창왕 폐위
1391년(공양왕 3)	윤이·이초 사건 → 이성계 병권 장악 과전법 실시 → 이성계 경제권 장악
1392년(태조 1)	정몽주 선죽교에서 피살 공양왕 선양 이성계 조선 국왕으로 즉위 → 명으로부터 권지고려국사에 임명됨
1393년(태조 2)	조선이라는 국명을 정식으로 사용
1394년(태조 3)	공양왕 사사

궐 건설을 위한 신도궁궐조성도감(新都宮闕造成都監)을 설치하였다. 이것은 수도가 갖추어야 할 궁궐·종묘·사직의 위치, 관아 건물의 배치, 도성 건축, 도로 건설, 주민들이 살 공간 확보 등 도시계획 시설을 위한 기구이다. 그런데 태조는 한양의 도시 시설이 갖추어지기도 전에 천도를 단행하였다. 태조는 1394년(태조 3) 10월 25일 개경의 각 관청에 관원 두 사람씩만 남기고 한양으로 천도를 단행하여 10월 28일 한양에 도착하였다. 한양에 수도로서의 시설이 아직 갖추어지지 않았으므로 태조 일행은 고려 때 한양부 객사를 임시 왕궁으로 정하고, 관리들은 민가에 자리 잡았다. 태조는 먼저 종묘와 사직단의 터를 살피고, 공작국(工作局)을 설치하였다. 12월 3일에는 궁궐 공사의 기공식을 열었다. 이어서 하늘과 땅의 신에게 제사를 올려 새 도읍 건설을 시작한다는 사실을 알렸다.

1395년(태조 4) 6월 6일에는 한양부를 고쳐 한성부라 하고, 한양부의 아전과 백성들을 견주(見州)로 옮겨 양주군(楊州郡)이라 하였다. 그리고 같은 달 13일에는 성석린(成石璘)을 판한성부사(判漢城府事)에 임명하였다. 1395년(태조 4) 9월 29일에 종묘·사직단과 궁궐이 완성되었다. 그리고 태조는 10월 5일 종묘에 나아가 4대조의 신위(神位)를 봉안하고, 12월 28일에 경복궁에 들어갔다. 태조는 개경에서 한양으로 천도하고 나서 1년여가 지나서야 비로소 궁궐에 들어갈 수 있었다. 이후 새 도읍지에 필요한 나머지 시설들을 단계적으로 건설하면서 수도로서 위상을 갖추어 나갔다.

그런데 1398년(태조 7) 8월에 제1차 왕자의 난이 일어났다. 태조의 다섯째 아들인 이방원이 정도전 일파를 제거하고 이복동생 방번과 방석을 죽이고 말았다. 태조는 왕위에서 물러났고 태조의 둘째 아들인 방과가 왕위에 올랐다. 왕위에 오른 정종(定宗)은 정쟁으로 물든 개성이 싫었던지, 1399년(정종 1) 3월에 한양에서 재이(災異)가 잦다는 이유를 들어 개성으로 환도하였다. 그러다가 1400년(정종 2) 1월 세자의 지위를 두고 방간과 방원 사이에 제2차 왕자의 난이라는 무력 충돌이 있었다. 방간을 제거하고 실질적인 권력과 무력을 완벽하게 장악한 방원은 그해 11월에 왕위를 물려받았다.

새로 즉위한 태종은 다시 천도를 추진했다. 수도로 떠오른 곳은 셋이었는데 하나는 개성에 그대로 머무는 것, 둘째는 무악, 셋째는 한성이었다. 그래서 1404년 10월에는 측근들을 거느리고 새로운 천도 후보지였던 무악을 살펴보기도 했다. 태종은 최종적

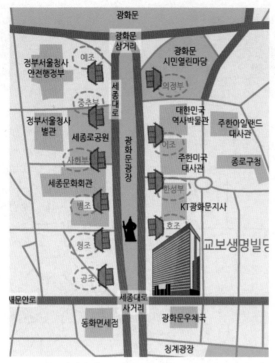
조선시대 육조 거리와 현재의 건물배치도

으로 측근 5명과 함께 종묘에 들어가 쇠돈을 던져 길흉을 점쳤는데, 한양은 2길 1흉, 송도와 무악은 1길 2흉이라는 점괘가 나와 한성을 후보지로 정했다 한다.

1405년(태종 5) 태종은 다시 한성으로 환도하였다. 태종은 환도하기 전에 창덕궁을 짓도록 한 뒤 몸소 현장에서 건설공사를 지휘하기도 하였다. 그리고 1405년 10월 8일에 개성을 떠나 11일 한성으로 들어왔다. 그 1주일 후 창덕궁이 낙성되어 10월 20일 궁으로 들어갔다. 이로써 경복궁과 창덕궁이 갖추어져 한성을 중심으로 한 실질적인 조선 왕조 518년의 역사가 시작되었다.

1. 한성의 범위

한성의 궁궐은 경복궁(景福宮)을 정궁으로 하였다. 서울의 집들은 대부분 초가집이었고 그 사이에 우뚝 솟은 경복궁은 위용을 자랑했다. 그 후에 창덕궁(昌德宮), 창경궁(昌慶宮)이 차례로 지어졌고 임진왜란으로 궁궐이 모두 불타자 선조가 서울로 돌아와서는 들어갈 곳이 없어 월산대군(月山大君) 사저를 임시 행궁(行宮)으로 사용하다가 나중에 창덕궁이 완공된 뒤에는 창덕궁을 정궁으로 사용하였다. 행궁은 후에 경운궁(慶運宮)으로 바뀌었고 1907년 7월 20일 고종이 헤이그 밀사 사건으로 황제에서 물러난 뒤에는 덕수궁(德壽宮)으로 불렀다. 그리고 사직 남쪽으로 돈의문 안쪽에는 광해군 때인 1623년(광해군 15)에 경덕궁(慶德宮)이 지어졌고, 1760년(영조 36) 경희궁(慶熙宮)으로 이름을 바꾸었다.

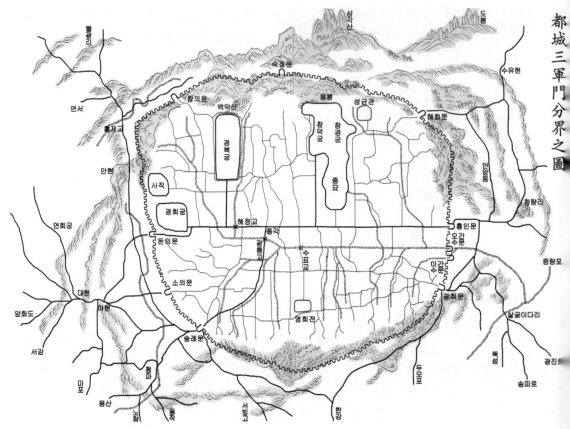

도성삼군문분계지도(1751년, 영조 27)에 그려진 한성부의 범위

경복궁을 중심으로 하여 좌묘우사(左廟右社)의 원칙에 따라 종묘를 왼편(동쪽)에, 사직을 오른편(서쪽)에 두었다. 정종 원년에는 주요 거리에 시전(市廛)을 설치하다 중단했고, 1412년(태종 12)에 시전을 다시 짓기 시작하여 2년 반 만인 1414년(태종 14) 7월에 시전을 완공했다. 시전 상인들은 종각이 있는 곳을 중심으로 운종가에 모여 살았으며 특히 다동, 상사동 일대가 그들의 중심지였다.

한성 성곽은 처음에는 흙벽으로 쌓은 토성이었다. 그것을 1422년(세종 4)에 석성으로 개축했다. 1899년(광무 3)에 전차의 개통을 위해 동대문과 남대문의 성벽이 일부 철거되었고 1910년에는 성벽처리위원회가 설치되어 성벽이 거의 다 철거되었고 돈의문, 소의문, 혜화문이 철거되었다.

100 ｜ 서울이 품은 우리 역사

한성의 범위는 성저 10리, 즉 도성 밖 10리까지를 포괄하였다. 그러나 반드시 10리를 의미하는 것은 아니었고 자연적인 산등성이 고개, 하천을 경계선으로 삼았다. 동으로는 양주 송계원(松溪院)과 대현(大峴), 서로는 양화도(楊花渡)와 덕수원(德水院), 남으로는 한강과 노들나루(露渡)까지로 하였다. 동쪽의 경우 구체적으로 말하자면 수유리고개에서 우이천을 거쳐 중랑포에 이르는 선을 경계선으로 했다.

2. 한성의 도로와 개천

한성의 도로 중에는 광화문 앞길이 가장 넓어 이곳에 6조 관서들이 좌우로 늘어섰고, 중심 도로는 동대문에서 서대문으로 뻗은 종로였다. 이곳에는 좌우로 가가(假家)들이 길게 늘어섰다. 가가는 말 그대로 임시로 지은 집이었다. 왕이 행차를 하면 이 가가들을 모두 헐고 행차가 끝나면 다시 지었다. 특히 창덕궁의 돈화문과 창경궁의 홍화문에서 동대문 쪽으로 통하는 대로는 왕의 능행로(陵幸路)여서 능행이 있을 때마다 집이 헐렸다, 다시 지었다 했다. 지금도 전하는 가게라는 말은 여기서 생겨난 말이다.

그러다가 1896년(고종 33)에 종로의 대대적인 정비가 있었고 이때 탑골공원이 우리나라 공원 제1호로 등장했다. 1897년(광무 1)에는 동대문에서 홍릉까지 길 양옆에 백양로를 심어 최초의 가로수 거리가 조성되었다.

도로는 하수도 처리시설이 제대로 되어 있지 않아 각종 생활하수들이 길거리에 그대로 버려졌다. 19세기 말에 서울을 다녀간 영국의 지리학자 이사벨라 비숍(I. B. Bishop, 1832~1904)은 생생한 묘사와 예리한 관찰로 정평이 나 있었는데, 그에 따르면 한성 거리는 양쪽에는 얕은 도랑이 있어 그곳에 생활하수를 버렸고, 겨울이 되면 얼었다가 봄이 되면 날씨가 풀려 그 물이 짙은 녹색 점액질의 하수가 되어 고약한 냄새를 풍겼다고 한다. 사실 이런 문제에는 모두들 주의를 기울이지 않았다. 이 문제에 비상한 관심을 두고 대책을 마련하자고 주장했던 인물은 김옥균이었다.

한성 거리 곳곳에는 도랑과 개울이 있다. 이 물줄기들은 도심 한복판에서 내를 이루어 도성 밖 한강으로 흘러 나간다. 한성 사람들은 이 내를 개천(開川, 청계천)이라

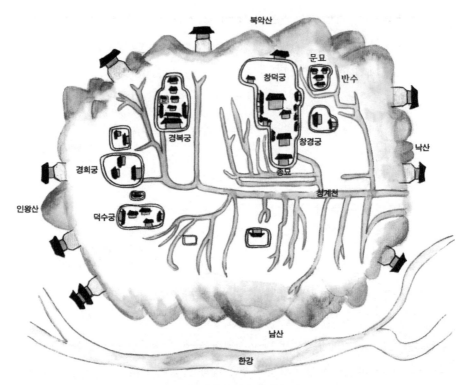

한성의 물길과 청계천

하였다. 개천의 발원지는 인왕산의 옥류동천(玉流洞川)과 백운동천(白雲洞川)이다. 청계천이라는 명칭은 일제 강점기 때인 1914년 '조선하천령(朝鮮河川令)'이 제정되면서 사용되었다. 일제는 개천의 발원지 중 하나인 인왕산의 백운동천 중 가장 아름다운 계곡인 '청풍계천(淸風溪川, 청풍계)'를 줄여서 '청계천'이라 하였다.

개천은 말 그대로 자연적인 도랑이 아니라 인공이 가해진 하천이었다. 백악산이나 인왕산, 남산 등지에서 내려와 개천에 모인 물들이 남산에 막혀 바로 한강으로 빠져나가지 못하고, 서쪽에서 동쪽으로 흘러 중랑천을 통해 한강으로 빠져 나가기 때문에 비가 오면 청계천이 넘치는 일이 잦아 도성 안이 홍수 피해로 몸살을 앓는 경우가 빈번하였다. 이 문제점을 해결하기 위해 1412년(태종 12)에는 대규모로 개천 공사를 하여 하상을 파내고 폭을 넓혀 대대적인 보수를 가했다. 그러나 대부분은 제방을 석축으로 하지 않은 자연하천 상태였다. 이 때문에 해마다 비가 내리면 상류지역의 토사가 흘러내려 하상을 메웠고 개천의 배수 기능이 약화되면서 장마철에는 물난리를 만났다. 사산(四山)의 나무를 남벌하고 병충해가 휩쓸어 산이 황폐해진데다가 개천에 쓰레기를 버려 홍수의 피해를 고스란히 입게 되었다.

조선 후기에는 한성의 인구가 늘어나면서 생활 쓰레기 등의 문제로 개천의 상황은 더욱 악화 되었다. 이에 1710년(숙종 36)에는 한 차례 준설 공사를 하였다. 그런데 영조가 즉위 이후 광통교에 행차해서 보니 다리와 모래 바닥이 거의 닿을 지경에 이르렀다. 이에 영조는 본격적으로 개천에 쌓인 토사의 준설, 즉 준천 사업을 국가사업으로 추진하였다. 홍수 피해 방지의 측면과 함께 한성으로 유입된 도시 실업자에게 일자리를 만들어주려는 목적도 있었다.

영조는 준천 사업에 큰 관심을 기울이면서 백성들을 직접 만나기도 하였다. 1752(영조 28)년에 광통교(廣通橋)에 행차해 준천에 대한 의견을 물어보았고, 1758년(영조 34) 5월 2일에는 준천의 시행 여부를 신하들에게 물으면서 구체적인 추진 계획을 세웠다. 1759년(영조 35) 10월 6일 준천의 시역(始役, 토목이나 건축 따위의 공사를 시작함)이 결정되었다. 준천을 담당할 임시 관청인 준천소(濬川所)가 설치되었고, 본격적인 준천 사업은 1760년(영조 36) 부터는 해마다 준천을 시행했다.

1760년(영조 36) 준천 사업은 2월 18일에 시작되어 4월 15일에 종료되었다. 57일간의 공사 기간에 20 여만명의 백성이 동원되었다. 도성의 방민(坊民, 행정구역 단위의 방(坊)에 사는 백성)을 비롯하여 각 시전(市廛)의 상인, 지방의 자원군(自願軍, 지원군), 승군(僧軍), 모군(募軍, 모집한 군인) 등 다양한 계층의 백성들이 참여하였다. 실업 상태의 백성 5만여 명이 품삯을 받았는데, 공사 기간 동안 3만 5천 냥의 돈과 2,3000 여 석(石)의 쌀이 소요되었다.

개천 준천 사업은 영조가 자신의 치세의 3대 업적 가운데 하나로 꼽을 만큼 중요한 사업이었다. 해마다 개천을 준설하여 바닥에서 긁어낸 흙을 개천변의 양쪽에 쌓아 놓았다. 이는 준설토를 처리하기도 하고 또 한편으로는 좌청룡의 지세가 약하여 그것을 보완하기 위해 조산(造山)을 두었던 것이다. 그런데 바닥에서 긁어낸 흙이 깨끗할 리 없었다. 개천에는 수많은 쓰레기가 있었고 동물 시체들도 간간히 발견되었다. 그러므로 준설토를 쌓아둔 곳에서 악취가 나기 마련이다. 그래서 그곳에 꽃을 심어 미관을

수문상친람관역도

좋게 해서 향기로운 산이라는 뜻으로 방산(芳山)이라는 이름을 붙였다. 지금의 방산동 (芳山洞)은 준설토를 쌓아두었던 개천의 양쪽 지역 중 남쪽 동네의 이름이다. 그런데 현재 청계천 남쪽의 조산은 없다. 이는 해방 직후 서울대학교 음악대학을 이곳에 지을 때 평토화 되었다. 지금의 평화시장 뒤쪽 서울 중구 을지로 6가의 구민회관 자리이다.

3. 한성의 주민과 생활

한성에는 여러 부류의 사람들이 뒤섞여 살았다. 국왕을 비롯하여 양반 관료들이 살았고 각 관서의 하급 관료들이 있었다. 뿐만 아니라 전국 각지에서 올라왔다가 일정 기간 다시 근무하고 내려가는 군졸, 노비들도 많았고 각종 기예를 지닌 특별한 기녀들은 지방 고을에서 한성으로 선상(選上)되어 올라왔다. 인구는 15세기 중엽에 대략 10

만 명 정도였다. 임진왜란 직후 한성 인구는 반 이하로 대폭 줄어들었으나 17세기 중엽에는 다시 10만을 회복하였고 18세기부터는 20만 명 규모로 늘어나 20세기 초까지 그 규모를 유지했던 것으로 보인다. 조선 초기의 인구 밀도는 당시 세계 다른 나라 도시와 비교하면 상당히 높은 편이었으나, 18세기의 20만 명이 20세기 초까지 유지된 것은 도시화, 상업화가 늦게 진행된 결과로 보인다. 1400년대 영국 런던의 인구가 약 75,000명이었으나 18세기 이후 산업혁명을 거치며 급속히 성장했으며, 1800년에는 인구가 대략 100만 명이었다. 1800년대에는 런던이 세계에서 가장 큰 도시로 알려졌다.

한성에서는 경작이 금지되어 있으므로 주민들은 상당수가 장사를 하며 살았으며 그밖에는 관료와 각사의 노비들이 주를 이루었다. 한성은 행정구역상으로는 동부, 서부, 남부, 북부, 중부의 5부와 47방으로 나뉘었으나 일상적으로 부르는 지역 구분은 동촌, 서촌, 남촌, 북촌, 중촌과 우대, 아래대 등 독특한 이름이 있었다.

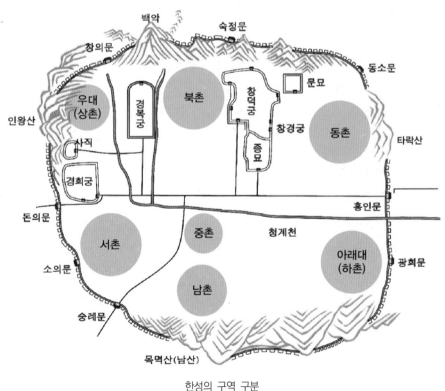

한성의 구역 구분

북촌은 경복궁과 창덕궁 사이, 지금의 종로구 계동과 가회동 일대를 가리킨다. 이곳은 왕궁과 가깝고 집들이 남향해 있어 노론 세도가들이 모여 살았던 곳이다.

그러나 사실상 권력의 최고 핵심 가문이 살았던 곳은 경복궁 서쪽의 인왕산 기슭에 있었다. 인왕산 백운동천의 물줄기로부터 개천이 시작되었다. 따라서 이곳을 우대 또는 상촌으로 불렀다. 이곳은 경복궁과 가까운 관계로 일반 백성들이 거주할 수 없었다. 다만 경복궁이 보이지 않는 골짜기에 조선 초기에는 안평대군으로 대표되는 인물들이, 후기에는 장동김씨(안동김씨)로 대표되는 노론 명문가들이 거주했다. 임진왜란으로 경복궁이 불타버려 오랫동안 폐허가 되자, 이서 계층이 중앙 관청과 가까운 인왕산 기슭에 모여 살기 시작하였다.

남촌은 남산 기슭의 중구 남산동, 회현동 일대를 가리킨다. 이곳은 집들이 북향해 있고 남산의 그늘 밑에 있어서 북촌보다는 입지 조건이 좋지 않았다. 그래서 실세한 가난한 양반들이 많이 살았다. 남인들이 주로 이곳에 살았다는 말이 전해지며, 군교(軍校)들이 이곳에 주로 살았다. 남산 청학동(한옥마을) 계곡 주위에는 일부 권세가와 사대부들의 정자들이 들어서기도 했다.

동촌은 한성 동쪽에 위치한 타락산 기슭의 이화동, 동숭동, 원남동, 연건동 일대를 가리킨다. 서촌은 현재의 서소문 일대로, 양반과 장사치들이 섞여 살았던 곳이다.

중촌은 장통교와 수표교 일대를 말하는데 의관, 역관, 기타 전문직 기술관들이 살았다. 중인 가운데서도 의관과 역관은 특별한 대우를 받았고 부유한 생활을 영위했다. 의관들은 고위 관료의 질병을 치료해 주면서 각종 혜택을 받았는데 이들이 운영하는 약국은 지금의 을지로 입구에 해당하는 구리개(銅峴)에 집중되어 있었다. 역관들은 중국, 일본과의 중개무역에 종사하여 상당한 부를 축척했다. 박지원의 『허생전』에 등장하는 변승업이라는 부자는 실제로 일본어 통역을 하는 왜역(倭譯)으로 실재했던 인물이다. 특기할 것은 지금 중간계층의 뜻으로 중인(中人)이라는 말을 쓰고 있지만 사실 그 유래를 따지고 보면 중촌, 중로에 사는 중로지인(中路之人)에서 유래된 말이다.

아래대는 하촌으로도 불렸는데, 청계천 효경교(孝經橋) 이하 동대문, 광희문 일대를 말하며 때로는 성 밖 왕십리 일대를 포함하기도 한다. 동쪽 성벽 바로 안쪽의 국립중앙의료원의 자리가 본래 훈련원(訓鍊院) 자리로 이곳에서 군사들이 훈련을 받았다.

그래서 하급 장교와 군사들이 이곳에 많이 거주하였다. 특히 지방에서 상번(上番)하여 복무하는 군사들은 이곳에 임시로 집을 세내어 집중적으로 거주해 있었다. 한편 시신을 내간다는, 일명 수구문(水口門) 또는 시구문(屍口門, 屍柩門) 이라 부르는 광희문이 이곳에 있었다. 금호동 쪽에는 공동묘지가 있었으며 묘지로 가는 길가에는 무당들의 집이 많아 신당동(神堂洞→新堂洞)이라 불렸다. 이곳의 묘지가 포화 상태가 되자 미아리에 공동묘지가 마련되기도 했다. 저습지 지역이라 살기가 좋은 환경은 아니었지만 채소 재배에 적당하였다. 따라서 채소를 재배하여 먹고 사는 사람들도 이곳에 많았다.

한성의 범위는 성저 10리로 되어 있었다. 따라서 성 10리 이내에는 경작을 금지하고 마음대로 집을 짓지 못하며 묘지를 쓰지 못하고 벌목을 금했다. 따라서 소비 도시인 한성의 물자는 모두 외부에서 들여왔다. 곡물, 어물, 소금 등은 경강상인들이 한강을 통해 배로 날랐다. 벌목이 금지되어 땔나무도 뚝섬 등을 통해 공급받았다. 한성 주변에 연희궁 배추, 훈련원 배추, 왕십리 미나리 등의 채소가 근교농업으로 성행할 수 있었던 것도 도성 안에서는 논농사는 물론이고 밭농사도 할 수 없었기 때문이다. 실제로 많은 인구가 도성 안에서 살다보니 경작지를 확보할 수도 없었다. 한성의 분뇨는 한성 주변의 논밭에 거름으로 활용되어 분뇨를 성 밖으로 나르고 때로는 뱃길을 이용하여 멀리 운반되기도 했다.

성균관 주변에는 반인(泮人)들이 주로 집단으로 거주하였다. 반인들은 대대로 성균관에 딸려 있던 사람들이었다. 이들은 소, 돼지 따위의 짐승을 잡아서 고기를 파는 가게, 즉 다림방(懸房)이라는 정육점을 운영하였다. 나라에서 소를 함부로 잡지 못하게 엄격히 관리하였다. 농사를 지으려면 소가 꼭 필요했기 때문이다. 대신 소를 잡거나 쇠고기를 파는 일을 성균관에 딸린 일반인들이게 맡겼다. 그리고 이들에게 춘추 석전제를 비롯한 성균관의 각종 제사에 필요한 육류를 조달하게 하였다. 한성에 쇠고기를 파는 가게 다림방은 스무 곳 남짓 있었다.

한성부에는 국가가 통제 아래 운영된 시전이 있었다. 한성부 시전은 90여 종의 물품을 전문적으로 판매했다. 중앙정부와 양반가에서 주로 소비한 비단·무명·명주·모시·종이·어물을 비롯해 다양한 물건들이 거래되었다.

서울 한복판 이층 종루(鍾樓)에는 종을 매달아 시간을 알려주었다. 임진왜란 때 종

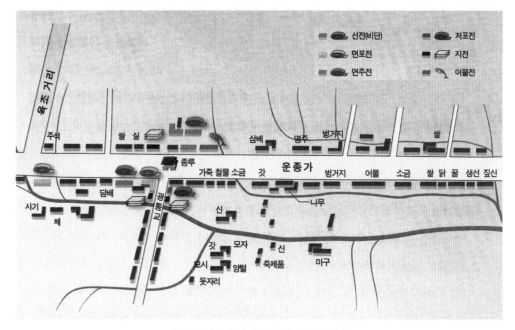

국가의 통제 아래 운영된 한성부의 시전

루가 파괴되고 종도 여기저기 옮겨 다니는 액운을 겪은 후 그 위계와 규모를 크게 줄여 1619년(광해군 11) 4월에 종각(鐘閣)으로 만들었다. 이후 종각으로 불리던 이 건물에 고종이 1895년 3월 15일 '보신각(普信閣)'이라는 현판을 내리면서 보신각이라는 이름이 붙게 되었다. 한성의 4대문에 인의예지(仁義禮智) 순으로 이름을 붙였던 고례(古例)에 따라 중앙을 뜻하는 신(信)을 쓴 것인데, 이로써 보신각은 한성의 공간적, 상징적 중심이 되었다.

조선시대에는 해가 진 뒤 다음날 해가 뜰 때까지의 밤 시간을 다섯 등분하여, 초경(初更)·이경(二更)·삼경(三更)·사경(四更)·오경(五更)으로 시각을 나타냈다. 초경(初更)은 일경(一更)이라도 하며 십이시(十二時) 가운데 술시(戌時)에 해당하며 오후 7시에서 9시까지를 가리켰다. 이경(二更)은 해시(亥時)로 오후 9시에서 11시까지를 가리켰다. 삼경(三更)은 자시(子時)로 날짜가 바뀌는 밤 12시를 전후로 한 시간으로, 오후 11시에서 다음날 1시까지를 가리켰다. 사경(四更)은 축시(丑時)로 오전 1시에서 3시까지를 가리켰다. 오경(五更)은 인시(寅時)로 오전 3시에서 5시까지를 가리켰다.

십이시(十二時) : 하루를 열둘로 나누어 십이지를 이용해 시간을 표시하는 법

띠	시간	띠	시간
자(子)	23~1시	오(午)	11~13시
축(丑)	1~3시	미(未)	13~15시
인(寅)	3~5시	신(申)	15~17시
묘(卯)	5~7시	유(酉)	17~19시
진(辰)	7~9시	술(戌)	19~21시
사(巳)	9~11시	해(亥)	21~23시

치안 유지를 위해 한성 주민들의 야간 활동에는 통제가 가해졌다. 특히 이경(二更)인 저녁 10시 무렵에는 북이나 종을 28번을 쳐서 일반인의 통행을 금지시켰는데, 이것을 인정(人定) 또는 인경이라 하였다. 그리고 새벽 4시 무렵인 오경(五更)에는 북이나 종을 33번을 쳐서 통행금지의 해제를 알렸는데, 이것을 파루(罷漏)라고 하였다.

밤중에 통행금지를 어기는 경우에는 근처의 경수소(警守所)에 잡아 두었다가 날이 밝으면 10대부터 30대까지의 태형에 처하게 되어 있었다. 그러나 종각에서 알려주는 시보는 인경, 바라 외에는 없었고 다만 정오에 치는 오고(午鼓)가 있었다. 그러나 그 소리가 잘 들리지 않자 창덕궁 금천교에 설치된 오포(午砲, noon gun)롤 쏘아 정오를 알렸고 일제 강점기부터는 사이렌(siren)을 울렸다. 그러나 도성 밖에서는 이런 통행금지가 적용되지 않았다.

한성 밖은 이른바 '문안'이라고 도성 안과는 사뭇 달랐다. 성문 바로 바깥쪽은 그래도 여러 사람이 왕래하기 때문에 집과 점포가 늘어서 있었지만 조금만 벗어나면 주요 도로변에 몇 집씩 모여 있는 집단이 한참을 떨어져 군데군데 있을 정도로 한산했다. 이곳에 사는 사람들은 주로 농민들이었다. 그러나 마포, 용산, 서강 등의 한강 주변으로 가면 많은 사람들이 활동하고 있었다. 한강 주변에는 배를 이용하여 곡물을 서울로 운반하는 경강상인들을 비롯하여 금융업, 숙박업에 종사하는 객주, 여각 등의 상업인들이 살았다.

5장 조선 왕조의 정궁, 경복궁

  궁궐은 왕조시대의 최고 통치자인 왕이 거주하면서 신하와 백성을 통치하던 곳이다. 궁궐(宮闕)이란 궁과 궐을 합친 말로서 궁(宮)은 임금이 사는 규모가 큰 건물을 뜻하고, 궐(闕)은 궁의 출입문 좌우에 설치하였던 망루를 의미한다. 왕조시대에 궁궐에 출입할 수 있는 사람은 엄격히 제한되어 있었다. 따라서 일반 백성들 가운데는 평생 동안 궁궐을 한 번도 가보지 못한 사람이 부지기수였다. 오늘날에는 누구나 마음만 먹으면 궁에 들어가 이곳저곳을 관람할 수 있지만, 궁궐에 대한 우리의 이해는 여전히 소략한 범주를 벗어나지 못하고 있다. TV 사극의 왜곡된 이미지에서 비롯되었다고는 하지만, 아직도 궁궐을 왕과 왕비, 후궁, 벼슬아치 몇몇 등 왕실 주변 인물들의 권력 암투가 벌어졌던 곳으로 인식하는 경우가 많다.

  한편 조선 왕조의 정궁인 경복궁이 중국 북경에 있는 자금성을 모방·축소하여 지은 것이며, 현재의 규모가 전부인 것으로 잘못 알고 무시하는 경향도 있다. 그러나 경복궁은 1395년(태조 4)에 세워졌고, 중국의 자금성은 1420년(명 영락제 18)에 완공되었다. 즉 경복궁이 자금성보다 25년 먼저 지어진 것이다. 또한 현재의 경복궁은 본래 규모의 약 30퍼센트 정도만 남아 있을 뿐이다. 그러면 나머지 70퍼센트를 더한 본래의 경복궁은 어찌하여 이렇게 초라해졌을까? 그것은 국권 상실과 일제 식민지배라는 가슴 아픈 근대사와 맥을 같이하고 있다. 일본인들은 조선 왕조를 상징하였던 궁궐을 치밀한 계산에 의해 철저히 파괴하고 왜곡하였다. 설상가상으로 해방 이후 무분별한 이건과 건축, 증축으로 인하여 경복궁은 그 원형을 헤아려 보기도 힘들 정도로 변질되었다. 이러던 차에 1995년 8월 15일 옛 조선총독부 건물의 철거를 시작으로 경복궁 복원 사업이 시작되었고, 2010년에 1차 복원 사업이 완료되었다.

현재 경복궁은 내국인뿐만 아니라 외국인 관광객들도 많이 찾는 명소가 되었다. 그러나 경복궁을 찾는 수많은 사람들 가운데 경복궁의 진정한 역사와 의미를 제대로 이해하고 방문하는 사람이 과연 얼마나 될까? 경복궁이 품고 있는 수많은 이야기와 여러 건물들이 저마다 지닌 독특한 쓰임을 제대로 알고 관람한다면 지금까지와는 전혀 다른 경복궁의 모습을 볼 수 있을 것이다.

1. 조선의 개국과 경복궁

1) 태조의 한양 천도

1392년 조선 왕조를 개창한 태조 이성계는 수도 이전을 적극적으로 추진했다. 고려 왕조 500년의 수도인 개경은 구세력의 근거지였다. 새 왕조 조선에 새로운 기풍을 조성하고 체제를 공고히 하기 위해서는 개경을 떠날 필요가 절실했다. 그러나 신하들은 자신들의 이해관계에 따라 천도에 대해서 미온적인 사람이 적지 않았다. 이런 상황에서 태조는 즉위하면서부터 바로 천도를 명하고 끈질기게 추진하였다. 태조는 새 수도 후보지로 거론된 계룡산을 비롯해서 오늘날의 신촌 일대인 무악, 그리고 백악산 아래 한양을 직접 둘러보는 등 새 수도 선정에 많은 노력을 기울인 끝에 1394년(태조 3) 8월 11일, 일부 신하들과 풍수가들의 반대를 무릅쓰고 태조 스스로의 판단으로 한양을 수도로 결정하였다.

태조는 자신이 직접 한양을 새 도읍지로 정해 놓고는 개경으로 돌아와, 당시 최고

위 관료들의 의결 기구인 도평의사사(都評議使司)로 하여금 천도를 건의하게 하였다. 공식적인 절차를 밟아 예견되는 반발을 막고자 했던 것이다. 이에 따라 1394년 8월 말 도평의사사는 한양이 "앞뒤 산하의 형세가 빼어나고, 사방의 도리(道里)가 고르고, 배와 수레가 통하니, 이곳에 도읍을 정하여 후세에 영구토록 전승하여 천인(天人)의 뜻에 합하시라"는 내용의 문서를 올렸다. 1394년(태조 3) 10월 25일 태조는 마침내 개경을 떠나 한양으로 천도길에 올랐고, 10월 28일에는 새 도읍 한양에 이르러 고려 때의 한양부 객사를 이궁(離宮)으로 삼아 입주하였다.

개경에서 한양으로 천도한 이듬해인 1395년(태조 4) 6월 6일 태조는 한양부를 한성부(漢城府)로 개칭해 부르도록 공표하였다. 이로써 한성(漢城)은 조선의 공식적인 수도가 되었다. 이해 9월 종묘와 궁궐이 완공되었고, 10월에는 궁궐 이름을 경복궁이라 정하고 마침내 왕이 경복궁에 입어(入御)하니 그때가 12월이었다. 1397년에 이르러 도성이 거의 완공됨으로써 비로소 한성은 새 도읍으로서 제 모습을 갖추게 되었다.

2) 조선 왕조와 경복궁

경복궁이 세워진 지 3년이 채 지나지 않은 1398년(태조 7), 조선을 세운 주체 세력 내부의 주도권 다툼인 제1차 왕자의 난이 일어났다. 태조는 즉위 7년을 채우지 못하고 왕위를 아들인 정종에게 물려주었다. 왕위를 물려받게 된 정종은 조선 왕조를 세운 동지들 간의 다툼과 형제간의 살육이 벌어진 한성이 싫었다. 1399년 3월 7일 왕위에 오른 정종은 곧 재이(災異)가 잦다는 이유를 내세워 한성을 떠나 옛 수도 개경으로 환도하였다. 그러나 개경에서도 권력 다툼은 재연되어 1400년(정조 2) 1월, 제2차 왕자의 난이 일어났다. 태조의 다섯째 아들 방원이 형 방간과 싸워 이긴 것이다. 이로써 그해 11월 왕위는 다시 이방원에게 넘어갔으니, 그가 바로 태종이다.

태종은 즉위하자마자 한성 천도를 시도하였으나, 신하들의 반대로 이어(移御)하지 못하다가 1405년(태종 5년)에야 비로소 뜻을 이루었다. 한편 태종은 한성으로 천도하면서 정궁인 경복궁이 있는 데도 다시 창덕궁을 짓게 하였다. 풍수설에 따른 길흉논쟁도 있었지만, 그보다는 정치적 라이벌이었던 정도전이 설계한 경복궁이 썩 내키지 않

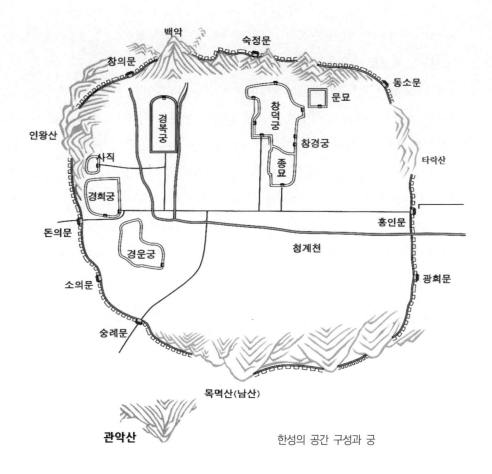

백악
숙정문
창의문
동소문
문묘
경복궁
창덕궁
인왕산
창경궁
사직
종묘
타락산
경희궁
돈의문
홍인문
경운궁
청계천
소의문
광희문
숭례문

목멱산(남산)

관악산   한성의 공간 구성과 궁

았던 듯하다. 1405년(태종 5) 10월 11일 재차 한성으로 천도한 태종은 10월 20일 새 궁궐 창덕궁으로 입어하였다. 그리하여 태종 대에 경복궁은 비어 있는 궁궐이었다.

경복궁이 다시 역사의 중심 무대에 등장한 것은 1426년(세종 8) 10월 1일부터이다. 세종은 창덕궁에서 경복궁으로 이어하면서 집현전 학사들로 하여금 궁내의 문과 다리의 이름을 짓게 했다. 근정전 앞 제2문은 홍례문(弘禮門)이라 하고 근정문 앞 돌다리를 영제교라 했다. 이와 같이 세종 대에 이르러 경복궁은 퇴락한 건물들이 수축되기도 하고 새 건물이 들어서기도 하면서 규모가 늘어나고 궁궐로서의 면모를 좀 더 짜임새 있게 갖추어 나갔다. 이후 세조 연간에는 경복궁 확장 공사를 하면서 창덕궁으로 일시 이어하였다가, 다시 경복궁으로 이어하는 등 경복궁을 정궁(正宮)으로, 창덕궁을 이궁(離宮)으로 삼아 활용하는 체제가 갖추어졌다. 임진왜란으로 한성과 궁궐이 전반적으로 파괴될 때까지 경복궁은 정궁, 창덕궁은 이궁의 역할을 하면서, 창경궁이 창덕궁을 보완하는 체제로 궁궐이 이용되었다.

경복궁을 비롯한 궁궐들은 임진왜란 때 완전히 파괴되었다. 특히 경복궁은 고종 초년까지 궁성과 경회루의 주초만 서 있을 뿐 잡초가 무성한 빈터로 남아 있었다. 1863년 12월 고종이 즉위하면서 실권을 장악한 흥선대원군은 실추된 왕권의 회복을 꾀하면서 그 상징적 조치로서 경복궁 중건을 추진하였다. 중건 사업은 1865년(고종 2) 4월부터 약 3년이 소요되었다. 1868년(고종 5) 7월 마침내 고종은 경복궁으로 이어하였다. 흥선대원군은 경복궁 중건 사업뿐만 아니라 당시 유력 가문 중심의 세도정치 질서를 왕권 중심 체제로 바꾸어 보려 하였으나, 1873년(고종 10) 11월 5일 고종이 친정을 선포함에 따라 하야하였다. 고종은 친정 선포에 대한 의지의 표현으로 조정 관료들은 물론 흥선대원군조차 모르게 경복궁 북쪽에 건청궁(乾淸宮)을 짓는 공사를 벌였다.

건청궁이 완공된 것은 1873년(고종 10)이었지만, 1876년(고종 13)에 강녕전 등 내전 일대에 큰 화재가 일어나 왕의 거소를 창덕궁으로 옮기는 바람에 한동안 빈집으로 남아 있었다. 고종이 다시 건청궁으로 돌아온 것은 1885년(고종 22) 1월 2일이었다. 이후 고종은 1896년(고종 33) 2월 11일 러시아 공사관으로 피신할 때까지 건청궁에 머물렀다. 아관파천(俄館播遷) 이후 경복궁은 왕이 살지 않는 궁궐이 되어 버렸다.

2. 경복궁의 공간 구조

왕조 체제에서 도읍지의 결정과 함께 새 궁궐의 조성은 무엇보다도 중요한 일이다. 궁궐은 왕이 거처하는 곳일 뿐만 아니라, 왕실과 국가의 존엄을 표시하고 정령을 의결, 포고하는 장소이기 때문이다. 이 같은 중요성을 갖고 있는 조선의 정궁인 경복궁은 1394년(태조 3)에 착공을 시작하였다. 한양은 고려 때부터 명당지로 주목되던 곳으로 태조는 먼저 종묘를 세운 다음 궁궐을 지었다. 고려 충숙왕 때 지었던 궁궐 터가 너무 비좁아 정도전, 남은, 이직에게 명하여 한양에 새로운 터를 보게 하고, 심덕부에게 공사의 총감독을 맡겼다. 그리고 1395년(태조 4) 9월에 태묘(太廟)와 궁이 건립되니, 태조가 비로소 법가(法駕)를 타고 들어갔다. 태조는 정도전에게 명하여 궁의 이름을 짓게 하였고, 정도전은『시경』의 구절을 취하여 새 궁전의 이름을 경복궁이라 하였다.

궁궐이란 임금이 정사를 보는 곳으로 온 나라의 신민들이 모두 우러러보고 출입하기 때문에 그 제도를 웅장하게 하여 존엄을 보이고 명칭을 아름답게 하여 관감(觀感)이 되도록 해야 한다. 한(漢), 당(唐) 나라 때부터 궁궐의 이름들을 혹 연혁(沿革)을 찾아 지었다. 그러나 존엄을 보이고 관감이 되도록 하는 의의는 동일하다. 전하가 즉위한 지 3년에 한양에 도읍을 정하여 먼저 종묘를 세우고 다음 궁실을 지었다. 그 이듬해 10월 을미에 면복(冕服)을 입고 선왕과 선후를 신묘에 제사하고 신궁에서 군신들과 잔치를 하였으니, 이는 대개 신의 은혜를 넓히고 후일의 복록을 두텁게 하기

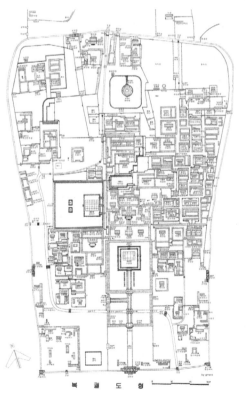

『북궐도형』의 경복궁 배치도

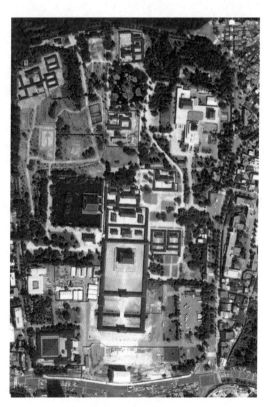

경복궁 항공사진

위한 것이다. … (중략) …『시경』「주아(周雅)」에 "마음껏 취하고 덕으로 배가 불렀도다. 군자는 만년토록 큰 복을 누리라(旣醉以酒旣飽以德君子萬年介以景福)"는 한 구절을 읊고는, 신궁(新宮)의 이름을 경복(景福)이라 하면 전하와 자손들이 만년토록 태평을 누릴 것이며 사방의 신민들도 길이 관감이 될 것이다.

경복궁은 조성 당시부터 몇 가지 원칙에 따라 지어졌다. 앞에는 집무 공간, 뒤에는 생활공간을 둔다는 '전조후침(前朝後寢)', 여러 전각과 여러 겹의 담장으로 외부의 침입을 막는다는 '구중궁궐(九重宮闕)', 세자와 대비의 거처는 동쪽에 둔다는 '동궁동조(東宮東朝)' 등이 그것이다.

경복궁은 크게 보아 삼문삼조(三門三朝)의 공간 구성을 이루고 있다. 삼문(三門)은 광화문~홍례문(홍례문)~근정문을 이르며, 삼조(三朝)는 외조~치조~내조로 연속되는 세 공간을 가리킨다. 그중 치조(治朝)는 왕과 관료들이 정치를 행하는 곳으로 정전(正殿)과 편전(便殿)이 있다. 치조의 중심은 근정전과 사정전이다. 내조(內朝)는 왕과 왕비를 비롯한 왕족의 일상 생활공간으로 침전인 강녕전, 교태전 등이 있었다. 외조(外朝)는 조정의 관료들이 근무하는 관청이 있는 곳으로 유화문(維和門)과 영추문(迎秋門) 사이가 해당되며, 이곳에는 궐내의 행정을 맡아보는 궐내각사가 있었다.

1) 삼문 구역

삼문이란 길 밖에서 정전(근정전)에 이르기까지 거쳐야 하는 3개의 문을 말한다. 경복궁의 삼문은 광화문~홍례문(홍례문)~근정문이다.

① 해태상
광화문 좌우의 담벼락에는 높은 대 위에 앉아 전방을 응시하는 해태상이 있다. 그런데 그 모양이 어딘가 모르게 어색하게만 느껴진다. 해태상이 어색하게 느껴지는 것은 원래 있어야 할 곳에 있지 않고 엉뚱한 곳에 놓여 있기 때문이다.

해태를 한자로 표기할 때는 해치(懈豸)라고 쓴다. 중국 고대로부터 전해 오는 상상

1900년경의 해태상과 오늘날의 해태상

의 동물로서 머리에 뿔 하나를 달고 있다. 뿔은 불의를 징벌하는 상징이며, 또한 사람의 선악을 구별해 준다는 전설도 가지고 있다.

　해태는 조선시대 사헌부(司憲府)와 관련이 깊다. 사헌부는 시정(時政)의 잘잘못을 따지고 관원의 비리를 조사하여 탄핵하는 대표적인 사법기관이었다. 그 사헌부의 관원들은 치관(豸冠)이라 하여 해태가 장식된 모자를 썼으며, 사헌부의 장관인 대사헌은 공복의 가슴과 등에 붙이는 흉배(胸背)의 문양으로 해태를 수놓았다. 이렇게 사헌부와 해태가 관련이 깊은 까닭에 사헌부 앞에 돌로 조각하여 세워 놓았다. 사헌부가 현재의 정부종합청사 자리에 있었으니 해태상은 본디 정부종합청사 앞 광화문광장 쪽에 위치했던 것이다.

　해태상은 이러한 상징적인 의미 말고도 실질적인 용도도 가지고 있었다. 경복궁 앞에 이르면 왕을 제외한 모든 사람들이 가마나 말에서 내려야 했다. 다시 말해 해태의 구체적인 기능은 여기서부터는 궁궐의 영역이니 지존을 제외한 모든 사람들은 탈것에서 내리라는 하마(下馬)의 표지였던 것이다.

　② 광화문
　광화문(光化門)은 경복궁의 정문이다. 광화(光化)란『서경』「요전(堯典)」편에 나오는 말로 '빛(군주의 덕)은 사방으로 덮이고 교화(바른 정치)는 만방에 미친다(光被四表

광화문 천장의 그림들(좌측부터 현무, 봉황, 기린)

化及萬方)'는 뜻을 지니고 있다. 광화문은 2층 누각으로 되어 있는데, 지붕이 두 개인 2층 누각은 국가의 주요 건축물에만 세울 수 있었다. 광화문은 3개의 출입구를 갖고 있다. 중앙 출입구는 왕만이, 좌우 출입구는 신하들이 출입하였다.

광화문의 세 출입구 천장에는 각기 다른 그림이 그려져 있다. 중앙 출입문에는 봉황(鳳凰)이 그려져 있다. 봉황은 수컷인 '봉(鳳)'과 암컷인 '황(凰)'을 함께 이르는 말이다. 광화문 중앙 출입문 천장의 봉황은 요순의 태평성대를 상징하는 봉황을 조선 궁궐에 적용한 것으로, 지금 봉황이 이곳 궁궐에 출현해 있음을 상징한다. 오른쪽(왕이 보았을 때는 좌측) 출입문 천장에는 태평성대가 오기 전의 징조로 나타난다는 기린(麒麟)이 그려져 있다. 그리고 왼쪽(왕이 보았을 때 우측) 출입문에는 현무(玄武)가 그려져 있다. 원래 남쪽 출입문에는 동서남북을 지키는 수호신 중 남쪽을 수호하는 주작(朱雀)이 그려져 있어야 한다. 그런데 경복궁은 한성의 도시 구조에서 북쪽에 위치하고 있어 북궁(北宮)이라고도 불리었다. 따라서 경복궁의 정문인 광화문 왼쪽 출입문에는 주작을 그리지 않고 북쪽을 수호하는 현무를 그린 것이다.

현재의 광화문과 그 궁장은 1995년부터 시작된 복원 사업의 일환으로, 1968년 철근 콘크리트로 복원된 기존의 광화문을 2006년 11월 19일 철거하고 2010년 8월 15일에 새로 세운 것이다. 그런데 경복궁 궁장의 동남쪽 모서리에 있던 망루로 '궐(闕)'에 해당하는 동십자각(東十字閣)은 복원된 궁장과도 떨어져 여전히 도로 한가운데 덩그러니 남아 있다. 궐이란 원래 중국에서 궁전의 대문 양쪽에 세운 망루(望樓)를 말한다.

③ 홍례문 또는 홍례문

광화문과 근정문 사이에 있는 남쪽 문이다. '홍례(興禮)'란 '예를 일으킨다'는 뜻이다. 예(禮)가 오행(五行)에서 남쪽을 나타내기 때문에 이와 같은 이름이 붙은 것이다. 경복궁 창건 당시에는 홍례문(弘禮門)이었으나 1882년(고종 19) 임오군란 뒤 청의 군대가 조선에 주둔하면서 홍례문(興禮門)으로 개칭하였다. 홍례문에서 홍례문으로 바뀐 것은 중국 청나라 건륭제(乾隆帝)의 이름이 '홍력(弘歷)'이었던 것과 관련이 있다. 당

현재의 동십자각(위)과 중국의 궐(아래)

시 중국 청나라에 사대(事大)의 예를 행하고 있던 조선이 궁궐 현판에 '홍(弘)'자를 쓰는 것이 문제가 될 수 있어 홍(弘)과 뜻이 같은 홍(興)으로 바꾼 것이다.

④ 영제교

궁궐의 진입 부분을 구성하는 기본 요소 중 하나가 금천(禁川)이라는 이름을 가진 개울이다. 전통 사회에서 불, 물은 정화의 의미를 갖고 있다. 개울은 배산임수(背山臨水)의 명당수(明堂水)를 의미하기도 하지만, 궁궐의 외부와 내부를 가르고 구별하는 의미를 더 크게 갖고 있다. 근정문 앞에는 그 개울을 가로지르는 영제교(永濟橋)라 불리는 금천교(禁川橋)가 있다.

근정전에서 어전 공식 행사가 있을 때면 문무백관들은 입장에 앞서 영제교 남단에서 형식을 갖추고 대기한다. 이 경우의 영제교는 다리 남쪽 공간과 북쪽 공간을 구분하는 의미를 지닌다. 준비가 되면 문무백관들은 정리(庭吏)의 안내를 받아 일화문(日華門)과 월화문(月華門)을 통하여 근정전의 조정으로 들어간다. 이때 영제교는 근정전이라는 지엄한 공간과 일상의 공간을 연결해 주는 통로로서 상징적 의미를 지닌다.

금천과 영제교, 그리고 영제교 천록

전통 사회에서는 사람만이 아니라 귀신도 고려하였다. 따라서 귀신을 막기 위해 영제교에 서수(瑞獸)를 세운다. 이것은 사람과 귀신이 같이 산다는 것을 의미한다. 영제교 아래에는 엎드린 돌짐승이 모두 네 마리가 보인다. 경복궁을 지키는 금군(禁軍)들의 병장기인 삼지창 같은 뿔을 머리에 달고서 영제교 물길을 지키고 있는 천록(天祿)이다. 천록은 천록(天鹿)이라고도 하는데, 전설 속의 신령스러운 짐승으로서 왕의 밝은 은혜가 아래로 두루 미치면 모습을 나타낸다고 한다. 그러므로 이 천록상에는 왕의 밝은 은혜가 온누리에 미치기를 기원하는 마음이 서려 있는 것이다.

⑤ 근정문

경복궁 삼문의 세 번째 문이 근정문(勤政門)이다. 근정문 동쪽과 서쪽에는 일화문(日華門)과 월화문(月華門)이란 작은 문이 있다. 일화는 '해의 정화'를 뜻하며 '일(日)'은 양(陽)의 성질을 띠고 있고, 월화란 '달의 정화'를 뜻하며 '월(月)'은 음(陰)의 성질을 띠고 있다. 음양으로 볼 때 문(文)은 태양, 무(武)는 달에 해당하기 때문에 문반(文班)은 일화문으로, 무반(武班)은 월화문을 통해 근정전 조정으로 들어간다. 한편 일화문의 '일(日)'과 월화문의 '월(月)'을 합치면 '명(明)'이 된다. 이는 경복궁의 금천이 명당수라는 의미와 관련이 있다. 이에 따라 금천의 북쪽인 근정문 앞마당이 명당 마당이 된다.

대한민국역사박물관에서 바라본 경복궁 삼문삼조 전경

한편 근정문은 새로운 왕을 탄생시키는 왕권 계승의 공간이었다. 조선시대 왕의 즉위에는 네 가지 형식이 있었다. 태조와 같이 나라를 세움으로써 왕위에 오르는 경우, 선왕이 승하함에 따라 왕위를 사위(嗣位)하는 경우, 선왕이 생존해 있는 상태에서 왕위를 잇는 선위(禪位), 반란을 일으켜 선왕을 왕위에서 끌어내린 후 오르는 반정(反正)이 그것이다. 이 네 가지의 경우에 따라 즉위의례를 행하는 공간도 각각 달랐다.

먼저 선왕의 승하에 따라 왕위를 잇는 사위(嗣位)의 경우이다. 조선시대 왕실에서 행한 의례 가운데 문(門)에서 거행하도록 했던 대표적인 의례가 사위에 의한 즉위의례이다. 문에서 의례를 행하는 것은 선왕의 죽음을 애통해 하며, 차마 그 자리에 나아가지 못하는 마음의 표현이기도 하다. 조선의 역대 왕 가운데 문종, 단종, 성종, 연산군, 인종, 명종, 선조, 광해군, 효종, 현종, 숙종, 경종, 영조, 정조, 순조, 헌종, 철종, 고종 등 18명의 왕이 사위의 형태로 왕위에 올랐다. 선왕이 승하하여 그 자리를 이어받는 사위의례를 행할 때 사람들은 상중임에도 잠시 상복(喪服)을 벗는다. 종친과 문무백관은 조복(朝服)으로 갈아입고, 세자는 참최복(斬衰服)을 벗고 왕을 상징하는 의복인 면복(冕服)으로 갈아입는다.

사위의례의 핵심인 선왕의 유언장인 유교(遺教)와 조선 국왕의 상징인 대보(大寶, 옥쇄)를 받은 후 신왕은 근정문 한가운데에 남향으로 설치해 놓은 어좌(御座)에 오르면 종친과 문무백관들은 "천세, 천세, 천천세!"라고 산호(山呼)와 재산호(再山呼)를 외친다. 참여한 사람들이 모두 네 번 절하는 사배례(四拜禮)를 한 후 의례를 마치는데, 의례가 끝나면 참여자 모두가 다시 상복으로 갈아입고 같은 장소에서 행해지는 교서 반포의례에 임한다. 새로운 왕은 근정문에 설치해 놓은 어좌 앞에서 교서를 반포하여 온 천하에 즉위를 알린다.

이처럼 왕위 계승의 방식 가운데 가장 정상적인 형태가 사위였다. 사위 의례에서 유교와 대보를 받은 후에는 반드시 근정문 한가운데에 어좌를 설치해 놓고 거기에 오르도록 하였다. 새로운 왕이 탄생하는 즉위의례이지만 선왕을 잃은 슬픔을 뒤로하고 즉위해야 하므로 정전(正殿)에서 대대적으로 행하는 것을 꺼린 까닭이다. 문에서 의례를 행함으로써 선왕이 잘 닦아놓은 위업을 조심스럽게 겸허한 마음으로 이어받은 후 새로운 단계로 나아간다는 상징적 의미도 부여하였다. 근정문에서 즉위한 왕은 문종

조선시대 왕의 즉위 형식

1. 개창(開創) : 태조
2. 사위(嗣位) : 문종, 단종, 성종, 연산군, 인종, 명종, 선조, 광해군, 효종, 현종, 숙종, 경종, 영조, 정조, 순조, 헌종, 철종, 고종
3. 선위(禪位) : 정종, 태종, 세종
4. 반정(反正) : 세조, 중종, 인조

조선시대 사위(嗣位) 의례 장소

경복궁 근정문 : 문종, 단종, 성종, 명종, 선조
창덕궁 인정문 : 연산군, 효종, 현종, 숙종, 영조, 순조, 철종, 고종
창경궁 명정문 : 인종
정릉동 행궁 서청 : 광해군
경희궁 숭정문 : 경종, 정조, 헌종

근정문 전경

을 비롯하여 단종, 성종, 명종, 선조 이렇게 다섯 왕이다.

정종, 태종, 세종의 경우와 같이 선왕이 살아 있으면서 자리를 물려주는 선위(禪位)의 경우 흉례의식과는 다른 의미의 즉위의례가 문이 아닌 전(殿)에서 행해졌다. 세종의 즉위는 문이 아닌 근정전에서 이루어졌다. 그밖에 조선을 건국한 태조는 개경의 수창궁에서 즉위하였고, 반정으로 왕위에 오른 중종은 근정전에서, 인조는 경운궁 즉조당에서 즉위의례를 행하였다. 즉위의 형태에 따라 각각 즉위의례를 행하는 공간이 달라지는 것을 알 수 있다.

2) 치조 구역

광화문~홍례문~근정문을 지나면 국가의 중요한 행사가 거행되며 나라의 일을 의논하던 치조 구역이 나타난다. 경복궁의 치조 구역은 근정전과 사정전 일대이다.

① 근정전

근정전(勤政殿)은 국가의 정통성과 권위를 보여 주고 그것을 상호간에 다짐하는 경복궁 내 최고의 상징적 건물이요 장소로서 정전(正殿)의 기능을 담당하였다. 정도전은 경복궁의 정전 이름을 근정전으로 지은 의의를 태조에게 다음과 같이 고했다.

천하의 일들이 부지런함과 게으름에 따라 성패가 결정된다는 것은 너무도 당연한 이치이다. 작은 일도 그러하거늘 하물며 정사(政事)와 같은 큰일에 있어서랴.『서경(書經)』에 이르기를 "방탕할까 경계하여 법도를 문란히 말라" 하였으며, 또 이르기를 "방탕하지 말고 항상 자신을 경계하라. 날로 수많은 일들이 일어나니 직관들을 비우지 말고 하늘을 대신해 다스려라" 하였으니 순(舜)임금과 우(禹)임금의 부지런함을 말함이다. 또 "아침부터 낮이 되고 저녁이 되도록 밥마저 먹을 새 없이 수많은 사람들을 융합하라" 하였으니 문왕(文王)의 부지런함을 말한 것이다. 인군(仁君)은 이처럼 부지런하지 않을 수 없는 처지에 있으나 오래토록 편하다 보면 자연 교만하고 방탕해진다. 그런데 또 아첨하는 무리들이 말하기를 "나라 일로 정력을 소모해 삶을 해롭게 해서는 안 됩니다. 높은 위치에 있으면서 스스로 낮추어 노고를 하십니까" 하여, 여악(女樂), 사냥, 놀이개, 토목 등 방탕할 수 있는 일들을 모조리 말하니, 인군은 나를 깊이 사랑하는 말이라고 여겨 그들의 유혹에 빠진 것을 깨닫지 못한다. 한(漢), 당(唐)의 인군들이 삼대(三代)에 미치지 못한 것은 이 때문인 것이다. 그러니 인군이란 하루라도 부지런하지 않을 수 있겠는가. 그러나 다만 인군이 부지런해야 한다는 것만 알 뿐, 왜 부지런해야 하는가 하는 이유를 알지 못한다면 끝내 그 부지런함은 번거롭고 지루할 뿐이다. 선유(先儒)들이 말하기를 "아침에는 정사를 듣고, 낮에는 어진 이에게 묻고, 저녁에는 명령할 일들을 생각하고, 밤이 되어 편안히 쉰다"고 하였으니 이것이 인군의 부지런함이다. 또 말하기를 "어진 이를 구하는 데 부지런하고, 어진 이에게 정사를 맡기는 데 편안히 한다" 하였다.

이렇듯 깊은 뜻을 담고 있는 근정전은 왕의 건물, 곧 왕의 존엄을 드러내기 위한 의식용 건물이었다. 그런 만큼 경복궁에 있는 건물들 가운데 그 크기와 치장이 가장 장대하고 화려하였다. 근정전의 앞마당, 즉 조정(朝廷)에서는 매월 5일, 11일, 21일, 25

근정전 전경

일 아침에 열리는 조참의례(朝參儀禮)를 비롯하여 각종 국가적 의식 행사가 치러졌다. 조참의례가 있는 날이면, 한성에 있는 말단 관원을 제외한 주요한 신하들이 모두 모였다. 북이 한 번 울리면 군사들이 줄을 맞췄다. 북이 두 번 울리면 문무백관들은 국왕을 기다렸다. 세 번 울리면 일제히 품계석으로 나아가 양반(兩班) 대열을 이루었다. 드디어 왕이 사정전을 나서 근정전에 들어서면 풍악이 울렸다. 왕이 근정전의 용상에 앉으면 신하들은 절을 네 번 올려 예를 갖추었다.

　이러한 국가적 의식을 위해 근정전의 앞마당인 조정에 박석(薄石)이라 부르는 화강암판을 깔았으며, 질서를 지켜 설 자리를 표시하는 품계석을 설치하였다. 품계석은 군신 간의 위계, 문인과 무인의 구별, 관등의 서열을 확실하게 보여 주는 표석이다. 조정을 남에서 북으로 가로질러 길이 나 있는데, 이 길은 세 구역으로 나누어져 있어 삼도(三道)라 한다. 삼도 중앙 부분은 양옆보다 조금 높은데, 이것이 왕만 다니게 되어 있는 어도(御道)이다. 삼도를 경계로 동쪽과 서쪽에 일렬로 품계석을 설치해 놓았다. 품계석에는 정일품(正一品)에서 종구품(從九品)에 이르는 품계가 음각되어 있다. 어좌(御

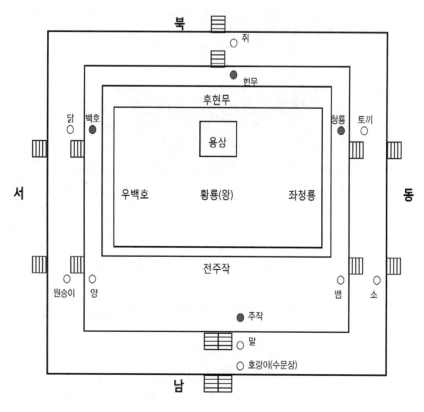

북

쥐

현무

후현무

닭 백호 청룡 토끼

용상

우백호 황룡(왕) 좌청룡

서 동

전주작

원숭이 양 뱀 소

주작

말

호랑이(수문장)

남

근정전의 5방신과 12지신

座)에 가까울수록 품계가 높고 멀수록 품계가 낮다. 그리고 어좌에 앉아 남면(南面)하고 있는 왕의 위치에서 볼 때 좌측이 문반 품계석이고, 우측이 무반 품계석이다.

근정전은 높다. 박석이 깔린 조정 바닥에 두 층의 기단을 쌓아 넓은 월대를 만들고 그 위에 지었기 때문이다. 근정전은 시각적으로뿐만 아니라 심리적으로도 우러러보게 되어 있고, 올라가게 되어 있다. 근정전에는 동서남북 사방에서 올라가는 계단이 있다. 그중에서도 남쪽 계단 중앙에 있는 답도(踏道)는 위치상으로 볼 때 매우 중요한 의미를 갖는다. 근정전 남쪽 계단 앞에 펼쳐진 조정은 만조백관(滿朝百官)들이 왕을 우러러보면서 의식을 치르는 공간이고, 답도 위로는 왕이 군림하고 있는 곳이다. 따라서 답도에는 아무것이나 새겨질 수 있는 것이 아니다. 적어도 나라의 문물제도와 정치적 이상을 상징할 수 있어야 한다. 이러한 의미로 선택된 문양이 봉황(鳳凰)이다. 봉황은 인간의 상상력에 의해 탄생한 동물이다. 예부터 봉황은 성군이 출현하여 나라가 태평하면 홀연히 나타나는 최고로 상서로운 새로 인식되어 왔다. 봉황은 요순시대에는 임금이 거처하는 궁궐에 항상 머물러 있었고, 백성들은 격양가(擊壤歌)를 부르면서 태평성대를 누렸다고 한다. 조선시대의 임금이 염원해 마지않았던 정치의 이상도 다름 아닌 요순시대였다.

근정전 남쪽 계단을 오르면 넓은 화강석 월대가 펼쳐지고, 사방을 돌아가면서 돌난간이 둘러쳐져 있다. 그리고 동서남북 계단으로 통하는 월대의 돌난간 기둥 위에 청룡·주작·백호·현무 등 사방신(四方神)과 쥐·소·호랑이·토끼·뱀·말·양·원숭이·닭 등 십이지(十二支) 동물이 조각되어 더욱 장엄한 분위기를 뿜어낸다.

한편 근정전을 둘러싼 회랑 바깥쪽으로 누각처럼 생긴 건물이 연결되어 있는데 동쪽 회랑에 연결된 것이 융문루(隆文樓)이고, 서쪽 회랑에 연결된 것이 융무루(隆武樓)이다. 이곳은 회랑 안쪽에서 사다리를 타고 올라갈 수 있도록 되어 있었다. 정도전은 융문루와 융무루라는 이름에 대하여 다음과 같이 태조에게 고하였다.

다스림에는 문(文)을 사용하고 난리에는 무(武)를 사용하니 마치 사람에게 두 어깨가 있는 것처럼 어느 한 쪽도 없어서는 안 된다. 예악의 문물과 융병(戎兵)의 무비를 찬연하고도 정연히 아울러 갖추었으며, 사람을 등용함에는 문장 도덕의 선비와 과감 용력한 무사들을 중외에 포열하였으니, 이는 극도의 융문과 융무를 이룬 것이다. 전하의 문무를 병용하여 장구한 다스림을 이뤘다는 것을 보이는 것이다.

근정전의 동루과 서루를 융문루와 융무루라 한 것은 국가를 경영하는 데 문(文)과 무(武)가 필수적임을 뜻하는 것이다.

한편 근정전의 용마루와 내림나루, 추녀마루 등 지붕의 윤곽선을 형성하는 부분에 회를 두텁게 발랐다. 이것은 지붕의 윤곽이 한눈에 들어오는 효과를 나타내는 것으로 양상도회(梁上塗灰) 또는 양성, 양성바름이라 한다. 이것은 중국이나 일본 건축에는 없는 조선의 왕실이나 관청과 관련 건축물에만 볼 수 있다.

경복궁 중심축에 있는 주요 건물 지붕의 양상도회 모습

② 사정전

근정전 뒤편에 위치한 사정문(思政門)을 통과하면 사정전(思政殿)을 마주한다. 사
정전은 태조 연간 경복궁이 지어질 때부터 왕이 공적인 업무를 처리하는 건물이었다.
사정전의 동쪽에는 만춘전(萬春殿)이 있고, 서쪽에는 천추전(千秋殿)이 있다. 만춘전
과 천추전은 사정전의 보조 공간으로 온돌 설비가 되어 있어 동절기에 정사를 보는 장
소로 자주 이용되었다. 그 둘레는 행각(行閣)이 직사각형을 이루며 배치되어 있다.

한편 사정전 앞 행각의 창고는 왕의 비밀금고인 내탕고(內帑庫)와 활자를 보관하던
창고로 알려져 있다. 이 행각 창고들에는 문패가 걸려 있는데, 1번 창고는 천자고(天字
庫), 2번 창고는 지자고(地字庫), 3번 창고는 현자고(玄字庫), 4번 창고는 황자고(黃字
庫) 하는 식으로 천자문 순서에 따라 창고 문패를 걸어 놓았다. 그런데 이 행각 창고는
왼쪽부터 오른쪽으로, 즉 좌우(左右) 정렬로 건물의 순서를 매긴 것이 아니라 오른쪽
부터 왼쪽으로, 즉 우좌(右左) 정렬로 건물의 순서를 매기고 있다. 이것은 사물을 보는
우리의 전통적인 방식과 관련이 있다. 옛 조상들은 사물을 볼 때 오른쪽 위(右上)를 봤

잡귀와 살을 막는 잡상

경복궁을 답사하면서 많이 받는 질문 중 하나가 근정전, 강녕전 등의 추녀마루 위에 놓인 잡상(雜像)에 관한 것이다. 『조선도교사(朝鮮道敎史)』에 의하면 궁궐의 전각과 문루의 추녀마루 위에 놓는 10신상(神像)을 일러 잡상이라 하는데, 이는 『서유기(西遊記)』에 등장하는 인물과 토신(土神)의 형상을 벌여 놓아 살(煞)을 막기 위함이라 한다.

조선을 대표하는 법궁(法宮)답게 경복궁의 모든 건물들은 엄밀한 위계에 따라 지어졌다. 궁궐 내 전각이라고 해도 왕과 왕비, 세자, 관리 등 사용하는 이의 신분에 따라 격과 명칭이 달랐다. 각 건물의 높이와 규모, 담장의 두께와 높이, 익공(翼工)의 수, 계단의 층수, 지붕 모양 등에도 예제상의 차별이 적용됐는데, 궁궐 주요 전각의 지붕 네 귀퉁

대당사부　손행자　저팔계
사화상　이귀박　이구룡
마화상　삼살보살　천산갑

잡상의 종류와 명칭

이 추녀마루에 장식된 잡상의 수도 차이가 있었다. 정전의 경우 9개 내지 10개의 잡상을 배열한다. 9는 양을 대표하는 최상의 수이며, 10은 음양 모두를 조화시키는 하늘의 수이기 때문이다.

그런데 현재 근정전 추녀마루에는 7개의 잡상만 장식돼 있다. 이는 예제의 원칙에 맞지 않는다. 그 이유는 무엇일까? 문화재청에서 2000년 1월 대대적인 보수 공사에 들어가기 직전 팔작지붕 1·2층 네 귀퉁이에 각각 7개씩 배치돼 있던 것을 기준으로 했기 때문이라고 한다. 하지만 일제 강점기 때 간행된 『조선고적도보』를 보면 근정전 추녀마루에 배열된 잡상의 수는 2층은 10개, 1층은 9개씩이었다. 잡상의 수는 건물의 지위에 따라 2개씩 차등을 두어 배치하는 것이 원칙이었다. 근정전으로 들어오기 위해 통과해야 하는 삼문, 즉 광화문, 흥례문, 근정문은 7개씩이다. 근정전보다 한 단계 격이 낮은 사정전과 강녕전, 교태전도 모두 7개씩이다. 강녕전 좌우에 있는 연생전과 경성전은 강녕전보다 한 등급 낮은 5개씩이다. 지금이라도 근정전 잡상의 수를 바로잡아야 할 것이다.

한편 경복궁에는 근정전보다 잡상을 많이 둔 건물이 하나 있다. 바로 경회루다. 경회루의 잡상은 11개이다. 경회루는 중국 사신을 접대하거나 임금과 신하가 더불어 연회를 갖는 공간이기도 했지만, 주역의 원리에 따라 우주와 자연의 질서를 현상세계에 적극적으로 실현하는 유교적 관념에 의거하여 설계한 건물이었다. 따라서 경회루는 근정전보다 격이 높은 11개의 잡상을 배열하여 최고의 지위를 부여받았다고 한다.

사정전 전경

다가 왼쪽 아래(左下)로 시선이 내려갔다. 반대로 서양 사람들은 사물을 왼쪽(左)에서 보기 시작하여 오른쪽(右)으로 시선을 옮긴다. 만일 사정전 행각 창고의 문패를 왼쪽부터 오른쪽으로 '천(天), 지(地), 현(玄), 황(黃)…' 순으로 배치했다면 '황현지천(黃玄地天)'이 되어 버렸을 것이다. 현재와 같이 오른쪽부터 왼쪽으로 글자가 배치되어야만 사정전 용상에 앉은 왕이 '천, 지, 현, 황…'으로 자연스럽게 읽을 수 있다.

정도전은 경복궁 편전의 이름을 사정전으로 지은 뜻을 태조에게 이렇게 고했다.

천하의 이치를 생각하면 얻고, 생각하지 않으면 잃는다. 가장 높은 자리에 이끈 분이 인군이다. 뭇 사람들 중에는 지혜로운 자와 어리석은 자, 어진 자와 불초한 자가 섞여 있고, 뭇 일들 가운데는 시비(是非)

사정전 행각과 문패(황자고, 현자고, 지자고, 천자고)

사정전 내부 모습

이해(利害)가 혼합되어 복잡하니, 인군이 깊이 생각하여 자세히 살피지 않으면, 옳고 그름을 판별하여 처리하고, 사람의 현부(賢否)를 가려 어진 이를 쓰고 불초한 자를 내칠 수 있겠는가. 인군이라면 누군들 존영(尊榮)을 좋아하고 위태로운 것을 싫어하겠는가만, 오직 깊은 생각을 하지 않았기 때문에 비인(匪人)들을 가까이 하고 옳지 못한 일들을 하여 패망하게 된 것이다.

시에 이르기를 "너를 어찌 생각하지 않으리, 집이 멀었을 뿐이다" 하니, 공자가 말하기를 "생각하지 않아서이지, 생각했다면 집이 먼 것을 상관하랴" 하였으며, 『서경』에는 "생각이란 것은 밝다는 뜻이니, 밝으면 성인이 된다"고 하였다. 생각이란 사람에게 이만큼 중요한 것이다. 이 전각은 매일 아침 정사를 보는 곳으로 수없이 닥쳐오는 일들을 전하에게 아뢰면, 전하는 이를 지휘해야 할 것이니 더욱 생각을 하지 않으면 안 될 것이다. 이리하여 사정전이라고 이름한 것이다.

사정전에서는 왕의 일상적인 업무는 물론, 왕과 신하가 함께 공부하면서 국정을 의

논하던 경연(經筵) 등이 행해졌다. 즉 사정전은 왕의 공식 집무실인 편전(便殿)으로서의 기능을 갖고 있었다. 편전의 기능에 걸맞게 사정전의 용상 위 천장에는 한 폭의 운용도(雲龍圖)가 걸려 있다. 용과 구름은 '용이 기운을 토하여 구름을 이루고', '그 구름을 올라탐으로써 신령함을 드러낸다'고 하여 어진 군주와 현명한 신하의 관계를 상징한다. 또한 사정전은 왕이 근정전으로 나가는 시발점이기도 했다. 사정전에서 왕과 세

궁궐 건축물 현판에 담긴 뜻

궁궐의 건축물에는 그곳에 사는 사람의 신분에 따라 상하서열이 존재한다. '전(殿)-당(堂)-합(閤)-각(閣)-재(齋)-헌(軒)-루(樓)-정(亭)'의 여덟 글자는 모두 집이라는 뜻의 한자로, 건물의 서열을 나타낸다. '전하(殿下, 왕에 대한 존칭),' '합하(閤下, 존귀한 사람에 대한 경칭)', '각하(閣下, 높은 벼슬이나 지위에 있는 사람을 높여 일컫는 말)'와 같은 말도 여기서 나왔다. 이 글자들을 조합하면 '전당(殿堂, 크고 화려한 집)', '전각(殿閣, 임금이 거처하는 궁전)', '누각(樓閣, 사방을 바라볼 수 있게 높이 지은 다락방)' 등의 단어가 된다.

'전(殿)'은 궁궐에서 가장 격이 높은 건물에 붙인다. 왕의 의전 행사나 공식 업무를 수행하거나 기거하는 데 쓰이는 집으로 당연히 건물 규모도 크고 각종 품위 있는 장식도 첨가된다.

'당(堂)'은 전(殿)에 비하여 규모 면에서는 차이가 없으나, 의식이나 공적인 행사에 쓰이기보다는 일상 업무나 기거용으로 더 많이 쓰인다. 결국 전과 당은 거의 같은 맥락의 건물이지만, 격에서는 전이 당보다 높다.

'합(閤)'은 대체로 전에 부속되어 있는 건물이다. 그렇지만 완전히 전의 일부를 이루는 것이 아니라, 그 자체 어느 정도의 규모를 갖추고 독립되어 있다. 중국에서는 문 옆에 있는 집을 규(閨)나 합(閤)이라 하며, 작은 규를 합이라 했다.

'각(閣)'은 규모 면에서 전이나 당보다 떨어지며, 전이나 당의 부속건물이거나, 독립된 건물로 되어 있다. 독립 건물일 경우에 규모는 비교적 단출하다. 용도 면에서 기거용보다는 공적인 기능이 큰 집인 경우가 많다.

'재(齋)'는 조용하게 독서나 사색을 하거나, 학문을 연마하기 위해 지은 건물을 말한다.

'헌(軒)'은 대청마루나, 대청마루가 발달되어 있는 집을 가리킨다.

'루(樓)'는 바닥이 지면에서 어느 정도 떨어져서 그 위에 마루를 설치한 건물을 말한다. 주요 건물의 일부로서 누마루방 형태를 띠거나 정자 형태를 취하기도 한다. 2층 건물일 때는 이름을 따로 붙이는데, 1층에는 각(閣), 2층에는 루(樓) 현판을 붙인다.

'정(亭)'은 경치 좋은 곳에 지은 작은 휴식 공간을 의미한다. 규모가 작고 개인적이며, 그 속에서 자연 경관을 감상하거나 휴식을 주된 목적으로 지은 건물이다. 정자의 지붕 형태는 사각형, 유각형, 팔각형 등으로 이루어져 있다.

자가 문무백관이 문안을 드리고 정사를 아뢰던 조참(朝參)을 받을 때는 왕은 중앙 어좌에 앉고, 세자는 동편 벽쪽에, 3품 이상은 서편 벽 쪽에, 3품 이하는 남쪽에 앉았다.

한편 왕의 공식 집무실인 사정전과 근정전을 떠받치는 기둥은 원주(圓柱) 모양을 하고 있다. 원주는 천원(天圓), 즉 하늘을 상징한다. 같은 연유로 이 두 편전은 지붕과 천장이 높다. 천장이 높으면 하늘 기운을 담는 정신 공간도 높아져 잠도 멀리 달아나 버린다. 이는 왕께서 항상 맑고 깨끗한 정신을 가지고 정치에 임하라는 의미이다.

3) 내조 구역

조선시대 왕은 특별한 경우 외에는 궁궐을 벗어나지 않았다. 모든 것을 궁궐에서 해결했다. 나라를 통치하고 생활을 영위했던 궁궐은 왕의 직장이자 집이었다. 앞서 살펴본 치조 구역인 근정전과 사정전이 왕의 직장이라고 할 수 있다. 한편 왕이라고 해서 늘 곤룡포, 면류관과 같은 화려하기는 하나 거추장스러운 복장을 하고 살았던 것은 아니다. 왕도 근무 시간 이후에는 평복으로 일상생활을 하며 쉬기도 하고, 측근 신료를 만나 편안하게 이야기를 나누기도 하였다. 이렇게 왕이 일상생활을 하는 공간을 내조 구역이라 한다. 또는 연침(燕寢), 연전(燕殿), 연거지소(燕居之所)라고 하였다.

① 향오문
향오문(嚮五門)은 왕의 침전인 강녕전으로 들어가는 문이다. '향오(嚮五)'는 '오복을 향함'이라는 의미로, '향(嚮)'은 '향하다', '오(五)'는 '오복'을 가리킨다. 『서경』「홍범」편의 "향용오복(嚮用五福)"에서 나온 말이다.

② 강녕전
강녕전(康寧殿)은 경복궁에서 왕이 일상생활을 하고 주무시는 공간, 즉 침전(寢殿)이었다. 왕은 이념적으로 태양을 상징하기에 태양이 뜨기 전에 잠자리에서 일어나야 했다. 왕비의 침전은 강녕전 뒤편에 있는 교태전이다. 왕의 침전과 왕비의 침전이 떨어져 있다는 것은 왕과 왕비가 평상시 따로 거처하였음을 보여 준다. 이는 바로 '남녀

강녕전

유별(男女有別)'이라는 유교 윤리에서 나왔다. 정도전은 왕이 일상생활을 하는 공간의
이름을 강녕전으로 지은 데 대해 태조에게 다음과 같이 고했다.

　신이 살피건대『서경』「홍범(洪範)」9편의 오복(五福) 가운데 세 번째 것을 '강령'이
라 하였다. 인군이 마음을 정답게 하고 덕을 닦아 황극(皇極)을 세운다면 강령의 복
을 누리게 된다. 오복 가운데서도 중간에 있는 강령을 든 것은, 나머지 네 복은 이에
쌓여 있기 때문이다. 그러나 마음을 정답게 하고 덕을 닦는다는 것은, 여러 사람이
보는 곳에서는 억지로라도 할 수 있으나 홀로 한가히 있을 때에는 안일에 빠져 경계
의 뜻이 해이해지므로, 마음은 정답지 못하게 되고 덕은 닦아지지 않는다. 이로 말
미암아 황극이 세워지지 않아 오복 모두가 훼손되어 버린다. 옛 위무공의 스스로 경
계하는 시에 이르기를 "군자와 벗하니 고와진 너의 얼굴 무슨 허물 있으랴, 네 홀로
있을 때도 부끄러운 것 없게 하라"하였다. 무공이 이처럼 근신했기 때문에 구십 세
까지 산 것이다. 이는 황극을 세워 오복을 누린 분명한 증거이니, 마음을 정답게 하
고 덕을 닦는 일은 홀로 한가히 있을 때부터 해야 된다. 전하는 무공의 시를 본받아

안일을 경계하고 경외를 간직해 황극의 복을 누리고, 다시 자손들에 전해 주어 만세토록 이어지도록 하기 바라노니, 이리하여 연침(燕寢)을 '강녕전(康寧殿)'이라 한다. 천지의 만물이 봄에 낳고 가을에 익는 것처럼 성인은 인(仁)과 의(義)로써 백성들을 다스린다. 이 때문에 성인이 하늘을 대신하여 만물을 다스린다고 하는 것이니, 정령(政令)의 베풂을 모두 천지의 움직임에 따라야 한다. 동쪽의 소침(小寢)을 '연생(延生)', 서쪽의 소침을 '경성(慶成)'이라 하여, 전하의 정령은 천지의 움직임을 따라 시행한다는 것을 밝힌다.

『서경』「홍범」편에 인간의 이상적인 행복관이 제시되어 있다. 오래 삶[壽], 부자 됨[富], 안락하게 삶[康寧], 덕을 닦음[攸好德], 제 명을 마침[考終命]으로 이를 오복(五福)이라 한다. 강녕(康寧)은 오복 가운데 세 번째로 그 전체를 대표한다고 할 수 있다. 결국 왕의 침전을 강녕전이라 한 것은 그저 잘 먹고 잘 살기를 바라는 마음이 아니라, 왕으로서 왕답게 마음과 덕을 닦을 때 저절로 향유하게 되는 결과라는 것이다. 그렇다면 마음과 덕을 어떻게 닦아야 하는 것일까? 이는 강녕전의 소침(小寢) 연생전과 경성전을 통해 살펴볼 수 있다.

천지자연의 법칙은 만물을 봄으로써 생성하게 하고, 가을로써 이루게 한다. 이것을 오행에 대입하면, '생(生)'은 동(東)에 해당하고, '성(成)'은 서(西)에 해당한다. 따라서 연생전은 강녕전의 동쪽 건물로서 봄에 인(仁)으로 만물을 생육한다는 의미이다. 경성전은 강녕전의 서쪽 건물로서 가을에 의(義)로 성취한다는 것을 뜻한다. 결국 왕이 인과 의로써 몸과 마음을 닦을 때 오복은 저절로 해결된다는 것이다.

방주 모양의 기둥이 떠받치고 있는 강녕전과 그 내부

한편 왕의 침전인 강녕전(교태전도 동일)의 기둥은 사각 모양의 방주(方柱)를 하고
있다. 방주는 지방(地方), 즉 땅을 상징한다. 강녕전은 정신 공간이 아니기에 기둥을
사각형으로 하고 지붕을 낮게 했다. 또 땅의 기운을 받으려고 바닥이 땅에 더 닿게 지
었다. 그러다 보니 길쭉한 필통 모양이 되었다. 이렇게 땅의 기운을 받으면 푹 쉬고 푹
자야 하는 왕에게 도움을 준다.

③ 양의문

양의문(兩儀門)은 왕비의 침전이자 시어소(時御所)인 교태전으로 들어가는 문이다.
'양의(兩儀)'란 본래 '양과 음'을 의미한다. 이와 연관하여 '하늘과 땅', '남자와 여자'의
뜻도 지니고 있다. 『주역』 「계사전(繫辭傳)」에서 전거를 찾을 수 있다. "역(易)에 태극
(太極)이 있으니, 태극이 양의(兩儀)를 낳고 양의가 사상(四象)을 낳고 사상이 팔괘(八
卦)를 낳으니, 팔괘가 길흉(吉凶)을 정하고 길흉이 큰 사업(事業)을 낳는다"고 하였다.
「본의」에서는 이에 대해, "역(易)은 음양(陰陽)의 변(變)이요, 태극(太極)은 그 이치이
다. 양의(兩儀)는 처음 한 획을 그어 음(陰)·양(陽)을 나눈 것이다"라고 풀었다.

④ 교태전

경복궁은 북한산과 관악산을 중심축으로 하여 일직선으로 광화문, 근정전, 사정전,
강녕전 등이 배열되어 있다. 교태전(交泰殿)은 이 중심축의 마지막에 놓여 있다. 강녕
전 북쪽에 있는 양의문(兩儀門)을 지나면 왕비의 침전이자 시어소(時御所)인 교태전이
자리 잡고 있다. 왕비도 공인으로서, 궁궐 안에 살며 활동하는 내명부(內命婦)를 비롯
한 여러 층의 여인들을 다스리는 일 등 처리해야 할 업무가 적지 않았다. 그러한 일을
수행하는 공간이 시어소인 교태전이다.

교태전은 1395년(태조 4) 경복궁을 처음 창건할 당시에는 없었다가 1443년(세종
25)에 신축된 건물이다. 교태전에서 생활하는 왕비를 중전(中殿)이라고 부른다. 이는
여러 전각과 여러 겹의 담장으로 외부의 침입을 막는다는 '구중궁궐(九重宮闕)'의 원칙
에 의거해 교태전이 경복궁의 정중앙에 위치하기 때문이다. 또한 교태전의 동쪽 건물
인 인지당(麟趾堂)과 서쪽 건물인 함원전(含元殿) 구역을 통칭하여 중궁전(中宮殿)이라

고도 한다. 인지당은 교태전의 동쪽 건물로 오행에서 봄을 상징하며, 훌륭한 자손을 많이 둔다는 의미이다. 함원전은 교태전의 서쪽 건물로 오행에서 가을을 상징하며, 왕비의 부덕(婦德)을 기르는 곳이라는 뜻을 지니고 있다.

교태전은 왕비의 침전임과 동시에 왕과 왕비가 함께 운우지정(雲雨之情)을 나누는 곳이기도 하다. 왕과 왕비가 합방할 때 하늘의 기운과 땅의 기운이 막힘없이 잘 통해야만 하는데, 이를 반영하여 교태전의 지붕에는 한 가지 특이한 점이 있다.

지붕의 전면과 후면이 만나는 가장 높은 곳에 기와를 쌓아 낮은 담장처럼 마감한 부분을 용마루라고 하는데, 교태전에는 그 용마루가 없다. 용마루가 없는 지붕 양식을 무량갓이라 한다. 왕의 침전인 강녕전도 무량갓 양식이다. 무량갓 양식의 건물들은 공통점을 하나 갖고 있는데, 내조 구역 건물 중에서도 왕과 왕비의 침전이라는 것이다.

그러면 교태전의 지붕은 왜 무량갓으로 되어 있는 것일까? 이를 이해하기 위해서는 '교태'의 의미를 살펴볼 필요가 있다. 교태라는 이름은 본래 『주역』의 64괘 중 하나인 '태괘(泰卦, ☰)', 즉 '천지교태(天地交泰)', '천지가 사귀는 것이 태'라는 구절에서 따왔다. 태괘는 아래가 '건(乾)', 위가 '곤(坤)'으로 되어 있다. 양효(陽爻) 셋으로 이루어진

교태전 전경

건괘(☰)는 하늘, 남자, 밝음, 위로 솟음 등을 상징한다. 이에 비해 음효(陰爻) 셋으로 이루어진 곤괘(☷)는 땅, 여자, 어둠, 아래로 가라앉음 등을 상징한다. 따라서 교태는 음양과 남녀가 서로 교(交)하는 것이다. 음양이 조화를 이루고, 남녀가 서로 만나 교통하여 생산을 잘하기를 바라는 뜻이 담겨 있는 것이다.

한편 왕의 침전과 왕비의 침전이 떨어져 있다는 것은 왕과 왕비가 평상시 따로 거처하였음을 보여 준다. 그런데 왕의 침전인 강녕전이 무량갓으로 되어 있는 것은 왕비나 후궁이 왕의 침실로 찾아와서 합방을 하는 일도 없지 않았음을 보여 준다. 이런 경우는 보통 왕비나 후궁에게 아들이 들어설 것 같은 길일에 제조상궁이 왕에게 합방을 권유해서 성사되었다고 한다. 결국 왕과 왕비가 건강하고 총명한 왕세자를 생산하는 것은 나라의 번영과 왕권 창달을 위하여 매우 중요한 일이었던 것이다.

⑤ 아미산
아미산(峨嵋山)은 교태전의 후원으로서 돌계단을 쌓아 화초를 심고 굴뚝과 괴석(怪石)을 세워 놓았다. 화초의 계단, 그래서 화계(花階)라고 부른다. 화계는 궁궐 내전에서 흔히 볼 수 있다. 주산과 만나는 내전 건물 뒷마당에 화계를 만든 이유는 무엇일까?

아미산 전경

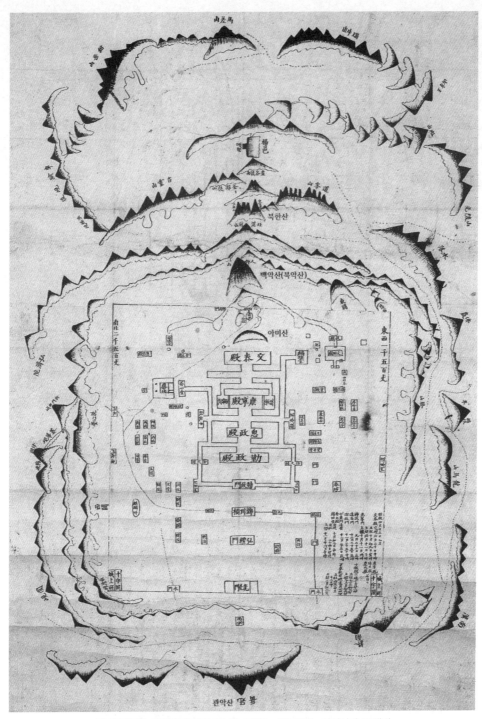

1865년도에 그려진 『경복궁도』에 보이는 한북정맥, 아미산과 교태전

우리 조상들은 사람은 산천의 정기를 받아 태어나기 때문에 뒷산에서 집으로 뻗어 온 지맥(地脈)과 지기(地氣)가 온전히 보존돼야 훌륭한 인물이 태어난다고 믿었다. 그 결과 배산임수의 지형에 터를 잡고 집을 산기슭에 바짝 붙여 놓았는데, 후원은 산의 비탈면을 깎아 여러 단의 화단을 만들고 계단에는 철 따라 꽃을 피우는 화초와 꽃나무 를 심고, 더 멋을 부려 괴석을 몇 점 놓기도 했다. 이것은 집으로 흘러드는 진산(鎭山) 의 정기가 훼손되지 않도록 초목으로 보호한 것이다.

우리나라 산맥의 조종(祖宗)을 이루는 산이 백두산이다. 백두산에서 시작하여 한반 도를 동서로 나누는 산줄기가 백두대간이다. 백두대간이 백두산에서 지리산을 향하여 달려가다가 금강산 조금 못 미친 평강 땅에서 서남방으로 한 갈래를 내니 이것이 한북 정맥이다. 한북정맥이 연봉을 이루며 달려오다가 마지막으로 우뚝 솟은 산이 북한산 이다. 북한산에서 다시 한 단계 낮아진 갈래가 남으로 내려와 봉긋 솟은 봉우리가 백 악산(북악산)이다. 백악산이 더욱 낮아져 마지막 끝가지를 이룬 것이 바로 아미산이 고, 아미산의 가지 끝에 피어난 꽃송이가 바로 교태전이다. 교태전에 이어 여러 건물 들이 주렁주렁 꽃과 열매의 덩어리를 이루고 있는 것이 경복궁이다. 따라서 아미산은 우리나라 산맥의 조종(祖宗)인 백두산과 경복궁이 만나는 접점이다. 그러므로 백두산 의 정기가 모이는 교태전에서 훌륭한 왕자가 태어나길 고대하였던 것이다.

⑥ 경회루

강녕전의 서쪽 건물인 경성전의 서쪽에 있는 내성문(乃成門)을 나서면 경회루(慶會 樓)로 들어가는 문 3개가 나타난다. 담장으로 둘러싸인 경회루는 동·남·서쪽에 출입문 이 있는데, 동쪽 가운데 문이 함홍문(含弘門)이고, 남쪽 문이 경회문(慶會門), 서쪽 문 이 천일문(天一門)이다.

경회루는 애초 태조 연간에 경복궁을 지을 때는 그저 이름도 없는 작은 누각에 지 나지 않았다. 1412년(태종 12)에 그 건물이 기울자, 이를 수리하면서 위치를 조금 서 쪽으로 옮기고, 원래보다 크게 지었다. 또한 땅이 습한 것을 염려하여 둘레에 못을 만 들었다. 경회루가 완공되었을 때 태종은 종친, 공신, 원로대신들을 불러 함께 기뻐하 며 경회루라는 이름을 붙였다. 이에 대한 기록은 하륜(河崙)에게 쓰게 하였다.

경회루 전경

내가 일찍이 듣건대 애공(哀公)의 물음에 공자가 답하기를 "정사는 사람에 달렸다"
고 하였다. 대개 올바른 정사를 펴는 인군은 올바른 사람을 얻는 것으로 근본을 삼
았으니, 올바른 사람을 얻어야만 '경회(慶會)'라고 할 수 있다. 태조 강헌대왕이 높은
문무의 덕으로 이 나라를 창업하니, 천자가 '조선(朝鮮)'이라고 국호를 주었다. 드디
어 도읍을 화산(華山)의 남쪽에 정하고 궁실을 세워 근정전(勤政殿)이라 하고 문에도
각기 이름을 붙였다. 나라에 있어야 할 중요한 근본들이다. 이제 우리 전하가 태조
의 덕과 업을 이어 더욱 중국을 잘 섬기니 천자는 고명(誥命)을 내리고, 정치와 교화
가 밝아 온 나라 사람들이 편안하였다. 한 누각을 수리하면서까지 농사철이 가까워
짐을 염려해 노는 자를 시켜 빠른 시일에 완성하게 하고 '경회루(慶會樓)'라고 이름
하였다. 이는 대개 한가한 틈에 뭇 신하 중에 도덕이 있고 정사의 근본을 아는 자들
을 인견하여 계책과 도의를 논하여 올바른 정사를 펴는 근본으로 삼으려는 것이니,
더욱 전하께서는 올바른 '근정(勤政)'의 근본을 안다는 것을 엿볼 수 있는 것이다.
'경회(慶會)'란 것은 인군과 신하가 덕으로써 서로 만난 것을 말한다.

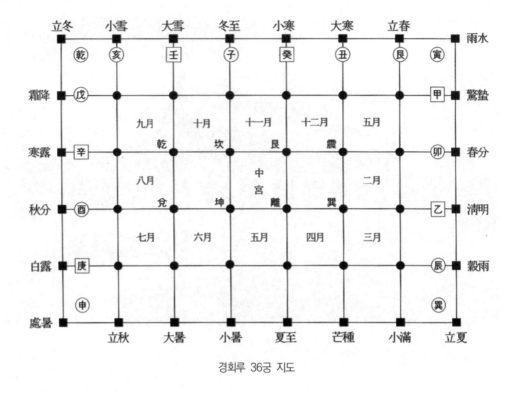

경회루 36궁 지도

경회루는 기본적으로 왕이 외국 사신이나 신하들을 모아 연회를 베풀던 곳이다. 그 밖에 이곳에서는 왕이 직접 참석하는 과거라든가 군사 훈련, 출동하는 군대를 위로하는 잔치, 기우제 등을 베풀기도 하였다. 조선시대는 연회를 베풀면서 왕과 신하의 만남을 표방하였다. 왕과 신하는 어떻게 만나야 하는 것일까? 서로 덕으로 만나야 한다. 이를 '경회'라 한다. 따라서 경회루는 단순한 놀이터가 아니라 통치자로서 왕의 활동 공간임을 드러내는 의도가 짙게 배어 있는 건물이다.

고종 때 재건된 경회루는 유가(儒家)의 세계관을 반영하여 건설하였다. 그 내용은 정학순이 경복궁 중건 직후에 쓴 『경회루전도(慶會樓全圖)』에 잘 나타나 있다. 1층 내부 기둥을 원기둥, 외부 기둥을 사각기둥으로 한 것은 천원지방(天圓地方) 사상을 나타낸 것이다. 외진, 내빈, 내내진 세 겹으로 구성된 2층 평면의 가장 안쪽에 자리한 내내진(內內陣)은 3칸으로 이루어져 천지인(天地人) 삼재(三才)를 상징하고, 이 3칸을 둘러싼 여덟 기둥은 천지만물이 생성되는 기본인 『주역』의 팔괘를 상징한다. 제일 안쪽 3

칸을 둘러싼 다음 겹인 내진 12칸은 1년 12달, 매 칸마다 네 짝씩 16칸에 달린 64문짝은 64괘를 상징한다. 가장 바깥을 둘러싼 24칸은 1년 24절기와 24방위를 상징한다.

경회루는 단일 평면으로는 우리나라에서 가장 규모가 큰 누각 건물이다. 이와 같이 거대한 규모의 건물을 물속에 인공으로 조성한 섬에 세웠으면서도 그 기초를 견고히 하여 건물이 잘 견딜 수 있도록 한 점, 거대한 건물을 간결한 구조법으로 처리하면서도 왕실의 연회 장소로 합당하게 잘 치장한 점, 2층 누에서 인왕산, 백악산(북악산), 목멱산(남산) 등 주변 경관을 한눈에 바라볼 수 있도록 한 점, 1층 건물 주변을 돌 때 방지(方池)의 물과 당주를 바라보며 감상하도록 한 점 등은 크게 평가받고 있다.

4) 외조 구역

궁궐은 왕이 사는 곳이자, 최고 통치자로서 각종 활동을 하는 곳이기도 하다. 그러므로 궁궐은 왕을 측근에서 모시고, 또 만나서 정치와 행정을 비롯하여 국정 전반을 논의하고 집행하는 관원들의 활동 공간을 포함하고 있었다. 궁궐에 들어와 있는 관서들을 합하여 궐내각사라 부른다.

경복궁 창건 초기의 기록을 보면 경복궁에는 주방(廚房), 등촉인자방(燈燭引者房), 상의원(尙衣院), 양전사옹방(兩殿司饔房), 상서사(尙瑞司), 승지방(承旨房), 내시다방(內侍茶房), 경흥부(敬興府), 중추원(中樞院), 삼군부(三軍府) 등의 관서가 있었음을 알 수 있다. 조선시대 정치제도가 정비됨에 따라 궐내각사는 점점 많아졌다. 임진왜란으로 파괴되기 이전 경복궁이 제 모습을 온전히 갖추었을 때는 실무 관서, 천문과 시각을 관측하는 기구, 군무관서, 정무관 등이 있었다.

① 왕을 비롯해 궁궐 구성원의 생활과 활동을 보좌하는 실무 관서로는 내반원(內班院), 상서원(尙瑞院), 사도시(司導寺), 상의원(尙衣院), 내의원(內醫院), 사옹원(司饔院), 전설사(典設司), 전연사(典涓司), 사복시(司僕寺) 등이 있었다.

② 천문과 시각을 관측하는 기구로는 흠경각(欽敬閣), 보루원(報漏院), 관상감(觀象監), 간의대(簡儀臺) 등을 들 수 있다.

③ 궁궐 수비를 담당하는 군무(軍務) 관서로는 도총부(都摠府)가 있었다.

④ 왕을 측근에서 시종(侍從)하며 학문과 정치 행정을 담당하는 정무(政務) 관서로는 춘추관(春秋館), 승정원(承政院), 홍문관(弘文館), 예문관(藝文館), 교서관(校書館), 승문원(承文院) 등이 있었다. 특히 정무 관서가 다수 궁궐 안에 배치되어 있는 것은 궁궐의 정치 행정적 기능이 컸음을 보여 준다고 하겠다.

⑤ 수정전

현재 외조 구역에는 수정전(修政殿)만 남아 있다. 수정전은 세종 때에는 집현전으로, 세조 때에는 예문관의 건물로 사용되었다. 1868년(고종 5) 경복궁 중건 이후 수정전은 1894년(고종 31)에 군국기무처로 사용되어 내정 개혁이 준비되기도 했으나 이 기관은 곧 폐지되었으며, 이후 1895년(고종 32) 1월에는 내각의 청사로 이용되었다.

수정전의 '수정(修政)'은 '정사를 잘 수행함'을 의미하며, 세종 때 왕실의 도서를 비치하고 학사들로 하여금 주야로 글을 읽게 하였던 집현전이었다. 당시 집현전을 세운 의의는 집현전「장서각송병서(藏書閣頌並序)」를 통해 알 수 있다.

신이 삼가 살펴보건대 삼대 위로는 성제(聖帝)와 명왕(明王)이 하늘을 대신하여 표준을 세워 수기치인의 학문으로 인군과 스승의 다스리고 가르치는 도리를 극진히 하였다. 그러므로 교화가 행해지고 풍속이 아름다워 후세에 미칠 수가 없었다. 그 이후로 양한(兩漢)이나 당(唐), 송(宋)의 성학(聖學)에 마음을 둔 영명한 인군들은 모두 대궐 안에 도서를 간직하는 부(府)를 세웠으니, 양한의 석거(石渠)와 백호(白虎), 당과 송의 홍문(弘文)과 숭문(崇文)이 바로 이러한 것이다. 이렇게 이 도를 높이 받든 이름이 비록 당시에는 대단했으나 자기 자신이 직접 실천하여 교육했다는 말을 들어 보지 못하였다. 그런데 하늘이 우리나라를 도와 문운(文運)을 빛나게 열었다. 지금 우리 주상 전하는 천부적으로 타고나신 훌륭한 자품에다가 끊임없이 학문을 연마하여 우리 유도(儒道)를 높이 받드셨다. 즉위하신 초기에 집현전을 설치한 다음 문신 중에서 뛰어난 자를 가려 그곳의 관원으로 삼았다. 그리고 경사(經史)의 서적을 많이 모아 강론을 잘할 수 있도록 하고, 날마다 경연을 열어 고금의 문제를 토론하게 하였

수정전 전경

다. 육경(六經)의 글을 깊이 연구하여 삼대의 자취를 두루 살펴보고 이러한 세계에서 충분히 노닐어 자신의 마음으로 깨달아 당세의 무궁한 변화에 알맞게 대응하여 인군과 스승의 다스리고 가르치는 도리를 극진히 하였다. 참으로 삼대 위의 성체와 명왕이 전한 것을 홀로 깨달았다고 하겠다. 그러니 저 양한이나 당나라, 송나라의 한갓 헛된 이름만을 좋아한 인군들이 어떻게 만분의 일이라도 미칠 수 있겠는가.

궐내각사 구역의 면적이나 위치는 1868년(고종 5) 경복궁이 중건된 뒤에도 대체로 임진왜란 이전과 거의 같다고 볼 수 있다. 하지만 제도와 관서의 변화에 따라, 그리고 창덕궁 및 창경궁과의 관계에 따라 경복궁 궐내각사 구역에 배치된 관서의 수와 그 명칭들은 상당히 많이 바뀌었다. 왕의 시중을 드는 내시들의 공간인 대전장방(大殿長房), 궁궐의 음식을 만들고 음식을 담는 그릇을 조달하는 주원(廚院, 사옹원司饔院), 내시들을 통솔하는 내반원(內班院), 왕명을 출납하는 승정원(承政院), 대신들의 회의 공간인 빈청(賓廳), 왕의 경호를 담당하는 선전관청(宣傳官廳), 검서청(檢書廳), 왕과 학문과 정치를 토론하는 옥당(玉堂, 홍문관弘文館), 왕실 전용 병원인 약방(藥房, 내의원內醫院), 학문과 서적을 관리하는 내각(內閣, 규장각奎章閣) 등이 확인된다.

5) 동궁동조 구역

① 자선당

광화문에서 교태전으로 이어지는 경복궁 중심축의 동쪽에는 자선당(資善堂)과 비현각(丕顯閣)이 위치한다. 자선당의 '자선(資善)'은 '착한 성품을 기른다'는 뜻으로 세자의 공식 활동 공간인 편당(便堂)으로 쓰였다. 비현각의 '비현(丕顯)'은 '덕을 크게 밝히다', '크게 드러나다'라는 뜻으로 세자가 공부하던 곳이었다. 따라서 자선당은 동궁(東宮)인 것이다. 세자를 가리켜 동궁이라고도 부른 연유도 여기에 있다.

동궁은 조선 초기에는 경복궁 궁궐 밖에 별도의 궁으로 있었다가, 1461년(세조 7) 경복궁 안으로 들어왔다. 그 후 많은 왕들이 이곳을 거쳐 갔다. 이곳에서 조선의 왕들은 왕자(王者) 수업을 받고 왕이 되었다. 1543년(중종 38) 1월 동궁에 화재가 발생하여 자선당 등 건물들이 전소되었다. 이후 자선당 건물을 복구할 때 이황(李滉)이 상량문(上樑文)을 지었다. 이 상량문을 통해 동궁 자선당이 갖는 의미를 살펴볼 수 있다.

태양의 밝음은 태양만이 계승할 수 있어 반드시 동궁에서 미리 길러야 하고, 사물이 훼상되었다가는 다시 이루어지게 되는 법이니, 어찌 다시 옛 자취의 재건을 늦출 수 있겠는가. 이는 상제가 우리나라에 두터운 복을 내려 마치 신령이 인간의 노력에 몰래 도와주는 것과 같은 것이다. … (중략) … 더구나 선왕이 국가를 세운 초년에 이곳을 서울로 삼는 길점(吉占)을 얻어 침전을 뒤로 하고 조정을 앞으로 하는 법에 따라 자리를 바르게 앉히고, 조묘(祖廟)를 왼쪽으로 하고 사직을 오른쪽에 두는 법에 따라 방위를 분변하였으며, 이어서 동액(東掖)과 춘궁(春宮)을 지었다. … (중략) … 또한 봉궐(鳳闕)의 화월(華月)을 이어받고 용루(龍樓)의 자연(紫烟)을 접하였다. 이곳에서 장남이 태어나 웅비의 상서를 나타냈으며, 어려서부터 바르게 가르치니 남다른 자질이 빼어났다. … (중략) … 삼가 원하건대, 상량한 뒤에 온갖 복록과 선(善)이 다 모이고 전성(前星, 태자성)이 태자궁에서 반짝이며, 소양(少陽, 동궁)이 선조의 도움을 입어 자리를 평안히 하고, 황손(皇孫)이 민가에서 자라지 않았더라도 농사의 어려움과 정치의 득실을 알게 하소서. 그리고 학사(學士)들이 사벽(邪僻)함으로 이간하지

자선당(위)과 비현각(아래)

않고 서로 더불어 경적(經籍)과 도식을 토론하게 하소서. 선대를 선양하고 종묘를 계
승함은 실로 태자에게 달려 있고, 종묘의 제사를 주관하는 것도 실로 태자에게 달려
있으니, 천명을 부여받아 크나큰 아름다움이 끝없이 이어지게 하소서.

자선당 주위에는 세자를 교육하고 보필하는 업무를 보았던 세자시강원(世子侍講院)과 세자를 경호하는 임무를 맡은 세자익위사(世子翊衛司)라고 하는 관서가 있었다.

② 자경전

왕비의 생활공간인 교태전 동쪽에는 자경전(慈慶殿)이 자리 잡고 있다. 자경(慈慶)은 '자친(慈親)이 복을 누린다'는 뜻이다. '자(慈)'는 '자친', 곧 어머니, '경(慶)'은 '복(福)'을 가리킨다. 왕이 세상을 떠나면 교태전에 있던 왕비는 대비(大妃)로 높여져 새 중전에게 교태전을 물려준다. 이후 대비가 교태전에서 옮겨 와 머물던 곳이 자경전이다.

예로부터 임금은 정전(正殿)에 거처하고 태후(太后)는 동전(東殿)에 거처하기 때문에 태후의 거처를 동조(東朝)라고 하였으니, 임시로 저승전(儲承殿)에 몇 달을 거처하더라도 불가할 것이 없을 듯합니다.

1609년(광해군 1)의 기록을 볼 때, 왕의 어머니인 왕대비가 거처하는 곳을 동조(東朝)라고도 하였음을 알 수 있다. 한편 자경전에서 유명한 것은 꽃무늬로 장식된 꽃담과 십장생(十長生) 굴뚝이다. 꽃담은 비옥함을 상징하는 황토색을 배경으로 꽃무늬와 문자(文字) 등으로 장식된 담을 말한다. 이 꽃담은 궁궐에서도 주로 여인들의 처소에 설치하였다. 자경전 서쪽 담장에는 안팎으로 여러 가지 장식문양들이 벽돌로 짜 맞추어져 있다. 이 문양들은 크게 문자 문양과 식물 문양으로 대별된다. 문자를 보면 만(萬)·수(壽)·복(福)·강(康)·녕(寧) 등이 있고, 식물 문양들은 소나무·매화·국화·대나무·모란·연꽃 등 길상의 상징물이다. 담의 나머지 여백에는 무시무종(無始無終)의 의미와 벽사의 의미를 지닌 기하 문양들이 시문되어 있다.

자경전 건물 뒤뜰 담 중앙부에는 십장생(十長生) 굴뚝이 있다. 십장생 굴뚝은 담보다 한 단 앞으로 나와 장대석을 놓고, 그 위에 벽돌로 쌓아 담에 덧붙였다. 굴뚝에는 장수를 상징하는 소나무·사슴·불로초·거북 등의 문양을 새겨 놓았다. 그런데 굴뚝 오른쪽에는 십장생이 아닌 연꽃과 포도 문양이 새겨져 있다. 십장생이 수명장수를 상징하는 것이라고 한다면, 연꽃과 포도는 다남자(多男子, 많은 자식)를 상징하는 것이다.

자경전 굴뚝과 십장생도

이 문양은 자경전이 여성들의 생활공간임을 깨닫게 해 주는 요소이기도 하다.

한편 담장에는 만(卍)자 문양, 나티·불가사리 문양 등이 빽빽하게 새겨져 있다. 만(卍)자는 '길상이 한데 모인 것'을 뜻한다. 나티·불가사리 등은 악귀를 막는 상서로운 짐승으로 상징되고 있다.

6) 후원 구역

후원은 왕과 왕비가 휴식을 취하는 공간으로 외부인들이 함부로 들어올 수 없는 지역이다. 따라서 후원을 금원(禁園), 북원(北園)으로 불렀다.

① 향원정

향원정(香遠亭)은 1873년(고종 10)에 건청궁을 지을 때 함께 만들어졌으며, 건청궁에 딸린 정원의 중심 부분으로 경복궁 후원(後園)에 속한다. 당초 이곳은 경회루처럼 담으로 둘러싸여 있었다. 담장은 동쪽의 녹산(鹿山) 자락을 따라 남으로 이어지다가 다시 오른쪽으로 꺾여 함화당(咸和堂)·집경당(緝敬堂) 뒤뜰을 지나 서쪽의 명당수 건너편 둑을 따라 북으로 연결되어 있었다.

향원정이 자리하고 있는 연못을 향원지(香遠池)라 부른다. 향원지는 대체로 사각형을 하고 있으며 가운데 둥근 섬이 있는, 이른바 '하늘은 둥글고 땅은 네모나다'라는 뜻을 지닌 천원지방의 연못이다. 향원정을 둘러싼 넓은 연못에는 수련이 자라는데, 이 연꽃은 불교의 상징이 아니라 유교의 이상적 인간상인 군자의 꽃을 나타낸다.

향원정의 '향원(香遠)'은 중국 송나라 성리학자 주돈이(朱敦頤)의 『애련설(愛蓮說)』 중 '향원익청(香遠益淸)'이란 말에서 온 것이다.

나는 홀로 연꽃이 진흙 속에서 나왔으면서도 그에 물들지 않고, 맑은 잔물결에 씻기면서도 요염하지 않은 것을 사랑한다. 줄기 속은 비었고, 겉은 곧으며, 덩굴로 자라거나 가지(枝)를 치지 않으며, 향기는 멀수록 더욱 맑고, 우뚝이 깨끗하게 서 있어 멀

향원정 전경

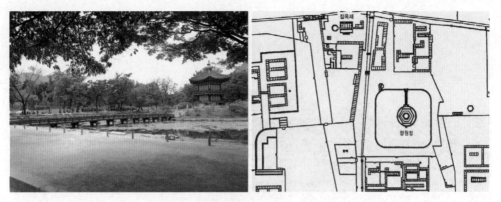

현재의 취향교와 『북궐도형』에 표시된 취향교

리서 바라볼 수는 있지만 함부로 가지고 놀 수는 없다.

조선시대 사대부들은 꽃의 고운 빛깔과 청신하고 고결한 기품이 군자를 닮았다 하여 연꽃을 애호했다. 고종 때 경복궁을 복원하면서 향원정을 지을 때도 연못에 연꽃을 심었다. 연꽃 향기는 멀수록 더욱 맑다 하여 향원지라 했고, 연꽃을 보고 즐기는 정자이기에 향원정이라 불렀다. 그리고 향원정에 이르는 다리를 연꽃 향기에 취하는 다리라는 뜻으로 취향교(醉香橋)라 했다.

향원지 북서쪽 모퉁이에 '맑은 물[洌水]'의 근원이라는 뜻을 지닌 '열상진원(洌上眞源)'이라는 글자가 새겨진 샘이 있다. 조선시대에는 한강을 열수라 했다.

현재의 취향교는 남쪽에 위치하고 있는데, 이는 한국전쟁 때 폭격을 맞아 없어진 다리를 1953년에 다시 세우면서 남쪽으로 옮겨서 그렇게 된 것이다. 원래 취향교는 향원지의 북쪽에 위치하고 있었다. 취향교가 북쪽으로 연결되었다면 그곳에 무언가 중요한 건물이 있었다는 뜻이다.

② 건청궁

1863년 12월에 즉위한 고종은 1873년(고종 10) 11월 5일 친정을 선포하였다. 이는 고종 즉위 이후 정국의 주도권을 장악하고 있던 생부 흥선대원군을 밀어내고 스스로

건청궁 전경

정국을 주도하겠다는 뜻이었다.

고종은 친정 선포에 대한 의지의 표현으로 조정의 관료들은 물론 흥선대원군조차 모르게 경복궁 북쪽에 건청궁(乾淸宮)을 짓는 공사를 벌였다. 나중에 관료들이 알고 반대 의견이 빗발쳤지만 고종은 끝까지 자신의 뜻을 고집하였다. 결국 건청궁은 왕으로서, 정치가로서 스스로 서고자 했던 고종의 자립 의지의 징표라 할 수 있다.

건청궁이 완공된 것은 1873년(고종 10)이었지만, 1876년(고종 13)에는 강녕전 등 내전 일대에 큰 화재가 일어나 왕의 거소를 창덕궁으로 옮기는 바람에 한동안 빈집으로 남아 있었다. 고종이 다시 건청궁으로 돌아온 것은 1885년(고종 22) 1월 2일이었다. 이후 고종과 민왕후는 건청궁에서 주로 생활하였다.

'건청(乾淸)'이란 '하늘이 맑다'는 뜻이다. 건청궁은 궁궐 내에 새롭게 궁이란 이름의 공간을 만든 점에서 매우 특이하다. 건물 배치에서도 국왕이 거처하는 건물과 왕비가 사용하는 건물로 나뉘어 있지만 결국은 한 울타리 안에 있는 것을 볼 수 있다.

건청궁은 우리 민족에게 매우 치욕적인 명성왕후 시해 사건이 일어난 장소이기도 하다. 이 사건을 흔히 을미사변(乙未事變)이라 한다. 1895년 청일전쟁에서 승리한 일

집옥재 전경

본이 얻은 요동반도 영유권에 반대하여 러시아, 프랑스, 독일의 세 나라가 일본으로 하여금 요동을 청나라에 돌려주도록 압박을 가한 사건이 일어났다. 삼국간섭 이후 민왕후를 중심으로 한 조선 정부가 친러정책을 취하면서 일본의 영향력은 급속히 쇠퇴하기 시작했다. 일본은 이러한 상황을 일거에 뒤집으려는 비상수단을 강구하였다. 1895년(고종 32) 8월 20일 새벽, 일본 공사 미우라 고로(三浦梧樓)가 이끄는 일본 공사관 직원, 일본군, 일본인 낭인, 조선 신식 군대인 훈련대 등이 작전을 개시하였다. 작전명 '여우 사냥'. 그들은 경복궁에 난입하여 건청궁의 한 건물인 곤녕합(坤寧閤)에서 민왕후를 살해하였다.

③ 집옥재

집옥재(集玉齋)는 건청궁 서쪽에 있는 부속 건물이다. '집옥(集玉)'은 '보배를 모으다'는 뜻으로, 옥처럼 귀한 서책을 모아 둔 집이라는 의미이다. 집옥재는 고종의 서재였던 것이다. 집옥재 서쪽 복도에는 팔우정(八隅亭)이 연결되어 있다. 집옥재는 중국풍의 벽돌담으로 되어 있어 경복궁 내의 다른 전각들과는 분위기가 많이 다르다.

일제 강점기의 경복궁

궁궐은 조선시대 최고의 권부로서 정치와 행정의 집결처이자 가장 밀도 높은 역사의 현장이라 할 수 있다. 1910년 조선의 국권을 강탈한 일제는 바로 이러한 연유로 조선 왕실의 상징인 경복궁을 파괴·변형함으로써 조선의 국가적 권위를 훼손하고 일반 백성들로부터 조선 왕실을 격리해 나갔다.

일제는 1915년 조선의 국권을 빼앗은 지 5년 되는 해를 기념하기 위해 소위 '시정오년기념조선물산공진회(始政五年紀念朝鮮物産共進會)'를 경복궁에서 열었다. 1915년 9월 11일부터 10월 31일까지 총 51일간 계속된 조선물산공진회는 110만 명 이상이 관람하고 50만 엔이 소요된 대규모 행사로서 일본 본토는 물론 조선, 대만 등 당시 일제의 지배하에 있던 나라들은 전부 참여하였고, 총 48,760여 점이 출품되었다. 일제는 이것들을 전시하기 위해 4천여 칸에 달하는 경복궁 건물을 헐고 그 자리에 협찬회관, 산업관, 수족관 등의 18개소 3,700여 평에 달하는 전시관을 설치하였다. 그러고도 공간이 부족하자 근정전·교태전·경회루 등을 진열 공간으로 사용하였다. 이때 헐려 나간 건물은 대원군이 중건한 경복궁 건물 전체의 3분의 1에 해당하였다.

경복궁 전체를 조선물산공진회 행사장으로 변모시킨 일제는 이곳에 진열관이라는 미명하에 우사(牛舍), 계사(鷄舍), 돈사(豚舍)까지도 설치하였다. 한 나라의 정궁이 하루아침에 소·돼지 우리가 되고 만 것이다. 이렇게 헐려 나간 4천여 칸의 경복궁의 자재들은 민가를 비롯해 별장, 요정, 일본 불교 사원, 일본인들의 밀집 지대였던 남산동, 필동, 용산 등지 부호들의 저택, 심지어는 일본 본토까지 팔려 나갔다.

경복궁의 비운은 여기서 그치지 않았다. 1910년 한일병합 조약 이후 순종이 머물고 있던 창덕궁에 1917년 큰 화재가 발생해 대조전 등 많은 건물들이 화재로 소실되자, 일제는 창덕궁 전각을 중건한다는 명목으로 경복궁의 교태전·강녕전·동행각·서행각·

1905년 조선물산공진회 사진 엽서

연길당·경성전·연생전·인지당·흠경각·함원전·만경전·흥복전 등을 철거하였다. 그리고 그 재목으로 창덕궁의 대조전·희정당 등의 내전을 지었다.

그 결과 경복궁에는 겨우 근정전·사정전·수정전·천추전·집옥재·경회루·향원정 등과 근정문·흥례문·신무문·동십자각 등만이 남게 되었다. 일제는 이후 전·당·각 등의 건물을 헐고 난 자리에 전국 각지의 절에서 탑이나 부도, 불상 등을 뽑아다 옮겨 놓았다. 그러고도 남은 자리에는 잔디를 심었다.

일제가 경복궁을 조선물산공진회 개최와 창덕궁 중건이라는 구실로 헐어 버린 것은 조선총독부 청사를 짓기 위한 터 잡기에 지나지 않았다. 일제는 식민지에 권위와 위엄을 과시하기 위해 토목 기사를 구미 각국에 파견하여 제국주의 열강들의 관청 건축을 살펴보도록 하는 등 치밀한 계획을 세워 총독부 건물을 건설하였다.

총독부 건물은 광화문에서 46칸(83.63m), 근정문과는 불과 17칸(30.8m) 밖에 떨어져 있지 않았으며, 경복궁의 주요 건물들의 축과도 일치하지 않았다. 남쪽을 바라보면서 약 3.5도 정도 동쪽으로 기울어져 있었고, 그 선을 따라가 보면 남산 쪽을 바라보게 되어 있었다. 이것은 단지 조선 왕조를 억누르는 의미로 정궁인 경복궁 앞에 세운 데 그치는 것이 아니라, 한반도 역사의 중심축을 훼손하려는 치밀한 계획에서 나온 것이다. 경복궁의 중심축은 정문인 광화문에서 시작하여 직선으로 근정문, 근정전, 사정전, 강령전, 교태전으로 이어진다.

이 축은 북한산과 관악산을 잇는 선에 맞춘 것이다. 그리고 근정전에서 보면 육조거리, 나아가 한성 전체, 더 나아가 조선 팔도 전체를 바라보게 되어 있다. 그런데 총독부 건물은 한반도 중심축을 가로막고 있으며, 또한 그 선에서도 비켜나 있다. 왜 그럴까? 일제는 조선을 병합한 직후 현 안중근의사기념관, 남산시립도서관, 서울시교육연구정보원, 백범 동상이 세워진 남산 일대에 일본의 창업신인 아마테라스 오미카미(天照大神)와 메이지천황(明治天皇) 두 신을 받드는 '조선신궁'을 세웠으며, 총독부 건물은 이것을 바라보게 지었던 것이다.

광화문 축의 위치 변화

일제는 1925년 조선총독부 건물의 완성과 더불어 1926년 7월 22일 광화문 해체 작업을 시작하여 1927년 9월 15일 경복궁 동북쪽 모퉁이인 지금의 민속박물관 입구 자리로 광화문을 옮기는 한편, 근정문 앞의 개울인 금천도 메워 버렸다. 금천은 배산임수의 '수(水)', 즉 명당수라는 의미도 갖지만 궁궐의 외부와 내부를 가르고 구별하는 의미를 더 크게 갖고 있었다. 그리고 금천교인

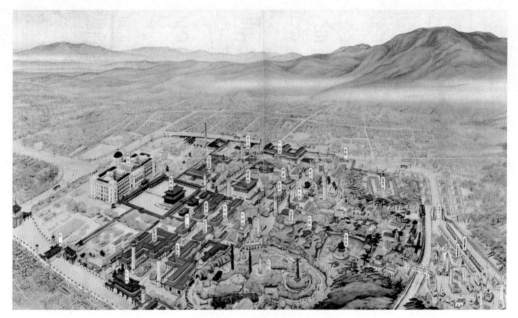

1929년 조선물산공진회 조감도

영제교를 총독부 건물을 지으면서 엉뚱한 곳에 옮겨 놓았다. 자선당 자리에는 석조 건물이 들어섰고, 1895년 을미사변이 일어났던 건청궁 자리에도 미술관을 지어 경복궁의 옛 모습을 거의 인멸시켰다.

1929년에도 박람회가 열렸다. 이른바 '식민지정책 20주년 기념사업'으로 경복궁에서 다시 한 번 조선박람회가 개최된 것이다. 이로써 경복궁은 완전히 허울만 남게 되었다. 1929년 5월에는 경복궁의 북문인 신무문 북쪽에 있던 융문당, 융무당 일대에 총독 관저가 들어서면서 한강로의 용광사 건물로 헐려 나갔으며, 역대 왕의 초상화를 모시던 선원전은 1932년 10월 이토 히로부미(伊藤博文)를 기리기 위해 장충동에 건립된 박문사(博文寺) 건물로 헐려 나갔다. 이리하여 경복궁은 완전히 빈껍데기만 남은 채로 1935년부터 일반에게 공개되어 왕궁이 아닌 일반 공원으로 전락하고 말았다.

6장 조선 왕실이 사랑한 궁궐, 창덕궁

창덕궁의 창덕은 '아름다운 덕을 펼치다'라는 의미로, 조선시대 국정 운영의 중심 공간이자 왕실 가족들의 생활공간으로서 가장 오랫동안 왕의 사랑을 받았던 궁궐이다. 조선 왕조 최초의 법궁(法宮)인 경복궁의 동쪽에 있다 하여 창경궁과 함께 '동궐(東闕)'이라고도 하였다. 1405년(태종 5) 북한산과 응봉에서 뻗어 내린 구릉지에 세워진 창덕궁은 평탄치 않고 좁은 자연 형세에 따른 자연스러운 배치를 이루고 있다.

조선 전기에는 경복궁에서 중요한 국가 행사를 치르면서도 왕과 그 가족들은 자주 창덕궁으로 거처를 옮겨 지냈고, 임진왜란으로 한성의 모든 궁궐이 소실되었을 때 창덕궁은 곧바로 재건되었다. 이후 고종 대에 경복궁이 다시 재건되기 전까지 실질적인 법궁 역할을 하였다.

창덕궁은 조선의 역사에서 가장 오랜 기간 법궁으로서 역할을 하였다. 1395년(태조 4) 9월에 준공된 경복궁은 1592년(선조 25) 4월에 일어난 임진왜란 때 불타서 없어졌다. 이후 빈 궁궐로 있다가 1868년(고종 5) 7월에 다시 복구 되어 1896년(고종 33) 2월 아관파천 때까지 왕궁으로 사용되었다. 따라서 조선 전기 197년과 고종 28년을 모두 합쳐 225년의 역사를 지닐 뿐이다. 이에 비해 창덕궁은 1910년까지 무려 505년의 역사를 지녔다. 따라서 창덕궁이야말로 조선을 가장 잘 대표하는 정치·생활공간이다.

창덕궁은 유교를 통치이념으로 삼아 효(孝)와 예(禮)를 근간으로 한 이상 국가를 구현하고자 하였던 조선의 철학을 담고 있다. 정전에서 행해지는 모든 행사들은 예(禮)에 근거를 두고 이루어졌다. 왕은 왕도정치를 행하기 위하여 아침저녁으로 신하들과 편전(便殿)에서 국정을 논의하였고, 관원들이 가까이에서 일하며 국정을 보필할 수 있도록 궐내각사(闕內各司)를 두었다. 국정 운영 공간의 뒤쪽으로는 왕실 가족들이 생활하던 구역을 두었다. 한편 창덕궁이 조선시대 전 시기를 통해 어느 궁궐보다 특히 왕실의 사랑을 받은 것은 넓고 아름다운 후원 때문이다. 창덕궁 후원은 북쪽의 북한산과 응봉에서 뻗어 내린 자연스러운 구릉지로, 넓이는 약 9만 평이다. 이는 창덕궁 전체 면적 약 14만 5천 평의 60% 이상을 차지하는 것이다.

창덕궁은 일제 강점기에 도성의 5대 궁궐이 모두 훼손되는 가운데서도 비교적 그 원형을 잘 보존하고 있어 조선 왕조의 역사와 문화를 연구하는 데 중요한 자료이다. 그리고 자연과 아름다운 조화를 이룬 독특한 공간 구성을 인정받아 1997년 12월 6일 유네스코 세계문화유산으로 지정되었다.

1. 창덕궁의 창건

한양을 최초로 수도로 결정하고 옮긴 것은 태조였지만, 조선 왕조의 도읍지로 한성을 설계하여 재정비한 사람은 태종이었다. 태종은 즉위하자마자 한성으로 천도를 시도하였으나, 신하들의 반대로 이어(移御)하지 못하다가 1405년(태종 5)에 비로소 그 뜻을 이루었다. 한편 태종은 한성으로 천도하면서 기존의 정궁인 경복궁이 있는 데도 다시 창덕궁을 짓게 하였다. 풍수설에 따른 길흉논쟁도 있었지만, 그보다는 자신의 정치적 라이벌이었던 정도전이 설계한 경복궁이 썩 내키지 않았던 듯하다. 1405년 10월 11일 재차 한성으로 천도한 태종은 10월 20일 새로 지은 창덕궁으로 들어가 정사를 보기 시작하였다. 그리하여 태종 대에 경복궁은 비어 있는 궁궐이었다. 한편 태종 당시에는 창덕궁이 아직 경복궁만큼 모든 것이 갖추어진 공간이 못되어서 계속해서 증축

『동궐도』

공사가 이어졌다. 이리하여 궁내에 각종 누각과 연못, 석교 등을 만들었다.

　1418년(태종 18)에 세종에게 왕위를 물려주고 상왕으로 나앉은 태종은 지금의 창경궁 자리에 수강궁(壽康宮)을 짓고 살았다. 그러다가 성종이 1482년(성종 13) 12월 15일에 수강궁을 수리하라는 명을 내려 왕궁으로서의 면모를 갖추는 계기가 되었다. 성종 연간에는 창덕궁이 왕이 기거하는 궁궐이 되어 있었다. 그런데 창덕궁은 왕실 가족이 많을 경우에는 비좁은 편이었다. 성종 대에는 할머니인 세조비 정희왕후, 생모인 덕종비 소혜왕후, 법통상 어머니인 예종비 안순왕후 세 분의 윗분이 생존해 있었다. 성종은 1484년(성종 15)에 이들이 기거할 궁으로서 수강궁을 크게 증축하고 이름을 창경궁으로 바꾼 것이다. 창경궁은 전 왕비들이 기거하는 궁이라지만, 궁궐로서의 격식이 갖추어졌다. 그러나 창경궁은 완전히 독립된 궁궐이라기보다는 창덕궁을 보완하는 의미가 강한 궁이었다. 그리하여 임진왜란으로 서울과 궁궐이 전반적으로 파괴될 때까지는 경복궁이 정궁(正宮), 창덕궁이 이궁(離宮)의 역할을 하면서 창경궁이 창덕궁을 보완하는 체제로 궁궐이 이용되었다.

　1593년(선조 26) 10월, 서울을 떠난 지 1년 반 만에 선조와 조정 신료들이 서울로 돌아왔다. 궁궐이 모두 불타 없어졌으므로 선조는 오늘날 덕수궁이라 부르는 곳 일대에 자리 잡고 있던 옛 월산대군의 집과 그 주위의 민가 몇 채를 개조하여 임시 거처로 삼고 정릉동 행궁(行宮)이라 불렀다. 선조는 정릉동 행궁을 임시 거처로 여기고 궁궐 중건 사업을 추진하였다. 1606년(선조 39)에 이르러 창덕궁 본궁의 재건에 착수, 그 이듬해까지 공사를 진행하였으나 입어는 해보지도 못하고 승하하였다. 선조의 뒤를 이은 광해군도 재위 기간 중 꾸준히 궁궐 건축을 추진하여, 1608년(광해군 1)에 종묘를 중건하고 창덕궁의 중요 전각을 건립하였다. 그리하여 1611년(광해군 3) 10월 정릉동 행궁을 경운궁(慶運宮)으로 명명해 두고, 드디어 재건한 창덕궁으로 이어하였다. 그러나 그는 그 무렵 경운궁에 있게 될 인목대비에 대한 문안을 거를 수 없다는 이유를 내세워 신료들의 전반적인 반대를 무릅쓰고 두 달만인 그 해 12월 기어코 다시 경운궁으로 환어하였다.

광해군은 후궁 소생이다. 그것도 위로 형인 임해군이 있음에도 전시 상황에서 다소 엉겁결에 왕위 후계자인 세자로 책봉이 되었다. 왕위 후계자로서 정통성에 문제가 있었던 것이다. 더구나 나중에는 정비인 인목대비에게서 영창대군이 태어나자 더욱 자신의 왕위 승계의 정통성에 위기감을 느끼게 되었다. 그러한 상황에서 그는 여러 대립하는 정치 집단 가운데 대북세력과 연결되어 나머지 정치 집단의 존재 자체를 부정하는 방향으로 치달으며 자신의 왕으로서 정통성에 시비가 되는 문제에 대해서는 예민하고 신경질적인 반응을 보였던 것이다. 정통성이 약한 왕으로서 왕의 권위를 드러내주는 궁궐 건축에 지나칠 정도로 집착하기는 했지만, 막상 그때까지 머물던 궁궐을 떠나서 새 궁궐로 옮기는 데는 위기감을 느낀 것이다. 왜냐하면 선조 연간부터 상당 기간 왕이 경운궁에 기거하면서 그곳을 중심으로 한 공간 구조가 형성되었다. 정치적 관서들이 그 주변에 조성되고 정치 세력들의 활동 무대가 된 것이다. 새 궁궐로 옮겨간다는 것은 그런 공간 구조를 포기하고 새 공간 구조를 만드는 일이었다. 그러나 정치 세력 전반의 지지를 받는 왕이라면 새로운 공간 구조를 형성하는 데 큰 무리가 없겠지만, 그렇지 못한 왕으로서는 그러기가 쉽지 않았을 것이다. 광해군은 바로 이 점에 자신이 없었다. 광해군은 인목대비를 중심으로 하여 자신에 반대하는 정치 세력이 결집될까 의구심을 품었고, 그러기에 경운궁을 떠나기가 몹시 주저되어 잠시 떠났다가도

다시 되돌아 왔던 것이 아닌가 생각된다.

광해군에 의해 중건되었던 창덕궁과 창경궁은 인조 때 또 다시 소실되었다. 먼저 창덕궁은 1623년 인조반정 당시에 많은 전각이 불탔고, 그 이듬해에는 이괄의 반란이 일어나 창경궁이 소실되었다. 특히 이때 창경궁은 경춘전·통명전·환경전 등 대부분의 전각이 파괴되었다. 곧 양궁은 정치적 파란에 따라 운명을 같이 했던 셈이다. 이에 그치지 않고 정묘호란과 병자호란이 이어지면서 또다시 수난을 겪게 되었다.

인조는 파괴된 양궁을 중수하려 했지만, 1647년(인조 25)이 되어서야 창덕궁에 입어할 수 있었다. 원래 법궁인 경복궁이 여전히 폐허로 방치된 상태에서 창덕궁은 이제 명실상부한 조선 왕조의 정궁의 역할을 담당하게 되었다. 창덕궁과 담장 하나를 사이에 두고 있었던 창경궁은 창덕궁의 비좁은 공간을 해결해주는 보조 역할을 맡았다. 이후 창덕궁과 창경궁은 조선 왕조 정치와 행정의 중심 무대로서 기능하였다. 효종 이후 역대의 왕들이 대부분 이 양궁에서 태어나 왕으로 즉위했고, 또 이 양궁에서 생을 마감하였다. 간혹 궁을 비워야 할 일이 생기면 도성 서쪽의 경희궁(慶熙宮)으로 잠시 옮겨갔다.

1863년 12월 고종이 즉위하면서 실권을 장악한 흥선대원군은 실추된 왕권의 회복을 꾀하면서 그 상징적 조치로서 경복궁의 중건을 추진하였다. 중건 사업은 1865년(고종 2) 4월부터 약 3년이 소요되었다. 1868년(고종 5) 7월 마침내 고종은 경복궁으로 이어하였다. 이것은 경복궁이 270여년 만에 정궁으로서의 위상을 회복했음을 뜻하는 것이자 동시에 창덕궁의 정궁으로서의 역할이 끝났음을 뜻하는 사건이었다.

2. 창덕궁의 공간 구조

창덕궁은 산자락에 지어진 '산중 궁궐'이다. 북쪽으로 산을 등지고 약 14만 5천 평의 산자락에 자리 잡고 있다. 창덕궁은 정궁인 경복궁과 많은 차이를 보이고 있다. 경복궁은 광화문부터 북문인 신무문을 중심축으로 하여 근정문, 근정전, 사정전, 강녕전, 교태전 등의 중심 전각을 배치하고 좌우에 대칭적으로 부속 전각들을 배치하고 있다.

『동궐도』에 그려진 돈화문과 현재의 돈화문

그러나 창덕궁은 돈화문에서 정전인 인정전, 편전인 선정전, 침전인 대조전이 하나의 축을 이루지 못하고 좌에서 우로 확장되면서 배치되는 특징을 보여주고 있다. 이는 아마도 창덕궁이 지어진 곳의 지형적 특성을 감안한 배치였다. 창덕궁이 지어진 곳은 한성의 북쪽 산봉우리인 응봉(鷹峯)에서 남쪽으로 내려오는 긴 자루 모양의 경사지 아래였다. 응봉은 남산과 남북으로 마주하는 산이다. 따라서 응봉 아래는 언덕이 많고 골짜기가 발달해 궁궐이 들어설 만큼 넓고 평탄한 곳이 아니었다.

창덕궁은 크게 보아 삼문삼조(三門三朝)의 공간 구성을 이루고 있다. 삼문(三門)은 돈화문~진선문~인정문을 이르며, 삼조(三朝)는 외조~치조~내조로 연속되는 세 공간을 가리킨다. 이중에서 치조(治朝)는 왕과 관료들이 정치를 행하는 곳으로 정전(正殿)과 편전(便殿)이 있다. 치조의 중심은 인정전, 선정전·희정당이다. 내조(內朝)는 왕과 왕비를 비롯한 왕족의 일상 생활공간으로 침전인 희정당, 대조전 등이 있었다. 외조(外朝)는 조정의 관료들이 근무하는 관청이 있는 곳으로 창덕궁에서는 인정전의 서편과 동편에 궐내의 행정을 맡아보는 궐내각사가 있었다.

1) 삼문 구역

삼문이란 길 밖에서 정전(인정전)에 이르기까지 거쳐야 하는 3개의 문을 말한다. 창덕궁의 삼문은 돈화문~진선문~인정문이다.

① 돈화문

창덕궁의 정문인 돈화문(敦化門)은 왕의 행차와 같은 의례에 사용되었고 신하들은 서쪽의 금호문(金虎門)으로 출입하였다. 창덕궁 창건 당시 이미 종묘가 창덕궁 앞에 자리 잡고 있었기 때문에 돈화문은 궁궐의 서쪽 끝에 놓였다. 돈화는『중용』의 대덕돈화(大德敦化)에서 취한 것으로, '교화를 돈독하게 한다'는 뜻이다. 돈화문은 1412년(태종 12) 5월에 처음 세우고, 돈화문의 문루에 동종(銅鐘)과 북을 걸었다. 매일 정오와 이경(二更, 밤 10시)의 인정(人定, 통행금지) 때에는 종을 28번씩 울렸다. 통행금지를 해제하는 새벽 4시 파루(罷漏)에는 북을 33번 쳤다고 한다.

현존하는 돈화문은 임진왜란으로 불탄 것을 1607년(선조 40)에 중건이 시작되어 1609년(광해군 1)에 복원한 모습이다. 돈화문은 우진각 지붕으로 다섯 칸이다. 그러나 제후는 다섯 칸 대문을 다 쓸 수 없어『동궐도』에 따르면 좌우 각 한 칸은 벽으로 막았다. 따라서 돈화문은 실질적으로 3칸의 대문이다.『동궐도』에 따르면, 돈화문 좌우에는 궁궐 문을 지키는 관청인 수문장청(守門將廳)이 있는 행랑이 있었으나, 지금은 모두 돌담으로 되어 있다.

돈화문으로 들어가면 북으로 어도(御道)가 뻗어 있었다. 원래 어도는 평지보다 약간 높게 돌을 깔았으나, 지금은 평지이다. 돈화문 안쪽에는 잡귀를 쫓는 나무로 알려져 있는 회화나무(槐樹)가 심겨져 있다. 한편 돈화문 주변은 1907년 순종이 덕수궁에서 옮겨온 이후 일제 강점기를 거치면서 많은 변화와 수난을 겪는다. 외국에서 도입된 자동차가 드나들 길이 필요했기 때문에 문턱이 없어지고 어도가 철거되는 등 궁궐 진입로에 변화가 생겼다.

어도 왼편에는 긴 행각과 창덕궁의 서문인 금호문(金虎門)이 있다. 오행사상에서 서쪽은 금(金)이고 호랑이(虎)다. 그래서 서문을 금호문이라 했다. 승정원의 승지 등 궁중 관리들이 다니던 문이다.

② 금천교

궁궐의 진입 부분을 구성하는 기본 요소 중 하나가 금천(禁川)이라 불려지는 개울이다. 개울은 배산임수를 따질 때 명당수(明堂水)를 의미하기도 하지만, 궁궐의 외부와 내부를 가르고 구별하는 의미를 더 크게 갖고 있다. 경복궁의 금천교(禁川橋)인 영제교는 흥례문과 근정문 사이에 있다. 그러나 창덕궁의 금천교(錦川橋)는 돈화문과 진선문 사이에 있어, 경복궁의 영제교와 차이를 보인다.

금천교는 1411년(태종 11)에 세워진 것으로 조선 궁궐에 남아 있는 다리 중 가장 오래된

현재의 금천교와 진선문(위). 1900년대 초의 금천교(아래)

돌다리이다. 그러나 지금의 금천교는 제자리에 있는 것이 아니다. 일본 건축사학자 세키노 다다시(關野貞)가 1902년부터 1904년 사이에 찍어 『조선고적도보(朝鮮古蹟圖譜)』에 수록한 금천교의 사진과 지금의 금천교를 비교해보면 금천교의 위치가 북쪽으로 조금 옮겨진 것을 확인할 수 있다. 또한 『동궐도』에는 금천교와 어도가 거의 직각으로 교차하는 것으로 되어 있으나 지금은 삐뚤어져 있다. 이는 현재의 금천교를 기준으로 어도를 복원했기 때문이다. 일제는 1912년 금천교에 자동차 진입을 용이하기 위해 구조 변경을 단행하였다. 그 결과 금천교는 본래 자리에서 조금 옮겨지게 되었다.

『동궐도』에는 금천 가득히 시냇물이 흐르고 있다. 그러나 지금은 말라버려 돌바닥을 드러낸 건천이 되었다. 주변 환경이 변화했기 때문이다. 나무가 가득하던 궁궐 주변 구릉지에는 동네가 빽빽하게 들어서서 옛 물길을 바꾸어 버렸다. 또한 지하에는 상

하수도관, 통신 설비, 가스관 등 각종 시설물이 들어차 지하수를 교란한다. 이 때문에 그 많던 시냇물은 온데간데없이 사라지고 말았다.

③ 진선문

금천교를 건너면 만나는 문이 진선문(進善門)이다. 진선(進善)은 '선한 말을 올린다'는 의미와 '훌륭한 사람을 천거한다'는 의미를 가지고 있다. 인정전이 정전이므로 진선문을 통하여 바른 말을 올리거나 인재를 천거하여 왕이 바르게 되고 바른 교화(正敎)가 퍼지기를 기원하는 이름이다.

진선문 근방에는 1405년(태종 5)에 신문고(申聞鼓), 1771년(영조 47)에는 등문고(登聞鼓)라 하여 커다란 북을 달아 놓았다. 그리고 억울하고 원통한 일들 당한 사람이 임금에게 직접 호소하는 방법으로 진선문 문루에 설치한 큰북을 치게 하였다. 그러나 일반 백성들이 궁궐 문을 통과하여 금천교를 건너 진선문 문루에 설치한 큰북을 치기는 쉽지 않았을 것이다.

진선문에서 인정문을 지나 마당을 따라 마주 보이는 문이 숙장문(肅章門)이다. 숙장(肅章)은 '엄숙하고 문채(文彩)가 난다'는 의미이다. '숙(肅)'은 엄숙하다, '장(章)'은 아름답게 빛난다는 뜻이다. 진선문, 숙장문, 인정문 좌우에는 행각이 들어서, 넓은 마당을 이룬다. 그런데 마당의 모양은 정형화된 직사각형이 아니라 정형에서 벗어난 사다리꼴로 되어 있다. 권위를 상징하는 궁궐 건축은 어느 나라를 막론하고 사각형이나 원형과 같은 정돈된 질서를 의미하는 기하학적인 모양을 하는 것이 일반적이다. 조선에서도 건축물의 모양과 권위가 갖는 상관관계에 대한 개념은 뚜렷했다.

그렇다면 진선문과 숙장문 사이의 사다리꼴 마당은 일반적인 궁궐 건축 원칙을 따르지 않은 것이다. 이는 숙장문 바로 뒤에

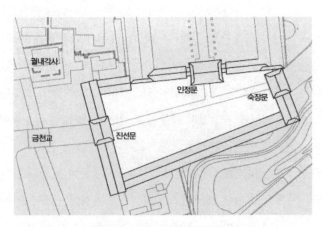

진선문과 숙장문 사이 마당의 평면도

종묘에 이르는 산맥이 자리 잡고 있어 더는 넓힐 수가 없기 때문이다. 종묘는 역대 임금의 신위(神位)를 모시는 신성한 공간으로 종묘를 받치고 있는 산의 뿌리를 훼손하면서 집을 짓는다는 것은 용납될 수 없었다. 따라서 지형을 최대한 살리면서 넓게 쓸 수 있는 방법을 생각한 끝에 사다리꼴 마당을 채택하게 된 것으로 보인다.

④ 인정문

창덕궁의 정전인 인정전의 출입문이다. 인정문은 1405년(태종 5) 창덕궁의 창건 때 다른 전각들과 함께 지어졌다. 임진왜란으로 본래의 건물이 불타 없어지자 광해군이 즉위한 해에 창덕궁을 재건하면서 다시 세웠는데, 1744년(영조 20) 10월에 인접한 승정원에 불이 났을 때 옮겨 붙어 좌우 행각과 함께 소실되었다가 1745년(영조 21) 3월에 복구되었다. 그 후 1803년(순조 3) 12월에 선정전(宣政殿) 서쪽 행각에서 화재가 나 인정전 등이 소실되어 1804년(순조 4) 1월에 재건된 일이 있는데, 인정문도 그때 함께 지어진 것으로 보인다. 1910년대 일제가 인정문과 그 주위 행랑을 일본식으로 일부 변형했으나 1988년 현재와 같이 원상회복하였다.

인정문은 새로운 왕을 탄생시키는 왕권 계승의 공간이었다. 조선시대 왕의 즉위는 네 가지의 형식이 있었다. 태조와 같이 나라를 개척함으로써 왕위에 오르는 경우가 그 하나이고, 조선 왕조에서 가장 정상적인 왕위 계승의 형태로서 선왕이 승하함에 따라 왕위를 사위(嗣位)하는 것이 둘이며, 선왕이 생존해 있는 상태에서 왕위를 잇는 선위(禪位), 반란을 일으켜 선왕을 왕위에서 끌어내린 후 오르는 반정(反正) 나머지 두 가지이다. 이 네 가지의 경우에 따라 즉위 의례를 행하는 공간도 각각 달랐다.

먼저 선왕의 승하에 따라 왕위를 잇는 사위(嗣位)의 경우이다. 조선시대 왕실에서 행한 의례 가운데 문(門)에서 거행하도록 했던 대표적인 의례가 사위에 의한 즉위 의례이다. 문에서 의례를 행하는 것은 선왕의 죽음을 애통해 하며, 차마 그 자리에 나아가지 못하는 마음의 표현이기도 하다. 조선의 역대 왕 가운데 문종, 단종, 성종, 연산군, 인종, 명종, 선조, 광해군, 효종, 현종, 숙종, 경종, 영조, 정조, 순조, 헌종, 철종, 고종 등 18명의 왕이 사위의 형태로 왕위에 올랐다.

선왕이 승하하여 그 자리를 이어받는 사위 의례를 행할 때 사람들은 상중임에도 잠시 상복을 벗는다. 종친과 문무백관은 조복(朝服)으로 갈아입고, 세자는 참최복(斬衰服)을 벗고 왕을 상징하는 의복인 면복(冕服)으로 갈아입는다. 사위 의례의 핵심인 선왕의 유언장인 유교(遺敎)와 조선 국왕의 상징인 대보(大寶, 옥쇄)를 받은 후 신왕은 인정문 한가운데에 남향으로 설치해 놓은 어좌(御座)에 오르면 종친과 문무백관들은 "천세, 천세, 천천세!"라고 산호(山呼)와 재산호(再山呼)를 외친다. 참여한 사람들이 모두 네 번 절하는 사배례(四拜禮)를 한 후 의례를 마치는데, 의례가 끝나면 참여자 모두가 다시 상복으로 갈아입고 같은 장소에서 행해지는 교서반포 의례에 임한다. 새로운 왕은 인정문에 설치해 놓은 어좌 앞에서 교서를 반포하여 온 천하에 즉위를 알린다.

이처럼 왕위 계승의 방식 가운데 가장 정상적인 형태가 사위였다. 사위 의례에서 유교와 대보를 받은 후에는 반드시 인정문 한가운데에 어좌를 설치해 놓고 거기에 오르도록 하였다. 새로운 왕이 탄생하는 즉위 의례이지만 선왕을 잃은 슬픔을 뒤로하고 즉위해야 하므로 정전(正殿)에서 대대적으로 행하는 것을 꺼린 까닭이다. 문에서 의례를 행함으로써 선왕이 잘 닦아놓은 위업을 조심스러운 마음으로 겸허하게 이어받은 후 새로운 단계로 나아간다는 상징적 의미도 부여하였다. 인정문에서 즉위한 왕은 연산군을 비롯하여 효종, 현종, 숙종, 영조, 순조, 철종, 고종 이렇게 여덟 왕이다

정종, 태종, 세종의 경우와 같이 선왕이 살아 있으면서 자리를 물려주는 선위(禪位)의 경우 흉례 의식과는 다른 의미의 즉위 의례가 문이 아닌 전(殿)에서 행해졌다. 세종의 즉위는 문이 아닌 근정전에서 이루어졌다. 그밖에 조선을 건국한 태조는 개경의 수창궁에서 즉위하였고, 반정으로 왕위에 오른 중종은 근정전에서, 인조는 경운궁 즉조당에서 즉위 의례를 행하였다. 즉위의 형태에 따라 각각 즉위 의례를 행하는 공간이 달라지는 것을 알 수 있다.

2) 치조 구역

돈화문~진선문~인정문을 지나면 국가의 중요한 행사가 거행되며, 국사를 의논하던 치조(治朝) 구역이다. 창덕궁의 치조 구역으로는 인정전, 선정전, 희정당 일대이다.

인정전 전경

① 인정전

인정전은 창덕궁의 정전(正殿)으로서 신하들의 조회, 외국 사신 접견 등 중요한 국가적 의식을 행하던 곳이다. 앞쪽으로 어도와 품계석을 둔 조정 마당을 마련해 국가적 상징적 공간을 이루고, 뒤편에는 계단식 정원을 두어 뒷산인 응봉의 맥을 이었다.

저 인정전을 바라보며 인(仁)하면 반드시 흥(興)한다는 선왕의 성대한 뜻을 우러러 받든다. 우러러 받드는 것은 선왕을 본받고자 함이다. 왕도는 우뚝하고 인정전은 드높다. 왕 된 자 존귀하고 궁궐 또한 크도다. 인정(仁政)을 베풀어 전호(殿號)에 어긋나지 말라. 넓은 집 천간(千間)에 대들보 빛난다. 대들보가 빛나는 것은 조회(朝會)하는 곳이기 때문이다. 궁전 뜨락의 문무관은 모두가 재능을 지녔다. 문무관이 모두 재주 있고 지혜로우며 총명하여 그 능력과 재주의 장점은 취하고 단점은 덮어주니 포용하는 덕은 성인의 가르침이다. 맑은 새벽에 모여드니 금호문(金虎門) 열린다. 천 자루 금촉(金燭)에 만개의 옥패(玉珮)로다. 옥패는 짤랑짤랑하여 위용이 저절로 나오고, 움직임이 절도에 맞아 예모(禮貌)가 정연하다. 수신(修身)한 연후에야 임금을 보

『동궐도』에 그려진 인정전

필하니, 임금을 보필함이 도에 맞으면 정치가 인(仁)하지 못함을 어찌 걱정하리오. 임금은 인으로써 신하에게 베풀고 신하는 인으로써 임금에게 바치면, 정사가 다스려지고 국가가 태평하리라. 태평하면 또 태평하면 국가가 장구 하리니, 이 명(銘)을 지어 마음속으로 힘쓰려 한다.

　인정(仁政)은 '어진 정치'라는 뜻이다. 이렇듯 깊은 뜻을 담고 있는 인정전은 왕의 건물, 곧 왕의 존엄성을 드러내기 위한 의식용 건물이었다. 그런 만큼 창덕궁에 있는 건물들 가운데서 그 크기와 치장이 가장 장대하고 화려하였다. 인정전의 크기는 전면 5칸, 측면 4칸, 도합 20칸이며, 팔작 2층 지붕이다. 그런데 창덕궁의 인정전과 경복궁의 근정전은 같은 법전이지만 차이가 있다. 근정전은 25칸으로 월대(月臺)에 돌난간이 있으나 인정전 월대에는 없다.

　인정전은 1405년(태종 5) 건립된 이후 여러 차례 고쳐지었다. 1차로 태종은 1418 (태종 18)에 인정전이 좁다며 다시 지었다. 그 뒤 임진왜란 때 불탔다가 1609년(광해군 1)에 중건되었는데, 1803년(순조 3) 12월 13일 수렴청정(垂簾聽政)하던 정순왕후 (貞純王后, 영조의 계비) 김씨의 편전인 선정전에서 난 불이 번져 인정전까지 타버리고 말았다. 불탄 인정전은 바로 재건을 시작하여 1년 만인 1804년(순조 4) 12월 17일에 공사를 마쳤다. 1854년(철종 5) 9월 23일에는 인정전이 지은 지 50년이 되어 낡았다는 이유로 중수(重修)하여, 1857년(철종 8) 5월 6일에 공사를 마쳤다.

인정전은 1907년 순종이 창덕궁으로 이어하면서 서양 문화의 영향을 받아 실내 바닥을 전돌에서 마루로 바꾸었으며, 안으로 미는 창문을 밖으로 열도록 하였다. 그리고 전기, 커튼, 유리 창문 등을 설치하였다. 현재 인정전 지붕에는 오얏꽃 문양 다섯 개가 용마루를 장식하고 있다. 오얏꽃 문양은 1900년부터 대한제국의 문양으로 사용되었다. 그러나 1902년부터 1904년까지 조선의 옛 건축물을 조사하면서 찍은 『조선고적도보』에 실린 인정전과 인정문 사진에서는 오얏꽃 문양을 발견할 수 없다. 따라서 인정전 용마루의 오얏꽃 문양은 1907년 이후 설치된 것이라 하겠다.

일본 전통 건축의 특징 중에 하나가 신사(神社), 사찰(寺刹), 가문(家門)의 건축물 용

일본 후쿠오카 다자이후시 텐만궁 배전의 신문

마루에 문양을 장식하는 것이다. 신사의 본전 또는 배전 용마루에 장식하는 문양을 신문(神紋)이라 한다. 사찰의 금당 용마루에 장식하는 문양을 사문(寺紋)이라 한다. 토요토미 히데요시(豐臣秀吉)가 세운 오사카 성의 천수각 용마루에 장식한 문양은 가문(家紋)이라 한다. 결국 신문, 사문, 가문 등은 일본 전통 건축의 주요한 구성 요소인 것이다. 따라서 인정전 용마루 있는 오얏꽃 문양은 조선 건물에 일본 전통 건축 요소가 가미된 것이다.

인정전의 앞마당, 즉 조정(朝廷)에서는 매월 5일, 11일, 21일, 25일 아침에 열리는 조참의례(朝參儀禮)를 비롯하여 각종 국가적 의식 행사가 치러졌다. 인정전 마당은 '박석(薄石)'이라고 하는 자연스러운 돌로 덮여 있었다. 그리고 삼도(三道) 옆으로는 품계석(品階石)이 문신과 무신을 구분하여 두 줄로 세워져 있어, 이곳이 위계와 권위를 상징하는 엄숙한 공간임을 보여준다. 품계석은 정조가 재위 1년(1777)에 세운 것이다. 정조는 관리들의 위계질서가 문란해졌음을 나무라면서 인정전 마당에 품계석을 세워 조정의 질서를 바로 세울 것을 명령했다.

인정전 마당에 박석을 깐 것은 이곳이 의식의 공간이라는 점과 관계가 있다. 박석은 강화도나 해주에서 나오는 화강암으로 만들었는데, 화강암에는 석영과 백운모가 들어 있다. 이 화강암을 거칠게 갈면 표면이 우툴두툴해지는데, 이 거친 표면에 박혀 있는 석영과 백운모가 빛을 반사시켜 이리저리 흩어지게 한다. 이때 반사된 빛은 부딪치거나 합쳐져 새로운 빛을 만든다. 이런 이유로 조정은 흐린 날에도 아주 환하게 된다. 또한 박석은 소리를 잘 들리게 한다. 조정을 둘러싼 행각의 처마가 소리를 메아리처럼 반사하기도 하고, 소리가 담장 밖으로 울려 나가는 것을 막기도 한다. 현재 인정전 조정은 일제 강점기에 잔디밭으로 변형된 것을 최근 박석을 깔아 옛 모습을 재현한 것이다. 그러나 현재 깔려 있는 박석은 원래의 박석을 구할 수 없어 화강암을 의도적으로 거칠게 가공한 것이어서 그 모양과 질감이 원래 모습과 많이 다르다.

인정전 양측을 둘러싼 행랑의 서측에는 향실(香室)과 내삼청(內三廳) 등이 있었다. 내삼청은 내금위(內禁衛), 겸사복(兼司僕), 우림위(羽林衛)의 총칭으로 궁궐 수비는 물론 왕을 호위하는 부대로서 막중한 임무를 맡은 관아다. 향실은 궁중 제사에 쓰이는 향과 축문을 담당하던 곳이다. 향실이 서쪽 행랑에 있는 것은 인정전 서쪽 제례 공간

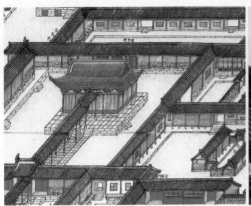

『동궐도』에 그려진 선정전과 현재의 선정전

인 선원전(璿源殿)이 있기 때문이다. 향실의 관원은 '충의(忠義)'라 하여 공신들의 자손으로 했는데, 고종 때에는 왕족도 임명될 수 있게 했다. 인정전의 동쪽 행랑에는 악기고(藥器庫), 서방색(書房色), 관광청(觀光廳), 광범문(光範門) 등이 자리 잡고 있었다. 악기고는 인정전에서 의식을 거행할 때 필요한 악기를 보관 관리하는 곳이다. 서방색은 "서방빗"이라고도 하는데 이는 왕이 사용하는 붓과 벼루를 공급하고 또 대궐의 열쇠를 보관하며 대궐 뜰의 설비 등을 맡아보던 액정서(掖庭署)의 한 분장(分掌)이다. 관광청은 어떤 기관이었는지 분명하지 않으나 관광(觀光)이라는 말이 "과거를 보러 가다"란 뜻이 있는 것을 생각할 때 과거시험을 관장하던 관아였으리라 추측할 수 있다.

② 선정전

치조 구역에는 임금과 신하가 직접 만나 정사를 논의하고 집행하는 공간이 있다. 바로 편전(便殿)이다. 창덕궁에서는 선정전(宣政殿)과 희정당(熙政堂)이다. 선정(宣政)은 '정치와 가르침(政敎)을 널리 떨친다(宣揚)'는 뜻이다. 이는 곧 어진 정치를 베푼다는 말이다. 선정전은 어전회의를 비롯한 최고 통치자로서 공식 업무를 처리하던 왕의 공식적인 집무실 즉 편전으로서의 기능을 갖고 있었다. 때문에 편전은 정전보다 뒤쪽에 있게 된다. 경복궁에서는 정전인 근정전의 중심축 상에 뒤쪽으로 편전인 사정전이 있다. 그러나 창덕궁은 지세에 따라 전각을 배치한 관계로 인정전 동측, 뒤쪽으로 물러선 터에 편전인 선정전을 두었다.

선정전은 정면 3칸, 측면 3칸의 단층팔작집으로 인정전에 비해 그 규모가 작은 집이다. 지붕은 다른 전각과는 다르게 푸른 기와를 입히었다. 한편 선정전은 특이하게도 정면 지붕과 기둥만 있고 벽체는 없는 복도가 남쪽 문인 선정문(宣政門)까지 붙어 있다. 선정전 앞에 돌출되어 있는 전면 복도는 정조 이후 선정전이 혼전(魂殿)으로 사용된 것과 관련이 있다. 선정전은 정조 이전에는 한 번도 혼전으로 사용된 적이 없다가 1800년 순조 즉위년에 정조의 혼전으로 사용된 후 순조, 헌종, 철종 등 역대 임금의 혼전으로 쓰였다.

왕이 세상을 떠나면 궁궐에 있는 건물을 골라 시신을 안치하는 빈전(殯殿)을 설치한다. 빈전에 시신을 모시는 기간은 대략 6개월로 이 기간 동안 무덤을 조성하게 된다. 그 후 시신이 무덤에 안치되면, 다시 적당한 건물을 골라 신주를 모시는 혼전을 설치한다. 혼전은 대략 27개월 정도 유지된다. 혼전이 설치되면 매일 이에 따른 여러 가지 의식이 거행되며, 이를 위해 혼전 바깥에는 제물을 준비하고 제사상을 차리는 진설청이 설치된다. 진설청을 설치하기 위해 혼전의 직각 방향으로 행랑을 세우게 되는데, 이것을 '정자각(丁字閣)'이라 했다.

선정전도 혼전으로 활용하기 위해 전면에 정자각이 세워졌다. 이에 대한 기록이 순조 즉위년에 편찬된 『빈전혼전도감의궤(殯殿魂殿都監儀軌)』에 보인다. 따라서 『동궐도』에 보이는 선정전 앞 정자각, 즉 전면 복도는 선정전이 혼전으로 사용된 흔적을 보여주는 것이라 할 수 있다. 순조 이후 선정전은 혼전으로 빈번하게 사용되면서 편전의 기능을 잃고, 침전(寢殿) 권역에 있는 희정당이 편전의 기능을 대신하게 되었다. 이 때문에 『동궐도』에서 선정전을 '옛 편전'으로 기록하고 있다.

선정전 바닥은 지금은 마루가 깔려 있지만, 원래는 '방전(方甎)'이라고 하는 네모난 벽돌이 깔려 있었다. 선정전 바닥이 언제 마루로 변했는지는 기록이 없다.

③ 희정당

희정당은 대조전 남쪽에 있는 전각으로 왕이 평상시 거처하면서 사무를 보는 편전이다. 선정전이 공식적인 업무공간이라면 희정당은 편안한 업무공간이라 할 수 있다.

『동궐도』에 그려진 희정당

『궁궐지』에서는 희정당을 "편전이면서 정무를 보는 곳"이라고 설명하고 있고, 『동국여지비고』에 "평상시 쉬면서 신하들을 만나는 곳"이라 하였다. 건물의 당호 역시 선정전은 최고의 위계를 표시하는 '전(殿)'인데, 희정당은 그 다음 위계인 '당(堂)'이어서 편안한 집무공간이라는 성격을 짐작할 수 있다.

희정당은 원래 그 이름이 '숭문당(崇文堂)'이었는데, 1496년(연산군 2)에 6월에 불타 없어진 것을 8월에 중건하여 12월에 '희정당'이라 고쳤다.

우리는 『주역』 대장괘(大壯卦)에서 건축 제도를 고찰할 수 있고, 『시경』의 「사간」편에서의 궁실의 중요성을 알 수 있다. 당(堂)의 위치가 침전에 연결된 것은 휴식을 즐기기 위함이 아니며, 정전(正殿)에 연접된 것은 방문과 영접의 편의를 위함이다. 주상전하는 효성이 지극하고 궁실을 검소히 하여 선왕에 부끄럼이 없을 뿐 아니라, 사치한 궁실이 지니는 폐단을 항상 경계하여 대지(臺池)의 향락을 일삼지 않고 국기(國基)의 영원한 안정을 도모해 왔다. 지난번 화재는 이전에 없었던 크나큰 변고로서 중건이 불가피 했다. 여러 신하들이 임금을 위해 간청하였으나 6개월 동안 지연된 것

현재 희정당 신관

은 흉년이 들었기 때문이다. 옛터 위에 옛날 궁궐을 헐어 건축하니 모든 설계와 구조가 척척 들어 맞았다. 저축된 돈을 흩어 노임을 지급하니 원망하는 이 없고, 유휴 인력을 동원하니 농사에 지장이 없다. 글자의 뜻을 상구(詳究)하여 당(堂) 이름을 지었다. 주희가 『증전』(曾傳:『大學』)에서 '희(熙)'를 '명(明)'의 뜻으로 밝혔고, 채침(蔡沈)이 『우서』(虞書:『書經』)에서 '광(廣)'으로 해석한 뜻을 본 딴 것이다. 즉 정사를 밝혀 백성을 접하니 백성이 충정을 다하고, 정사를 넓혀 백성을 구제하니 백성이 혜택을 입지 않는 이가 없다는 의미에서 '희정(熙政)'이라 이름하였다.

희정(熙政)이란 '화평하고 즐거운 정치'를 의미한다. 정치를 잘하여 모든 일이 잘 되고 모든 백성이 화락하게(萬姓咸熙) 된다는 의미이다. 희정당은 『동궐도』에서는 정면 5칸, 측면 3칸의 팔작지붕으로, 여러 돌기둥이 떠받들고 있는 누마루집(다락처럼 높게 만든 마루집)이다. 집이 높으므로 목조로 된 다섯 개의 계단이 놓여 있고, 마당에는 장방형의 연못까지 조성되어 있다. 그러나 1833년(순조 33) 큰 화재로 타버렸다가 1834

년(순조 34)에 중건되었다. 1834년에 중건된 희정당은 헌종, 철종, 고종, 순종 때까지 이어지면서 편전으로 이용되었으나, 1917년 11월 10일 오후 5시 순종이 거처하던 대조전(大造殿)에 부속된 나인의 갱의실에서 난 불에 잿더미로 변했다.

1917년 11월 27일부터 창덕궁 재건 공사가 시작되었는데, 마침 경복궁이 헐리고 있던 때여서 경복궁에서 헐린 재목을 가져다 썼다. 중건 공사는 일본인이 감독을 맡아 진행했다. 중건 공사는 원래 1년 안에 마칠 계획이었으나, 중간에 고종이 승하하고 삼일운동이 일어나는 등 이런저런 사정으로 3년이 걸려 1920년 10월에 완공되었다. 그리하여 희정당은 경복궁 강녕전 목재로 짓게 되어 결과적으로 강녕전을 옮겨 지은 꼴이 되었다. 그래서 현재 희정당은 이름은 희정당이지만, 모습은 경복궁의 강녕전이다. 강녕전의 건물을 옮겨 지은 것이므로 좌우의 합각벽(건물 지붕 모서리에 있는 'ㅅ'자의 널판지 아래 세모꼴로 된 벽)에 '강(康)', '녕(寧)'이란 무늬가 각각 남아 있다. 그러나 경복궁 강녕전의 모습과도 다르다, 강녕전에는 용마루가 없었으나 현재 희정당에는 용마루가 있다. 크기도 원래의 15칸에서 정면 11칸, 측면 5칸의 55칸으로 훨씬 커지고, 내부 시설도 서양식으로 꾸며졌다.

희정당 합각벽에 새겨진 '강(康)', '녕(寧)'

한편 희정당 앞 건물의 정문과 우측에 두 개의 현관을 돌출되어 있고, 정문 현관에는 오얏꽃 문양이 있다. 돌출된 현관과 오얏꽃 문양은 일본 전통 건축의 특징 중 하나인 하후(破風)를 말한다. 하후란 일본 건축에서 키리즈마(切妻, 맞배지붕)의 지붕 끝에 산 모양으로 붙인 것을 말하며, 신사의 불당 건축을 기원으로 하는 디자인이다. 하후에는 용마루에 있는 '이리모야(入母屋, 팔작지붕) 하후', 그리고 현관 위에 만들어지는 '가라하후(唐破風)'가 있다. 하후 아래에는 '게교(懸魚)'라 불리는 화려한 장식물로 장식된다. 결국 희정당을 복원할 때 총독부와 이왕직(李王職)이 협의하여 지었다고 하지만, 총독부의 의지가 더 강했음을 알 수 있다.

3) 내조 구역

조선시대 왕은 특별한 경우 외에는 궁궐을 벗어나지 않았다. 모든 것을 궁궐에서 해결했다. 나라를 통치하고 생활을 영위했던 궁궐은 왕의 직장이자 집이었다. 앞서 살펴본 치조 구역의 인정전과 선정전, 희정당은 왕의 직장이라 할 수 있다. 한편 왕이라고 해서 늘 곤룡포, 면류관과 같은 화려하기는 하나 거추장스러운 복장을 하고 살았던 것은 아니다. 왕도 근무 시간 이후에는 평복으로 일상생활을 하며 쉬기도 하고, 또 측근 신료를 편안하게 만나 깊숙한 이야기를 나누기도 하였다. 이렇게 왕이 일상생활을 하는 공간을 내조 구역이라 한다. 또는 연침(燕寢), 연전(燕殿), 연거지소(燕居之所)라고 하였다.

① 대조전

창덕궁의 내조 구역에서도 가장 깊은 곳, 궁궐의 가장 은밀한 중심 지역에는 왕비의 침전이자 시어소(時御所)인 대조전이 자리 잡고 있다. 왕비도 공인으로서, 궁궐 안에 살며 활동하는 내명부(內命婦)를 비롯한 여러 층의 여인들을 다스리는 일 등 처리해야 할 업무가 적지 않았다. 그러한 일을 수행하는 공간이 시어소인 대조전이다. 대조(大造)는 '큰 공업(功業)을 이룬다'는 뜻이다. 그러나 흔히 지혜롭고 현명한 왕자의 생산을 의미한다고 풀이한다. 이는 이곳에서 왕비가 거주했기 때문이다. 대조전은 1833년(순조 33) 큰 화재로 타버렸다가 1834년(순조 34)에 재건되었다. 이때 재건된 대조전은 정면 9칸, 측면 5칸, 모두 45칸이고, 순조가 지은 상량문이 있다.

『주역』 대장괘(大壯卦)로 궁궐에 맞춰 기우(奇耦)를 상징하고, 명당(明堂)을 착공하고 음양을 배열하여 정위(正位)에 거처하니 옛 모습 그대로 새롭게 중건하였다. … (중략) … 궁궐의 제도는 좌척우평(왼쪽은 층층대를 쌓고 오른쪽은 평평하게 함)을 본받

『동궐도』에 그려진 대조전, 경훈각, 집상전과 현재의 대조전

아야하나 건곤(乾坤)의 방위만은 반드시 궁전과 침전의 구분이 있어야 한다. 대개 후성(後星)이 빛을 머금고 천당(天堂)이 자미성(紫微星)과 연결되듯이, 군왕이 정치를 주관하고 곤전(坤殿: 왕비)이 황상(黃裳: 태자)을 보호하여야 한다. 인지(麟趾: 公子)가 요조(窈窕: 淑女)와 호응이 되듯이, 군왕의 가정엔 궁비(宮妃)가 지존(至尊)의 배필이다. … (중략) … 우리 제도는 내전의 깊고 엄숙함을 중시하여 쇠로 만든 봉황새가 기와에 솟아올라 은하수를 능가하고, 금빛 나는 자라가 처마를 마주하여 구름이 감돈다. 방에서는 옥패(玉佩)가 울고 뜨락에서는 닭이 울며 금슬(琴瑟) 종고(鐘鼓)의 음악이 울린다. 봄에는 누에를 기르고, 여름에는 누에고치를 받쳐 어의(御衣)를 만들어 내전의 소박한 덕을 들어낸다. 태양이 뜨락에 드높아 백복(百福)이 깃들고, 무리 신령이 내려와 호위한다. 아름다운 전호에는 오묘한 뜻이 담겨 있다. 규모는 양의(兩儀: 음과 양), 사상(四像), 팔괘(八卦), 384효(爻)에 맞추고, 문은 사서(四序: 춘하추동), 오행(五行), 칠수(七宿)와 한해의 72후(候)를 상징하여, 규모는 우주처럼 넓어 팔방(八方)을 함육(涵育)하고 만물을 자생(資生)하는 곤덕(坤德)에 합치한다. 때문에 20대에 걸친 왕조의 수제치평(修齊治平)의 기초로써 억만년 영원토록 수부(壽富)와 강녕(康寧)을 누리리라.

대조전은 1917년 창덕궁 대화재 때 또 불타는 비운을 만났다. 1920년 재건할 때 경복궁의 침전인 교태전을 헐어다가 지었다. 그리고 교태전 옆의 건순각(健順閣)을 헐어다가 대조전 동북쪽에 함원전(含元殿)을 지었다. 이것이 지금 남아 있는 대조전이다.

그렇다면 원래의 대조전과 현재의 대조전은 어떻게 다른가? 현재 대조전은 원래 대조전보다 북쪽에 있다. 집상전(集祥殿)을 헐고 그 자리에 대조전을 지었기 때문이다. 그리고 대조전의 정문인 선평문(宣平門)도 한 칸에서 3칸으로 확대되어 훨씬 북쪽으로 옮겨졌다. 선평(宣平)은 '화평(和平)을 세상에 펼친다'는 뜻이다. 『동궐도』에 따르면, 본래의 대조전은 지붕 중앙이 양옆보다 높은 솟을지붕이었다. 그러나 현재 대조전 지붕은 직선이다. 또한 원래 대조전 앞 월대에는 녹색 판장(板墻, 나무로 만든 울타리)을 장방형으로 둘러쳐 외부인이 함부로 들어오거나 엿볼 수 없게 해놓았었는데, 현재는 울타리가 없고 열린 공간으로 되어 있다.

대조전이나 교태전이나 지붕에 용마루가 없다. 용마루가 없는 집을 무량갓이라 한다. 그렇다면 왜 용마루가 없는 것일까? 세자가 왕위에 오르는 것을 등극(登極)이라 한다. 옛 천문학에서는 사방의 성군(星群) 중앙에 천극성(天極星), 즉 북극성(北極星)이 있는데, 그 북극성을 우주의 중심이라고 믿었다. 그래서 등극이란 극성(極星)의 자리, 곧 천지사방의 중앙에 오른다는 의미가 된다. 이 천지의 중앙에 오를 왕자를 생산하기 위해서는 하늘과 땅의 기운이 서로 통하고, 음과 양의 정기가 이상적으로 조화되어야 한다. 따라서 하늘과 땅의 정기(精氣)의 교합을 막는 장애물이 있어서는 안 된다. 용마루는 지붕의 제일 높은 곳에 있으면서 땅과 하늘의 경계선을 이루고 있어 천지간의 교통을 차단하는 장애물 역할을 하고 있다. 이런 연유로 왕비의 침전에는 용마루를 두지 않았던 것이다. 현재 대조전의 중앙에는 6칸의 대청마루를 사이에 두고 왼쪽에 황제의 침실, 오른쪽에 황후의 침실이 있고, 황후의 침실에는 서양식 침대가 놓여 있다.

1985년 희정당과 대조전은 각기 보물 815호와 816호로 지정되었다. 그러나 이 두 건물은 일제가 1920년에 새로 지은 것이다. 즉 조선총독부와 이왕직이 원래의 모습과 다르게 지은 건물을 보물로 지정한 꼴이 되고 말았다. 문화재는 그것이 지닌 역사적 의미를 우선적으로 고려하여 지정된다. 만약 희정당과 대조전에 역사적 의미가 있다면 유리창과 전기 등 근대적 요소가 도입되었다는 것 정도이다.

현재의 경훈각

② 경훈각

대조전 북쪽에는 경훈각(景薰閣)이 있다. 『동궐도』에 따르면 경훈각은 2층 누각으로 지은 집으로, 20칸이며, 지붕이 청기와로 되어 있다. 그리고 아래층은 경훈각, 위층은 징광루(澄光樓)라는 편액이 걸려 있었다. 원래 전통 건축에서 2층 집은 아래층을 각(閣)이라 하고, 위층을 루(樓)라고 부른다.

창덕궁에서 청기와로 된 건물은 편전인 선정전과 경훈각 뿐이다. 이러한 사실은 경훈각이 대단히 중요한 건물이었음을 뜻한다. 경훈각은 선조가 명나라 신종(神宗)에게 받은 망의(蟒衣, 중국 명·청 때 황자(皇子)나 친왕(親王) 등의 관원이 입던 옷)를 보관하였고, 명나라 마지막 황제인 의종(毅宗)의 어필을 새긴 편액이 걸려있는 장소였다. 그러므로 경훈각의 '경(景)'은 '우러르다(仰也)', '사모하다(慕也)'라는 뜻이고, '훈(薰)'은 '훈도(薰陶, 덕으로써 사람의 품성이나 도덕 따위를 가르치고 길러 선(善)으로 나아가게 하는 것)'라는 뜻이다. 결국 경훈(景薰)은 '훈도를 우러러 사모하다'는 뜻이다.

1920년에 중건된 경훈각은 경복궁 자경전 북쪽의 만경전(萬慶殿)을 헐어다가 단층으로 건립한 것이다. 따라서 현재 이름은 경훈각으로 되어 있지만 사실은 만경전이다.

③ 집상전

『동궐도』를 보면 대조전 북쪽에는 경훈각(景薰閣)과 집상전(集祥殿)이 동서로 나란히 있었다. 집상전은 대조전과 같이 용마루가 없는 무량갓 건물이다. 용마루가 없다는 것은 왕비와 비슷한 여인의 침소라는 점을 말해준다.

집상(集祥)이란 '모든 상서로움이 모인다'라는 뜻으로 대비의 복을 바라는 왕의 효성이 배어 있다. 집상전은 세조 때부터 있었으나 1623년(광해군 15)에 일어난 인조반정 때 불탄 이후, 1647년(인조 25)에 집상당(集祥堂)이라는 이름으로 재건되었다. 이후 1667년(현종 8)에 집상전으로 이름을 바꾸었다.

④ 수정전

『동궐도』에는 경훈각 서북쪽에 주변이 숲으로 둘러싸여 매우 한적한 느낌을 주는 곳에 수정전(壽靜殿)이 있다. 수정전이 내조 구역 맨 뒤에 있는 것은 이곳이 은퇴한 여인의 공간임을 암시한다. 수정(壽靜)이라는 말이 '조용하게 쉬면서 장수를 누린다'라는 뜻이다. 따라서 이곳이 대비전임을 알 수 있다. 수정전 뒤는 창덕궁 후원과 연결된다.

현재 수정전이 있던 자리는 넓은 잔디밭으로 변해 있고, 일제 강점기 때 옮겨온 덕수궁의 가정당(嘉靖堂)이 있다. 가정(嘉靖)이란 '아름답고 편안하다'는 뜻이다. 순종은 1926년 3월부터 병으로 앓아누워 4월 25일 새로 지은 대조전에서 세상을 떠나고 만다. 이때 순종이 쾌유를 위해 순종을 모시던 상궁들이 가정당을 기도 방으로 정하고 밤낮없이 기도를 했다고 한다. 이것으로 볼 때, 가정당은 1926년 이전에 이미 덕수궁에서 창덕궁으로 옮겨진 것으로 짐작된다.

4) 외조 구역

궁궐은 왕이 사는 곳이자, 최고 통치자로서 각종 활동을 하는 곳이기도 하다. 그러므로 궁궐은 왕을 측근에서 모시고, 또 만나서 정치와 행정을 비롯하여 국정 전반을 논의하고 집행하는 관원들의 활동 공간을 포함하고 있었다. 궁궐에 들어와 있는 관서들을 합하여 궐내각사라 부른다.

궐내각사 권역 전경

경복궁의 궐내각사는 주로 궁궐의 서편에 배치되었다. 그러나 창덕궁에서는 자연지리적 특성을 고려하여 인정전을 중심으로 서편에는 옥당(玉堂, 홍문관), 내의원, 이문원(摛文院, 규장각), 양지당, 영의사 등이 있고, 그리고 서편의 가장 북쪽에는 왕실의 어진을 봉안한 선원전(璿源殿)이 있다. 한편 인정전을 중심으로 남편과 동편에는 빈청(賓廳), 대청(臺廳), 승정원(承政院), 사옹원(司饔院), 내반원(內班院) 등이 있다. 내반원은 내관(內官), 즉 거세된 내시(內侍)들이 거처하는 곳으로 내시부(內侍府)라고도 한다. 내시는 궁중의 음식 감독, 문 관리, 왕명 전달, 청소, 정원 관리 등 잔심부름을 하는 사람들이다.

① 선원전

선원전(璿源殿)은 역대 왕의 어진을 모시고 차례를 지내는 곳으로 '진전(眞殿)'이라고도 한다. 선원(璿源)이란 왕실의 족보를 뜻하는 말로 선(璿)은 아름다운 옥(玉)을 말하며, 왕실 초상화를 모시는 고귀한 전각을 선원전이라 했다.

1656년(효종 7)에 경덕궁(慶德宮, 경희궁)의 경화당(景和堂)을 뜯어 인정전 서쪽에 짓고 '춘휘전(春輝殿)'이라 했다가 1695년(숙종 21)에 '선원전'이라 이름을 고쳐 짓고 어진을 봉안하기 시작했다. 1900년에는 경복궁 선원전과 함께 창덕궁 선원전도 1실(室)을 증건했다.

그런데 1921년 총독부가 창덕궁 후원의 대보단 앞에 덕수궁의 선원전을 헐어다가 신선원전(新璿源殿)을 짓고, 선원전의 어진과 덕수궁 선원전에 있던 어진을 모두 옮겨놓아 선원전은 빈집으로 남게 되었다. 해

『동궐도』에 그려진 선원전(위)과 현재의 선원전(아래)

방 뒤 선원전은 한동안 유물 보관 창고로 쓰였다. 신선원전에 모셨던 어진은 한국전쟁 때 부산으로 피난하였다가 화재로 소실되어 지금은 빈집이다. 선원전 본채는 현재도 남아 있으나, 주변의 진설청과 어재실은 일제 강점기에 헐린 것을 최근 복원했다.

선원전에서는 매월 초하루와 보름에 임금이 친히 향을 피우고 절을 하는 분향 예배를 하며, 탄신일에는 차를 올리는 다례를 행했고, 내시를 두어 관리하게 했다. 선원전에 대한 의례는 검소하고 간단하게 했다. 이는 조상을 모시는 일이 행여 후대에 부담이 될까 염려한 숙종의 뜻에 따른 것이었다.

인정전 서쪽에 있는 만안문은 왕과 신하들이 선원전에 차례 지낼 때 출입하던 문이다. 만안문을 들어서면 양지당(養志堂)이 있다. 이곳은 왕이 차례 전날 밤 몸과 마음을 깨끗이 하기 위해 머무는 어재실이다. 또한 선원전을 수리할 필요가 있을 때 왕이 초상화를 임시로 모시는 장소로 이용했다. 선원전 앞마당에는 향나무를 심어 이를 깎아

향으로 쓰도록 했다. 현재 이 향나무는 없어졌다.

② 홍문관, 내의원

옥당(玉堂)은 홍문관의 다른 이름으로 진선문 바로 앞 북쪽에 있다. 옥당은 '옥같이 귀한 집'이라는 뜻이다. 청요직(淸要職)의 상징으로 출세가 보장되는 인재들이 모인 집, 또는 국가의 중요한 업무를 담당한 집이라는 뜻이 담겨 있다.

홍문관은 궁 안의 서적을 관장하고, 왕의 교지(敎旨)를 작성하며, 왕의 자문에 응하던 기관이다. 또한 사헌부, 사간원과 함께 정치를 비판하는 언관의 기능도 수행

『동궐도』에 그려진 옥당(위)과 현재의 옥당(아래)

했다. 홍문관 앞마당은 작은 담장이 본채를 가로막고 있다. 이 담장은 건물을 둘러싸는 '완전한 담장'이 아니라 부분적으로 시선 정도만 차단하는 '조각 담장'이다. 이런 담장은 개방감을 유지한 채 그 속에 있는 사람에게 심리적인 공간 영역을 제공한다. 이렇게 공간을 분할하는 방법은 조선의 궁궐 건축에서 자주 사용되던 것으로, 같은 공간에 있으면서도 서로의 심리적인 영역을 따로 구분할 필요가 있었던 신분 사회의 공간적 표현이라 할 수 있다.

내의원은 일명 약방(藥房)이라고 하며, 홍문관 북쪽, 인정전 서편 행각 근처에 있다. 이는 왕의 병을 곁에서 치료할 수 있도록 배려한 것이다. 내의원 정청에는 '왕의 몸을 보호한다'라는 뜻의 보호성궁(保護聖躬), '왕의 약을 짓는다'라는 뜻의 조화어약(調和御藥)이라는 현판이 걸려 있었다. 그러나 일제 강점기에 창덕궁이 개조되면서 내의원이 헐리고, 그 현판과 의약 도구가 성정각으로 옮겨졌다. 최근 내의원이 중건되었다.

③ 빈청

숙장문을 지나면 작은 동산 밑에 현재 카페와 기념품점으로 사용되는 건물이 있다. 이 카페와 기념품점 건물의 원래 이름은 빈청(賓廳)이었다. 빈청은 임진왜란 후 최고의 군사 및 정치 기관이었던 비변사(備邊司)의 부설기관으로 건물의 이름은 비궁당(匪躬堂)이다. 2품 이상의 대신과 비변사 당상관들이 왕을 만나기 전 대기하는 곳이다. 비궁(匪躬)이란 『주역』에서 단어를 취한 것으로 '신하가 자신의 이해관계는 생각하지 않고 오직 나랏일에만 충성을 바친다'는 뜻이다.

『동궐도』에 그려진 빈청과 현재의 빈청

빈청은 일반 신하들이 사용하는 궐내각사 중 가장 규모가 크고, 한적한 곳에 독립되어 있다. 『동궐도』를 보면 빈청 동쪽과 남쪽은 동산으로 자연스레 막혀 있어 서쪽과 북쪽만 담장을 둘러 사방을 막은 것과 같은 효과를 내고 있다. 현재 카페와 기념품점으로 사용되고 있는 빈청은 그 내용과 외형 모두 옛 모습을 잃은 것이다.

빈청은 일제 강점기 때에는 차고가 된다. 즉 순종이 타던 신식 자동차를 보관하는 어차고(御車庫)로 바뀐 것이다. 어차고는 궁 안에서 자동차를 타고 다녔고, 자동찻길을 만들기 위해 인정전 남쪽 건물들이 헐려나갔다는 사실을 말해준다.

5) 동궁 구역

궁궐의 동쪽은 예로부터 왕세자의 공간이었다. 세자는 왕의 후계자로 마치 떠오르기 전의 태양과 같은 존재이므로 궁궐 동쪽에 거처하고 그 명칭도 동궁(東宮), 또는 춘궁(春宮)이라 했다. 창덕궁에는 선정전과 희정당 등 왕의 영역 동쪽에 성정각(誠正閣), 중희당(重熙堂), 연영합(延英閤) 등 세자와 관련된 건물이 차례로 있었다.

① 성정각

성정이란 『대학』에서 자기를 다스리고 남을 다스리는 단계인 격물(格物), 치지(致知), 성의(誠意), 정심(正心), 수신(修身), 제가(齊家), 명명덕어천하(明明德於天下)에서 성의와 정심의 앞 글자를 따온 것이다. 곧 '뜻을 순수하게 집중하고 마음을 바르게 한다'는 뜻이다. 세자가 사부들을 모시고 왕자(王者) 수업을 하는 것을 서연(書筵)이라고 하는데 성정각(誠正閣)은 주로 서연 장소로 쓰였다. 숙종은 '세자를 경계하는 열 가지 잠언 및 소서'를 지어 성정각에 걸게 하고 세자에게 이를 명심하도록 당부했다.

옛날 저사(儲嗣, 세자)를 보익하는 도리는 대개 바른 일을 보고 바른 말을 듣고 바른 길을 걷는 것에 지나지 않으니, 전후좌우가 모두 바른 사람이어야 할 따름이다. 원량(元良, 세자)은 나라의 근본이니 보양(輔養)하는 방편(方便)은 단정하지 않을 수 없고 좌우의 사람은 바르지 않아서는 안 된다. 그렇지 않다면 기질을 함양하여 덕을 높이고 업을 넓힐 수 없다. 아! 네 나이 점차 장성해가니 날마다 부지런히 강학해야 하는데 지금이 그 기회이니 어찌 소홀히 할쏘냐? 이에 경계하는 열 가지 잠(箴)을 지어 주연(冑筵, 書筵)의 처소에 높이 걸고 항상 눈여겨보면서 가슴에 새기게 하노라.

① 삼조(三朝)를 본받는 잠언

아! 온갖 행실은 효가 아니면 서지 못하나니, 천경과 지의(地義)는 만고에 변동이 없다. 오직 효만이 대경(大經)이 되므로 문왕을 본받아 날로 세 번 침소(寢所)에 문안드리며 동동촉촉(洞洞燭燭, 성실하고 숲一함)할지어다.

② 현사(賢士)를 가까이하는 잠언

분화(紛華)는 파탕(波蕩)을 일으켜 마음을 가누기 어려우니, 그러기에 함양에는 반드시 현사가 필요하다. 앞뒤의 궁료(宮僚)와 좌우의 빈사(賓師)가 조금이라도 법도에 벗어나면 못하는 짓이 없게 된다.

③ 강학(講學)에 힘쓰는 잠언

아! 학문을 함에는 이치를 밝힘이 소중하나니, 장구(章句)는 말기(末技)요, 기송(記誦)은 여사(餘事)다. 나의 훈계를 너는 명심하여 [분전(墳典, 三墳과 五典)]에 부지런할지니, 근태(勤怠)의 여하(如何)는 치란(治亂)의 갈림길이니라.

④ 유독(幽獨, 혼자 있음)에 조심하는 잠언

혼자일 때 조심하지 않으면 마음이 방종하기 쉽나니, 아는 이 없다 여기지 말라. 밝고 밝은 하늘이 위에 있다. 극히 조심하고 극히 공경하여 반드시 확충해야 하는데, 옥루(屋漏, 구석진 곳)도 비근(卑近)한 곳이니 모름지기 경계해야 하느니라.

⑤ 일예(逸豫, 安逸)를 경계하는 잠언

예나 지금이나 연안(宴安, 빈둥거림)은 짐독(鴆毒, 짐새의 깃을 술에 담가 만든 극독)과 같은 것. 주공(周公)은 지성스러워 일곱 번이나 언단(言端)을 바꾸었다(例를 많이 들었다는 뜻). 항상 여기에 마음을 두어 안일에 빠지지 않도록 처신하고 혹시라도 게으름이 없이 긍긍업업(兢兢業業, 공경하고 두려워 함)할지어다.

⑥ 충언을 좋아하는 잠언

약(藥)이 독하지 아니하면 병이 낫지 않는 법. 마음에 거슬린다 여기지 말고 반드시 돌이켜 자기에게 구하라. 어떻게 구하는가, 거기에도 도리가 있나니, 오직 「태갑」(太甲, 『서경』의 편명)을 들어 반복해서 계고(戒告)하노라.

⑦ 참설(讒說)을 미워하는 잠언

남을 참소함은 화(禍)가 되나니 무엇이 그렇지 않음이 있으리오. 군신의 만남에는 더욱 조심해야 하느니라. 참소를 미워하고 아첨을 멀리함에 무슨 딴 방도가 있으리오. 종시토록 성의(誠意)로 대하여 서로 믿도록 힘쓰는 일이다.

⑧ 희노(喜怒)를 삼가는 잠언

칠정(七情, 喜怒哀樂愛惡慾) 중에서 성냄과 기뻐함은 절제하기는 어렵고 폭발하기는 쉬운데, 이 병을 없애지 못하면 무슨 일을 이루겠느냐. 중용은 어떻게 하는가. 반드시 이치에 합당하도록 할지니라.

⑨ 검약(儉約)을 숭상하는 잠언

나라를 망하게 하고 흥하게 하는 것은 사치(奢侈)와 검약에서 오는데, 전사(前史)를 상고해보면 꼭 들어맞는 것이 틀림이 없다. 마음을 크게 가다듬어 검덕(儉德)에 힘써

성정각

나라를 위해서는 복을 아끼고 백성을 위해서는 모범이 되게 할지니라.

⑩ 상벌을 분명히 하는 잠언

즐겁게 하고 조심하게 하는 것은 상벌이 있을 뿐이다. 그래서 옛 사람들은 신중히 하고 빠짐이 없었는데, 이 두 가지를 분명히 하려면 편착(偏着)을 경계해야 하나니, 크게 공정해야만 인심을 승복(承腹)케 하느니라.

『동궐도』에 의하면 성정각을 중심으로 마당에는 붉은 판장이 둘러쳐져 출입을 막았다. 성정각 주변에는 영현문(迎賢門), 인현문(引賢門), 대현문(待賢門), 친현문(親賢門) 등 '어질 현(賢)' 자가 들어간 문이 여러 개 있다. 이는 모두 어진 신하를 가까이 하라는 뜻이 담겨져 있어 세자의 교육장인 성정각의 성격을 보여준다.

성정각은 동쪽에 직각으로 꺾여 루(樓)가 붙어 있는데, 보춘정(報春亭)과 희우루(喜雨樓)란 현판을 달고 있다. 보춘(報春)이란 '봄이 옴을 알린다'라는 뜻이다. 보춘정에서 봄을 알리는 매화를 잘 볼 수 있어 붙인 이름이다. 매화는 '보춘화(報春花)'라고도 한다. 이는 봄소식과 함께 매화가 가장 먼저 꽃을 피우기 때문이다. 매화는 추위가 채 가시기 전인 이른 봄에 피기 때문에 추위에도 꿋꿋한 매화의 생태를 고결한 선비정신에 비유하여 조선에서는 선비의 꽃으로 여겼다. 보춘정 남동쪽에 있는 자시문(資始門) 옆에는 선조 때 명나라에서 선물로 보냈다는 매화가 있다.

희우(喜雨)는 '가뭄 끝에 단비가 내려 기뻐한다'라는 뜻이다. 1777년(정조 1) 이 루(樓)를 고쳐지었는데, 당시 한 달가량 비가 내리지 않다가 공사를 시작하자 비가 내려 신하들이 이름을 '희우(喜雨)'로 하고자고 건의했다. 그러나 정조는 비가 많이 내리지 않았음을 지적하고 받아들이지 않았다. 이후 가뭄이 계속되다가 루(樓)가 완성되었다고는 보고를 받고 정조가 이곳을 방문했을 때 비가 억수같이 쏟아졌다. 이에 신하들은 루(樓)의 이름을 '희우'로 할 것을 거듭 건의했고, 정조는 기쁜 나머지 이를 기꺼이 받아들였다.

성정각 뒤편에는 관물헌이 있다. 『동궐도』에는 유여청헌(有餘淸軒)이라고 씌어 있다. 그러나 이 건물은 『실록』과 『궁궐지』에는 '관물헌(觀物軒)'으로 기록되어 있다. 관물(觀物)은 '사물을 관찰한다'라는 뜻이다. 그러나 현재는 집희(緝熙)라는 현판을 달고 있다. 집희는 '계속하여 밝게 빛난다'는 의미이다. 현판에는 '어필(御筆)'이라는 표시와 함께 '갑자원년(甲子元年)'이라고 되어 있다. 갑자년인 1864년(고종 1)에 13세였던 고종이 쓴 것이다.

관물헌은 왕과 세자가 공부하는 장소로도 이용되었다. 정조는 관물헌에 나아가 초계문신(抄啓文臣)들에게 경서를 외우는 시험을 보게 했고, 순조는 1813년(순조 13) 4월 3일부터는 효명세자의 서연 장소로 삼았다. 고종은 관물헌에 자주 나아가 신하들에게 유교 경전을 강론하게 했다. 관물헌은 1884년(고종 21) 12월 4일에 일어난 갑신정변 때, 이 건물이 사방을 한눈에 살필 수 있고 수비가 용이하므로 개화파가 고종을 모시고 이곳으로 피신하여 청나라 군사들을 대비하였던 곳이기도 하다.

한편 일제 강점기 때에는 성정각이 일시적으로 내의원으로 사용되었다. 인정전 서편에 있던 내의원의 '보호성궁 조화어약(保護聖躬, 調和御藥)'이라고 쓴 편액과, 약제 도구를 이리로 옮겨 놓았다. 이는 1910년 망국 후 순종을 비롯한 왕실 가족들은 주로 대조전과 희정당, 그리고 낙선재 일대에 기거하면서 나머지 공간은 제 기능을 잃고 총독부 관리로 넘어갔다. 그러나 내의원은 없앨 수 없어서 남겨두되, 그 위치는 왕실이 기거하는 공간 가까운 곳, 성정각 자리로 옮긴 것이다.

② 중희당

성정각의 오른편은 중희당(重熙堂)이라 하여 동궁이 있던 곳이다. 중희당은 세자의 공식적인 활동 공간인 동궁의 정전이다. 중희(重熙)란 '중광(重光)'과 같은 뜻으로 '왕에 버금가는 빛', 즉 왕세자를 지칭하는 뜻이다. 1782년(정조 6)에 첫아들인, 문효세자(文孝世子)를 본 정조가 이 집을 짓고 친히 중희당이란 현판을 써서 달게 했다. 정조는 1784년(정조 8)에 문효세자가 겨우 세 살 되던 해에 여기서 왕세자 책봉식을 거행하였다. 그러나 문효세자는 1786(정조 10)에 홍역을 앓다가 요절하고 말았다.

중희당은 왕의 처소인 희정당보다 오히려 마당이 넓으며, 이 마당에는 해시계, 측우기, 풍기대(風旗臺), 소간의(小簡儀, 천문관측기구) 등 창덕궁에서 가장 많은 과학기기가 모여 있던 공간이었다. 조선시대에 궁궐에 천문 시설을 두는 이유는 이념적으로 왕이 하늘의 권력을 이어 받았음을 의미하는 것과 관계가 있다.

중희당은 정면 9칸, 측면 3칸으로 본 건물도 크지만 부속 건물이 많다. 바로 중희당 동편에 잇대어 칠분서(七分序)라는 월랑이 있고, 여기에 연결된 육각형 지붕을 한 이구와(貳口窩)와 2층 건물인 소주합루(小宙合樓)가 연결되어 독특한 형태를 이루고 있다. 창덕궁 후원에 있는 주합루가 정면 5칸인 데 비해, 소주합루는 정면 3칸이다.

소주합루는 말 그대로 '작은 주합루'란 뜻으로 이 건물의 성격을 암시하고 있다. 후원에 있는 주합루는 1776년(정조 즉위년)에 세워진 2층 건물로 아래층에는 규장각이 있었다. 주합루는 규장각에 있던 역대 왕과 관련된 책과 서화 등을 보관하였다. 따라서 소주합루도 이와 같이 책과 서화를 보관한 것으로 보인다. 헌종 때 작성되어 전해지고 있는『승화루서목(承華樓書目)』은 당시 이곳에 보관되었던 책과 서목 등을 정리한 목록이라는 사실이 이를 뒷받침한다. 이로 볼 때 소주합루는 세자의 독서와 휴식 공간이었을 가능성이 크다.

소주합루는 '승화루(承華樓)'라고도 하며, 현재는 '승화루'라는 현판이 걸려 있다. 승화(承華)는 '정화(精華)를 잇는다'는 의미이다. 고금의 서적과 서화를 널리 수집하여 그

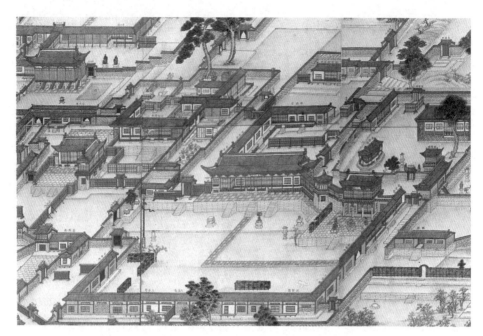

『동궐도』 속의 중희당

빼어난 정화를 이어받아 받든다는 의미로 볼 수 있다. 승화루에 보관되었던 도서의 목록이 『승화루서목』으로 되어 있고, 당시 승화루 현판을 모사한 『승화루현판첩(承華樓懸板帖)』이 전해지고 있다. 따라서 승화루가 공식 이름이고 소주합루가 건물의 성격을 고려해 편의상 불렀던 별칭임을 알 수 있다. 승화루 곁에는 향천연지(香泉硯池)라는 글자가 새겨진 장방형의 조그마한 돌 연못이 있다. 향천연지(香泉硯池)는 '향그런 샘물과 같은 벼루 모양의 연못'이라는 뜻이다. '연(硯)'은 '연(硯)'과 통용자이다.

중희당은 순조의 아들 효명세자가 순조의 명으로 대리청정을 하던 1827년(순조 27)부터 역사의 전면에 등장한다. 이때 대리청정을 하는 장소가 중희당으로 정해지기 때문이다. 중희당은 1891년(고종 29)에 창덕궁에서 사라진다. 고종이 중희당을 다른 곳으로 옮겨 지으라고 지시하여 중희당은 본래 자리에서 사라지게 되는데, 그 후 어디로 갔는지 행방이 묘연하다. 중희당이 있던 자리는 지금은 빈터가 되어 후원으로 넘어가는 '신작로'로 변해 버렸다. 다만 중희당과 연결되었던 칠분서와 이구와 그리고 승화루가 남아 있어 옛 흔적을 추측하게 할 뿐이다.

6) 낙선재 구역

낙선재(樂善齋), 석복헌(錫福軒), 수강재(壽康齋) 등으로 구성된 낙선재 일곽은 창덕 궁과 창경궁의 경계에 위치하고 있다. 원래는 창경궁에 속해 있었으나, 현재는 창덕궁 에서 관리하고 있다. 낙선재를 언제 세웠는지는 확실히 알 수 없으나, 1756년(영조 32) 에 사도세자가 대리청정을 하고 있을 때, 낙선재에서 화재가 발생했다는 기록이 있다. 그 뒤 낙선재는 1847년(헌종 13)에 중건되었다. 1847년에 낙선재가 새롭게 조성된 것 은 헌종이 세자를 얻기 위해 새 부인을 맞아들인 것과 관계가 있다.

헌종은 순조의 손자로 1834년 8살의 나이에 즉위했다. 아버지인 효명세자가 22살에 요절하면서 세손으로 책봉됐고, 준비되지 않은 상태에서 왕위를 물려받았다. 헌종은 1837년(헌종 3)에 왕비로 맞은 효현왕후 김씨가 1843년(헌종 9)에 16살로 세상을 떠 나자 1844년(헌종 10)에 명헌왕후 홍씨를 계비로 맞아들였다. 그러나 그 후 3년 만에 생산의 가능성이 없다면서 경빈(慶嬪) 김씨를 후궁으로 들였다. 이때 대왕대비 순원왕

낙선재 구역 전경

후는 후궁을 뽑아 헌종의 대통을 이를 왕세자를 얻으라는 언교(言敎, 한글로 쓴 왕후의 교서)를 빈청에 내렸다.

이렇게 하여 후궁이 된 경빈 김씨는 그 이전의 후궁들과는 다른 특별한 대우를 받았다. 경빈 김씨는 사대부 집안 출신으로 왕이 정식으로 장가를 들어 후궁이 되었다. 헌종은 효헌왕후 사후 계비를 뽑는 간택 과정에 참여했다. 조선에서 왕이 간택된 규수들을 미리 보는 일은 매우 드물었다.

헌종은 삼간택에 남은 여성 가운데 김재청의 딸을 마음에 품었으나, 순원왕후는 홍재룡의 딸을 선택했다. 그러나 헌종은 김재청의 딸을 잊지 못했다. 명헌왕후가 아들을 낳지 못한다는 연유로 김재청의 딸을 다시 불러 후궁으로 삼고, 파격적으로 정일품인 빈에 책봉한다. 그가 바로 경빈 김씨다.

① 낙선재

낙선재란 '선을 즐긴다'는 의미이다. 낙선재는 궁궐에 있으면서도 사치스러움을 경계하여 단청을 하지 않았고 둘레에는 행랑을 두어 서화를 보관할 수 있게 했다. 헌종은 영조의 검소했던 생활을 칭송하며 자신도 그러한 생활을 추구했다.

낙선재의 본채 마루 밑에는 현대적인 느낌의 추상적인 느낌의 문양이 장식되어 있다. 이것은 얼음이 갈라진 것을 나타낸 문양인 빙렬(氷裂)이다. 여기에는 장식적 요소와 함께 상징적인 의미가 있다. 낙선재 누마루 밑에는 온돌에 불을 넣는 아궁이가 있다. 따라서 항상 불이 날 염려가 있다. 이를 예방하기 위해 얼음을 상징하는 빙렬 문양을 아궁이 가까운 곳에 설치하였다.

헌종은 경빈 김씨를 맞아들인 다음해인 1848년(헌종 14)에 낙선재 옆에 새로운 건물을 지었다. 경빈 김씨를 위한 처소인 석복헌(錫福軒)과 대왕대비 순원왕후가 기거한 수강재(壽康齋)다. 낙선재보다 소박한 두 건물은 담으로 나뉘어 있지만, 복

낙선재의 빙렬 문양

낙선재

도가 놓여 있어 왕래가 가능했다. 낙선재와 석복헌 사이에 있는 담에는 거북의 등껍데기와 닮은 귀갑문이 있다. 거북처럼 대왕대비가 만수무강하길 기원하는 장식이다.

② 석복헌, 수강재

석복(錫福)은 '복을 내려준다'는 의미이다. 『시경』 「주송(周頌)·열문(烈文)」에, "빛나고 문채 있는 제후들이, 이런 복을 내려 주도다. 나에게 무궁하게 내려주어, 자손들이 보존케 하도다."라고 하여 자손 대대로 복을 누리라는 염원을 담았다.

석복헌은 'ㅁ'자 형태로 행각이 에워싸고 있다. 마루 난간에는 경빈 김씨의 다산을 염원하는 자그마한 호리병 장식이 있다. 또 부엌이 없어서 음식을 데우고 상을 물리는 퇴선간(退膳間)이 설치되어 있다.

석복헌 상량문에는 왕의 부인으로서의 행할 도리를 알리는 문구가 있다. "아침에 늦지 않게 깨워 안일하지 말도록 경계하고, 후한 왕비의 덕으로 자손이 많은 것을 칭송한 노래 평화롭게 울리도다." 즉, 부인이 왕을 모시면서 왕이 정사에 소홀하지 않도록 경계하고 덕으로써 내조하면 자손이 많아지고 하늘이 복을 내린다는 내용이다. 또한 상량문에는 경빈 김씨가 아들을 낳기를 기원하는 내용도 보인다.

오색 무지개 기둥을 감도니 아기를 내릴 약속이로다. … (중략) … 하늘이 장차 난초
향기 그윽한 방에 계시를 하려는데, 대인이 점을 치니 아들을 낳을 것이라 하였고
… (중략) … 그중에선 먼저 의남초(宜男草)를 얻는 것이 좋다네.

석복헌을 낙선재와 수강재 사이에 지은 이유를 상량문에서 알 수 있다. 즉 왕세자를
생산하기 위해 궁궐에 들어온 경빈 김씨는 왕의 부인으로서, 대왕대비의 손부로서 그
역할을 다해야 하기 때문에 왕과 대왕대비 가까이 거처해야 한다고 밝히고 있다.

궁궐에 있으면서 왕을 받들어 시중드는 일에 어김이 없고, 아침저녁으로 어버이에
게 문안드리는 일을 거르지 않도다. 이에 수상재 오른쪽에 자리를 잡고 낙선재 동쪽
으로 건물을 연이었네.

석복헌

이와 같이 석복헌은 왕세자 탄생을 갈망하는 왕실의 소망을 담고 있는 건축물이다. 그러나 이러한 바람도 헛되이 헌종은 23살의 나이로 1849년(헌종 15) 6월 6일 중희당에서 세상을 뜨고 만다.

수강재(壽康齋)의 수강(壽康)은 '오래 살고 건강하다'는 의미이다. 『서경』 「홍범(洪範)」편에는 인간의 가장 이상적인 행복관이 기록되어 있다. 오래 삶(壽), 부자 됨(富), 안락하게 삶(康寧), 덕을 닦음(攸好德), 제 명을 마침(考終命)으로 이를 오복(五福)이라 한다. 수강(壽康)은 오복(五福)에서 따온 말로, 장수와 강녕을 기원한 말이다. 수강재는 낙선재나 석복헌과는 달리 단청을 한 집이었다.

③ 낙선재 후원

낙선재, 석복헌, 수강재 후원은 작은 동산과 맞닿아 있고, 돌계단을 쌓아 화초를 심고 굴뚝과 괴석(怪石)을 세워놓았다. 화초의 계단를 화계(花階)라고 부른다. 화계는 궁궐 내전에서 흔히 볼 수 있다. 그 이유는 무엇 때문일까?

우리 조상들은 사람은 산천의 정기를 받아 태어나기 때문에 뒷산에서 집으로 뻗어 온 지맥과 지기가 온전히 보존돼야 훌륭한 인물이 태어난다고 믿어왔다. 그 결과 배산임수의 지형에 터를 잡고는 집을 산 산기슭에 바짝 붙여지었는데, 후원은 산의 비탈면을 깎아 여러 단의 화단을 만들고 계단에는 철따라 꽃을 피우는 화초와 꽃나무를 심고, 더 멋을 부려 괴석을 몇 점 놓기도 했다. 이것은 집으로 흘러드는 진산의 정기가 훼손되지 않도록 초목으로 보호한 것이다.

낙선재 후원은 다소 이질적인 느낌이 든다. 청나라의 영향을 받은 화려한 창살 문양과 신선사상을 내포하고 있는 괴석 탓이다. 괴석은 인간이 다듬지 않은 자연석으로 생김새가 무척 기묘하다. 괴석을 받치고 있는 기단에는 왕에 비유되는 봉황이 새겨져 있다. 괴석 옆에는 '거문고 연주하고 역사책을 읽는 벼루 같은 연못'이라는 뜻의 '금사연지(琴史硯池)'라는 글자가 음각된 정사각형의 커다란 돌이 놓여 있다. 그 모양이 벼루처럼 네모지게 생겼으므로 벼루 연(硯)자를 쓴 것이다.

낙선재 후원에는 '한가하고 조용하다'는 의미의 한정당(閒靜堂)이 있다. 이 건물은 일제 강점기에 세워졌다. 문은 유리로 마감됐고, 바닥에는 타일이 깔려 현대적인 면모를 띤다. 한정당 서쪽에는 상량정(上凉亭)이라는 육각 정자가 있다. 상량(上凉)은 '시원한 곳에 오른다'는 뜻이다. 이 정자의 위치가 높은 지대에 시원스럽게 앉아 있음을 고려한 것이다.

7) 후원 구역

후원(後苑)은 왕과 왕비가 휴식을 취하는 공간으로 외부인들이 함부로 들어 올 수 없는 지역이다. 따라서 후원을 금원(禁苑), 북원(北苑)으로도 불렀다. 또한 궁궐의 동산을 관리하던 관청이 상림원(上林園)이었기 때문에 '상림원(上林苑)' 또는 '상림(上林)'이라고도 했다. 한편 1903년(광무 7)에는 궁내부 관제를 개정하여 후원을 관리하는 관청으로 비원(秘苑)을 설치했다. 그 뒤 1908년(융희 2)에 후원을 비원(秘苑)으로 고쳐 부르기 시작했다. 이렇게 여러 명칭이 있었지만 조선시대 전체를 통해 가장 보편적으로 사용한 것은 '후원'이었다.

창덕궁 후원과 그 동쪽에 있는 창경궁 후원은 본래 담장 없이 서로 통해서 따로 구별되지 않았다. 두 궁궐의 후원에 담장이 쳐진 것은 일제 강점기 때 창경궁이 동물원과 식물원으로 개조되면서였다. 창경궁이 일반인들에게 입장료를 받고 관람시키는 공원이 되면서 창덕궁으로의 접근을 막기 위한 조치였다.

창덕궁 후원은 단순한 휴식 공간만은 아니었다. 이곳에서 왕과 왕자들은 책을 읽으면서 학문을 연마했다. 문신과 무신의 과거시험이 이곳에서 치러졌고, 왕이 농사를 직접 체험하고 왕비가 양잠을 체험하는 공간으로도 이용되었다.

더욱이 정조는 이곳에 규장각을 세우고, 여러 서고(書庫)를 건설하여 궁중 도서관을 조성했다. 그리하여 정조 이후로 창덕궁 후원은 궁중 학술의 중심지로서 새로운 진가를 드러냈다.

① 주합루, 규장각

주합루(宙合樓)는 정면 5칸, 측면 4칸의 2층으로 된 건물로 1777년(정조 1)에 세워졌다. 원래 1층은 왕실 도서를 보관하는 도서관으로 규장각(奎章閣)이라고 하였고, 2

주합루 전경

층은 열람실로서 주합루라고 하였다. 1868년(고종 5)에 규장각이 인정전 서쪽 현재의 위치로 옮겨갔기 때문에 지금은 이 건물 전체를 주합루라고 부르게 되었다.

주합(宙合)이라는 말은 '우주와 하나가 된다'는 뜻이다. 이는 『관자(管子)』에서 유래한 말로 '위로는 하늘 위에까지 통하고 아래로는 땅 아래에까지 도달하고 밖으로 사해(四海) 밖에까지 나아가며 천지를 포괄하여서는 하나의 꾸러미가 되며 흩어져서는 틈이 없는 데까지 이른다'는 뜻이다. 규장(奎章)은 하늘의 별 중에서 문장(文章)을 주관하는 별인 규숙(奎宿)이 빛나는 집이라는 뜻이다.

정조는 규장각을 1777년 국내외 도서를 수집하여 왕립도서관으로, 다시 거기에 젊고 유능한 인재들을 끌어 모아 연구소로 발전시켰다. 그 인물들이 성장함에 따라 왕의 비서실, 정책개발실, 감사실, 출판소 등의 기능을 부여하여 자신의 탕평책을 추진하는 바탕으로 삼았다. 이러한 규장각이 후원에 자리 잡게 됨으로써 후원은 단순한 휴식 공간에 더하여 왕과 신료들의 주요 활동이 이루어지는 공간이라는 의미가 추가되었다.

주합, 즉 천지와 관련해서 주합루 앞에 있는 부용지(芙蓉池)가 주목된다. 부용지는 네모난 연못으로 그 안에 둥근 섬이 있는, 소위 천원지방(天圓地方)을 의미한다. 따라서 부용지는 하늘과 땅을 표현한 주합이다. 따라서 부용지는 '천지(天地)'라는 주합루의 의미가 '네모와 원'이라는 시각적 언어로 표현된 것이다.

어수문(漁水門)은 주합루의 남쪽 정문으로 왕이 드나드는 중앙의 큰 문과 신하가 드나드는 좌우의 작은 문으로 구성되어 있다. 어수(漁水)는 '왕과 신하가 물과 물고기처럼 서로 긴밀히 의기투합한다'는 뜻이다. 흔히 '수어(水魚)'라고도 한다. 『삼국지』에서 유비가 자신과 제갈량이 관계를 물고기와 물에 비유한 데서 유래하였다.

② 부용정

부용정(芙蓉亭)은 주합루 남쪽 연못, 부용지 가에 있는 정자이다. 정(丁)자와 아(亞)자를 결합한 형태로 두 기둥을 부용지 물속에 담그고 있다. 부용정은 1707년(숙종 33)에 택수재(澤水齋)라 하였다가 정조 때 고쳐 지으면서 '부용정'이라고 이름을 바꾸었다. '부용(芙蓉)'은 연꽃이다. 본래 이 연못에 연꽃이 무성하고 원래 이름이 연지(蓮池)였으므로 비슷한 이름으로 고친 것이다.

③ 영화당

영화당(暎花堂)은 부용지 동쪽에 있는 건물이다. 영화(暎花)는 '꽃과 어우러진다'는 뜻이다. 주변에 꽃이 많이 피어서 풍광이 아름답다는 의미를 취한 것이다. '영(暎)'은 '비치다'는 뜻이지만 시(詩)에서는 어우러진다는 뜻으로 많이 쓰인다.

영화당은 언제 세워졌는지 알 수 없다. 그러나 『광해군 일기』에 이 영화당을 짓는 일을 논의하는 내용이 있다. 따라서 광해군 때를 전후하여 지어진 것으로 볼 수 있다. 현재의 건물은 1692년(숙종 18)에 재건한 것이다. 영화당 앞쪽 탁 트인 마당은 '춘당대(春塘臺)'라고 불렸으며, 동쪽에는 춘당지(春塘池)라는 연못이 있다. 그러나 현재는 춘당대와 춘당지 사이에는 담장이 가로막고 있다.

춘당대는 조선 전기부터 무신과 무신의 전시(殿試)가 치렀는데, 춘당대에서 보던 과거를 '춘당대시(春塘臺試)'라고 했다. 춘당대에서 시험을 치를 때 왕은 영화당에 거

『동궐도』에 그려진 영화당과 춘당대 일대

동하여 시험을 참관했다. 『춘향전』에서 이몽룡이 과거 급제할 때 시험 본 장소가 춘당
대였다. 이때 글제가 '춘당춘색고금동(春塘春色古今同)'이었다.

춘당대는 '서총대(瑞葱臺)'라고도 불렸다. 1505년(연산군 11) 연산군은 부용정 남쪽
개유와(皆有窩, 중국 도서와 문적을 보관하던 건물)가 있던 자리에 돌을 쌓아 높은 대
(臺)를 만들고, 이를 '서총대'라 하였다. 서총대의 규모는 높이가 열 길이고 용을 아로
새긴 돌로 난간을 세웠으며 1,000명 정도 앉을 만한 공간이었다고 한다. 이곳의 시설
은 중종반정 이후 철거되었다. 그러나 1560년(명종 15)에 왕이 서총대로 나아가 문무
배관들과 연회를 베풀었다는 기록이 있는 것으로 보아 임진왜란 이전까지는 서총대라
는 이름은 지속되었던 것으로 보인다. 춘당대에서 벌어지는 무과 시험을 '서총대시사
(瑞葱臺試射)'라 하는데, 이후 어디서든 활쏘기 시험을 치르면 서총대시사로 부르는 것
이 관례가 되었다.

춘당대가 시험 장소만은 아니었다. 왕 자신도 여기서 활쏘기를 연습하고, 때로는

기오헌 전경

명절 때마다 중국 황제를 향해 신하들과 함께 절을 하는 망배례(望拜禮)를 지내기도
했으며, 기우제를 열기도 했다. 종친이나 신하들과 연회를 벌이는 일도 적지 않았다.
결국 춘당대는 국가의 여러 공식, 비공식 행사를 치르는 중요한 야외 공간이었다.

④ 의두합(기오헌)

기오헌(寄傲軒)은 『궁궐지』에 의두합(倚斗閣)이라고 되어 있다. 의두합은 수많은 책
을 비치하고 독서하던 곳으로 1827년(순조 27) 효명세자(익종)가 순조를 대리하여 정
치를 하면서 세운 집이다. 의두(倚斗)는 『동국여지비고』에 의하면 "북두성에 의거하여
경화(京華, 서울의 번화함)를 바라본다"는 뜻이다. 기오(寄傲)은 '거침없이 호방한 마
음을 기탁한다'는 뜻이다. 기오헌의 원래 이름이었던 의두합(倚斗閣)하고 기상이 서로
통하는 명칭이다.

효명세자가 공부방으로 사용한 의두합은 단청을 하지 않아 단출하고 소박하며, 독

서와 사색을 위하여 궁궐 안에서 유일한 북향 건물로 되어 있다. 기오헌 뒤에는 여러 단의 석축이 있고, 그 사이에 난 계단으로 주합루와 이어진다.

기오헌의 정문이 금마문(金馬門)이다. 금마문은 한(漢) 나라 때 대궐의 문의 이름으로 그 옆에 동제(銅製)의 말이 있었으므로 금마(金馬)라는 이름을 붙인 것이다. 또 금마는 한나라 때 국가에서 책을 갈무리하던 곳의 이름이었다. 기오헌이 책을 비치하던 곳이므로 한나라의 전통을 따라 이름을 붙인 것으로 보인다.

금마문 옆 담장의 중간에 불로문(不老門)이 있다. 쇠못을 박은 흔적이 있는 것으로 보아 본래 문이 달려 있었던 것으로 추정된다. 불로문 안쪽으로는 넓은 연못이 있고, 그 북쪽 연못 끝에 애련정이 자리 잡고 있다.

『궁궐지』에 따르면 애련정은 1692년(숙종 18)에 연못 가운데 섬을 쌓고 정자를 지어 '애련(愛蓮)'이라고 이름 붙였다고 한다. 숙종이 지은 '애련정기(愛蓮亭記)'에도 연못 가운데 지었다고 되어 있는데, 지금의 애련정은 연못가에 있다. 따라서 지금의 애련정은 나중에 다시 지은 것이다. 애련정의 앞 네모난 연못은 애련지(愛蓮池)라고 한다.

'애련(愛蓮)'은 '연꽃을 사랑한다'는 뜻이다. 숙종은 '애련정기(愛蓮亭記)'에서 "연꽃은 더러운 곳에 있으면서도 변하지 않고, 우뚝 서서 치우치지 아니하며 지조가 굳고 맑고 깨끗하여 군자의 덕을 지녔기 때문에, 이러한 연꽃을 사랑하여 새 정자의 이름을 애련정이라고 지었다"고 썼다.

⑤ 연경당

연경당(演慶堂)은 1827년(순조 27) 진장각(珍藏閣)이 있던 자리에 효명세자가 순조에게 존호(尊號)를 올리는 의례를 행하기 위해 지은 집이다. 진장각은 본래 역대 왕의 어제, 어필 등과 중국 명나라 황제의 글씨 등을 보관했던 곳이다. 연경(演慶)은 '경사가 널리 퍼진다'는 뜻으로, 연(演)자는 여러 가지 뜻이 있으나 여기서는 '늘이다(延)', '널리 펴다'는 뜻으로 쓰였다.

연경당을 지은 직후 효명세자는 이곳에서 신하를 접견하거나 진작례(進爵禮)를 거행하였다. 헌종 대 이후에는 익종(翼宗, 효명세자)의 어진과 모훈(謨訓)을 보관하는 곳으로 사용되었다. 그러다가 1857년(철종 8)에 터가 서늘하고 습하다는 이유로 익종의

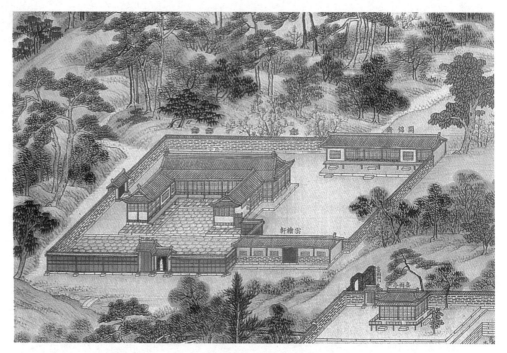

『동궐도』에 그려진 연경당

어진을 다른 곳으로 옮겨 한동안 빈 건물로 남아 있었다. 고종 대에 이르러서는 외국 공사를 접견하고 연회를 베푸는 등 중요한 정치 공간으로 이용하였다.

연경당은 궁궐에 있는 집이면서도 단청을 하지 않았고, 일반 사대부가 집처럼 사랑 채와 안채로 구성되어 있다. 그러나 규모는 일반적인 민가와 확연한 차이가 있어 약 120칸에 이르렀다. 『경국대전』에 따르면, 사대부는 최고 40칸 이상, 대군은 60칸 이상 을 지을 수 없었다. 그러나 조선 후기에는 이 규정이 무너지면서 집이 점점 커졌다. 그 래도 사대부는 99칸을 넘지 않았다.

연경당은 이곳의 건물 군(群) 전체의 이름이면서 사랑채의 당호이기도 하다. 연경 당의 대문은 장락문(長樂門)이다. 장락(長樂)은 '길이 즐거움을 누린다'는 뜻이다. 장락 문을 들어서면 동쪽에 장양문(長陽門), 서쪽에 수인문(修仁門)이 있다.

장양문의 장양(長陽)은 '길이(오래도록) 볕이 든다'는 뜻으로, 사랑채 문이다. 사랑 채는 남성의 공간이므로 솟을대문으로 만들었다. 솟을대문은 사대부가 초헌(軺軒)을 타고 드나들 수 있도록 행랑채의 지붕보다 높이 솟아오르게 짓기 때문이다.

수인문의 수인(修仁)은 '인을 닦는다'는 뜻으로 안채의 정문이다. 수인문은 여성의 공간이어서 행랑채와 높이가 같은 평대문이다. 한편 일부 해설서에서 장양문은 솟을 대문으로 높이 세우고 수인문은 평대문으로 세운 것에 대해 조선의 남존여비 사상 때문이라고 하고 있다. 그러나 이는 현실적인 기능에 맞추었을 따름이지 남존여비 사상 때문으로 보아서는 안 된다.

연경당의 부속 건물로는 선향재(善香齋)와 청수정사(淸水精舍), 농수정(濃繡亭) 등이 있다. 특이한 것은 서재로 쓰이는 선향재이다. 선향(善香)이란 '좋은 향기가 서린 집'이라는 뜻이다. 책을 보관하던 곳이므로 좋은 향기란 책 향기를 가리킨다. 선향재는 중국풍 벽돌 건물로 서향을 하고 있는데, 정면에는 동판으로 덧씌운 지붕에 해질녘의 깊은 햇빛을 막기 위해 도르래 장치를 갖춘 차양이 달려 있다. 햇빛이 깊이에 따라 차양의 넓이를 조절할 수 있도록 되어 있다.

청수정사는 연경당의 동쪽 행각이다. 청수정사(淸水精舍)는 '맑은 물이 두르고 있는 정사'라는 뜻이다. 정사(精舍)는 '학문을 강론하는 집' 또는 '정신을 수양하는 집'이라는 뜻을 가지고 있다.

농수정은 연경당에 딸린 정자로 가장 높은 곳에 있어 주변의 자연을 감상할 수 있도록 했다. 농수(濃繡)는 '짙은 빛으로 수놓는다'는 의미이다. 연경당의 구석 깊숙이 자리하고 있어 녹음에 감싸여 아름다움을 표현한 이름이다.

⑥ 관람정과 존덕정

관람정과 존덕정 일대는 후원 안에서 가장 늦게 지금의 모습을 갖춘 곳이다. 관람정(觀纜亭)은 일명 반도지(半島池) 가에 놓인 부채꼴 모양의 정자이다. 『동궐도』에는 선자정(扇子亭)이라고 나와 있다. 『동궐도』에는 관람정이 보이지 않고, 반도지 또한 두 개의 방형 연못과 한 개의 원형으로 나뉘어져 있었다. 그러나 순종 때인 1907년에 그려진 『동궐도형』에는 연못이 호리병 모양으로 합해져 있다. 『동궐도형』은 창덕궁과 창경궁의 각 전각의 배치도를 그린 평면 설계도이다. 『동궐도형』은 순종 때 편찬된 『궁궐지』의 내용과 거의 일치하고 있다. 따라서 『궁궐지』를 편찬하면서 이를 보완하

존덕정과 연못

는 자료로 작성된 것으로 보인다. 특히 『동궐도형』은 일제에 의해 많은 전각들이 훼손되고 사라지기 직전의 모습을 담고 있다. 결국 『동궐도형』은 『동궐도』와 함께 창덕궁의 옛 모습을 확인할 수 있는 정확한 자료이다.

관람정의 관람(觀纜)은 '닻줄을 바라본다'는 의미로 뱃놀이를 구경한다는 뜻이다. 남(纜)은 닻줄을 가리키는데, 여기서는 뱃놀이를 의미한다. 따라서 순종 때에 배를 띄웠을 것으로 추정된다. 그러나 현재 연못이 반도 형태를 띠고 있는 것은 『동궐도형』이 그려진 이후인 일제 강점기 때에 연못을 조성하였기 때문인 것으로 추정된다.

존덕정은 관람정이 있는 연못을 내려다보는 언덕에 있으며 1644년(인조 22)에 세워졌다. 처음에는 그 모습 그대로 '육면정(六面亭)'이라 했다가 나중에 이름을 고쳤다. 존덕정의 내부는 매우 화려한 단청으로 장식되어 있다. 육모정의 가운데는 여의주를 사이에 두고 황룡과 청룡이 희롱하는 모습이 그려져 있어 이 정자의 격식이 상당히 높았음을 보여준다.

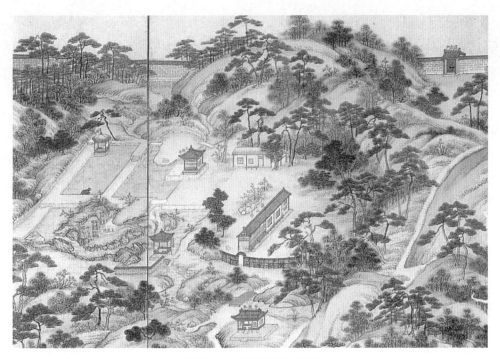
『동궐도』에 그려진 옥류천 일대

존덕정 북쪽 창방에는 정조가 쓴 '만천명월주인옹자서(萬川明月主人翁自序)'라는 글이 나무판에 새겨져 있다. '만천명월주인옹자서(萬川明月主人翁)'은 정조가 1798년(정조 22)에 스스로 지어 부른 자호(自號)로, 이를 설명하는 서문을 친히 짓고 쓴 후 이를 새겨 존덕정에 걸게 한 것이다.

⑦ 옥류천 일원

창덕궁 후원 북쪽 깊은 골짜기에 흐르는 시내를 옥류천(玉流川)이라고 한다. 1636년(인조 14)에 거대한 바위인 소요암을 다듬어 그 위에 홈을 파서 휘도는 물길을 끌어들여 작은 폭포를 만들어 옥류천이라고 이름 하였다. 옥류천은 '옥같이 맑게 흐르는 시냇물'이라는 뜻이다. 흐르는 물 위에 술잔을 띄우고 시를 짓는 유상곡수연(流觴曲水宴)이 이곳에서 벌어지기도 했다. 바위에 새겨진 '옥류천' 세 글자는 인조의 친필이고, 그 글씨 바로 위에는 숙종이 이 일대의 경치를 읊은 오언절구도 함께 새겨져 있다.

비류삼백척(飛流三百尺), 삼백 척 높이에서 날아 흐르니

요락구천래(遙落九天來), 저 멀리 하늘에서 떨어져 내리는 듯.

간시백홍기(看是白虹起), 바라볼 땐 흰 무지개 일어나더니,

번성만학뢰(翻成萬壑雷), 갑자기 온 골짜기 우레 소리 이루었네.

소요정(逍遙亭, 구속 없이 천천히 노닌다), 태극정(太極亭, 천지가 분화되기 전 원기(元氣)가 섞이어 하나인 것이다), 농산정(籠山亭), 취한정(翠寒亭, 푸르고 서늘하다), 청의정(淸漪亭, 맑은 물결 또는 물이 맑다) 등 작은 규모의 정자를 곳곳에 세워, 어느 한 곳에 집중되지 않고 여러 방향으로 분산되는 정원을 이루었다. 작은 논을 끼고 있는 청의정(淸漪亭)은 볏짚으로 지붕을 덮은 초가이다. 『동궐도』에는 16채의 초가가 보이는데 아쉽게도 지금은 청의정만 궁궐 안의 유일한 초가로 남아 있다.

7장 조선 왕실 여인들을 위한 궁궐, 창경궁

창경궁의 창경(昌慶)은 '성대한 경사'라는 뜻이다. 창경궁은 창덕궁 동쪽에 세운 궁궐이다. 창덕궁과 경계 없이 하나의 궁궐로 사용되어 둘을 합쳐 동궐(東闕)이라 하였다. 창경궁 터의 역사는 고려까지 거슬러 올라간다. 세종이 즉위한 1418년 고려의 남경 이궁(離宮) 터에 상왕 태종을 위해 수강궁(壽康宮)을 세운 것이다. 성종은 1484년 (성종 15)에 창덕궁이 좁아 정희(貞熹, 세조 비), 소혜(昭惠, 덕종 비), 안순(安順, 예종 비) 세 분의 대비를 위한 공간으로 수강궁을 확장 보완하면서 공사 도중 창경궁이라는 이름을 붙였다. 창경궁은 창건 초기에는 쓰임새가 그다지 많지 않았으나, 임진왜란 이후 창덕궁이 정궁 역할을 하면서 이궁(離宮)으로서 활용 빈도가 높아졌다.

창경궁은 동향(東向)을 한 점이 다른 궁궐에서 보기 어려운 특징이다. 창경궁은 창덕궁과 접해 있으면서 입지상 서쪽이 동쪽보다 높은 구릉을 이루고 있다. 더구나 창건 당시 임금의 거처라기보다 세 대비를 모시기 위한 궁궐로 계획되었다. 따라서 다른 궁궐에 비해 내조 구역이 치조와 외조 구역에 비해 한층 발달하였다. 창경궁은 별궁으로 창건되었지만 독자적인 궁궐로서도 완결성을 가지고 있으며 권역별로 기능과 궁제에 맞게 전각이 배치되었다.

창경궁은 임진왜란 때 다른 궁궐과 함께 불에 탔다가 1616년(광해군 8)에 재건되었다. 이때 재건된 명정전은 현존하는 가장 오래된 정전 건물이다. 그러나 현재 남아 있는 내조 구역 건물들은 1830년(순조 30) 환경전 화재 이후 1834년(순조 34)에 재건한 것이다.

1863년 12월 창덕궁에서 고종이 즉위하면서 실권을 장악한 흥선대원군은 실추된 왕권의 회복을 꾀하면서 그 상징적 조치로서 경복궁의 중건을 추진하였다. 중건 사업은 1865년(고종 2) 4월부터 약 3년이 소요되었다. 1868년(고종 5) 7월에 고종은 경복궁으로 이어하였다. 그러면서 창경궁은 빈 궁궐로 남아 있었다.

일제 강점기에는 창경궁 남쪽 일대의 전각을 헐어내 동물원을 조성하고 후원 동쪽에 식물원(대온실)을 만들어 1909년 11월 이를 일반에 개방하였다. 이후 자경전 터에 박물관 용도의 일본식 2층 건물을 세우고 1911년 4월에는 창경궁 명칭을 창경원(昌慶苑)으로 바꾸기까지 하였다.

1981년 5공화국 정부에서 '창경궁 복원 계획'을 수립하면서 복원 사업이 본격 시작되었다. 1983년에 동물원의 동물과 벚나무를 과천 서울대공원으로 옮기고 창경궁이라는 명칭도 회복하였다. 1984년 8월까지 동물우리와 놀이시설 등 70동을 철거하고, 1985년부터 1986년까지 명정전 회랑 등 중건 공사를 진행하여 지금에 이르고 있다.

1. 조선 전기 창경궁의 창건

15세기 조선의 왕은 경복궁과 창덕궁이라는 큰 궁궐을 두 개나 가지고 있었다. 그런데도 성종(재위, 1469~1494)은 창덕궁 바로 동쪽에 창경궁이라는 또 다른 궁궐을 조성하였다. 성종이 즉위할 당시 할머니 정희왕후(세조 비), 생모 소혜왕후(덕종 비), 양모 안순왕후(예종 비) 등 세 명의 대비가 생존하고 있어 창덕궁의 생활공간이 부족했기 때문이다.

1418년 세종에게 양위하고 상왕으로 물러난 태종이 창덕궁 바로 옆 지금의 창경궁 남쪽 영역에 자신의 거처로 조성한 궁이 수강궁(壽康宮)이었다. 창경궁은 이 수강궁을

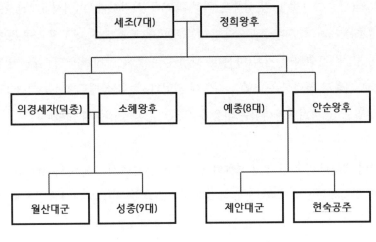

성종 가계도

확장하여 건립한 궁궐로서, 1483년(성종 14)에 짓기 시작하여 이듬해에 완공하였다. 이처럼 창경궁은 창덕궁에 부족한 생활공간을 확보할 목적으로 건립했기 때문에 내조 구역(생활공간) 영역이 매우 발달한 반면 창덕궁과 붙어 있어 하나의 궁궐처럼 이용할 수 있으므로 외조 구역은 매우 소략하였다.

그렇지만 창경궁도 치조 구역과 외조 구역, 내조 구역, 후원 등 여러 영역을 갖춘 어엿한 조선 궁궐임은 분명하였다. 이후 창경궁은 궁궐로서 기능하는 데 필요한 전각들을 갖춰가면서 조선 전기에 창덕궁과 함께 이궁의 역할을 수행하였다. 하지만 창경궁은 분명히 다른 궁궐이 갖지 못한 독특한 특징을 갖고 있다. 그 하나는 서울의 다른 궁궐들의 주요 전각들이 통상적으로 남향으로 배치되는 것과 달리 창경궁의 정전(명정전)과 정문(홍화문)은 동향으로 배치되었다. 이는 창경궁이 창건되기 이전에 남쪽에 종묘가 배치되어 있었고, 입지 상 서쪽이 높고 동쪽으로 갈수록 낮아지는 지형이었기 때문이다. 또 다른 하나는 창건 당시부터 유독 많은 수의 침전을 건립하여 적극적으로 활용한 점이다.

1469년 11월 28일 즉위한 성종은 13세의 미성년이었다. 성종은 즉위는 경복궁에서 했지만 생활은 창덕궁에서 했다. 성종이 미성년이기에 정희대왕대비가 창덕궁에서 수렴청정을 실시했다. 정희대왕대비는 성종이 20세가 될 때까지 7년간 수렴청정했다.

1476년(성종 7) 1월 13일 성종은 친정(親政)을 시작했다. 이어서 6개월 후인 8월 9일에 성종은 윤기견의 따님인 숙의 윤씨를 왕비에 책봉했다. 이로써 성종은 창덕궁에서 대비 3명을 포함하여 자기 자신 및 왕비 등과 함께 살게 되었다. 왕과 왕비 2명을 기준으로 건축된 창덕궁은 비좁을 수밖에 없었다. 그런 상태로 3년쯤 지난 1479년(성종 10) 5월 20일 정희대왕대비는 다음과 같은 명령을 승정원에 내렸다.

대전이 생활하는 곳이 낮고 눅눅해서 더렵혀진다. 주상의 한 몸은 관계되는 바가 지극히 중요한 것이다. 나는 장차 수강궁으로 옮겨갈 것이다. 대전에 요청하여 경복궁으로 옮겨 가도록 하라. 이 뜻을 정승들에게 알리도록 하라.

당시 성종은 창덕궁의 숭문당에 거처하고 있었다. 그 숭문당이 낮고 좁았던 것이다. 궁궐의 건축은 지붕이 크고 넓다. 그런 상태에서 건물이 낮고 좁으면 통풍이 잘되지 않는다. 그래서 여름철에는 무덥고 축축하게 된다. 정희대왕대비는 그런 숭문당에서 거처하는 성종을 경복궁으로 옮겨가게 하고 자신은 수강궁으로 옮기려 했던 것이다. 그렇다면 정희대왕대비는 왜 창덕궁에서 수강궁으로 옮기려 하였을까?

조선이 건국된 이래로 선왕의 왕비와 후궁들은 으레 현 국왕과 따로 사는 것이 관행이었다. 그런 관행은 조선 건국 이후의 복잡한 정치 상황에서 파생되었다. 조선이 건국된 후, 1398년(태조 7) 1차 왕자의 난과 1400년(정종 2) 2차 왕자의 난을 거쳐 태종이 즉위하였다. 태종이 즉위한 후 태조 이성계는 태상왕이 되었고 정종은 상왕이 되었다. 태종, 태상왕 태조, 상왕 정종은 각각 다른 궁궐에서 살았다. 즉 태종은 창덕궁에서, 태상왕 태조는 덕수궁(德壽宮)에서, 그리고 상왕 정종은 인덕궁(仁德宮)에서 살았던 것이다. 태상왕 태조가 살던 덕수궁은 훗날 창경궁의 동궁이 있던 시민당(時敏堂)에 있었으며, 상왕 정종이 살던 인덕궁은 동대문 안쪽에 있었다. 훗날 태종은 세종에게 양위한 후 수강궁에서 살았다.

그 결과 조선 건국 이후 세종 때까지 국왕들은 자신들의 생부는 물론 생모와도 즉 대비들과도 따로 살았다. 이런 관행에서 선왕의 후궁들 역시 현 국왕과 따로 살았다. 즉 선왕이 승하하고 후계 왕이 즉위하면 궁궐에 있던 선왕의 후궁들은 으레 궁궐에서

창경궁 전경

나가 따로 거처를 마련했던 것이다. 이는 세종 이후 즉위한 문종 때부터 시작되었다.

문종이 경복궁에서 즉위했을 때, 세종의 왕비 심씨는 이미 승하한 상태였으므로 경복궁에는 세종의 후궁만 있었다. 세종 이전의 국왕들, 즉 태조, 정종, 태종의 후궁들은 덕수궁, 인덕궁, 수강궁에 살고 있었다. 이런 상황에서 세종의 후궁들만이 문종과 함께 경복궁에서 산다는 것은 어울리지 않았다. 이에 따라 문종은 즉위한 직후에 무안군 (撫安君) 방번(芳蕃)의 집을 수리하여 자수궁(慈壽宮)이라 이름하고 세종의 관을 발인한 직후 세종의 후궁들을 자수궁으로 옮겨 살게 하였다. 문종의 이 조치가 관행이 되어 이후의 국왕들도 선왕의 후궁들을 궁에서 내보내 따로 살게 하였다. 즉 단종은 문종의 후궁을 수성궁(壽成宮)에서 살게 하였고, 세조는 태종의 후궁을 영수궁(寧壽宮)에서 살게 하였으며, 성종은 세조의 후궁을 창수궁(昌壽宮)에서 살게 하였고, 중종은 성종의 후궁을 인수궁(仁壽宮)에서 살게 하였던 것이다.

이와 같은 관행 속에서 성종은 즉위한 후 정희대왕대비, 인수대비, 안순대비 등의 대비들은 물론 세조의 후궁인 근빈 박씨 등과도 창덕궁에서 10년간을 함께 살았다. 정희대왕대비가 수렴청정을 하는 동안에는 문제가 제기되지 않았다. 하지만 정희대왕대비의 수렴청정이 끝난 이후에도 선왕의 왕비들과 후궁들이 계속해서 성종과 함께 같은 궁궐에서 사는 것이 합당한지는 논란의 여지가 있었다. 만약 기왕의 관행에 따른다면 세조의 후궁들을 창덕궁 밖으로 보내 따로 살게 해야 했다. 하지만 이것은 정희대왕대비는 물론 성종에게도 심각한 난제였다. 무엇보다도 정희대왕대비 때문이었다.

정희대왕대비는 세조의 왕비였다. 1468년 세조가 승하한 후 예종이 즉위하자 대비가 되었지만 궁궐에서 함께 살았다. 그것은 정희대왕대비가 예종의 생모였기 때문이었다. 하지만 정희대왕대비는 성종에게 할머니였다. 조선 건국 이후 성종 때까지 국왕의 생모가 아닌 할머니가 국왕과 같은 궁궐에서 거처하는 것이 관행에 맞는 것인지 아닌지 전례가 없었다. 판단할 기준도 애매했다. 정희대왕대비는 현 국왕의 할머니이기에 같은 궁궐에 사는 것이 맞다 판단할 수 있었고, 반대로 선왕의 후궁들은 현 국왕과 같은 궁궐에서 살지 않으므로 정희대왕대비 역시 따로 사는 것이 맞다 판단할 수도 있었다. 게다가 당시에는 정희대왕대비만 있는 것이 아니라 예종의 왕비였던 안순대비까지 있었기에 문제가 더 복잡했다. 이런 상황에서 수렴청정을 끝낸 정희대왕대비는 세조의 후궁들과 마찬가지로 자신 역시 성종과 같은 궁궐에서 사는 것이 바람직하지 않다 여기고 수강궁으로 옮기려 했던 것이다.

1479년(성종 10) 5월 29일 정희대왕대비와 인수대비가 수강궁으로 옮김으로써 창덕궁과 수강궁은 본격적으로 확장, 수리되기 시작하였다. 하지만 당시는 아직 도감(都監)은 설치하지 않고 선공감에서 공사를 관장하였다.

창덕궁과 수강궁의 확장, 수리 공사는 1480년(성종 11)에 수리도감(修理都監)이 설치됨으로 가속화되었다. 하지만 동년 6월 22일의 경연에서 대사헌 정괄 등은 창덕궁을 크게 수리하는 것을 반대하였다. 관상감에서도 올해는 건축 공사를 하기에 불길하다고 하였다. 이 소식을 들은 정희대왕대비 역시 수리 공사를 하지 말라고 하였다. 이에 성종은 6월 23일 명령을 내려 공사를 중지시켰다. 1481년(성종 12)에는 흉년이 들어 수리 공사가 연기되었고, 1482년(성종 13) 역시 농사 문제로 수리 공사가 연기되었다. 결국 창덕궁과 수강궁은 1483년(성종 14)부터 수리하는 것으로 결정되었다.

1482년(성종 13) 12월 14일에 성종은 수강궁 수리와 관련하여 기본 지침을 내렸다.

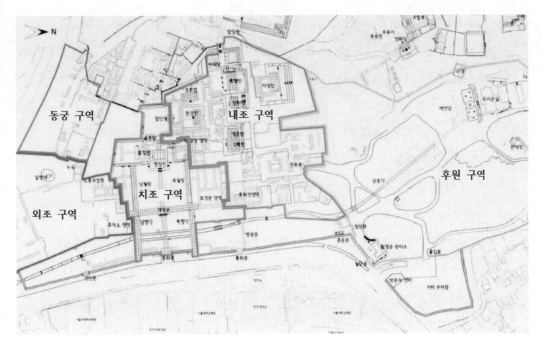

창경궁 구역 배치도

수강궁은 삼전(三殿)께서 지금 옮겨서 거처하시니 내년 가을에 수리를 시작하는 것이 가하다. 무릇 궁실(宮室)은 마땅히 낮고 향양(向陽)하여야 하며 쓰일 곳이 많아야 할 것이고, 매우 높고 크게 할 것은 없다.

이에 따라 수강궁에 건축되는 주요 건축물들의 규모는 작다는 특징을 가지는 한편 정전의 방향이 동향이 되는 특징도 갖게 되었다.

그런데 성종은 1483년(성종 14)부터 수강궁을 확장, 수리할 것을 결심하면서 수강 궁의 이름을 창경궁으로 바꾸기로 결심하였다. 성종이 수강궁이라는 이름을 창경궁으로 바꾼 이유는 바로 세 명의 대비를 위한 궁궐이라는 사실을 천명하기 위해서였다. 수강궁은 본래 태종이 상왕으로 물러나면서 거처하던 궁궐이었다. 따라서 세 대비들이 여생을 보내기 위해 수강궁에 옮겨가 살면서 계속하여 수강궁이라는 이름을 사용하는 것은 태종에 대한 예의도 아닐뿐더러 대비에 대한 예의도 아닌 것으로 판단하였다. 성종은 창경궁이라는 이름으로써 대비들의 만수무강을 기원함은 물론 나라의 경사를 높이겠다는 소망을 드러낸 것이다. 세 명의 대비가 사는 궁궐에 새로운 이름을 붙이는 것은 선왕의 후궁들이 궐 밖으로 나가 따로 살 때 그곳에 새로운 궁호(宮號)를 붙이던 왕실 관행과도 맞았다.

창경궁 공사가 1483년(성종 14) 3월부터 본격적으로 시작된 이유는 정희대왕대비 때문이었다. 정희대왕대비는 질병을 치료하기 위해 1483년(성종 14) 2월 16일에 온양 온천으로 향했다. 인수대비와 안순대비 역시 정희대왕대비를 따라 온양 온천으로 갔다. 따라서 성종은 세 대비가 없는 틈을 타서 창경궁을 확장, 수리하려 했던 것이다.

그런데 정희대왕대비가 온양 온천에서 치료 중이던 1483년(성종 14) 3월 30일 승하하였다. 이에 따라 창경궁 공사는 몇 달 중단되었지만, 국장 이후 공사는 계속되었다. 그리고 1484년(성종 15) 9월 27일에 창경궁이 낙성되었다. 그로부터 8개월 후인 1485년(성종 16) 5월 7일에 인수대비와 안순대비가 창경궁으로 옮겨갔다. 그리고 하루 뒤인 5월 8일에 세조의 후궁인 근빈(謹嬪) 역시 자수궁으로 옮겨 갔다. 이로써 성종이 즉위 한 후 왕과 함께 거처하던 세 명의 대비 그리고 선왕의 후궁인 근빈 모두가 창덕궁 밖으로 나갔고, 성종은 명실상부한 창덕궁의 주인이 되었다. 이처럼 창경궁은 근본적으로 왕실 여성들 특히 선왕의 왕비들을 위해 건축된 궁궐이라는 특징을 갖고 있었다.

2. 조선 후기 창경궁의 중건과 일제 강점기의 격하

1592년 발발한 임진왜란 때 창경궁은 경복궁·창덕궁과 함께 불에 탔다. 선조 말엽부터 궁궐 중건 사업을 시도했지만 부진을 면치 못하다가 1615년(광해군 7)이 되어서야 창덕궁을 중건하고, 1616년(광해군 8)에 창경궁도 다시 중건하였다. 다시 지은 궁궐은 화재 이전의 구성을 그대로 따랐지만, 이전에 없었던 건물도 생겼다. 특히 동궁에 새로운 건물들이 들어섰다.

그러나 이때 중건한 창경궁도 인조반정(1623년) 이듬해인 1624년(인조 2)에 일어난 이괄의 난 때 명정전 이외의 모든 전각들이 또다시 불타버리고 말았다. 다시 창경궁을 세운 것은 10년이 지난 1633년(인조 11)이었다. 이때는 광해군이 인왕산 아래 사직단 북쪽에 조성했던 인경궁(仁慶宮)의 전각을 헐어서 이전하는 방식을 취했기 때문에 4개월이라는 짧은 기간 안에 마칠 수 있었다. 이렇게 새로 건립된 창경궁은 이후 효종·숙종 등 여러 왕을 거치면서 대비전과 왕 자녀를 위한 여러 전각 등이 세워지면서 창덕궁과 더불어 동궐(東闕)로 불리며 조선 후기에 법궁 역할을 수행하였다.

　그러나 창경궁은 창덕궁에 비해 왕들이 자주 사용한 궁궐은 아니었다. 왕의 발길이 거의 없었던 창경궁에 왕이 자주 나타나고 신하들을 불러 국사를 논하고 연회를 베푸는 등의 변화는 1724년 영조가 즉위하면서 나타났다. 1720년 경종이 즉위하자 다음 왕위를 누구로 할지를 두고 논의가 벌어졌을 때, 숙종 계비 인원왕후가 연잉군(延礽君, 영조)을 왕세제(王世弟)로 책봉하는 데 기여하였다. 1724년 재위 4년 만에 경종이 승하하고 왕위에 오른 영조는 왕대비 인원왕후를 각별히 모셨다. 왕후가 승하하자 예외적으로 통명전을 혼전으로 삼고 왕은 통명전 부근을 거려처(居廬處)로 삼아 3년 상을 지냈다. 그러면서 숭문당을 편전처럼 쓰고 또 함인정에서 자주 신하들을 불러 연회를 열었다. 이 기간 동안 창경궁은 가장 활발하게 궁궐로 쓰였다.

　1830년(순조 30) 창경궁에 큰 화재가 발생하여 함인정·환경전·경춘전·영춘헌 등 내전의 주요 전각들이 소실되었다. 그러나 바로 복구하지 못하다가 1833년(순조 33) 창덕궁에 대화재가 일어난 것을 계기로 중건 사업을 진행하여, 이듬해인 1834년에 창덕궁과 창경궁의 중건 공사를 마쳤다. 현존하는 함인정·환경전·경춘전·통명전 등은 이때 건립된 전각들이다. 그 공사 내역을 정리한 책자가 『창경궁영건도감의궤』다.

　1863년 12월 창덕궁에서 고종이 즉위하면서 실권을 장악한 흥선대원군은 실추된 왕권의 회복을 꾀하면서 그 상징적 조치로서 경복궁의 중건을 추진하였다. 중건 사업은 1865년(고종 2) 4월부터 약 3년이 소요되었다. 1868년(고종 5) 7월에 고종은 경복궁으로 이어하였다. 그러면서 창경궁은 빈 궁궐로 남아 있었다.

　1907년 헤이그밀사 사건으로 고종이 황제 자리에서 강제로 퇴위한 뒤 황제에 오른 순종은 일제에 의해 창덕궁으로 옮겨 왔지만, 창경궁은 거의 활용되지 않았다. 그런데 순종의 창덕궁 이어(移御)를 계기로 창경궁은 본격적으로 훼손되기 시작하였다. 일제는 순종을 위로한다는 명목으로 창경궁 남쪽 일대의 전각을 헐어내고 동물원을 조성

일제 강점기의 '창경원' 벚꽃놀이

하는 한편 후원 동쪽에 식물원(대온실)을 만들고 1909년 11월에 이를 일반에 개방하였다. 이후 자경전 터에 박물관 용도의 일본식 2층 건물을 세우고 1911년 4월에는 창경궁 명칭을 창경원(昌慶苑)으로 바꾸기까지 하였다. 1922년부터 창경궁 안에 수천 그루의 벚나무를 심고 1924년부터는 야간에도 개장하였다. 이때부터 '창경원 밤 벚꽃놀이'는 1980년대 초반까지 서울 시민들의 대표적인 봄나들이가 되었다.

3. 창경궁의 공간 구조

조선시대 다른 궁궐들의 주요 전각들이 남향으로 지어진 것과 달리 창경궁의 정전인 명정전이 동향을 한 점은 다른 궁궐에서 보기 어려운 특징이다. 창경궁은 창덕궁과 접해 있으면서 입지상 서쪽이 동쪽보다 높은 구릉을 이루고 있다. 더구나 창건 당시

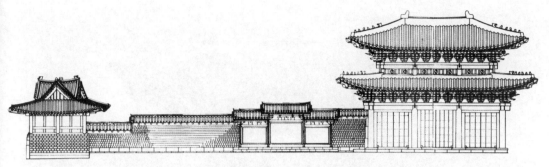

홍화문과 좌측 담장 및 십자각 입면도

임금의 거처 장소이기보다 세 대비를 모시기 위한 궁궐로 계획되었다. 따라서 다른 궁궐에 비해 내조 구역이 치조와 외조 구역에 비해 한층 발달하였다. 창경궁은 별궁으로 창건되었지만 독자적인 궁궐로서도 완결성을 가지고 있으며 권역별로 기능과 궁제에 맞게 전각이 배치되었다.

창경궁은 크게 보아 삼문삼조(三門三朝)의 공간 구성을 따르고 있다. 그러나 창경궁은 동서 구조가 좁아 삼문(三門)이 아닌 이문(二門) 구조로 되어 있다. 이문(二門)은 홍화문~명정문을 이르며, 삼조(三朝)는 외조~치조~내조로 연속되는 세 공간을 가리킨다. 이중에서 치조(治朝)는 왕과 관료들이 정치를 행하는 곳으로 정전(正殿)과 편전(便殿)이 있다. 치조의 중심은 명정전, 문정전이다. 내조(內朝)는 왕과 왕비를 비롯한 왕족의 일상 생활공간으로 침전인 환경전, 통명전, 경춘전 등이 있었다. 외조(外朝)는 조정의 관료들이 근무하는 관청이 있는 곳으로 창경궁에서는 홍화문의 남쪽 일대에는 궐내의 행정을 맡아보는 궐내각사가 있었다.

1) 삼문 구역

삼문이란 길 밖에서 정전(명정전)에 이르기까지 거쳐야 하는 세 문을 말하는데, 창경궁은 동서 구조가 좁아 중문(中門)이 없으며, 홍화문~명정문의 이문 구조이다.

① 홍화문

홍화문 전경

창경궁의 정문인 홍화문(弘化門)은 궁의 동편에 동향해 있다. 홍화(弘化)는 '덕화(德化)를 널리 떨친다'는 뜻이다. 홍화문 앞 도로 건너편은 과거 왕을 위한 숲으로 조성한 함춘원(舍春苑) 언덕이 자리 잡고 있었다. 홍화문의 남쪽과 북쪽 행각의 양 끝은 담이 밖으로 돌출하고 지붕을 별도로 꾸몄다. 이 부분은 십자각이다. 십자각은 일종의 망루를 지칭한다. 경복궁의 동십자각, 서십자각과 같이 격식을 갖춘 것은 아니지만 궁궐 정문 좌우에 망루를 세운다는 의지를 내세운 것이다.

홍화문 앞은 민가가 없고 함춘원의 넓은 정원과 이어져 있었다. 따라서 홍화문 밖 마당에서 활터를 세우고 자주 무과 시험을 실시하였다.

홍화문은 임금이 백성을 만나는 장소로도 자주 이용되었다. 1750년(영조 26) 영조는 균역법을 시행하기 전에 홍화문에 나가 양반과 평민을 직접 만나 균역에 대한 의견을 수렴하였다. 이때 대신들은 균역을 반대했지만 백성들이 찬성하자 영조는 백성의 의견을 따랐다. 정조 또한 1795년(정조 19)에 어머니 혜경궁 홍씨의 회갑을 기념하여 홍화문에 친히 나가 가난한 백성들에게 쌀을 나누어 주었다. 이러한 사실이 『원행을묘

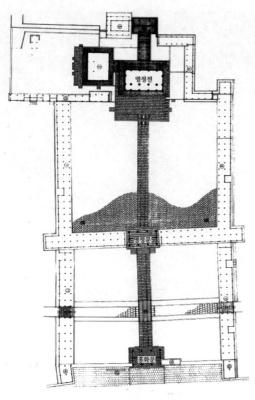

홍화문과 명정문 배치도

정리의궤(園幸乙卯整理儀軌)』 중 「홍화문사미도(弘化門賜米圖)」로 남아 있다.

② 명정문

명정문(明政門)은 창경궁의 정전인 명정전(明政殿)의 출입문이다. 명정문은 명정전과 함께 광해군 때 중건되었다. 명정문은 새로운 왕을 탄생시키는 왕권 계승의 공간이었다. 명정전에서 즉위한 왕은 12대 왕인 인종(仁宗, 재위 1544~1545)이 유일하다. 인종은 부왕인 중종(中宗)의 승하를 크게 슬퍼하여 즉위 후 신하들로부터 하례도 명정전 처마 밑에서 받았다고 한다.

명정문은 홍화문과 중심 축선이 북쪽으로 3°(약 1.2m) 정도 틀어져 있으나 일직선상에 위치한 것처럼 보인다. 명정문과 홍화문 축이 틀어져 있음은 명정문에 들어서서 뒤돌아보면 알 수 있다. 이는 창경궁의 동서 폭이 좁음에서 연유하는데, 이를 문턱에서 꺾어 걷는 이들이 눈치 채지 못하게 하였다.

2) 치조 구역

홍화문~명정문을 지나면 국가의 중요한 행사가 거행되며, 나라의 일을 의논하던 치조(治朝) 구역이 나타난다. 창경궁의 치조 구역으로는 명정전, 문정전 일대이다.

① 명정전

명정전(明政殿)은 창경궁의 정전(正殿)으로서 신하들의 조회, 과거시험, 궁중연회

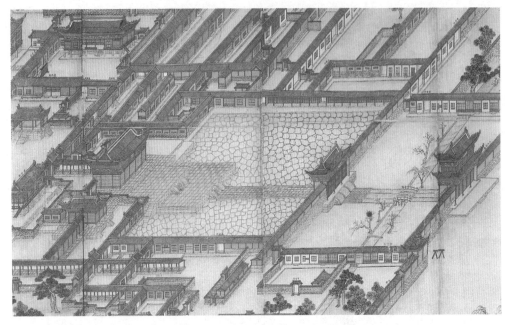

『동궐도』 속의 홍화문, 명정문, 명정전

등의 공식적인 행사를 치렀던 곳이다. 1484년(성종 15)에 창건되어 임진왜란 때 소실
되었다가 1616년(광해군 8)에 재건되어 현대에 이르니, 현존하는 궁궐 정전 가운데 가
장 오래된 건물이다.

　명정(明政)은 '정사를 밝힌다'라는 뜻이다. 명정전이 창경궁의 중심 건물이므로 임
금이 중심에서 밝은 정치를 해달라는 염원을 담은 말이다. 명정전은 정전이기는 하지
만 경복궁의 근정전과 창덕궁의 인정전
이 중층 규모로 거대하게 지어진 것에
비해 상대적으로 규모가 작다. 이는 애
초에 창경궁이 정치를 위해 지은 궁궐이
아니라 왕대비 등의 생활공간으로 지은
궁궐이기 때문이다.

　명정전 건물 뒤로 돌아가면 명정전
처마 아래로 낮은 또 하나의 처마, 즉 보

명정전 측면도

명정전 권역 전경

첨(補簷, 공간을 확장시키기 위해 몸체 또는 처마에 붙여서 만든 구조)이 있다. 명정전 중건은 1615년(광해군 7)에 시작되어 1616년(광해군 8) 여름에는 어느 정도 건물이 모양을 갖추었다. 그런데 1616년 8월 광해군은 명정전 규모가 작아서 대례를 거행하기 어려우니 실내를 확장하도록 지시했다. 그러나 이럴 경우 집을 새로 짓다시피 하지 않으면 안 되었다. 부득이 건물 뒤에 보첨(補簷), 즉 처마를 덧달아내는 것으로 그쳤다. 실제로는 건물과 보첨 사이에 벽이 가로막고 있어서 내부가 넓어지는 효과는 얻지 못했다. 정전 건물 후면에 이처럼 보첨을 설치한 것은 다른 궁에서는 볼 수 없는 부분이다. 한편 명정전의 사면 창호는 모두 꽃살창으로 되어 있고, 창호의 아랫부분은 전돌로 벽체를 꾸미고 있다. 이는 다른 궁궐의 정전에서는 볼 수 없는 방식이다.

② 문정전

문정전(文政殿)은 왕이 평상시 거처하면서 사무를 보는 편전이다. 왕이 주요 관원들과 국정을 논하는 곳인 만큼 용상도 높지 않고 바닥도 마루이다. 문정(文政)은 '문교

(文敎)로서 정치를 편다'는 의미이다.

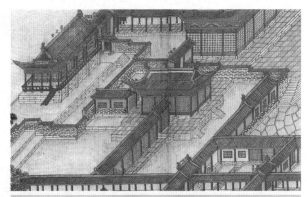

문정전은 동향인 명정전과 달리 남향을 한 건물로 정전인 명정전과 등을 돌리고 있다. 그리고 문정전과 명정전은 담장 하나를 사이에 두고 거의 지붕 처마가 서로 닿을 정도 거리에 놓여 있다. 이런 특이한 배치 구조는 다른 궁궐에서는 찾아보기 어렵다. 문정전은 경복궁의 사정전, 창덕궁의 선정전과 같은 편전 건물이다. 하지만 사정전과 선정전이 둥근 초석과 둥근 기둥으로 지어진 데 반하여, 문정전은 둥근 초석과 둥근 기둥보다 격식이 낮은 네모 기둥으로 지어졌다. 이는 창경궁 창건 당시에 궁궐의

『동궐도』에 그려진 문정전과 현재의 문정전

격식을 경복궁이나 창덕궁보다 낮추어 지었기 때문이다.

문정전은 편전으로 지어지기는 했지만, 실제로 이 건물에서 왕이 강론을 듣고 신하들과 국사를 논의한 일은 많지 않았다. 하지만 17세기 이후 문정전은 국상을 당했을 때 왕의 신주를 모시고 삼년상을 지내는 혼전(魂殿)으로 사용하는 것이 대부분이었다. 인조, 효종, 현종, 숙종, 경종, 영조 등 역대 왕의 혼전을 문정전으로 삼았다. 1800년 정조가 승하하자 당시 수렴청정을 하던 영조의 계비 정순왕후(貞純王后)가 관례를 깨고 정조의 혼전을 문정전 대신 창덕궁 선정전으로 하였다. 이후로 순조, 헌종, 철종 혼전은 선정전에서 지내고, 문정전은 더 이상 국왕 혼전으로 쓰이지 않았다.

문정전 앞마당은 1762년(영조 38) 사도세자가 뒤주 속에 갇혀 죽은 비극의 현장이기도 하다. 문정전 일원은 일제 강점기 때 헐렸다가 1986년 발굴조사를 통해 원래 위치를 확인하여 복원되었다.

③ 빈양문, 숭문당, 함인정

빈양문(賓陽門)은 명정전 뒤쪽의 천랑(穿廊, 건물과 건물을 연결하는 복도 형태의 건물)이 끝나는 부분에 있는 문이다. 빈양(賓陽)이란 밝음을 공경히 맞이한다는 의미이다. 빈양문의 현판이 동쪽에 걸려 있으므로 양(陽)을 쓴 것이다. 왕은 이 빈양문을 거쳐 명정전으로 나가기도 하고, 향축(香祝)을 전하기도 하고, 문과 급제자들을 불러 만나기도 하였다.

빈양문 바로 남쪽으로 숭문당(崇文堂)이 있다. 숭문(崇文)은 '문치(文治)를 숭상한다', 또는 '학문을 숭상한다'는 뜻이다. 그러나 영조는 이를 '유학(儒學)을 숭상한다'는 뜻으로 풀이하였다. 숭문당은 이러한 이름에 걸맞게 영조가 신료들과 학문을 논했던 건물이다. 숭문당은 창경궁 창건 당시에는 없었고 광해군 때 창경궁을 재건하면서 세운 것으로 추정되고 있다. 1830년(순조 30) 소실된 것이 그해 가을에 재건되었다. 숭문당은 경사진 지세에 맞춰 뒤에는 낮은 주초석을 사용하고 앞에는 높은 주초석을 세워 한 건물에 지형의 고저를 절충한 건축 기법을 보여주고 있다. 숭문당의 현판은 영조의 친필이다. 숭문당 안에는 '일감재자(日監在玆, 하늘이 날로 살펴보심이 여기에 계신다)'라는 현판이 걸려 있으나 일반인들은 볼 수가 없다.

명전전과 천랑

숭문당

함인정(涵仁亭)은 인양전(仁陽殿) 터에 1633년(인조 11) 건립된 정자다. 함인(涵仁)
은 '인을 간직한다'는 뜻이다. 함인정은 남향에다 앞마당이 넓게 트여 있어 영조 때부
터 과거 합격자를 접견하고, 경연도 개최하며, 신료들에게 업무 보고도 받는 등 다용
도로 활용되었다. 현재 함인정은 넓은 마당에 정자 하나만 외따로 서 있지만, 본래 함
인정 좌우로 행각과 담장이 길게 이어져 있었다. 함인정 뒤편부터는 내조 구역이었다.
따라서 함인정 뒤는 사람이 함부로 출입할 수 없고, 안쪽을 들여다볼 수도 없었다.

함인정 내부의 천장 쪽 사방 벽 위에는 도연명의 『사시(四時)』를 한 구절씩 적은 현
판이 걸려 있다. 즉 봄 노래를 동쪽에, 여름 노래를 남쪽에, 가을 노래를 서쪽에, 겨울
노래를 북쪽에 두어 걸어 놓았다.

춘수만사택(春水滿四澤) : 봄 물은 사방 연못에 가득하고
하운다기봉(夏雲多奇峯) : 여름 구름은 기이한 봉우리도 많도다.
추월양명휘(秋月揚明輝) : 가을 달은 밝은 빛을 드날리고
동령수고송(冬嶺秀孤松) : 겨울 산마루엔 한 그루 소나무가 빼어나도다.

3) 내조 구역

조선시대 왕은 특별한 경우 외에는 궁궐을 벗어나지 않았다. 모든 것을 궁궐에서 해결했다. 나라를 통치하고 생활을 영위했던 궁궐은 왕의 직장이자 집이었다. 앞서 살펴본 치조 구역의 명정전과 문정전은 왕의 직장이라 할 수 있다.

한편 왕이라고 해서 늘 곤룡포, 면류관과 같은 화려하기는 하나 거추장스러운 복장을 하고 살았던 것은 아니다. 왕도 근무 시간 이후에는 평복으로 일상생활을 하며 쉬기도 하고, 또 측근 고위 신료를 편안하게

『동궐도』속의 함인당과 현재의 함인당

만나 깊숙한 이야기를 나누기도 하였다. 이렇게 왕이 일상생활을 하는 공간을 내조 구역이라 한다. 또는 연침(燕寢), 연전(燕殿), 연거지소(燕居之所)라고 하였다. 창경궁은 창덕궁에서 부족했던 대비의 거처를 마련하기 위해 창건된 궁궐이니 만큼 내조 구역의 전각이 많은 점이 특징인 궁궐이다.

① 환경전

환경(歡慶)은 '기쁘고 경사스럽다'는 뜻이다. 환경전(歡慶殿)은 창경궁을 창건한 해인 1484년(성종 15)에 처음 지어졌고, 임진왜란 때 불탄 것을 1616년(광해군 8)에 재건하였다. 그러나 1830년(순조 30)에 다시 큰불이 일어나 타버리고, 지금의 건물은 1834년(순조 34)에 다시 지은 것이다.

환경전에서 중종이 승하하고, 인조 때 소현세자가 청(淸)에서 귀국한 후 이곳을 거처로 삼고 있다가 갑작스런 죽음을 맞이하였으며, 순조의 아들로 대리청정을 하다 죽

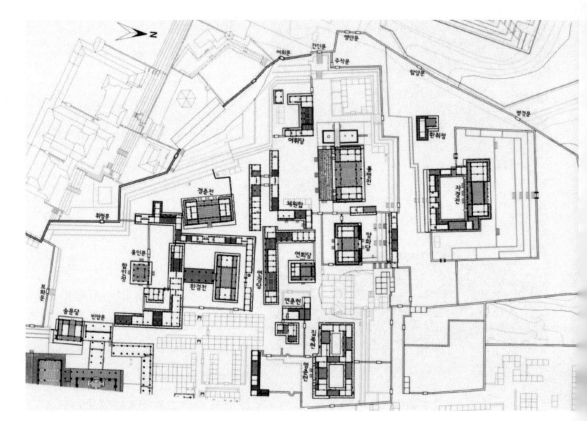

내조 구역 배치도

은 효명세자의 재궁(梓宮, 시신을 넣는 관)을 보관했다는 것으로 보아 왕이나 세자의 처소로 이용했던 건물임을 알 수 있다.

그러나 17세기에 와서 창덕궁이 법궁이 되면서, 환경전은 주로 왕비·대비의 국장때 빈전(殯殿)으로 사용되었다. 인조 비 장렬왕후, 숙종 비 인현왕후, 영조 비 정순왕후, 정조 비 효의왕후 빈전이 이곳에 모셔졌다. 순조 때는 그의 생모인 수빈 박씨 빈소도 이곳에 모셨다.

환경전은 이따금 신주를 모신 혼전으로도 사용되었다. 1674년 현종이 승하하자 이곳을 혼전으로 정했으며, 이후 숙종 비 인경왕후 혼전으로 삼았다. 또한 1800년 이후에는 왕의 빈전으로도 쓰였다. 본래 왕의 빈전은 창덕궁의 선정전을 이용하는 것이 관례였지만, 정조가 승하하자 정순왕후는 관례를 깨고 환경전으로 정했고, 이후로 헌종,

환경전

철종의 빈전도 이곳으로 삼았다.

궁궐의 내조 구역에서 꼭 필요한 것 중 하나가 우물이다. 궁궐 중에도 특히 창경궁은 우물이 많고 또 지금까지 잘 남아 있다. 환경전 뒤에도 큰 우물이 있다.

② 경춘전

경춘(景春)은 '햇볕 따뜻한 봄'이라는 뜻이다. 성종 때 인수대비를 위해 지어졌으나 점차 왕비나 대비 또는 세자빈, 왕의 어머니가 되는 후궁이 일시적으로 머무는 곳으로 사용되었다. 경춘전은 환경전이 남향한 것과 달리 동향해서 지어졌다.

경춘전에서는 정조와 헌종이 태어났으며, 숙종의 계비 인현왕후 민씨가 이곳에서 세상을 떠났다. 『궁궐지』에 의하면 정조는 '탄생전(誕生殿)'이라는 현판을 이곳 남문에 직접 써서 걸어 놓았다고 한다. 경춘전은 1830년 환경전이 소실될 때 함께 연소되었다가 1834년(순조 34)에 재건되어 현재에 이르고 있다.

경춘전

③ 통명전

통명전(通明殿)은 창경궁 내조 구역 중 가장 깊숙한 곳에 남향으로 위치하고 있다.
통명전 지붕은 용마루가 없는 무량갓이다. 이것은 이 건물이 격식이 가장 높았음을 말
해준다. 통명(通明)은 '통달하여 밝다'는 의미이다. 크게 밝은 전각에 앉아서 나라를 반
석에 올리고, 백성을 오래도록 잘 통치할 수 있는 인물을 낳아달라는 염원이 담겨있다
고 할 것이다.

통명전은 왕비의 침전으로 월대 위에 기단을 형성하고 그 위에 건물을 올렸으며,
연회나 의례를 열 수 있는 넓은 마당에는 얇고 넓적한 박석을 깔았다. 서쪽 마당에는
동그란 샘과 네모난 연못이 있으며, 그 주변에 정교하게 돌난간을 두르고 작은 돌다리
를 놓았다. 또 연못 북쪽 화계(花階) 아래는 시원한 샘물이 나오는 열천(冽泉)이 있다.

통명전은 주로 왕비의 침전으로 사용하였지만, 중종과 명종비의 빈전으로 사용된
적도 있다. 또한 경종은 1724년(경종 4) 1월 13일에 통명전으로 이어하여 편전으로 사
용하였다. 한편 통명전은 『동궐도』에는 월대와 초석, 연못만 그려져 있다. 이는 1790

년(정조 14)에 화재로 소실되어 1833년(순조 33) 현재 모습으로 중건되었기 때문이다.

통명전

④ 양화당

양화당(養和堂)의 양화는 '조화로움을 기른다'는 의미이다. 양화당은 통명전 동편 바로 곁에 있다. 양화당은 왕비의 침전과 가까운 곳에 있지만, 본래 이곳은 왕이 신하들을 비롯해서 외부 사람들을 불러 만나던 건물이었다.

양화당과 통명전 사이에는 높은 담장이 가로막고 있어서 서로 시선을 차단하고 있었다. 1636년(인조 14) 일어난 병자호란 때 남한산성으로 피난 갔다가 돌아온 인조가

양화당

머무르기도 했다. 영조 후년부터는 주로 대비나 후궁들이 거처하는 곳으로 쓰임새가 바뀌었다.

⑤ 집복헌, 영춘헌

집복헌(集福軒)은 1735년(영조 11) 1월 사도세자가 태어난 곳이다. 사도세자의 모친은 영조의 후궁 영빈 이씨다. 순조도 1790년(정조 14) 6월 이곳에서 태어났다. 순조의 모친은 정조의 후궁 수빈 박씨다. 따라서 집복헌은 후궁이 살던 곳임을 알 수 있다.

영춘(迎春)이란 '봄을 맞는다'는 의미이다. 영춘헌(迎春軒)은 집복헌의 동쪽에 있으므로 봄을 맞는 의미가 있다. 정조는 순조를 낳은 후궁 수빈 박씨를 매우 사랑해 집복헌에 자주 출입하면서, 여기서 가까운 영춘헌을 독서실 겸 집무실로 자주 이용했다.

『동궐도』에 그려진 집복헌과 현재의 영춘헌

그리고 이곳 영춘헌에서 1800년(정조 24) 6월 49세로 승하했다.

⑥ 자경전 터

양화당과 집복헌 사이에 난 계단을 올라서면 솔밭이 나온다. 정조가 어머니 혜경궁 홍씨의 거처로 건립했던 자경전(慈慶殿)이 있던 곳이다. 1776년 즉위한 정조는 그의 부친 사도세자의 존호를 '장헌'이라고 고치고, 아울러 사당 명칭을 경모궁(景慕宮)으로 하고 북부 순화방에 있던 사당을 창경궁 동편 함춘원 언덕(현 서울대학교 병원) 위로 이전해 새로 지었다. 그리고 정조는 경모궁이 마주보는 곳에 자경전을 건립하게 하였다. 자경전은 규모가 커서 완성된 것은 만 2년이 지난 1778년(정조 2) 4월이었으며, 5월에 혜경궁을 이곳에 모셨다. 대학로에서 창경궁으로 오는 길에 있는 월근문(月覲門)은 정조가 달마다 경모궁에 참배를 가기 위해 새로 냈던 문이다. 삶과 죽음을 달리하고 있지만 부모를 봉양하려는 정조의 효를 엿볼 수 있는 공간이다.

1800년(정조 24) 정조가 승하한 후에 혜경궁은 자경전을 정조 비 효의왕후에게 양보하고, 자신은 과거 세자빈 시절 거처하던 경춘전으로 옮겼다. 1821년(순조 21) 효의왕후가 자경전에서 숨을 거두었다. 이후 자경전은 대비와 관련한 각종 연회 장소로 자주 사용되었을 뿐 이곳을 거처로 삼은 대비는 없었다.

자경전은 1865년(고종 2) 경복궁 중건 교지가 내려진 그해 12월 철거되었다. 이 자경전 터에 1911년 조선총독부가 장서각(藏書閣)이라는 일본식 기와집을 지어서 이왕

직(李王職)의 도서관 겸 박물관으로 사용하였다. 장서각은 1980년 창경궁을 복원하면서 철거되었고, 그 안에 소장된 책들은 한국학중앙연구원으로 옮겨졌다.

4) 후원 구역

후원(後苑)은 왕과 왕비가 휴식을 취하는 공간으로 외부인들이 함부로 들어 올 수 없는 지역이다. 따라서 후원을 금원(禁苑), 북원(北苑)으로도 불렀다. 창경궁의 후원과 창덕궁

『동궐도』에 그려진 자경전과 일제 강점기의 장서각

후원은 본래 담장 없이 서로 통해서 따로 구별되지 않았다. 두 궁궐의 후원에 담장이 쳐진 것은 일제 강점기 때 창경궁이 동물원과 식물원으로 개조되면서였다. 창경궁이 일반인들에게 입장료를 받고 관람시키는 공원이 되면서 창덕궁으로의 접근을 막기 위한 조치였다.

① 춘당지

춘당지(春塘池)는 일제 강점기 초기인 1911년에 지금과 같은 모습으로 만들어졌다. 이곳은 원래 내농포(內農圃)가 관리하는 논이 있던 곳이다. 농업 국가인 조선에서 농업을 장려하기 위해 왕이 여기서 농사 시범을 보였던 것이다. 춘당지는 원래 이 논 위쪽에 있던 작은 연못이다. 일제가 이를 이곳까지 확장하고 일본식으로 꾸민 다음 뱃놀이도 하는 등 유흥공간으로 이용하였다.

② 대온실, 관덕정

춘당지를 지나 북쪽으로 더 올라가면 식물원(대온실)이 나온다. 식물원은 통감부가

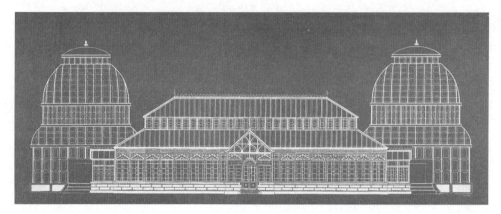

창경궁 대온실 청사진

동물원과 함께 1907년 창덕궁으로 이어했던 순종 황제를 위로한다는 명목으로 세운
것이다. 비록 일제가 세운 것이지만 당시 동양 최대 규모를 자랑하는 식물원이었다고
한다. 본래 이곳은 조선시대에 창덕궁과 창경궁이 공유했던 후원 영역으로 왕과 신하
들이 모여 잔치도 베풀고, 과거 시험도 보이고, 군사 훈련도 거행했던 곳이다. 후원에
서 성균관으로 통하는 집춘문(集春門) 쪽으로 가다보면 관덕정(觀德亭)이 나오는데, 이
건물이 바로 군신들이 모여 활을 쏠 때 사정(射亭) 역할을 했던 정자였다.

8장 조선의 국가 제사 공간, 종묘와 사직단

　조선시대 국가 제사에서 가장 중요한 시설은 종묘(宗廟)와 사직(社稷)이었다. 종묘와 사직을 합쳐서 종묘사직, 줄여서 종사(宗社)라고도 불렀다. 종사는 조선 왕조의 과거와 현재, 그리고 미래를 연결하는 대단히 중요한 공간으로서 국가나 조정 자체를 의미할 정도로 큰 비중을 차지하였다. 종묘와 사직에 지내는 제사는 유교에서 중시하는 오례(五禮)[길례(吉禮), 흉례(凶禮), 군례(軍禮), 빈례(賓禮), 가례(嘉禮)] 중 길례에 속하였다. 그리고 길례 중에서도 대사(大祀)에 속하였다. 유교 이념이 지배하는 국가에서는 반드시 종묘와 사직을 세웠다.

　종묘는 왕과 왕비의 신주(神主, 위패(位牌) 또는 신위(神位)라고도 함)를 모시고 제사를 지내던 왕실의 사당으로서, 종묘의 '종(宗)'은 마루, 근본, 으뜸을 뜻한다. 따라서 종묘는 국가의 가장 으뜸가는 사당이라는 의미를 갖는다. 사직은 고대 농경사회에서 민생의 근본인 토지와 곡물의 신인 국사신(國社神)과 국직신(國稷神)에게 제사를 지내는 곳으로, 단(壇)을 쌓고 제사를 드리므로 사직단(社稷壇)이라고 불렀다.

　종묘는 왕실의 제사를 행하는 곳이기 때문에 반드시 국가의 도읍지에 세워졌고, 그 위치도 따로 규정한 법도에 맞게 정해야 했다. 사직단은 곡식이 민생의 근본이었기 때문에 종묘와 달리 지방 현(縣)에도 세워졌다. 종묘와 사직단이 도성(都城)에 들어설 위치는 『주례(周禮)』 고공기(考工記)에 "북좌남면 좌묘우사(北座南面 左廟左社)"로 명시되어 있다. 이를 풀면, 왕은 북쪽에 앉아 남쪽의 만백성을 굽어보아야 하고 왕이 거처하는 궁궐 왼쪽에는 종묘, 오른쪽에는 사직을 두어야 한다는 뜻이다. 이에 따라 종묘는 궁궐의 왼쪽 앞인 도성의 동쪽에, 사직단은 도성의 서쪽에 세웠다.

1. 조선의 개국과 종묘

1) 종묘의 유래와 조선시대의 종묘

조선시대 종묘는 왕과 왕비, 그리고 실제로 왕위(王位)에 오르지는 않았으나 죽고 나서 왕으로 추증된 왕과 그 비의 신주를 모시고 제사를 행하던 왕실의 사당이다. 따라서 종묘에는 화려한 전각(殿閣)이 없고, 건물에 현판이 없다. 또한 종묘의 모든 건물은 맞배지붕으로 단청을 칠하지 않고 주칠(朱漆)로 마감하였다. 한마디로 종묘는 단순 질박하면서도 전체적으로 엄숙하고 장엄한 공간 구성을 이루고 있다.

조선의 태조인 이성계는 1392년 7월 17일 개성 수창궁(壽昌宮)에서 왕위에 오른 뒤부터 종묘 건설과 새로운 도읍지를 정하는 일에 역점을 두었다. 종묘는 왕조의 뿌리를 상징하는 시설이고, 도읍지는 국가 통치의 기반이 되는 곳이었기 때문이다.

태조는 즉위 12일 만인 7월 28일에 자신의 4대조에게 차례로 목조(穆祖), 익조(翼祖), 도조(度祖), 환조(桓祖)라는 왕의 칭호를 올렸다. 8월에는 신하를 한양에 파견하여 고려시대 남경(南京)의 이궁(離宮)을 수리케 하고, 수리를 끝내는 대로 한양으로 천도하고자 하였다. 그러나 신하들의 반발로 천도 계획을 유보하여, 할 수 없이 개성에 있던 고려 왕조의 종묘를 허물고 거기에 새 종묘를 짓도록 하였다. 1394년(태조 3) 10월의 한양 천도 이후 태조는 종묘와 사직을 가장 먼저 세우고, 다음으로 경복궁을, 마지막으로 성벽을 쌓는 순서로 도성을 건설하였다. 1394년 12월에 태조는 유교 이념에 따라 경복궁을 기준으로 왼쪽인 동쪽에 종묘를, 오른쪽인 서쪽에 사직을 건설하기 시작하여, 1395년(태조 4) 9월에 공사를 마쳤다. 종묘가 완성되자 태조는 날을 받아 1395년 10월에 4대조의 신주를 개성에서 옮겨 와 봉안(奉安)하였다.

우리 역사에서 종묘는 7세기 중엽 신라 태종무열왕이나 문무왕 때 초기 형태로 세워졌으며, 제도가 완비되어 정식으로 건립된 것은 687년(신문왕 7)의 일이다. 종묘는 일명 태묘(太廟)라고도 하는데 통일신라 때에는 주로 종묘라고 불렸으나 고려에서는 태묘라고 칭해졌다. 조선시대에는 주로 종묘라고 불렸으나 종묘와 태묘를 뒤섞어 부르기도 하였다. 『예기(禮記)』에 따르면 천자(天子)는 7묘, 제후(諸侯)는 5묘로 짓게 되어 있다. 5묘제란 조선과 같은 제후국은 태조와 현 국왕의 1대조부터 4대조까지 총 다섯 국왕의 신주만을 봉안해야 한다는 것을 말한다.

현재 종묘를 구성하고 있는 중심 건물은 종묘 정전(正殿)과 영녕전(永寧殿)이다. 태조가 종묘를 건설할 당시는 정전뿐이었지만, 정전에 모시지 않은 왕과 왕비의 신위를 모시는 별묘(別廟)로 영녕전이 1421년(세종 3)에 처음 건립되었다.

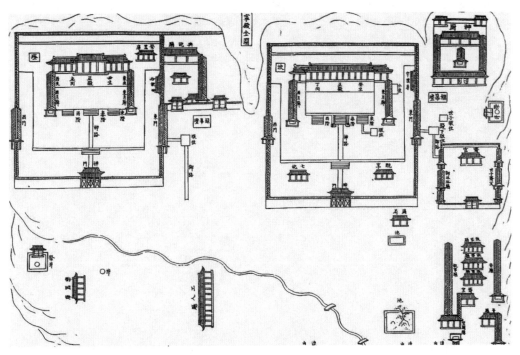

1706년 작성된 『종묘의궤』 중 종묘전도와 영녕전전도

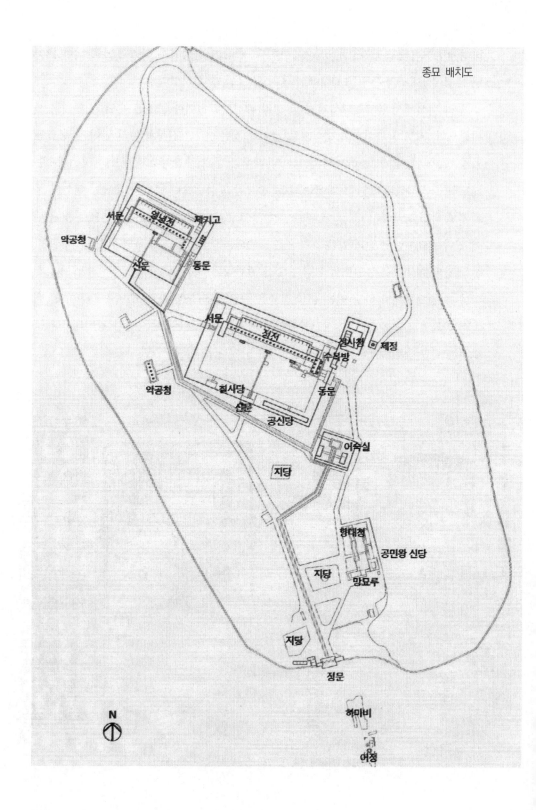

종묘 배치도

서문　영녕전　제기고
악공청
신문　동문

서문
정전
전사청　제정
수복방
악공청　칠사당
신문　동문
공신당
어숙실

지당

향대청
공민왕 신당
지당
망묘루

지당

정문

하마비

여정

N

종묘 정전은 건립 당시 신실(神室) 규모가 5칸이었다. 그러다가 1419년(세종 1년) 정종(定宗)이 승하하여 그 신위를 종묘에 모실 때가 되자, 태조와 태조의 4대 조상을 합쳐 다섯 신위로 모두 차 있는 신실 공간이 문제가 되었다. 정종의 신위를 새로 모시게 되면 목조의 신위는 정전에 모실 수 없게 되기 때문이다.

이때 논의를 거듭하여 중국 송나라의 예를 따라 1421년(세종 3) 10월 종묘 정전의 서쪽에 별묘인 영녕전을 세워 목조의 신위를 옮겨 모실 것을 결정하였다. "조종(祖宗)과 자손이 함께 길이 평안하라"는 뜻의 영녕전은 종묘에서 옮겨 온 신위를 모셨다고 해서 조묘(祧廟)라고도 한다.

2) 종묘 정전 양식의 변천

본래 조선의 종묘 정전은 5묘제에 따라 신주를 다섯까지만 모실 수 있다. 종묘 정전의 신실이 꽉 찬 상태에서 현왕이 죽으면 태조를 제외한 가장 먼 조상의 신주는 친진(親盡, 제사 지내는 대(代)의 수가 다 되는 것)하여 종묘에서 나가야만 했다. 그러자 조선 조정은 '불천지주(不遷之主)'를 적절히 활용하여 5묘제를 유지하는 방법을 찾아냈다. '불천지주'란 후대의 국왕과 신하들이 친진에 이른 국왕의 공덕(功德)을 평가한 뒤 공덕이 높아 영원히 옮기지 않기로 결정한 신주를 말한다. 불천지주는 5묘의 대수(代數)를 헤아릴 때 포함되지 않았다. 모셔야 할 신위가 늘어나자 칸수를 늘려야 하는 상황이 생겼고, 그 결과 종묘 정전이 증축되었다.

1545년(명종 1)에 이르러 종묘 정전의 부족한 공간을 확충하기 위해 4칸의 신실이 증축되어 그 규모가 모두 11칸으로 늘어났다. 1592년 임진왜란으로 일본군이 도성을 점령하여 종묘에 주둔했는데, 이후 철수하면서 종묘에 불을 질러 전소되었다. 1608년(선조 41)에 종묘를 다시 짓기 위해 종묘수조도감을 두고 종묘 건축에 착공하였으나 광해군이 즉위한 후에 완공되었다.

종묘 재건에 앞서 종묘 제도를 임진왜란 전의 건축 형식으로 할 것인지, 소목제(昭穆制)를 기본으로 하는 중국 주나라의 고제(古制)를 따를 것인지에 관한 논의가 이루어졌다. 종묘에 신주를 배열하는 방법에는 동당동실소목제(同堂同室昭穆制), 동당이실

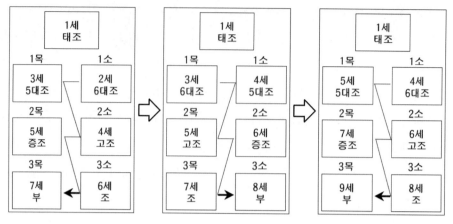

중국 전한 시대의 동당동실소목제

서상제(同堂異室西上制), 동당동실소상제(同堂同室昭上制) 등이 있다. 그 첫 번째인 동당동실소목제는 전한(前漢) 시대의 종묘제로서, 신주 7위(位)의 건물을 따로 세우되 건물들을 좌소우목(左昭右穆)의 원칙에 따라 중앙에 태조를 모시고, 왼쪽(동쪽)에 소(昭)를, 오른쪽(서쪽)에 목(穆)을 두어 7대조를 모시고 황제가 죽으면 그림과 같이 독특한 제도에 따라 신주를 옮기는 것이다.

두 번째, 동당이실서상제는 후한(後漢) 명제(明帝) 때부터 나타나는 종묘제로서, 건물을 여럿을 짓지 않고 하나의 건물 안에 7개의 구획을 나누어 왼쪽 끝에 태조 신주를

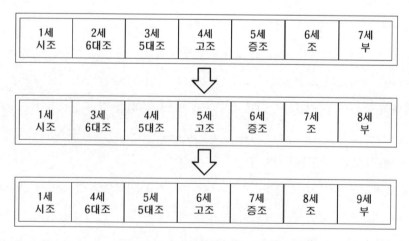

중국 후한 시대의 동당이실서상제

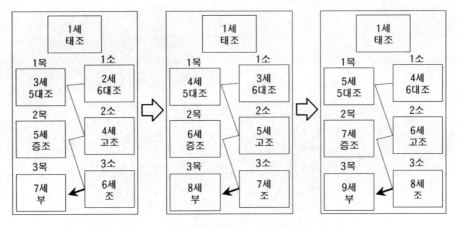

통일신라의 동당동실소상제

두고 차례로 여섯 신주를 두는 방법으로 서쪽이 위라 하여 서상제(西上制)라 했다.

세 번째, 동당동실소상제는 중국 종묘제에서는 찾아 볼 수 없는 독특한 종묘제로 서, 통일신라 때인 687년(신문왕 8)에 나타난다. 중국의 동당동실소목제에서는 소와 목이 번갈아 우위에 있는데 비해 통일신라에서는 소의 서열이 항상 높게 만들었다. 초 기에는 중국의 황제와 같은 7묘제로 운영되었다가 혜공왕 대(재위 765~780)에 5묘제 로 바뀌었다. 고려에서는 992년(성종 11)에 종 묘를 짓고 5묘제로 운영했다.

조선 조정은 논의 끝에 임진왜란 이전의 동 당이실서상제 형식의 11칸 규모로 종묘 정전 을 재건하였다. 조선은 신주 배열 방식을 동 당이실서상제로 하였으나 신주 숫자는 다섯 도 아니고 일곱도 아닌 특이한 방법으로 하 였다. 그 후 종묘 정전은 1726년(영조 2)에 4칸, 1836년(헌종 2)에 4칸을 추가 증축하여 지금의 19칸이 되었다.

창건 당시의 종묘: 정전 7칸

임진왜란 직후의 종묘: 정전 11칸

현재의 종묘: 정전 19칸

종묘 정전의 변천 과정

외대문

2. 종묘의 공간 구성과 제례

1) 진입 및 재궁 공간

① 외대문

종묘의 정문은 외대문(外大門) 또는 외삼문이라 하며 정면 3칸, 측면 2칸의 맞배지붕에 삼문(三門) 형식을 갖추고 있다. 종묘의 정문은 다른 궁궐의 정문과 달리 구조가 검소하고 단순하다. 문의 구조도 하나의 문짝을 상하로 구분하여, 하단에는 판문(板門)을 달고 상단에는 세로로 살창(箭窓)을 만들어 기운이 소통되기를 바랐다.

조선 왕실의 역대 왕들의 신위를 모신 종묘는 대단히 중요한 공간이었다. 정문을 지날 때면 왕도 연(輦)에서 내려 걸어가야 했다. 또한 왕의 상여가 종묘 앞을 지날 때에는 상여를 낮추어서 지나간다. 그리고 백성들은 반드시 4배를 하고 지나야 했다.

② 삼도(三道)

종묘의 정문인 외대문을 들어서면 3단의 박석길이 북으로 길게 나 있다. 양옆보다 약간 높게 되어 있는 가운데 길이 신향로(神香路)이고, 동쪽의 낮은 길이 어로(御路), 서쪽이 세자로(世子路)이다. 어로는 제사 때 임금이 다니는 길이고, 세자로는 세자가 다니는 길이며, 신향로는 혼이 다니는 신로(神路)와 향(香)·축(祝, 축문)·폐(幣, 예물)가 오가는 향로(香路)가 합쳐진 길이다. 어로는 어숙실(御肅室)로 연결되며, 어숙실에서 서문으로 연결된 길은 종묘 동문으로, 남문에서 연결된 길은 영녕전(永寧殿) 동문으로 연결된다. 제사 당일 새벽 왕은 최고의 예복인 면류관과 구장복 차림으로 편전을 나와 종묘로 행차했다. 왕은 연(輦)이라고 하는 가마를 타고 종묘 정문까지 와서 종묘 정문에서 여(輿)라고 하는 가마로 갈아타고 재궁 문 밖까지 간 후 그곳에서 내려 문 안으로 걸어 들어갔다.

③ 망묘루, 향대청

망묘루(望廟樓)는 제향(祭享) 때 국왕이 종묘의 정전을 바라보며 선왕과 종묘사직을 생각한다는 의미에서 붙여진 이름이다. 종묘 내 모든 건물은 맞배지붕인 데 반해 유일하게 팔작지붕이다. 제례와 직접 관련되지 않은 건물의 용도에 상응하는 지붕 형태로 보인다.

망묘루로 들어가기 위해서는 연못을 지나야 하는데, 이 연못이 하늘은 둥글고 땅은 네모나다는, 소위 천원지방 형태이다. 그런데 연못 한가운데 있는 섬에 향나무 한 그

망묘루

루가 서 있는 것이 눈길을 끈다. 한편 향대청(香大廳)은 종묘에서 사용하는 향·축·폐 등의 제사 예물을 보관하는 곳이다. 제사 하루 전에 왕은 궁중의 편전에서 제관들에게 향축(香祝)을 전했다. 향은 신을 모시는 수단이며, 축문은 제사의 뜻을 고하는 것이다. 따라

공민왕 신당 전경과 내부

서 향과 축문은 제사에서 중요 요소로 사용되었다. 향대청은 제향 전후로 헌관들이 잠시 쉬는 곳이기도 하였다.

④ 공민왕 신당

공민왕 신당(恭愍王神堂)은 고려 31대 공민왕과 그의 비인 노국대장공주(魯國大長公主)의 영정을 모신 곳으로 종묘를 창건할 때 건립되었다고 전한다. 공민왕 신당의 정식 명칭은 '고려 공민왕 영정 봉안지당(高麗恭愍王影幀奉安之堂)'이다. 조선 왕조의 신성한 종묘 안에 고려 공민왕의 사당을 모신 것은 태조 이성계가 공민왕의 정통을 계승하여 조선을 개창하였다고 주장하기 위함이다.

⑤ 어숙실, 재실

향대청 북쪽, 즉 정전 동쪽에 담장을 두른 독립된 영역이 어숙실(御肅室)이다. 어숙실은 어재실(御齋室) 또는 재궁(齋宮)이라고도 한다. 왕이 목욕재계하고 의관을 정제하여 세자와 함께 제사 올릴 준비를 하던 곳이다. 어숙실 일원은 북·동·서쪽에 건물이 배치되어 있다. 북쪽 건물은 어재실, 동쪽은 세자실(世子室), 서쪽은 어목욕청(御沐浴廳)이다. 재궁에서 왕이 사용한 건물과 세자가 사용한 건물의 차이가 있다. 조선시대에는 신분 및 지위에 따라 건물의 크기 등이 다르기 때문이다.

2) 제향 공간

① 전사청

전사청(典祀廳)은 신주(神廚)라고도 한다. 전사청은 삼헌관(三獻官), 수복(守僕) 등이 제사 때 사용되는 제물, 제기 등의 기물과 제수(祭需)를 준비하던 곳이다. 이 집은 마당을 가운데 두고 주위로 건물을 배치한 'ㅁ'자형 구조이다.

전사청 전면에는 찬막단(饌幕壇)과 성생위(省牲位)가 있다. 종묘 제사에는 희생 제물로 소 1마리, 양 5마리, 돼지 5마리를 사용했다. 제사의 종류에 따라 소, 양, 돼지를

종묘에 고려 공민왕 신당이 모셔진 이유

1389년 11월 여주에 유배 중이던 우왕(禑王)이 대장군 김저(金佇)에게 이성계의 제거를 명했다는 '김저 사건'이 일어났다. 이에 이성계 일파는 우왕의 아들인 창왕(昌王)을 폐하고 새로운 국왕으로 공양왕을 옹립하였다. 이성계가 공양왕을 옹립한 것은 그로부터 양위받기 위한 사전 정지 작업에 불과했다.

그러나 공양왕의 즉위는 새로운 사태를 야기하였다. 공양왕을 중심으로 이색(李穡)·변안렬(邊安烈) 등이 결집하였고, 정몽주(鄭夢周)도 공양왕의 신임을 받았던 것이다. 공양왕을 중심으로 반대 세력이 결집하자, 이성계 일파는 이색·우현보 등이 윤이(尹彛)와 이초(李初)를 명에 보내 고려의 토벌을 요청했다는 소위 '윤이·이초 사건'을 조작하였다. 그리고 이 사건을 처리하는 과정에서 완전히 병권을 장악하였다.

병권을 장악한 이성계 일파는 공양왕 3년(1391) 5월 과전법을 반포하고 불교의 배척을 주장하였다. 과전법 반포가 새로운 왕조의 정치 경제적 지배 질서를 구축하기 위한 조치였다면, 고려 왕조를 사상적으로 부인한 것이 이성계 일파의 척불론이었던 셈이다.

과전법이 반포되고 척불론이 제기된 것을 계기로 이전까지 협조적이었던 정몽주가 등을 돌리자 이를 위기로 파악한 이성계는 정몽주를 제거하고 공민왕의 비인 정비(定妃) 안씨(安氏)에게 옥쇄를 넘겨받아 고려왕으로 즉위하여 권지고려국사(權知高麗國事, 고려의 나랏일을 임시로 맡은 사람)가 되었다. 이성계는 즉위 교서에서 자신이 즉위한 것은 도평의사사(都評議使司)의 권유에 따른 것이라고 하면서, "나라의 이름은 그전대로 고려라 하며, 의장(儀章)과 법제는 한결같이 고려의 고사(故事)를 따르기로 한다"고 하였다. 이렇듯 이성계의 등극은 철저히 고려 왕조의 권위를 빌어 이루어졌던 것이다.

전사청

기르는 기간이 각기 달랐다. 대사는 1년, 중사는 9개월, 소사는 3개월 동안 소, 양, 돼지를 길렀다. 성생위(省牲位)는 제물인 소, 양, 돼지를 검사하는 곳이다. 제사 하루 전 제관들은 종묘 정전 안으로 들어가 제기(祭器)가 제대로 설치되어 있는지 검사하였다. 제관들이 제기를 검사하는 동안, 장생령(掌牲令, 나라의 제사에 사용되는 짐승에 관한 일을 맡아보던 관직)은 희생 제물을 이끌고 와서 성생위에 묶었다. 제기 검사를 마치고 제관들이 나와 정렬하면 장생령은 "희생 제물을 살펴보실 것을 요청합니다."라고 말한다. 그러면 먼저 종헌관(終獻官)이 나서서 희생 제물을 살펴보는데, 아무 문제가 없으면 장생령이 손을 들고 "돈(豚)"이라고 외쳤다. 돈이란 살쪘다는 뜻이다. 종헌관에 이어 여러 대축(大祝)들이 각각 희생 제물의 주위를 한 바퀴 돌면서 꼼꼼하게 살펴보는데, 아무런 문제가 없으면 여러 대축들이 함께 손을 들고 "충(充)"이라고 외친다. 충이란 충실하다는 뜻이다.

"돈"과 "충"의 판정을 받은 희생 제물은 재인(宰人)에게 넘겨져 희생되는데, 이때 재인은 난도(鸞刀)라고 하는 특별한 칼을 사용했다. 난도는 칼날의 끝과 등 쪽에 작은 방

울이 달려 소리가 나는 칼로서 태고의
칼을 상징했다. 이렇게 희생된 제물은
주방으로 옮겨져 확(鑊)이라고 하는 가
마솥에서 삶아졌다.

희생을 잡는 칼 난도(鸞刀)

찬막단(饌幕壇)은 제사에 바칠 음식
을 미리 검사하는 단이다. 종묘제례에
는 날 음식을 올렸으므로 특별히 주의해야 했기 때문에 천막을 치고 휘장을 둘러 청결
하게 하였다. 전사청 동쪽에는 제사에 쓰는 우물인 제정(祭井)이 있다. 제정 주위에는
담을 쌓아 사람들이 함부로 출입하지 못하도록 하였다.

② 신문, 동문, 서문

종묘 정전에는 출입의 대상이 정해져 있는 세 개의 문이 있다. 정문인 남쪽 문을 신
문(神門)이라 한다. 신문은 신이 다니는 문으로 제례를 행하는 인원 외에는 왕도 출입
할 수 없다. 신문은 정전의 규모가 1608년(선조 41)에 11칸, 1726년(영조 2)에 15칸,
1836년(헌종 2)에 19칸으로 확장됨에 따라 그 위치도 계속 바뀌었다.

동문(東門)은 왕과 세자 등의 헌관(獻官), 제관(祭官) 및 종척(宗戚)이 제사를 지내기
위해 출입하는 문이다. 재궁으로부터 어로로 연결되어 있고, 동문 바로 앞에는 왕과
세자의 판위(版位)가 있다.

서문(西門)은 제례 때 악기를 연주하는 악공(樂工)과 춤을 추는 일무원(佾舞員)들이
출입하는 문으로 신문이나 동문보다 규모가 작다. 이와 같이 종묘에는 문 하나까지도
명확한 용도가 정해져 있다. 따라서 건물의 위계도 분명함을 알 수 있다.

③ 하월대 – 신로, 부알위, 판위

월대는 단의 일종으로 지면으로부터 단을 높여 다른 공간과 성격을 달리하는 천상
으로 이어지는 공간임을 암시한다. 하월대(下月臺)는 동서 109m, 남북 69m로 우리나
라에서 제일 큰 월대이다. 뒤쪽을 약간 높게, 가운데를 약간 불룩하게 하여 배수가 쉽
게 하였다. 바닥에는 박석을 깔았고, 가운데는 검은 전돌을 깔아 신로를 표시했다. 하

정전과 월대

월대의 신로와 접한 동쪽 한 곳에 네모반듯한 벽돌을 깐 사각형의 판석인 부알위(祔謁位)가 있다. 부묘제(祔廟祭) 때 신주를 모신 신여(神輿)가 가운데 계단인 태계(泰階)를 거쳐 신실로 들어가기 전에 열성신위들에게 부태묘(祔太廟)를 아뢰는 절차를 행하기 위해 신여를 잠시 내려놓는 곳이다. 월대 곳곳에는 차일 고리가 박혀 있다. 동계 바로 앞에는 전돌을 깔아 네모난 단 모양으로 판위를 만들었다. 헌관인 왕과 세자가 어로를 따라 종묘 뜰에 이르러 잠시 머무르며 제례를 올릴 예를 갖추는 곳이다.

④ 상월대 – 태계, 동계, 서계, 음복위

정전 바로 앞의 높은 축대를 상월대(上月臺)라 하며 하월대처럼 박석을 깔았고 계단이 셋 있다. 오른쪽의 동계(東階)는 왕과 제관들이 오르는 계단이다. 그리고 작헌례를 마친 뒤에 임금이 제1실인 태조실의 술과 고기를 취하여 드시며, 조상이 베푸는 복을 받는다는 음복례를 행하는 음복위(飮福位)가 있다. 음복위는 앞 기둥 밖 동쪽 가까이 서향으로 돗자리를 깔아 설치한다.

정전 전경

가운데 태계(泰階)는 신주를 종묘에 안치하는 부묘(祔廟) 때나, 제례 시 찬물(饌物)을 천조관, 봉조관이 받들어 올리는 등의 신을 위한 의식을 행할 경우에만 이용된다. 왼쪽의 서계(西階)는 각 실의 축판(祝板)과 폐백(幣帛)을 모아 태우는 망료례를 행하기 위해 내려올 때 이용하는 계단이다.

⑤ 정전

정전은 종묘의 중심 건물이다. 종묘 창건 당시 7칸이었으나 1545년(명종 1)에 이르러 4칸이 증축되어 그 규모가 모두 11칸으로 늘어났다. 그 후 정전은 1726년(영조 2)에 4칸, 1836년(헌종 2)에 4칸을 증축하여 지금의 모습인 19칸이 되었다. 지금도 정전의 9칸 앞 월대의 지대석에는 계단의 흔적이 남아 있다. 이것은 여러 번에 걸쳐 증축하였음을 보여 주는 흔적이다. 결국 이러한 이유 때문에 정전은 단일 건축물로는 세계적으로 가장 긴 형태가 되었다. 특히 신실 동서쪽 끝에서 직각으로 꺾이며 남쪽으로 이어진 5칸의 월랑은 종묘 건물이 갖는 특이한 구조라 할 수 있다. 이와 같이 정전이 총 35칸의 긴 선형 구조로 된 것과 정전의 동서쪽에 월랑이 있는 것은 중국 종묘 건축에는 없는 조선만의 특징이다.

제례가 있을 때 제례의 주요 공간이 되는 동월랑은 기둥과 지붕으로만 구성되어 북쪽을 제외한 세 방향이 트여 있다. 반면 창고로 쓰이는 서월랑은 사방이 벽체로 막혀 있다. 정전 건물은 전면은 퇴칸을 구성하는 기둥만 서 있고 벽체 없이 모두 정전의 뜰[廟庭]을 향하여 트여 있다. 그리고 측면과 뒷면은 모두 전돌로 두껍게 벽체를 쌓아 내부 공간을 어둡게 함으로써 신성한 분위기를 연출한다. 정전 내부로 출입하는 판문은 각 칸마다 두 짝씩 달려 있다. 그러나 그 짝맞춤이 정연하지 않고 약간 뒤틀려 아래위가 벌어져 있다. 이는 혼이 드나드는 통로임을 상징하기도 하고, 실제로 통기구 역할을 하기도 한다. 문틀 아래에는 신방목(神枋木)이 있고, 신방목에는 삼태극 무늬가 조각되어 있다. 판문 외부에는 발을 칠 수 있게 되어 있는데, 제향 때 판문을 열어 발을 늘어뜨리고 제의를 행한다.

정전 내부는 칸막이 벽체 없이 전체가 하나의 공간이 되도록 했으며, 각 칸마다 제일 깊은 곳에 신주를 모신 감실(龕室)을 두었다. 각 감실에는 서쪽에 왕의 신주, 동쪽에 왕비의 신주가 차례로 봉안되어 있다. 감실 사이는 발을 쳐서 구별하였고, 왕의 금보(金寶), 옥책(玉冊), 교명(敎命)과 산선(傘扇, 우산과 부채)를 함께 모셨다. 감실 앞으

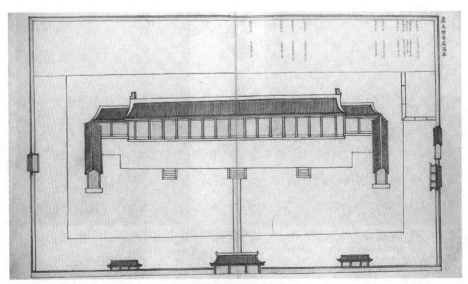

우주매안처도본(虞主埋安處圖本))

정전 내부

로는 제사 지내는 공간이 있다.

정전 뒤편 뜰에는 우주(虞主)를 묻었다. 인간은 혼백(魂魄)으로 이루어진다. 그런데 인간이 죽고 난 뒤 백(魄)은 땅에 묻는다. 그러나 백을 떠난 혼(魂)은 떠돌게 된다. 이 것은 후손들을 가슴 아프게 하는 것이다. 이 문제를 해결하기 위해 후손들은 뽕나무로 신주(神主)를 만든다. 이 신주에 혼이 깃들게 된다. 그리고 이 신주를 혼전(魂殿)에 보 관한다. 왕의 첫 번째 기일을 '연제(練祭)'라 하며, 연제를 지낸 후 신주를 다시 교체한 다. 이때 1년이 지난 교체된 신주를 '우주(虞主)'라 한다. 이 '우주'를 종묘 정전 뒤편 뜰 에 묻는다. 한국학중앙연구원 장서각에서 보관 중인 『우주매안처도본(虞主埋安處圖 本)』에는 정전 뒤에 묻은 선대왕의 우주(虞主)의 위치를 표시하고 있다. 『우주매안처 도본』에는 당시 위치를 알 수 있었던, 정조(正祖), 정성왕후(貞聖王后), 영조(英祖), 선 의왕후(宣懿王后), 경종(景宗), 인원왕후(仁元王后), 숙종(肅宗), 인선왕후(仁宣王后), 효 종(孝宗), 인조(仁祖), 의인왕후(懿仁王后)의 우주를 묻은 곳이 기록되어 있다.

정전의 퇴칸과 상하 문짝이 벌어져 있는 신실의 판문

정전 동북쪽에는 '소차위'가 있다. 소차위(小次位)는 종묘 제례 도중 왕의 순서가 끝
난 뒤 다음 의식 때까지 왕이 쉴 수 있는 공간이다. 이곳에는 장막을 쳐둔다. 정전에
올라가는 계단은 구름 문양이 조각되어 있는데, 이는 이곳이 신들이 있는 천상의 공간
임을 나타내기 위해서이다. 종묘 제사는 축시일각(丑時一刻), 즉 새벽 1시 15분에 지낸
다. 축시는 새벽 1~3시 사이, 일각은 15분을 가리킨다.

⑥ 정전 부속 시설 – 공신당, 칠사당, 수복방, 요대, 망료위

공신당(功臣堂)은 배향당(配享堂)이라고도 하며 정전 담장 안 동남쪽 하월대 아래에
있다. 맞배지붕의 정면 16칸 측면 1칸의 기다란 건물로 역대 왕의 공신 신주 83위가
모셔져 있는 사당이다. 건물 앞면은 정전과 다리 가운데 3칸에만 판문을 설치하였으
며, 나머지 칸은 벽면의 3분의 2까지 전돌로 쌓은 화방벽으로 막고 그 위에 광창(光窓)
을 설치하였다. 그 외 3면의 벽은 전돌을 쌓았다. 공신당은 정전과 한 경내에 있기 때

공신당에 위판이 봉안되어 있는 공신

국왕	배향 공신
태조	조준, 이화(의안대군), 남재 이제, 이지란, 남은, 조인옥
태종	하륜, 조영무, 정탁, 이천우, 이래
세종	황희, 최윤덕, 허조, 신개, 이수, 이제(양녕대군), 이보(효령대군)
세조	권람, 한확, 한명희
성종	신숙주, 정창손, 홍응
중종	박원종, 성희안, 유순정, 정광필
선조	이준경, 이황, 이이
인조	이원익, 신흠, 김류, 이귀, 신경진, 이서, 이보(능원대군)
효종	김상헌, 김집, 송시열, 이요(인평대군), 민정중, 민유증
현종	정태화, 김좌명, 김수항, 김민기
숙종	남구만, 박세채, 윤지완, 최석정, 김석주, 김만중
영조	김창집, 최규서, 민진원, 조문명, 김재로
정조	김종수, 유언호, 김조순
순조	이시수, 김재찬, 김이교, 조득영, 이구(남연군), 조만영
문조	남공철, 김로, 조병구
헌종	이상황, 조인영
철종	이헌구, 이희(익평군), 김수근
고종	박규수, 신응조, 이돈우, 민영환
순종	송근수, 서정순

문에 일부러 그 형식을 낮추어 그리 크게 느껴지지 않지만 우리 건축에서 단일 건물로는 가장 긴 건물 중 하나이다.

칠사당은 정전 담장 안 서남쪽 하월대 아래에 있는 맞배지붕의 3칸짜리 작은 건물이다. 왕실의 제례 과정에 관여하는 일곱 신에게 제사를 지내는 곳이다. 7신은 사명지신(司命之神), 사호지신(司戶之神), 사조지신(司竈之神), 중류지신(中霤之神), 국문지신(國門之神), 공려지신(公厲之神), 국행지신(國行之神)으로서 사명(司命)은 궁중의 신이고, 사호(司戶)는 출입을 관장하고, 사조(司竈)는 음식을 주관하고, 중류(中霤)는 당실(堂室)의 거처를 주관하는 토왕(土王)이고, 국문(國門)은 출입을 주관하고, 공려(公厲)

는 살벌(殺罰)을 관장하고, 국행(國行)은 도로 통행을 주관한다.

수복방(守僕房)은 제례를 담당하고 종묘를 관리하는 노비와 관원들이 거처하던 곳이다. 요대(燎臺)는 제향에 사용하였던 각 실의 축문과 폐를 태워 혼을 하늘로 돌려보내기 위한 시설물이다. 종묘와 영녕전 서북쪽 북계(北階) 밑에 벽돌로 작은 굴뚝 모양으로 지었다. 조선 초기에는 태우지 않고 예감(瘞坎)이라는 구덩이를 설치하여 묻었는데, 1757년(영조 33) 이후로 지저분한 것이 남지 않게 태우게 했다. 망료위(望燎位)는 정시제(定時祭)의 경우 아헌관(亞獻官)이 망료례의 절차를 주관하는 장소를 요대에서 멀지 않은 곳에 설치하고 망료위라고 불렀다.

3) 별묘, 영녕전

조선의 종묘 제도는 제후의 5묘를 예상하고 지었다. 태조 때에는 목조, 익조, 도조, 환조 등 추존 4대조의 신주를 모셨고, 태조가 죽자 신실이 모두 차 5묘가 되었다. 정종이 죽자 부족한 공간 문제가 본격적으로 제기되었다. 그래서 세종 때에 추존 4대조 신주를 모시기 위한 별묘 건립이 논의되었다. 이때 상왕 태종이 종묘 정전의 서쪽에 별도로 사당을 짓도록 하고 영녕전이라고 이름 지었다. 현재 영녕전 건물은 중앙에 정전 4칸, 좌우에 각각 협실 6칸씩을 두어 모두 16칸으로 구성되어 있다. 좌우 협실 양끝에 직각으로 덧붙여서 동월랑과 서월랑 5칸이 있다. 내부 공간 구성과 이용은 기본적으로 종묘 정전과 같으며, 영녕전 서남쪽으로 악공청이 있다.

영년전의 신주 14위

서협실	정전	동협실
정종, 문종, 단종	목조*, 익조*	명종, 원종*, 경종,
덕종*, 예종, 인종	도조*, 환조*	진종*, 장조*, 영친왕

추존왕* : 목조(穆祖), 익조(翼祖), 도조(度祖), 환조(桓祖)는 이성계의 부, 조, 증조, 고조
덕종(德宗)은 성종의 생부이며, 원종(元宗)은 인조의 생부.
진종(眞宗)은 정조의 양부로 사도세자의 친형. 장조(莊祖)는 정조의 생부

영녕전 전경

영녕전과 정전은 몇 가지 다른 점이 있다. 영녕전 제례는 정전보다 한 단계 낮게 행해졌다. 종묘 정전과 영녕전 제사 모두 대사(大祀)로 분류되어 있었지만, 정전의 제사가 영녕전에 비해 훨씬 중요시 되었다. 우선 영녕전에서는 정전에서 지내는 사시제(四時祭) 대신 춘추 2회에 걸쳐서만 제사를 드렸다. 제사의 수에서 반으로 격하된 것이다. 또한 정전의 제사는 왕이 친히 거행하는 것이 원칙이었으나 영녕전의 제사는 그렇지 않았다. 따라서 그 격식이나 절차에 있어서도 영녕전은 정전보다 훨씬 낮았다. 다만 영녕전에서 드리는 제사의 절차는 정전의 제례와 대략 일치했다. 건축 규모 면에서도 정전이 영녕전보다 넓다. 또 형식 면에서 영녕전은 목조, 익조, 도조, 환조의 4대조를 모신 부분만 정전과 같은 크기와 높이이고, 옆 협실은 정전보다 작다. 이외에도 영녕전에는 정전에 있는 공신당과 칠사당이 없다.

3. 종묘제례와 종묘제례악

1) 종묘제례의 종류와 절차

종묘제례는 왕실의 조상을 추모하는 국가의 제례로서, 조선시대의 모든 제례 가운데 가장 격식이 높은 의식이었다. 때문에 종묘대제(宗廟大祭)라고도 하였다. 조선시대의 종묘제례는 정전에서 매년 봄, 여름, 가을, 겨울에 지내는 대향(大享)과 섣달그믐에 지내는 납일제(臘日祭), 영녕전에서 거행하는 춘추(春秋) 제사가 있었으며 왕이 친히 행하는 것이 원칙이었다. 그리고 단오, 한식 등의 속절(俗節)과 매달 초하루와 보름의 삭망제(朔望祭)는 제관을 정해 치렀다.

그 밖에 햇과일이나 햇곡식 등을 올리는 천신(薦新) 의식 등이 있었고, 또한 나라에 커다란 길흉사가 있으면 고유제(告由祭)를 지냈다. 종묘제례에 임하는 사람들은 예비 절차로 몸과 마음을 경건하게 하기 위해 행사 집사관은 7일 전부터, 기타 제례 참석자는 3일 전부터 재계(齋戒)를 한다. 왕은 4일 동안 별전(別殿)에서 산재(散齋)한다. 문상, 문병을 하지 않고, 냄새나는 음식을 먹거나 취하도록 술을 마시지 않으며, 흉하고 더러운 일에 상관하지 않는다. 치재(致齋)는 사흘 동안 하는데 이틀은 정전(正殿)에서 한다. 음악을 듣지 않고, 여기저기 출입하지 않고, 오로지 제사 지낼 분을 생각하는 마음으로 고요히 지내다가 마지막 날은 재궁(齋宮)에서 지낸다. 제례 전날 왕은 궁궐에서 제관에게 향과 축을 전달하는 전향축(傳香祝)을 하고 나서 종묘에 도착하여 4배를 하여 망묘례를 행한다. 종묘에 들어와 종묘 주변을 살펴보는 봉심(奉審), 제기의 준비, 청결 상태를 살펴보는 성기(省器), 희생이 살쪘는지 메말랐는지 병들었는지 깨끗한지 등을 살펴보는 성생(省牲) 의식을 행하고 재궁에서 지낸다.

두 번째 예비 절차로 제관들이 자리를 잡는 취위(就位)가 있다. 축시 전 1각(새벽 1시)경 신문(神門)을 통해 축함(祝函)을 들여오는 봉축(奉祝)을 하고 나서 제례 직전에 제관들이 자리를 잡으면 왕은 상월대 아래 판위에 선다. 제관들이 손을 씻는 관세(盥洗)를 하고 신실의 신주를 꺼내어 받들어 출주(出主)해서 신좌(神座)에 내어 모시고 제관은 동계 아래 서향하여 선다.

팔일무

세 번째로 본 절차인 제례가 시작된다. 왕이 동문을 통해 들어와 판위에 북향하고 서서 4배를 하여 신을 맞이하는 영신례(迎神禮)를 행한다. 그리고 세 번 향을 올려 하늘의 혼(魂)을 부르고 울창주(鬱鬯酒)를 관지구(灌地口)에 세 번 나누어 부어 땅의 백(魄)을 불러서 혼과 백을 불러 합치는 향신례(享神禮)를 행하고, 신에게 예물로 흰 모시를 올리는 전폐례(奠幣禮)를 행한다. 그러고 나서는 신에게 희생을 올린다고 알리는 천조례(薦俎禮)를 행한다. 소, 돼지, 양의 털과, 피, 간과 창자 사이의 기름을 신위 앞에 올리고 그중 간을 취해 준준소(樽尊所) 밖에 있는 숯불 화로 위에서 태워 부정한 것을 없애는 의식을 행한다.

왕이 친행할 경우 초헌례(初獻禮)에서는 초헌관(왕)이 술을 바치고, 아헌례(亞獻禮)에서는 아헌관(세자)이 술을 바치며, 종헌례(終獻禮)에서는 종헌관(영의정)이 술을 바친다. 헌작례(獻爵禮)가 끝나면 음복례(飲福禮)를 행하는데 집례관이 술을 붓고 고기를 덜어 놓으면 왕은 음복위에 서향하여 기다렸다가 꿇어앉아 마신다. 다음에 망료(望

燎)에서는 집례관이 음식을 치우는 철변두(撤籩豆)를 행하고 나서 축(祝)과 폐(幣)를 망료위에서 불사른다. 망료가 끝나면 왕은 재궁으로 돌아가고 다른 제관과 집례관들이 모두 나간다.

2) 종묘제례악과 팔일무

종묘제례는 종묘제례악에 맞추어 신을 영접하고 음식과 술을 올려 즐겁게 해 드린 다음 신을 보내 드리는 순서로 행해진다. 종묘제례악은 악(樂)·가(歌)·무(舞)를 갖추어 연주하는 음악이다. '악'은 악기의 편성과 연주, '가'는 악장의 구성과 가락, '무'는 일무 (佾舞)의 의물(儀物)을 뜻한다. 음악은 등가(登歌)와 헌가(軒架), 일무로 구성된다.

종묘제례악은 세종이 작곡한 보태평(保太平)과 정대업(定大業)으로 본래 회례연(會禮宴)의 악무로 작곡되었다. 그러다가 세조 때 보태평 11곡과 정대업 15곡이 종묘제례악으로 채택되었다. 종묘제례악은 2001년에 종묘제례와 더불어 유네스코 무형문화유산으로 지정되었다. 악대는 상월대에 등가(登歌)가, 하월대에는 헌가(軒架)가 자리 잡는다. 등가와 헌가의 악기 편성은 시대에 따라 달랐다.

일무(佾舞)는 줄지어 서서 추는 춤이라는 뜻이다. 천자는 8일무, 제후는 6일무로 춘다. 8일무는 8×8=64명이, 6일무는 6×6=36명이 춘다. 조선은 6일무를 추다가 고종 때 대한제국을 선포하면서 8일무를 추기 시작했다. 춤은 문치(文治)를 표현하는 문무(文舞)와, 무공(武功)을 표현하는 무무(武舞)로 나뉜다. 일무원(佾舞員)들은 문무(文舞)에서는 구멍 셋이 뚫린 피리인 약(籥)과 긴 막대기에 꿩 깃털을 단 적(翟)을 들고, 무무(武舞)에서는 나무로 만든 검(劍)과 창(槍)을 들고 매우 느리고 절제된 춤을 춘다.

영신례에서는 보태평의 첫 곡 희문(熙文)을 아홉 번 연주하며 문무를 추고, 전폐례에서는 희문을 연주하며 문무를 추며, 진찬례에서는 춤 없이 진찬곡만 연주하고, 초헌례에서는 보태평 11곡에 문무를 추고, 아헌례와 종헌례에서는 정대업 11곡에 무무를 추고, 철변두에서는 희문을, 송신례에서는 진찬곡을 연주하여 마무리된다.

사직단 전경

4. 사직의 유래와 역사

사(社)는 토지의 신을, 직(稷)은 곡식의 신을 말한다. 따라서 사직단(社稷壇)이란 토지의 신과 곡식의 신에게 제사 지내는 단이다. 우리나라 사직의 역사는 삼국시대부터 시작되었다. 『증보문헌비고(增補文獻備考)』의 기록에 따르면, 백제는 서기 1년(온조왕 20)에 사단(社壇)을 설치했다고 한다. 고구려는 392년(고국양왕 9) 평양에 국사(國社)를 설치했으며, 신라는 738년(선덕왕 4)에 경주에 사직단(社稷壇)을 세웠다고 한다. 고려시대에는 991년(성종 10) 개성의 불은사(佛恩寺) 서동(西洞)에 사직단을 조성했고, 1052년(문종 6)에 개성 안에 새로운 사직단을 설치했다고 한다.

조선시대 사직단은 『주례』에 의거하여 종묘는 도성의 동쪽에, 사직은 도성의 서쪽에 둔다는 원칙에 따라 세워졌다. 사직단은 태조가 한양으로 천도하고 나서 종묘와 함께 가장 먼저 조영한 도성 시설물로, 1395년(태조 4) 1월에 공사를 시작하여 4월에 완

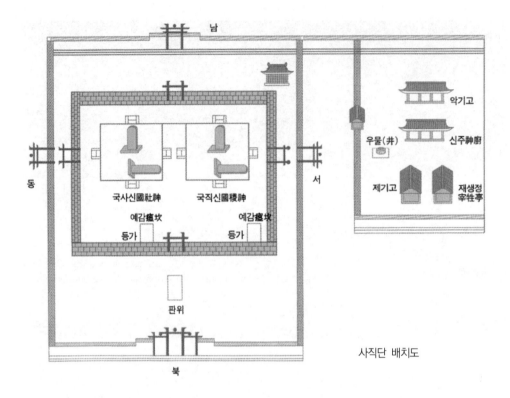

사직단 배치도

성하였다. 1406년(태종 6) 6월에는 주변 지형에 맞게 사직단을 개수하였다.

사직단은 동쪽에는 토지신[社]에게 제사 지내는 사단(社壇)을, 서쪽에는 곡식신[稷]
에게 제사 지내는 직단(稷壇)을 배치하였다. 사직단은 한성 도성 서쪽 인왕산의 한줄
기가 내려온 지형과 조화되도록 조성되었다. 때문에 정확하게 남북을 향하지 않고 약
간 동남쪽으로 틀어져 있다. 이는 도성 쪽을 바라보고 있는 형상이다. 이러한 배치는
엄격하게 남북 방위를 지키며 조성되는 중국의 사직단과 차이를 보인다.

1414년(태종 14) 4월 단 주위에 담을 두르고 담 안에 신실(神室)과 신문(神門)을 세
웠다. 1426(세종 8) 6월에는 사직단을 관장하는 사직서(社稷署)를 두었다. 사직단에서
올리는 제향인 사직제(社稷祭)는 매년 중춘(2월)·중추(8월)·납일(臘日)에 세 차례 거행
하였으며, 이외에도 가뭄 때에는 기우제를 행하는 등 각종 고유제(告由祭)가 있었다.

사직 제사는 대사(大祀)이기는 했으나 사실상 그다지 중시되지 않았다. 숙종 이전
까지는 연간 1회에도 미치지 못했다. 그러다가 18세기부터 국왕의 친왕(親往)도 늘었

고 신하를 대신 보내는 섭행(攝行)도 증가하였다. 그 추세를 살펴보면 선조 때 10년에 1번, 광해군과 인조는 5년에 1번, 효종은 2년에 1번, 현종은 1년에 1번, 숙종과 경종은 1년에 3번, 영조는 1년에 4~5번, 정조는 1년에 4번이었다. 친행(親行)의 경우에는 경종 이후로 2년에 1번 정도였다. 이후 정조 때에는 사직의 제사도 늘고 왕이 친행하는 경우도 늘어났다. 따라서 1783년(정조 6)에는 『사직의궤(社稷儀軌)』가 편찬되어 사직의 제도가 정비되었다.

조선시대 사직의 제도나 위상에 근본적인 변화가 나타난 것은 대한제국이 수립된 이후의 일이다. 사직단의 규모 또한 이전에 비해 커져서 단의 길이와 높이, 유(壝)의 길이 등이 2배로 확대되었고, 단의 계단도 3개에서 5개로 늘어났다. 이와 같은 외형적인 격상이 사직의 실질적인 위상 상승으로 이어진 것은 아니었다. 오히려 대한제국이 수립된 이후 사직이 국가 제사 체계에서 차지하는 위상은 이전보다 낮아졌다. 즉, 예전에는 하늘에 제사 지내는 기우제, 기곡제를 사직에서 지내 위상이 높았지만, 원구단이 세워진 이후 기우제, 기곡제를 원구단에서 지내게 되어 사직의 위상이 추락하였다.

사직은 한성에만 있던 것이 아니라 지방의 각 군현에도 설치되어 있었다. 지방에 사직이 처음 설치된 것은 1406년(태종 6)으로, 태종은 모든 군현에 사직을 설치하고 지방관의 주관하에 봄·가을에 사직 제사를 실시하도록 했다.

사직단의 제사는 1908년(융희 2) 일제 통감부가 칙령으로 향사에 관한 시설을 대부분 철폐시킴에 따라 폐지되었다. 1911년에는 사직단의 건물과 일대의 대지가 조선총독부로 넘어갔다. 이어 사직단은 경성부에 이관되어 1922년에 사직단 주변에 도로를 내고 공원을 조성하면서 부속 건물들이 철거되었다. 그리고 1924년 공원으로 개설되었다가 1940년 도시 공원이 되었다. 이로써 인왕산 자락에 울창한 숲으로 둘러싸여 있던 사직단은 그 본래의 모습을 잃게 되었다. 해방후 1962년에는 도시 확장으로 정문이 뒤로 옮겨졌으며, 1970년대에는 북쪽에 종로도서관과 동사무소 및 파출소, 서쪽에 수영장 등이 건립되어 주변 환경이 다시 크게 훼손되었다. 문화재청은 2012년에 사직단의 원형 복원을 위한 '사직단 종합정비계획'을 발표하였다. 이를 계기로 사직단 복원을 위한 첫걸음을 내딛게 되었다.

5. 사직단의 공간 구성

1) 진입 공간

① 원장과 홍살문

사직단은 사방을 원장(垣墻)이라
는 담으로 둘렀다. 원장의 사방에
는 홍살문(紅箭門)이 설치되어 있
다. 홍살문은 동·서·남쪽 문은 한
칸 규모지만 북쪽 문은 세 칸 규모
이다. 이 북문이 사직의 신이 드나
드는 중요한 문이기 때문이다. 그
래서 북쪽 문을 신문(神門)이라 부
른다.

원장과 홍살문

② 판위와 신실

판위는 제사 때 국왕이 서는 자리로 북문 쪽에 있다. 국왕은 서문으로 들어와서 판
위에 선다. 신실은 남서쪽 귀퉁이에 있는데, 사직신의 네 위판(位版), 즉 국사신(國社
神), 국직신(國稷神), 후토씨(后土氏), 후직씨(后稷氏)의 위판을 모셔 두는 곳이다. 사직
제사를 지낼 때에는 남쪽에 있는 유문(壝門)을 통해 위판을 운반한다.

③ 유

신문(神門)으로 들어와 판위를 지나면 나지막한 단이 있다. 그리고 단 주위로 사방
에 다시 낮은 담이 둘러 있고 담 사방에는 홍살문을 두었다. 이 낮은 단과 담을 합하여
유(壝)라고 부른다. 유는 한 변의 길이가 약 31m가 된다.

유와 사직단

2) 제향 공간 : 사단과 직단

유를 지나면 사직단의 가장 중심에 두 개의 정사각형 단이 나타난다. 동쪽에 있는 것이 사단(社壇), 서쪽에 있는 것이 직단(稷壇)이다. 사단과 직단 위에는 오방색(五方色) 흙을 덮고 그 위를 황토로 덮었다. 사단에는 국사신과 후토씨의 위판을 올려놓는 신좌(神座)를 설치한다. 직단에는 국직신과 후직씨의 위판을 올려놓는 신좌를 설치한다. 국사신, 국직신의 위패는 단 남쪽에서 북쪽을 향해 두고, 후토씨와 후직씨의 위패는 단 북쪽 가까이에서 동쪽을 향해 둔다.

위판은 초기에 황제국처럼 '태사지신(太社之神)', '태직지신(太稷之神)'으로 썼다가 1431년(세종 13)에 제후국 제도에 맞게 '국사지신(國社之神)', '국직지신(國稷之神)'으로 바꾸었다. 그 후 고종이 1897년(광무 1) 8월에 대한제국을 선포하고 1898년(광무 2)에 『대한예전(大韓禮典)』을 편찬하면서 각종 제도가 황제국 제도로 바뀌게 되었다. 이에 국사지신, 국직지신은 다시 태사지신, 태직지신으로 바뀌었다.

군현 사직단은 읍치 서쪽에 설치되었다. 그러나 사단과 직단을 따로 두지 않고 단을 하나만 만들어 사신과 직신을 함께 모시고 제사를 올렸다. 또한 한성의 사직단과는 달리 후토씨, 후직씨는 모시지 않았다.

3) 부속 공간

사직단의 부속 건물로는 악기고(樂器庫), 신주(神廚), 제기고(祭器庫), 재생정(宰牲亭), 찬막대(饌幔臺), 안향청(安香廳) 등이 있다.

악기고는 제례 음악 연주에 필요한 악기를 보관하는 곳이다. 신주는 제수 음식을 장만하는 부엌으로 전사청(典祀廳)이라고도 한다. 제기고는 각종 제기를 보관하는 곳이고, 재생정은 희생으로 사용할 소, 양, 돼지들을 관리하는 곳이다. 찬막대는 전사청(신주)에서 만든 제수 음식을 점검하는 곳이다. 안향청은 사직 제사에 사용하는 향과 축을 봉안해 두는 곳이다. 차장고(遮帳庫)는 사직 제사에 쓰이는 차일장(遮日帳)을 보관하는 곳이다.

현재 남아 있는 건물은 안향청과 정문이다. 사직단 정문은 사직단 신문이다. 현재의 건물은 임진왜란 뒤 재건된 것으로, 정면 3칸, 측면 2칸의 단층 맞배지붕이다.

■더 알아보기

종묘와 사직의 수난

1. 임진왜란과 신주·위판의 수난

1592년(선조 25) 4월 13일 임진왜란이 일어나고 한성이 위험해지자, 조선 정부는 4월 30일에 한성을 버리고 피난길에 올랐다. 조선 정부는 국가의 상징인 종묘·사직의 신주와 위판을 국왕보다 먼저 개성으로 옮겼다. 개성에 도착한 종묘·사직의 신주와 위판은 태조가 즉위 전에 살았던 사저인 목청전(穆淸殿)에 봉안되었다.

5월 2일 일본군이 한성을 함락하면서 개성은 더 이상 안전한 곳이 되지 못했다. 이에 선조는 다시 북쪽으로 피난길에 올랐는데, 이때 조선 정부는 종묘와 사직의 신주·위판을 목청전 마당에 묻고 떠났다. 아마도 피난길에 가지고 가는 것보다 땅에 묻어

정조와 효의왕후의 신주

두는 것이 보다 안전하다고 판단했기 때문인 듯하다. 하지만 일부 종친들은 종묘·사직이 없는 나라는 있을 수 없다면서 신주와 위판을 다시 가져올 것을 강력히 주장했다. 결국 5월 10일에 종묘와 사직의 신주와 위판을 평양으로 옮겨 영숭전(永崇殿)에 봉안했다.

6월 일본군의 계속된 진격으로 평양마저 위태로워지자, 조선은 정부를 둘로 나누어 선조는 의주로 피난을 갔고, 세자 광해군은 황해도·강원도 등지를 돌면서 관군과 의병들을 독려하고 근왕병을 모집하는 활동을 전개했다. 이때 종묘·사직의 신주와 위판들은 선조를 따라 의주로 간 것이 아니라 광해군과 함께 전쟁터를 누비게 되었다. 광해군이 선조를 대신하여 전란 극복을 진두지휘했을 뿐만 아니라 종묘와 사직을 보호하는 막중한 책임까지 수행했던 것이다.

명나라 군대의 참전으로 일본군의 기세가 꺾이자, 1593년(선조 26) 1월에 선조는 의주에서 정주로 돌아왔다. 이때 광해군도 종묘·사직의 신주와 위판을 가지고 정주의 행재소(行在所, 왕이 궁을 떠나 있을 때 머무르던 곳)에 합류했다. 그리고 1593년 4월에 일본군이 한성에서 철수하자, 그해 10월에 선조와 조선 정부는 한성으로 돌아왔다. 환도 후 종묘·사직의 신주와 위판은 명종(明宗)의 장인 심연원의 정릉동 집에 임시로 봉안되었다.

1597년(선조 30) 1월 정유재란이 일어나자 조선 정부는 한성이 다시 함락될 것을 대비하여 종묘·사직의 신주와 위판을 황해도 수안군으로 옮겼다가, 같은 해 10월에 도성으로 가져왔다. 이로써 전쟁 기간 동안 전국의 이곳저곳을 전전했던 종묘·사직의 신주와 위판의 피난 생활은 끝을 맺게 되었다.

2. 병자호란과 신주·위판의 수난

1636년(인조 14) 12월 10일, 청나라 군대가 압록강을 건넌 후 빠른 속도로 내려오자 조선 정부는 황급히 피난 준비를 서둘렀다. 12월 14일, 먼저 봉림대군, 인평대군, 세자빈, 원손을 비롯하여 대신들이 종묘·사직의 신주와 위판을 받들고 강화도로 먼저 들어갔다. 같은 날 인조와 소현세자 일행이 강화도로 출발했다. 하지만 인조 일행이 숭례문에 이르렀을 때 청나라 군대가 이미 홍제원까지 진격했다는 소식이 전해졌고, 이에 인조 일행은 행렬을 돌려 남한산성으로 들어갔다.

　1637년(인조 15) 1월 22일, 갑곶을 건너 기습 공격을 감행한 청나라 군대에 의해 강화도가 함락되었다. 강화도 함락으로 조선의 종묘와 사직은 임진왜란 때와는 비교할 수 없을 정도로 큰 수난을 당했다. 청나라 군대에게 강화도를 점령당해 더 이상 피난 갈 곳이 없게 되자, 종묘·사직의 신주와 위판 보호를 책임지고 있던 윤방(尹昉)은 청나라 군대의 눈을 피해 종묘·사직의 신주와 위판을 땅에 묻었다. 하지만 곧 청나라 군대에 발각되어 파헤쳐지는 화를 당하고 말았다. 이에 윤방 등이 흩어진 신주와 위판을 수습하여 다시 땅에 묻었지만 이것 역시 청나라 군사들에 의해 발견되어 파헤쳐졌다. 이 과정에서 사직의 네 위판은 많은 손상을 입었으며, 위판을 받치는 사각 형태의 받침대인 부방(趺方)은 모두 없어지고 말았다. 하지만 윤방 등의 노력으로 위판 자체가 소실되거나 파괴되는 화는 겨우 면할 수 있었다.

　윤방 등은 수습한 종묘·사직의 신주와 위판을 가지고 강화도를 빠져나와 1월 29일 남한산성 아래에 도착했다. 그러나 바로 다음날 인조는 청 태종에게 항복하고 말았다. 얼마 후 한성으로 돌아온 인조는 창경궁을 거처로 삼았고, 종묘·사직의 신주와 위판은 창경궁 시민당(時敏堂)에 봉안되었다. 윤방은 종묘·사직의 신주와 위판을 온전히 지키지 못했다는 대간의 탄핵을 받아 파직되었다. 한편 부방 넷은 논의를 거쳐 다시 제작되었다.

9장 조선의 인재 양성 기관, 성균관

우리나라에는 불교 건축물과 더불어 유교 건축물도 많이 남아 있다. 대표적으로 예제(禮制)를 다루는 건축물인 단(壇)·묘(廟)와, 교학을 다루는 건축물인 성균관과 서원, 향교 등이 있다. 단과 묘는 서울에 설치된 왕실의 종묘와 사직단이 대표적이지만 지방 곳곳에도 설치되어 있다. 이와 마찬가지로 서원과 향교 또한 전국에 걸쳐 찾아볼 수 있다. 서원과 향교는 유교 교육을 담당하는 곳이면서 지방 사회의 지적 활동의 거점으로서 큰 역할을 하였다.

조선시대 유교 건축물은 검소한 유학의 기품을 나타내기 위해 대체로 단순 소박하였다. 조선시대 국가는 유학 교육을 위해 중앙의 최고 교육기관으로 성균관을 설치하였고, 지방에는 향교를 설치하였다. 향교는 각 군현마다 설치되었는데, 교육뿐만 아니라 중국과 우리나라 성현에 대한 제사를 지냈다. 향교는 평지에 두기도 하지만 주로 경관이 좋은 경사지에 자리 잡았고 남향으로 배치되었다.

성균관과 향교는 크게 제향과 강학의 공간으로 이루어졌다. 제향 공간은 공자를 비롯한 중국과 우리나라의 여러 선현의 위패를 모시는 대성전과 동무, 서무를 말한다. 강학 공간은 학습이 이루어지는 명륜당과 유생들의 공부와 숙식이 이루어지는 동재와 서재를 말한다. 일반적으로 평지에 자리 잡은 향교는 제향 공간이 앞에 오고 강학 공간이 뒤에 배치되는 전묘후학(前廟後學)의 방식으로 구성되었다. 이에 반해 경사진 곳에서는 높은 뒤쪽에 제향 공간을 두고 낮은 앞쪽에 강학 공간을 두는 전학후묘(前學後廟)의 방식으로 구성되었다.

1. 성균관과 문묘의 유래

조선시대 성균관은 제향 공간이 앞에 오고 강학 공간이 뒤에 배치되는 전묘후학의 방식으로 구성되었다. 성균관의 제향 공간을 문묘(文廟)라고 한다. 당(唐) 현종 35년(739)에 공자가 문선왕(文宣王)으로 추봉됨에 따라 문선왕묘(文宣王廟)로 부르다, 원(元)대 이후 문묘(文廟)라고 하였다. 한(漢) 대에 유학을 정치이념으로 채택하면서 공자에 대한 국가적 규모의 제사를 행하였다. 처음에는 그 출생지인 궐리(闕里)에 한정되었으며, 수(隋) 대까지는 주(周) 대의 문물제도를 정비하였다는 주공(周公)이 국학

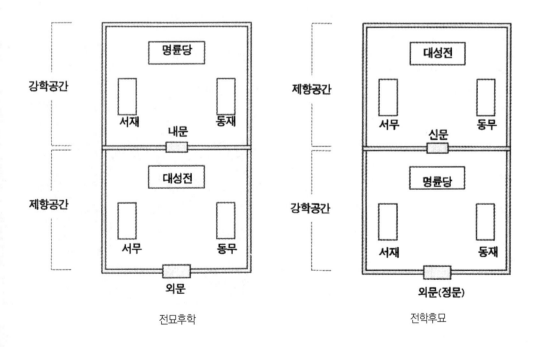

전묘후학   전학후묘

(國學)의 사당에서 선성(先聖)의 자리를 차지하고 공자는 선사(先師)로 배향(配享)되었을 뿐이다. 그 후 당태종이 유교 정치를 표방하면서 공자가 선성(先聖)의 자리에 모셔지고 안회(顔回)가 선사(先師)로 배향되었다. 송(宋) 대에 이르러 주희(朱熹)가 의리와 명분에 입각한 정통의 확립을 강조함에 따라 향사제도(享祀制度)가 정비되었다.

성균관은 국학(國學), 태학(太學), 국자감(國子監), 반궁(泮宮), 현관(賢關), 성균관(成均館) 등으로 불렸다. 국학(國學)은 『주례』에 "국유학(國有學)"이라고 한 데서 나온 이름으로 국가의 인재를 기르기 위한 학교라는 뜻이다. 국자감(國子監)은 중국 고대에 15세 된 천자(天子)의 아들과 관인(官人)의 적자(嫡子)와 민간의 수재만을 국학에 입학시켰는데, 후에 입학자가 많아지자 고급 관리의 자제만을 위하여 국자감을 따로 세운 데서 유래되었다. 국자(國子)라고 한 것은 주대에 귀족의 적자를 우대하여 부르는 이름이었다. 국자학은 곧 귀족의 전용 대학을 의미하였고, 수(隋) 양제(煬帝) 때 국자감이라고 불렀다가 청(淸) 말에 대학당(大學堂)이라고 이름을 고칠 때까지 사용되었다.

한편 천자(天子)의 국학 기관을 벽옹(辟雍)이라 한 것에 비하여 제후의 국학 기관을 반궁(泮宮)이라 구별하여 불렀다. 반궁에서 '반(泮)'은 '반(半)'과 '수(水)'가 합쳐진 글자로서 곧 '반수(半水)'라는 뜻이다. 이는 학교를 둘러싼 연못이 반원형이었기 때문이었는데, 반(泮)은 이 연못을 상징하고, 궁(宮)은 학생들이 기거하면서 교육을 받는 학궁(學宮)을 의미했다. 천자나 제후의 국학 기관에 공히 연못을 둔 것은 학생들이 붓으로 글을 쓰고 학문을 연마하는 과정에서 소요되는 물을 공급한다는 상징적 의미가 있었기 때문이다. 따라서 성균관이 세워진 터는 반드시 그 주위에 물이 흐르는 곳을 택하는 것이 관례인데, 대개 동문과 서문 남쪽으로 물이 흐르게 된다.

조선 후기 『연행도』 중 벽옹

현관(賢關)은 『한서』에 "대학은 현명한 선비의 길로 들어가는 관문(大學者賢士之所關也)"이라고 한 데서 온 이름이다. 마지막으로 성균관은 본디 『주례』에 나오는 5개 학교 가운데 하나인데, 동에는 동서(東序), 남에는 성균(成均), 서에는 독종(督宗), 북에는 상상(上庠), 중앙에는 벽옹이 있었다고 한다. 특히 성균은 음악으로 품성을 다스려 교육적 성과를 얻는 곳이라 하여 대사악(大司樂)이 담당했다. '성균'은 '음악의 조율(調律)을 맞춤' 또는 '결함 있는 것을 정성을 다해 균형 있게 함'이라는 뜻으로, 어그러짐을 바로잡고 지나치거나 미치지 못함(과불급, 過不及)을 고르게 한다는 뜻이다.

조선시대 문묘와 성균관은 태조가 1394년(태조 3) 10월 한양으로 천도한 후 도성 건설에 착수하여 종묘와 사직, 그리고 경복궁을 1395년(태조 4) 9월에 완공하고, 10월 25일 문묘 경영을 명함으로써 건립되기 시작하였다. 그런데 당시 무슨 사정 때문인지 공사가 제대로 진행되지 않다가 1398년(태조 7) 7월에야 준공되었다. 이후 1400년(정종 2)에 화재로 소실된 것을 1407년(태종 7)에 다시 지었다. 연산군 때는 문묘가 제구실을 하지 못하고 한때 태평관(太平館)으로 옮겨지기도 하였으나, 중종이 즉위하면서 복구되었다. 중종 때 복구된 문묘는 임진왜란으로 건물들이 모두 소실되었다.

임진왜란 후 성균관 유생들이 전국적으로 자금을 모아 1601~1602년(선조 34·35)에 문묘의 대성전을 중건하고, 1603~1604년(선조 36·37)에 동무(東廡)·서무(西廡)·신문(神門)·중문(中門)을, 1606(선조 39)에는 성균관의 명륜당(明倫堂)과 동재(東齋)·서재(西齋)를 중건 확충하였다. 1626년(인조 4)에는 정록청(正錄廳)·존경각(尊經閣)·양현고(養賢庫) 등을 재건하였으며, 1869년(고종 6)의 한 차례 보수를 거쳐 현재에 이르고 있다.

문묘에 모신 공자를 비롯한 여러 스승에게 드리는 제례 의식인 석전제(釋奠祭)는 매년 2월과 8월의 첫 정일(丁日)에 행하고 있다. '석(釋)'과 '전(奠)'은 모두 차려 놓는다는 뜻으로, 석전이란 생폐(生弊, 희생과 폐백), 합악(合樂, 여러 악기를 동시에 연주), 헌수(獻酬, 술잔을 올림)가 있는 성대한 제전(祭奠)을 뜻한다.

문묘의 석전제는 국가적인 행사였기 때문에 왕을 비롯하여 대신들이 참석하였다. 왕이 석전제에 참여하고 문묘를 배알할 때에 성균관에서는 성인을 뵙고 치르는 시험이라는 뜻을 지닌 알성시(謁聖試)를 특별히 행하는 경우도 있었다. 문묘제례는 조선

왕조의 길례 중에서 중사(中祀)에 속하였다.

2. 문묘의 공간 구조

성균관과 문묘 입구에는 원래 반수인 내가 흐르고 내를 건너 들어오는 다리인 반교(泮橋)가 있었다. 반교를 지나 신문인 외삼문(外三門)을 들어서면 대성전, 동무, 서무가 있고, 대성전 뒤에는 명륜당, 동재, 서재가 있다. 이와 같이 성균관과 문묘는 남쪽의 대성전 일곽의 제향 공간과 그 뒤편 명륜당 일곽의 강학 공간이 자리하고 있다.

남향한 삼문(신문)을 들어서면 신로(神路)가 대성전 앞 기단 서쪽 아래까지 이어지고, 기단 위에 대성전이 자리잡고 있다. 대성전 앞 좌우에는 동무와 서무가 길게 남북 방향으로 대칭을 이루면서 마주 보고 있으며, 서무 북쪽으로 제기고(祭器庫)·잡사(雜舍) 등이 있고, 동무 북쪽으로는 동삼문(東三門)이 있어 외부로 통하게 되어 있다.

동삼문은 정면 3칸, 측면 1칸 규모로 동향을 하고 있는데, 문묘제향 때 왕은 동삼문을 통해 문묘로 들어간다. 왕이 다니는 어로는 동삼문에서 대성전 앞 기단 동쪽 아래까지 나 있다. 왕이 성균관에 거동할 때 타는 연(輦)을 내려놓던 하연대(下輦臺)는 동삼문 밖 진사식당(進士食堂) 남쪽에 있다.

① 대성전

대성전은 남향을 하였다. 정면 5칸, 측면 4칸 규모인 대성전 건물은 묘당(廟堂) 건축의 특성에 따라 전면의 한 칸은 퇴간(退間)으로 개방되어 있고, 나머지 세 칸은 벽체로 감싸 내부를 어둡게 하여 신성한 분위기를 자아낸다. 전면의 퇴칸에서 신실로 들어가는 문은 홀수 칸마다 세 곳에 두 짝 판문을, 나머지 칸에는 살창을 달았다. 판문은 그 짝맞춤이 정연하지 않고 약간 뒤틀려 아래위가 벌어져 있다. 이는 혼이 드나드는 통로임을 상징하기도 하고, 실제로 통기구 역할을 한다.

대성전은 전체적으로 이중으로 조성된 기단 위에 다시 한 단의 낮은 장대석 기단을 설치한 다음, 그 위에 전돌을 깔고 원형 초석을 놓아 기둥을 세웠다. 공포는 내외 2출

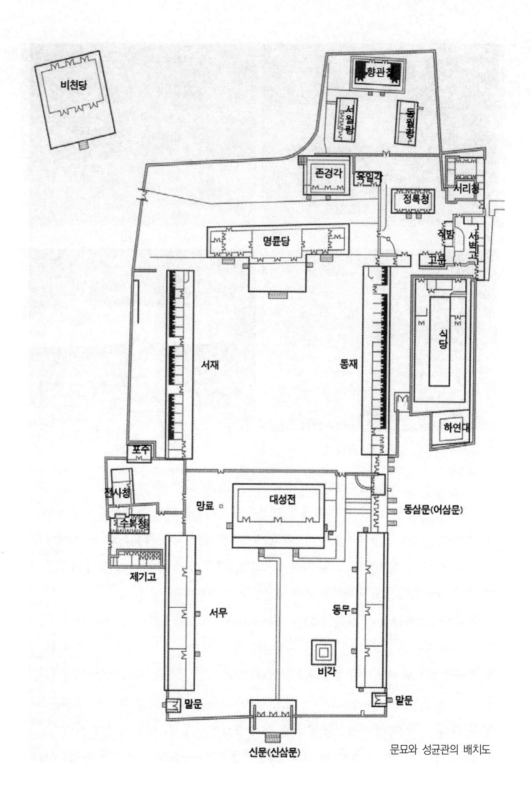

비천당

향관청

서
월
랑

동
월
랑

존경각   육일각

정록청

서리청

명륜당

정방

서
벽
고

고
직

식
당

서재

동재

하연대

포주

전사청

수복청

망료   대성전

동삼문(어삼문)

제기고

서무

동무

비각

말문

신문(신삼문)

말문

문묘와 성균관의 배치도

대성전	대성전 퇴칸
상하가 뒤틀린 대성전의 문짝	대성전의 내부

목으로 짜인 다포계이며 처마는 겹처마, 지붕은 팔작지붕을 하였고, 지붕의 용마루와 추녀마루에는 양성을 하고 용두와 잡상들을 장식하였다. 단청은 가칠(假漆) 단청(선이나 문양을 전혀 장식하지 않고, 몇 가지 색으로만 2회 이상 반복적으로 칠하여 마무리한 것)을 하여 위엄 있고 소박한 유교의 성전임을 나타내었다.

현재 대성전에는 중앙 정위(正位)에 공자를 모시고, 그 앞 동쪽에 안자(顏子)와 자사(子思)를 북에서 남으로 배열하여 서향하게 하고, 서쪽에 증자(曾子)와 맹자(孟子)를 북에서 남으로 배열하여 동향하게 하였다. 그리고 그 동쪽 후열로 민손(閔損)·염옹(冉雍)·단목사(端木賜)·중유(仲由)·복상(卜商)·주돈이(周敦頤)·정이(程頤)·장재(張載)를 차례로 종사하여 서향하게 하였고, 서쪽 후열에는 염경(冉耕)·재여(宰予)·염구(冉求)·언언(言偃)·전손사(顓孫師)·정호(程顥)·소옹(邵雍)·주희(朱熹)를 마찬가지로 북

에서 남으로 배열하여 동향하여 종
사하게 하였다. 마지막으로 동쪽 제
일 후열에는 설총·안유(안향)·김굉필
·조광조·이황·이이·김장생·김집·송
준길을 북에서 남으로 차례로 종사
하여 서향하게 하였고, 서쪽 제일 후
열에는 최치원·정몽주·정여창·이언
적·김인후·성혼·조헌·송시열·박세채
등을 같은 방식으로 동향하여 종사
하게 하였다.

대성전 가칠단청

　　대성전 기단 앞마당 동쪽과 서쪽에는 측백나무가 한 그루씩 심어져 있다. 유교 전
통에서 측백나무는 소나무와 함께 군자를 상징한다. 사계절 내 푸르름을 잃지 않는 상
록수는 유교의 이상적 인간상인 군자의 올곧음을 잊지 않는 정신과 부합한다.

　　대성전 앞마당 측백나무 중 동쪽의 것은 가지가 셋으로, 세 가지 벼리(三綱)를 상징
하는 삼강목(三綱木)이며, 서쪽의 가지는 다섯으로, 사람이 좇아야 할 다섯 가지 도리
(五倫)를 상징하는 오륜목(五倫木)이다.

② 동무와 서무

　　대성전 앞마당 좌우에 배치된 정면 11칸, 측면 1칸 반 규모의 동무와 서무는 개방된
앞의 퇴칸과 전체가 트인 하나의 신실 공간으로 이루어졌다. 중앙 및 양옆 칸에 두 짝
의 판문을 달아 출입하게 하였다. 동무와 서무는 장대석 기단 위에 세워졌으며 초익공
계의 건물로 홑처마 맞배지붕이다.

　　동무와 서무에는 원래 10철(哲)을 제외한 공자의 72제자를 비롯하여 한(漢)·당(唐)·
송(宋)·원(元) 대의 현인(賢人)과 한국의 18 명현(明賢) 등 112명의 위패를 모셨으나,
해방 후 전국유림대회의 결의로 한국 명현 18인의 위패는 대성전에 모시고 나머지 94
인의 위패는 땅에 묻었다.

③ 묘정비각

묘정비(廟庭碑)는 대성전 동남쪽에 있으며, 사방 1칸에 서향하고 있다. 묘정비문에 의하여 창건 당시 문묘 건축의 내용을 어느 정도 알 수 있다.

갑술년(1394)에 태조가 도읍을 세우고 묘학(廟學) 지을 터를 도읍 동북쪽 모퉁이에 정하니 산은 멈추고 물은 둘러싸고 자리는 남향이다. 정축년(1397) 3월 공사를 시작하여 무인년(1398) 7월 준공하였다. 성인과 철인은 높은 집에, 종사는 곁집에, 학교는 사당 뒤에 있는데, 대개 집의 크기는 칸으로 세면 96칸이니 묘학의 일은 이로써 갖추었다. 경진년(1400)에 불에 타 버리니 우리 임금(태종)이 옛터에 새로 짓기로 하고 성산군 이

문묘향사배열도(文廟享祀配列圖)

직과 중군총제 박자청으로 하여금 공사를 감독하게 하여 4개월 만에 마쳤다.

문묘가 1400년(정종 2)에 화재로 소실된 것을 1407년(태종 7)에 다시 세운 뒤, 1410년(태종 10) 9월에 변계량에게 문묘의 연혁을 기록한 비문을 쓰게 하였다. 비각은 1511년(중종 6)에 건립되었다.

④ 부속 건물

문묘 향사와 관련되는 건물로는 제기고, 수복청, 전사청, 숙수청, 향관청, 감찰제집사방 등이 있다. 제기고는 문묘 향사에 필요한 제기를 보관하는 건물로 서무 뒤쪽 마

삼강목   오륜목

당에 북향하고 있다. 수복청은 제기고를 마주보는 북쪽에 남향하고 있다. 전사청은 제
수용품을 장만하고 보관하는 건물로 대성전 서쪽, 서무 서북쪽에 별도의 일곽을 형성
하고 있다. 숙수청은 전사청 북쪽에, 제관들이 재계하고 향축을 봉안하는 향관청은 대
성전 동북쪽 밖에 위치해 있다.

3. 성균관의 연혁과 제도

1) 성균관의 연혁

　조선은 성리학을 국가의 통치이념으로 확립하고 이에 투철한 인재를 양성하기 위
한 최고 학부로 성균관을 두었다. 성균관으로 대표되는 최고 교육기관은 유교적 정치
이념이 도입되면서 역사 속에 나타나기 시작했다. 인재 양성은 유교에서 강조하는 것
으로, 우리나라에서는 고구려의 태학(太學)과 신라의 국학(國學), 그리고 고려의 국자

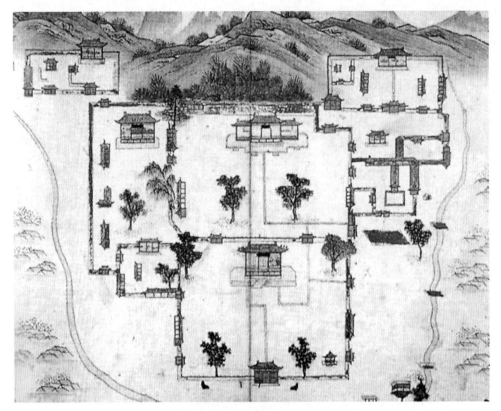
1747년 태학(성균관)의 모습을 그린 「태학계첩」

감(國子監) 등을 성균관 이전의 최고 교육기관으로 볼 수 있다. 성균관이라는 제도가 생긴 것은 고려 말의 일이다. 충렬왕이 국학을 성균감으로 개칭하였고, 충선왕은 성균 감을 성균관으로 개칭하였다.

공민왕 대에 이르러 종래 같은 기관에서 교육했던 율학(律學, 형률)·서학(書學, 서예)·산학(算學, 산술) 등이 완전히 분리됨에 따라 성균관은 유학 교육만 담당하는 최고 학부로 변모되었다. 고려의 성균관은 조선이 건국된 이후에도 그대로 이어졌다. 조선은 한양으로 천도한 이후, 숭교방(崇敎坊) 부근에 터를 잡고 유교 제례와 교육을 담당하는 최고 기관으로 성균관을 정비해 나갔다. 성균관 유생의 정원은 시대에 따라 달랐다. 조선 개국 초에는 150명이었으나, 1429년(세종 11)에는 200명으로 증원되었으며, 임진왜란 뒤에는 국가 재정의 궁핍과 성균관 재원의 감소로 75명으로 대폭 감축되었

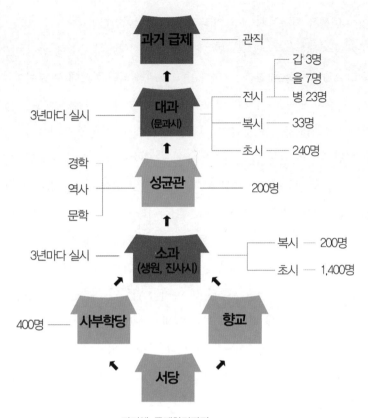

과거 급제 ─ 관직

↑

대과
(문과시) ─── 3년마다 실시

전시 ─ 갑 3명
      을 7명
      병 23명
복시 ─ 33명
초시 ─ 240명

↑

성균관 ─── 200명

경학
역사
문학

↑

소과
(생원, 진사시) ─── 3년마다 실시

복시 ─ 200명
초시 ─ 1,400명

↑

400명 ─ **사부학당**   **향교**

↑   ↑

서당

과거에 급제하기까지

다가, 1742년(영조 18)에는 126명으로 다소 회복되기도 하였다. 성균관은 과거제도에서 정점을 이루었다. 전국의 수많은 인재가 여러 단계의 시험을 거쳐 200명이 엄선되면 마지막 시험을 보려고 공부하던 곳이 성균관이었다.

유교의 가르침에 따르면, 인간이 해야 할 일 가운데 가장 중요한 것은 부모에게 효를 바치는 것이었다. 효를 이루는 데는 여러 방법이 있지만, 양반가에서 가장 큰 효는 관리가 되는 것이었다. 관리가 되면 자신의 벼슬이 족보에 기록될 뿐만 아니라, 죽은 다음에도 그 관직이 묘비에 새겨져 영원토록 보존되었다. 이렇게 함으로써 가문의 이름을 만천하에 알릴 수 있었기 때문에 이보다 더한 효도가 없다는 것이 조선시대 사람들의 생각이었다. 게다가 조선시대에 부와 명예를 동시에 얻을 수 있는 방법은 관리가 되는 길밖에 없었다. 모든 사회 구조가 양반을 중심으로 구성되었기 때문에, 관리가 되는 것이 인생을 행복하게 사는 가장 확실한 방법이었다.

양반가의 자제는 7~8세가 되면 마을에 있는 서당에서 유학에 관한 아주 초보적인 공부를 하고 붓글씨를 배웠다. 그러다 15~16세가 되면 한성에 사는 아이들은 사학(四學)에서, 지방에 사는 아이들은 향교(鄕校)에서 좀 더 전문적인 공부를 했다. 이렇게 공부하다가 소과라 불리는 첫 번째 시험을 보는데, 이 시험에 붙어야 성균관에 들어갈 자격을 얻었다. 성균관의 입학 자격은 소과 급제자인 생원·진사에 한했으나 결원이 있을 경우 사학 생도나 문음자제(門蔭子弟)들이 승보시(升補試)를 통해 입학할 수 있었다. 생원·진사 신분의 학생을 상재생(上齋生)이라 하고 승보시 출신은 하재생(下齋生) 또는 기재생(寄齋生)이라 하여 구별했다. 그러나 이들 하재생도 출석 점수인 원점(圓點)이 300점에 달하면 문과 초시에 응시할 자격을 얻는다는 점에서 다를 것이 없었다.

성균관에 입학하여 3년을 공부한 뒤 마지막 관문인 대과를 통과해야만 관리가 될 수 있었다. 대과는 3년에 한 번씩 과거를 봐서 33명만 합격시켰다. 성균관에서 뽑는 인원이 최대 200명 남짓인 것을 볼 때, 당시 관리가 되는 것이 얼마나 어려웠는지 알 수 있다. 물론 성균관에 입학하지 않고도 과거에 합격할 수 있었지만, 성균관에 입학하는 것이 첩경이었다.

성균관의 교과 내용은 유교 경전과 시(詩)나 글을 짓는 제술(製述)이 기본이었다. 유교경전은 『대학』·『중용』·『논어』·『맹자』의 사서(四書)와 『시경』·『서경』·『예기』·『춘추』·『주역』의 오경(五經)이었다. 사서오경은 주자의 주석을 중심으로 하여 가르쳤다. 이 사서오경을 각 과목에 따라 순서대로 9개의 강의실에 배치하였기 때문에 구재(九齋)라고 하였다. 구재는 대학재, 논어재, 맹자재, 중용재, 예기재, 춘추재, 시재, 서재, 역재의 순서로 구성되었다. 제술은 사서의(史書疑), 오경의(五經疑), 시(詩), 부(賦), 송(頌), 책(策)이 있었다. 사서의와 오경의는 사서와 오경을 보고 그 의미를 설명하는 것이며, 시, 부, 송은 정해진 형식에 따라 문장을 짓는 것이고, 책은 현실 문제에 대한 대책을 제시하는 것이었다. 성균관 유생들은 사서오경을 날마다 외우고, 외우고, 또 외워야 했다. 따라서 평소 사서오경을 얼마나 외웠는지를 평가하는 '강(講)'이라는 시험을 치렀다. 시험 성적은 순(純)·통(通)·약(略)·조(粗)·불(不)의 5등급으로 매겼다. 순과 통은 막힘없이 잘 외운 것이고, 약은 보통, 조는 잘못 외운 것이고, 불은 낙제다.

조선 초기까지 성균관은 본래의 목적 가운데 하나인 교육 기능을 충실히 수행했다. 그런데 16세기를 전후하여 관직에 빨리 진출하고자 하는 풍조가 나타나면서 교육 기능이 약화되기 시작하였다. 일부 고관 자제들이 문음(門蔭)을 통해 관직에 진출했고 각종 별시(別試)가 시행되면서 굳이 성균관에 출석하지 않아도 문과 급제가 가능했기 때문이다. 또 연산군 대에 일어난 각종 사화(士禍)로 성균관 내부의 사제 관계가 무너졌으며, 그 결과 성균관의 교육 기능이 전에 비하여 취약해졌다. 여기에 지방 사림(士林)들이 서원(書院)을 설립하면서 전반적인 교육 주도권은 16세기 이후 사학(私學)으로 넘어가게 된다.

이러한 경향은 조선 후기까지 이어졌다. 성균관의 재정이 궁핍해지고 서원이 발달했으며, 유생들이 붕당 간의 갈등에 휘말리게 되어 성균관의 교육 기능은 제대로 발휘되지 못했다. 성균관은 개항 이후 개화의 바람 속에서 경학원(經學院)을 부설하는 등 변화를 꾀했지만 1895년 갑오개혁으로 과거제가 폐지되면서 사라지게 되었다.

2) 성균관 유생들의 생활과 문화

성균관 유생들은 학비를 내지 않는다. 기숙사나 학용품도 모두 무료다. 비용은 성균관에 딸린 논밭과 노비들에서 나온다. 나라에서는 소를 함부로 잡지 못하게 엄격히 관리한다. 농사를 지으려면 소가 꼭 필요하기 때문이다. 대신 소를 잡거나 쇠고기를 파는 일을 성균관에 딸린 노비들에게 맡기고, 수익을 성균관 유지비로 쓴다. 쇠고기를 파는 가게를 다림방(懸房)이라 했는데, 한성에 스무 곳 남짓 되었다.

성균관 유생들은 유교의 교육이념에 따라 재학하는 동안 한 달에 두 번씩 꼭 대성전에서 배향을 했다. 유교에서 말하는 학문은 그저 책만 보는 것이 아니었다. 진정한 책은 바로 선현의 말과 행동이었다. 선현들이 인생의 여러 국면에서 유생이 따라야 할 삶의 규범을 제시했기 때문에, 유생들은 그들의 언행을 따라가면 되었다. 즉 유생들은 무언가 새로운 것을 주장하기보다 선현을 모방하기만 하면 학문 목표가 완성되었다. 그들의 문제는 선현을 철저하게 모방하지 못하는 데 있지, 새로운 학설을 내지 못하는 데 있지 않았다. 성균관 유생들이 정기적으로 선현들을 배향한 이유도 바로 여기에 있었다. 학생들에게 선현이란 영원한 멘토(mentor)이자 지향해야 할 삶의 종착점이었다. 그런데 선현은 모두 타계해서 현재에 없었으므로, 그들을 생각할 수 있는 방법은 정기적으로 제사를 지내는 것이었다. 유생들은 적어도 한 달에 두 번씩은 선현께 제사 지내면서 그들을 배우고 똑같이 살겠다고 굳은 다짐을 하였다.

성균관 유생들이 재학하는 동안 일상생활의 중심이 되는 곳은 기숙사인 동재와 서재였다. 이들은 재(齋)에 머물면서 아침저녁 식사 때마다 식당에 비치된 명부인 도기(到記)에 서명함으로써 출석 여부를 알렸다. 이 서명을 통해 출석 점수인 원점을 산출하였는데, 아침저녁 두 차례 식당에 들어가 서명할 경우 원점 1점을 얻었다. 원점 300점이 되어야 성균관 유생에게만 응시 자격이 부여되는 문과초시인 관시(館試)에 응시할 수 있었다.

유생들의 기숙 생활은 엄격한 규칙 속에서 이루어졌다. 학습과 관련해서는 매일 학관일강(學官日講)이라 하는 경서 시험을 치렀고, 열흘마다 순과(旬課)라는 제술 시험을 보았다. 노장(老莊)이나 불교서적, 기타 제자백가 서적을 읽는 자들은 처벌받았다. 이와 함께 조정을 비방하거나 스승을 모독하는 자, 권세에 아부하는 자, 주색(酒色)을 일삼는 자들도 처벌받았다. 이 밖에 오륜을 어기거나, 절개를 굽힌 자, 교만한 자, 스스로 자랑하는 자, 사치한 자, 교언영색(巧言令色)으로 환심을 사려는 자 등은 아예 재에서 쫓겨났다.

성균관 유생의 자치생활 기구로는 재회(齋會)가 있었다. 재회를 이끄는 임원으로는 회장 같은 역할인 장의(掌議)와 색장, 조사, 당장 등이 있었다. 장의는 성균관에 출입할 때 색장과 노복들의 영접을 받았는데, 장의가 재에 도착하면 유생들도 유건을 고쳐 쓰고 창문을 닫고 머리를 조아리는 등의 예우를 해야 했다. 장의는 전임 장의에 의해 천거되었으며, 유생들의 찬성을 받은 뒤 대사성(大司成)의 인준을 받았다. 자치생활에서 문제를 일으키는 경우에는 재회 내부에서 유벌(儒罰)을 내리기도 했다. 유벌은 약하게는 며칠간의 식사 금지부터, 심하게는 재에서의 추방까지 이뤄졌다.

성균관 유생 사이에서는 엄격한 서열이 존재했고 서열에 따른 문화도 있었다. 대표적인 것이 면책(面責)과 서립(序立)이다. 면책은 선배가 후배를 호출하면 성균관에 딸린 노비들이 후배에게 가서 이름을 부르고 선배에게 잡아끌고 가며 곤욕을 주는 것이

명륜당

었다. 서립은 유생들을 집합시켜 서열에 따라 정렬시키는 것이었다. 이렇게 엄격한 자치활동 속에서도 성균관 유생들은 다양한 방식으로 유흥을 즐겼고, 때로 일탈하기도 했다. 비록 규정상으로는 주색을 일삼으면 처벌받게 되어 있었지만, 유생들은 성균관의 망향대나 벽송정 등에서 음주를 하기도 했다. 한편 시험에서의 부정행위도 종종 일어났는데, 대리 시험이나 답안지 보여 주기, 시험지 바꿔치기 등의 기본적인 수법에서부터 시험관 매수까지 다양했다. 붓두껍이나 옷소매에 모범 답안을 숨기는 행위도 흔했다. 이외에도 원점을 속이는 행위나 교관을 홀대하고 비판하는 경우도 적지 않았다.

한편 성균관 유생들은 부당한 처사가 있거나 요구 사항이 있을 경우, 자치 조직을 기반으로 집단행동을 하기도 했다. 즉 조정의 부당한 처사에 대한 시정 요구, 선대의 유신(儒臣)에 대한 문묘배향 요구, 이단에 대한 배척 요구 등이 있을 때는 재회를 열어 소두를 뽑고 유소(儒疏)를 올렸다. 유소를 올릴 경우 성균관 유생들은 성균관 노비를 앞세우고 대궐로 행진하여 궐문 앞에 도착한 후 상소를 올렸다. 이 경우 고관이라 할지라도 이들 앞에서 말을 타고 지나가거나 예에 어긋나는 행동을 하지 못했다. 이들은

성균관의 은행나무

왕의 비답(批答)이 내려올 때까지 대궐 앞에서 농성했는데, 이곳에 식당까지 개설해서 도기에 서명하고 원점을 받기도 했다. 자신들의 요구가 받아들여지지 않을 경우에는 수업과 식당 출입을 거부하는 권당(捲堂) 또는 동맹 휴학인 공관(空館) 등의 실력 행사를 하기도 했다. 엄격한 왕조 사회에서 이러한 집단행동과 자치권이 용인된 것은 국가의 이념인 성리학을 수호하고 국정을 담당하는 관료로 성장하게 될 성균관 유생들을 존중하였기 때문이다.

4. 성균관의 공간 구조

경복궁의 주산이 백악인 데 비해 종묘를 위시한 창덕궁, 창경궁, 성균관 등은 응봉(鷹峯)을 주봉으로 한다. 성균관은 응봉 아래 벽송정(碧松亭)이라 불리는 소나무 숲을 뒤로하고 남으로 명륜당, 좌우로 동재와 서재가 배치되어 있다.

① 명륜당

성균관의 중심 건물은 명륜당이다. '명륜'은 '윤리를 밝힌다'는 뜻으로, 유교의 근본 윤리인 이른바 '삼강오륜(三綱五倫)'을 강의하는 곳이 명륜당이었다. 명륜당은 1398년 (태조 7) 처음 건축되었다가 임진왜란으로 소실된 것을 1606년(선조 39)에 다시 중건 하였다. 남향을 한 명륜당 앞마당에는 동재와 서재가 남북으로 길게 배치되어 있다.

명륜당 뜰에 은행나무를 심은 까닭

공자가 행단에서 제자를 가르친 일화는 『장자』에 등장한다. 어느 날 공자는 숲 속 을 거닐다 언덕에서 쉬면서 제자들에게 글을 읽게 하고 자신은 거문고를 타며 노래 를 불렀다고 한다. 이후 송나라 때 공자의 후손인 공도보(孔道輔)가 공자의 묘 앞에 단을 만들고 그 주변에 살구나무를 심어 행단이라 이름을 붙였다. 그 후 금나라 때 학사(學士) 당회영(黨懷英)이 여기에 비석을 세웠다.

그런데 우리나라에서는 왜 살구나무를 심지 않고 은행나무를 심었을까? 첫째는 살구나무와 은행나무의 한자를 오해했을 가능성이 있다. 즉 살구나무를 의미하는 행 (杏)자와 은행나무의 은행(銀杏)을 혼동했을 수 있다. 둘째는 '의도적인 선택'의 가능 성이다. 공자가 가르쳤다는 행단의 살구나무는 공자의 정신을 담고 있기는 하지만, 수명이 짧은 편이다. 이런 특성 때문에 살구나무는 유교의 유구한 정신을 드러내는 데 뭔가 아쉬움이 남는다. 반면 천 년을 넘게 사는 은행나무는 유교정신을 상징하기 에 적합하다. 조선의 유학자들이 무슨 연유로 성균관에 은행나무를 심었는지는 알 수 없지만 한 가지 분명한 것은 이 나무가 뿌리 깊은 유교정신을 드러내는 상징이라 는 사실이다.

문묘와 성균관에는 은행나무와 느티나무 등 몇 그루의 나무가 있어 여러 건물을 감싸고 있다. 이는 경내에 큰 나무를 심지 않는 전통 조경 방식에 반하는 현상이다. 은행나무나 느티나무처럼 크게 자라는 나무는 담 밖에 심는 게 상식이다. 풍수에 따 르면 담 안에 큰 나무를 심을 경우 외부의 양기가 집으로 들어오지 못하고 집 안의 음기가 밖으로 나가지 못해 건강에 해롭다고 한다. 그런데도 문묘와 성균관에 큰 나 무를 심은 것은 이곳이 일상의 거주 공간이 아니라 제사와 교육을 담당하던 공간이 었기 때문이다.

명륜당은 성균관의 정당(正堂)으로 국학의 강당으로 사용되었다. 건물은 본당과 이에 연결된 좌우의 협실로 구성된 숫을 건물이다. 본당은 맞배지붕을, 동서 협실은 팔작지붕을 하였다. 본당은 정면 3칸, 측면 3칸의 이익공계 건물이고, 협실은 각각 정면 3칸, 측면 2칸의 초익공계 건물이다. 본당 바닥은 대청마루를 깔았고, 교수가 기거하는 협실은 온돌방으로 되어 있다. 명륜당은 왕이 문묘에 헌작한 후 유생들을 대상으로 시험을 보는 장소이자, 문묘 배향 때 재실로 사용되었다. 건물의 규모와 구조 면에서 대성전보다 격을 낮추어서 지었다.

명륜당 구역은 대성전 일곽과 담으로 분리된 북쪽에 위치한다. 명륜당 앞마당에는 수령이 500년 된 은행나무가 있다. 1519년(중종 14) 동지부사로 임명된 윤탁(尹倬)은 명륜당 앞에 나무 두 그루를 심고 나서 "뿌리가 무성해야 가지가 잘 자란다"라는 말을 여러 유생들에게 들려주며 학문을 함에 있어서도 근본에 힘쓰라고 권했다. 이때 심은 나무가 오늘날에도 명륜당 뜰에서 있다. 성균관에 은행나무를 심은 것은 공자가 '행단(杏壇)'에서 제자들을 가르친 것에 착안한 것이다. 행단은 공자의 고향인 산동성(山東省) 곡부(曲阜)에 있는데, 본래 은행나무가 아니라 살구나무였다고 한다.

② 동재와 서재

동재와 서재는 성균관 유생들이 기거하며 공부하던 건물이다. 명륜당과 함께 세웠는데, 명륜당 앞마당이 아닌 바깥쪽을 향하고 있다. 동재는 18칸에 동향하고 있으며, 서재 또한 18칸에 서향하고 있는데, 각각 건물 앞뒤에 반 칸의 퇴를 덧단 구조이다.

한편 동재와 서재는 현재 온돌방으로 되어 있다. 그러나 성균관이 처음 건축되었을 때에는 온돌방이 아니었다. 임진왜란 이후 유생들이 계속 병이 드므로 온돌방으로 바꾸게 되었다.

③ 존경각

존경각(尊經閣)은 경전들을 보관하는 성균관의 도서관이었다. 그런데 학문을 숭상하는 조선의 국립대학인 성균관의 도서관 치고는 너무 작다고 여길 수 있다. 여기에는 두 가지 이유가 있다. 첫째는 성균관의 교과 내용이 유교 경전과 제술을 기본으로 한

존경각

다는 점이다. 유교 경전은『대학』,『중용』,『논어』,『맹자』의 사서와『시경』,『서경』,
『예기』,『춘추』,『주역』의 오경이었다. 주자의 주석을 중심으로 사서오경을 가르치고
노장이나 불교, 제자백가의 서책을 읽는 것을 금지하였기 때문에 도서관에 보관할 수
있는 도서가 기본적으로 많지 않았다. 둘째, 당시 도서를 보관할 때 오늘날과 같이 세
워서 보관하지 않고 눕혀서 보관했기 때문에 도서관이 크지 않아도 많은 도서를 보관
할 수 있었다.

④ 육일각

육일각(六一閣)은 존경각 동쪽에 있는 건물로서, 군자가 갖추어야 할 여섯 가지 예,
곧 육례(六禮) 중 하나인 궁술[射]을 익히기 위해 활과 화살을 보관하던 곳이다. 이는
유교가 중용을 중시하여 한쪽으로 쏠리는 것을 경계한 것과 관련이 있다. 참고로 육례
는 예(禮)·악(樂)·사(射)·어(御)·서(書)·수(數)를 말한다.

유교가 학문을 가장 중시하는 것은 사실이지만 다른 수련에 전혀 관심이 없었던 것

육일각

은 아니다. 지나치게 학문으로만 치우치는 것을 막고자 음악, 말타기, 산술, 서예, 활쏘기 등의 기예에도 능해야 한다고 가르쳤다. 그래야만 이상적인 인격을 소유한 군자가 될 수 있다는 것이다. 육일각에 활과 화살을 보관해 놓은 것은 문(文)뿐만 아니라 무(武)도 중요하다는 것을 깨우쳐 주는 한편, 활쏘기를 통해 체력을 단련하는 것도 잊지 말라는 뜻이었다.

■더 알아보기

성균관 주변의 유적

1. 북묘

　1883년(고종 20)에 문묘와 성균관 인근 송동(宋洞), 현재 혜화동 서울올림픽기념국민생활관이 자리하고 있는 곳에 북묘(北廟)가 세워졌다. 북묘는 중국 촉한(蜀漢)의 장수 관우(關羽)를 모신 사당인 북관왕묘(北關王廟)를 말한다. 당시 한성에는 관우를 모시는 사당으로 남묘(南廟)와 동묘(東廟)가 있었다. 그럼에도 고종은 관우를 모시는 새로운 사당을 송동에 세우게 하였다. 그 까닭은 무엇일까?

　1882년(고종 19)에 일어난 임오군란으로 충주까지 피난을 간 명성왕후는 황당한 소식을 접한다. 명성왕후가 난 중에 시해되어 흥선대원군의 명으로 장례가 치러졌다는 것이다. 명성왕후가 궁궐로 복귀하려면 자신이 죽지 않았음을 고종에게 알리는 수밖에 없었다. 불안하고 초조한 마음에 피신처 뒤에 있는 국망산(國望山)에 올라가 한성 쪽을 바라보고 한숨도 짓고 기도도 하면서 세월을 보내던 명성왕후는 그곳에서 무당 이씨를 만나게 된다.

　무당 이씨는 한성에서 태어난 천민 출신으로, 외가가 있는 충주에서 농사를 짓던 김씨에게 시집을 갔다. 그러다가 남편 김씨가 일찍 죽어 과부가 되자 생활이 어려워 무당으로 나섰다. 명성왕후를 마주한 이씨는 국망산 이름을 풀이하여, 왕후를 모시러 오는 사자(使者)가 8월 보름날 도착하게 될 것이라고 하였다. 그런데 신기하게도 은신해 있는 명성왕후의 편지를 비밀리에 받아 본 고종이 왕후에게 환궁하라는 전갈을 보낸 것이 바로 8월 보름날이었다. 무당 이씨의 신통한 점괘에 놀란 명성왕후는 무당을 데리고 환궁해서 궁중에 머물게 하였다.

　이듬해 무당 이씨는 명성왕후에게 "관운장의 묘당을 새로 세워 경건하게 받드소서.

옛 북묘 자리에 세워진 올림픽기념 국민생활관

앞으로 큰 덕을 입을 것이옵니다"라는 말로 관우 사당을 지을 것을 청한다. 이에 명성
왕후는 고종에 주청하여 당시 흥덕사의 빈터와 송동에 걸쳐 묘당을 짓게 하였다. 무당
이씨는 진령군(眞靈君)에 봉해 그곳에 살게 하였다. 창덕궁 북문과 직접 연결되는 길
도 만들고 무당의 궁궐 출입이나 명성왕후 대면에 아무런 제한도 없게 하였으니 북묘
와 무당의 위상이 커질 수밖에 없었다.

　북묘의 위상은 1884년(고종 21) 12월 4일 일어난 갑신정변을 계기로 더욱 커졌다.
12월 6일 오후 위안스카이(袁世凱)가 거느린 1,500명의 청나라 병사들이 고종과 명성
왕후, 그리고 정변의 주역들이 머물던 창덕궁을 공격하였다. 이에 고종은 박영효·김옥
균 등의 만류에도 불구하고 북묘로 들어갔다. 김옥균·서광범·서재필 등은 후퇴하는
일본군을 따라 일본 공사관으로 피신하였고, 청나라 군사들은 북묘로 달려가 고종을
모시고 있던 홍영식·박영교와 사관생도들을 죽임으로써 정변을 진압했다. 고종은 이
곳에서 겪은 일을 담아 손수 비문을 짓고 민영환에게 글씨를 쓰게 하여 북묘비(北廟碑)

를 세웠다. 이로써 북묘는 고종 때 '무당정치'의 산실이 되었고, 이후 12년 동안 명성왕
후의 수호신을 자처한 진령군의 권세는 하늘 높은 줄 몰랐다. 을미사변(乙未事變) 후
무당 이씨는 재산을 몰수당하고 북묘에서도 쫓겨나 삼청동 골짜기에 숨어 살다가 죽
었다고 한다. 북묘는1913년에 동묘에 합사되었다.

2. 우암 송시열 집터

서울과학고등학교와 서울올림픽기념 국민생활관이 있는 명륜동과 혜화동은 조선
시대에는 송동(宋洞), 또는 송자동(宋子洞)이라 불렸다. 조선시대 한성의 역사를 간략
하게 서술한 『한경지략(漢京識略)』에는 "우암의 옛집이 송동에 있는데 석벽에 우암의
글씨로 '증주벽립(曾朱壁立, 증자와 주자가 벽에 서 있는 듯이 존경하고 따르라는 뜻)'
이란 네 글자가 새겨져 있다"라고 기록되어 있다.

송시열의 옛 집터에 새겨진 '증주벽립'

오늘날에도 서울올림픽기념 국민생활관 서쪽 길로 올라가다 보면 주택가 한쪽에 커다란 바위벽이 있고 그 위에 6층 규모의 연립주택이 있는데, 송시열이 썼다는 글씨가 벽면에 새겨져 있는 것을 볼 수 있다. 우암이 '증주벽립'이란 글씨를 새긴 이유는 무엇일까? 공자 만년의 제자였던 증자(曾子)는 『효경(孝經)』을 저술하고 '효(孝)'의 덕목을 강조한 사람으로 알려져 있다. 증자는 큰 용기에 대하여 말하길 "스스로 반성하여 의롭지 못하다면 상대가 비록 보잘것없는 사람이라도 두려워할 것이며, 스스로 반성하여 의롭다면 상대가 비록 천만 명이라도 겁내지 않고 나의 길을 갈 것"이라고 하였다. 증자의 학통은 공자의 손자인 자사(子思)와 맹자(孟子)에게 이어져 유가의 도통을 전하는 데 큰 역할을 하였다.

한편 주자(朱子)는 주렴계, 정주로 대표되는 송학(宋學)의 흐름을 이어받아 이를 집대성하였으며 오경(五經)의 진의를 밝히고 주자학을 창시하여 완성한 사람이다. 주자는 불교와 도교에 비해 취약했던 유교의 이론적 체계를 보완하여 우주론적, 인간학적 형이상학을 수립하였다. 이로써 한당(漢唐)의 훈고학적인 틀에서 벗어나 윤리학으로서의 유학의 본성을 되찾는 한편, 우주론적인 체계 속에 자리 잡게 하였다. 주자는 송나라 영종(寧宗) 때 위학(僞學)으로 몰려 조정에서 축출되는 등 탄압을 받으면서도 죽림정사(竹林精舍)에서 꿋꿋이 강학(講學)을 계속했다. 학생들을 돌려보내고 활동을 중지하여 화를 피하라는 주위의 권유에 주자는 이렇게 대답했다고 한다. "내게 화를 피하라고 하는 것은 진실로 아끼는 마음에서 나온 말이다. 그러나 내가 이에 굴하지 않고 온갖 비바람에도 흔들리지 않는 만 길 절벽처럼 꿋꿋이 버틴다면 나의 도(道)에 도움이 되지 않겠는가." 우암 송시열 또한 정치를 하는 동안 성격이 과격하여 많은 정적(政敵)이 생겨났다. 이러한 상황에서 위의 증자와 주자의 말을 생각하며 어떠한 역경이 있더라도 굽히지 않고 소신대로 살겠노라는 굳은 의지의 표현으로써 이 글자를 새겨 놓았던 것이다.

10장 조선 왕조의 정통성을 드러내는 왕릉

1392년 개국한 조선 왕조는 1910년까지 518년간 존속하면서 왕조실록, 의궤, 5대 궁궐, 종묘 등 조선 왕조의 역사와 삶의 흔적을 생생하게 담은 많은 문화유산을 남겼다. 왕실 문화는 당대 문화를 선도할 뿐 아니라 그 사회가 지닌 최상의 기술과 정신문화가 결집되어 이루어진 것이기에 조선 문화의 정수라고 할 수 있다. 이는 왕실의 죽음을 다룬 공간인 왕릉 또한 마찬가지다.

왕릉은 왕과 왕비가 살아생전 머물던 궁궐과 조상신으로 숭배되는 공간인 종묘의 중간 단계 조형물이다. 삶과 죽음의 세계가 교차되는 의미심장한 장소인 왕릉은 단순히 왕의 무덤이라는 차원을 넘어 조선의 정치·경제뿐 아니라 풍수지리, 조경, 건축, 석조 미술, 제례 문화를 고스란히 담고 있는 공간이다. 곧 조선 왕릉은 살아 있는 종합박물관이며, 우리가 알아야 할 귀중한 문화유산인 것이다.

『경국대전』에 의하면 왕릉은 왕궁을 중심으로 10리(4km) 밖 100리(40km) 안에 조성하도록 규정되어 있었다. 이는 산릉제(山陵際)를 지낸 왕이 서둘러 출발할 경우 하루면 도착할 수 있는 거리를 계산하였던 것으로 보인다. 만약 왕릉을 100리 밖에 조성하면 왕이 하루 만에 돌아오지 못하고 그곳에 묵어야만 하는 경우가 발생할 수 있다.

이럴 경우 도로를 정비하는 등 왕 일행을 접대하기 위해 백성들이 입는 부담은 실로 엄청날 수밖에 없다. 이는 조선 왕조가 추구하는 민본주의와 어긋나는 것이었다. 따라서 백성들의 피해를 최소화하기 위해 왕릉을 100리 안에 두었던 것이다.

왕조시대 양택 풍수의 최대 명당에는 왕궁이 자리한다. 그리고 음택 풍수의 최고 명당에는 왕릉이 택지되었다. 왕궁은 왕조의 통치 권력이 있는 곳이며, 왕릉은 왕조의 정통성을 드러내는 곳이다. 통치권의 정당성은 정통성을 근본으로 한다. 그래서 조선 왕조는 왕궁과 왕릉의 택지를 반드시 대명당에 두었던 것이다.

1. 왕의 죽음부터 매장까지

조선시대 왕의 상징물 가운데 하나가 도끼다. 도끼는 악을 징벌하는 강력하고 무서운 권력의 상징이다. 왕과 관련된 예(禮)는 사대부의 예와 같을 수 없다. 또한 조선은 중국 중심의 국제 질서 속에서 제후의 나라이니 조선 왕의 예는 황제의 예와도 다르다. 조선시대의 오례(五禮)는 가례(嘉禮), 길례(吉禮), 흉례(凶禮), 군례(軍禮), 빈례(賓禮)로 나뉜다. 그 가운데 상례는 흉례에 속했다. 흉례는 가장 복잡하고 조심스러운 예이다. 유교식 상례는 임종에서 대상(大喪)을 치르고 탈상을 할 때까지 30단계의 복잡한 절차를 따른다고 한다.

왕이 죽은 당일(첫째 날)의 절차를 초종(初終)이라 한다. 왕이 숨을 거두면 내관이 코 밑에 솜을 대어 숨이 끊어졌는지 확인한다. 이를 속광(屬纊)이라 한다. 속광을 통해 죽음을 확인하고 난 뒤 가까이서 모신 내관은 왕이 집무를 보던 전각 지붕에서 왕의 옷을 들고 "상위복(上位復, 임금이시여, 돌아오소서!)"을 세 번 외치며 혼이 돌아오기를 빈다. 이를 초혼(招魂)이라 한다. 왕의 사망을 접한 백관들은 임종 장소 문밖의 뜰에서 슬퍼하며 울고 훈련대장은 궁성을 호위한다. 사망 당일에 모든 장례 절차를 담당할 빈전도감(殯殿都監), 국장도감(國葬都監), 산릉도감(山陵都監)을 설치하며, 삼도감을 총괄할 총호사(摠護使)는 대개 좌의정이 맡는다. 둘째 날, 의정급 신료로서 졸곡(卒哭) 전까지 왕을 대신해서 정무를 처결할 원상(院相)을 정하며, 이날 습(襲)을 한다. 습은 향탕수(香湯水)로 시신의 머리를 감기고 몸을 닦으며 수의를 입히고 버선을 신기는 습의(襲衣)와 입에 구슬을 물리는 반함(飯含)을 한다. 셋째 날, 시신을 묶는 염(殮)을 한다. 염은 소렴(小殮)과 대렴(大殮)으로 나뉘는데 소렴은 넷째 날에 하는 수도 있고, 날이 더우면 사망 당일 또는 둘째 날에 하기도 한다. 먼저 시신을 염상(殮牀)에 누이고 흰 비단옷을 여러 겹을 입혀 묶는다. 묶을 때는 매듭을 짓지 않는다.

넷째 날, 종묘, 영녕전, 사직에 왕의 죽음을 알린다. 다섯째 날, 염상 위에 대렴(大殮)을 한다. 이날 시신을 옮기기도 하는데 대렴을 하는 곳이 바로 빈전(殯殿)이 된다. 대렴을 마치면 시신을 재궁(梓宮)에 넣는 입관을 한다. 그리고 재궁은 다시 찬궁(攢宮) 안에 넣는다. 찬궁 안의 네 벽에는 사신(四神)을 그린다. 왕의 시신은 흙에 닿을 때까지 썩으면 안 된다. 그래서 동빙고에서 가져온 얼음을 가지고 빙반(氷盤)을 만들어 바닥에 놓고 그 위에 대나무로 만든 평상을 설치한다. 빙반에만 얼음을 두는 것이 아니라 사면에 대나무로 만든 평상을 둘러싸서 얼음을 쌓아 올린다. 얼음이 녹는 것을 방지하기 위해 미역을 사용하는 등 각종 조치를 한다. 여섯째 날, 정식으로 상복을 갖춰 입는 성복(成服)을 한다. 세자는 참최복(斬衰服)을 입는다. 그리고 세자는 왕을 상징하는 의복인 면복(冕服)으로 다시 갈아입고, 선왕의 유언장인 유교(遺敎)와 조선 국왕의 상징인 어보(御寶)를 받아 어좌에 오르는 신왕의 즉위식을 치른다. 즉위식은 대개 선왕의 장례 기간에 진행되기 때문에 비교적 간소하게 치러지며 진이부작(陳而不作), 즉 예법에 따라 악기를 설치하지만 음악은 연주하지 않는다. 신왕이 즉위하고 즉위 의례를 마치면 궁성 밖의 호위를 해제한다. 이것으로 긴급한 절차는 모두 마친 셈이다. 신

조선시대 국가 의례인 오례(五禮)

가례(嘉禮) : 왕의 성혼, 즉위, 세자의 성혼, 책봉 따위의 예식
길례(吉禮) : 대사(大祀), 중사(中祀), 소사(小祀) 등 나라에서 지내는 제사 의식
흉례(凶禮) : 국장(國葬)을 포함하는 상례
군례(軍禮) : 군사와 관련한 의식
빈례(賓禮) : 외국 사신을 접대하는 모든 예절

왕 즉위일이나 그다음 날쯤에는 죽은 대행대왕(大行大王)의 묘호, 능호, 전호, 묘호, 시호 등을 정한다. 그리고 27일 동안 공제(公除)라 하여 왕이 집무를 하지 않는다. 27일은 3년상을 치러야 하지만 다음 왕이 3년간 업무를 보지 않고 상을 치를 수는 없으므로 하루를 1개월로 하여 27개월간 상을 치른다는 의미이다. 이를 이일역월제(以日易月制, 달을 날로 바꾸는 계산법)라 한다. 신왕의 본격적 정무는 왕이 죽은 지 28일째 되는 날부터 본격적으로 시행되는 것이다. 여기서 삼년상이란 만 3년 동안 상을 치른다는 의미가 아니라 햇수로 3년 동안 상을 치른다는 의미이다.

왕이 죽으면 중국에 사신을 파견한다. 왕의 죽음을 알리는 고부사(告訃使), 시호를 정해 달라고 청하는 청시사, 다음 왕의 왕위 계승 허락을 청하는 청승습사를 파견하게 되어 있는데 통상 모두 겸하여 고부청시청승습사(告訃請諡請承襲使)가 파견되었다.

또한 왕이 죽으면 임시 기구로 빈전도감, 국장도감, 산릉도감 등 삼도감이 설치된다. 빈전도감은 대개 예조판서가 제조(提調)를 맡아 왕의 시신을 모시는 빈전을 설치하고 염습과 복식을 준비하는 기관이다. 상여가 궁궐을 떠날 때까지 존속하며 성복(成服)과 소렴(小斂), 대렴(大斂), 빈전(殯殿)에서 지내는 제사와 해당 절차에 필요한 용품을 제작하였다.

국장도감은 대개 호조판서나 예조판서가 제조를 맡아 재궁을 왕릉에 모시는 일을 담당하는 기관으로 대여(大轝)와 향정자(香亭子) 등 가마의 제작, 발인에 필요한 의장과 부장품 준비, 시보(諡寶)와 시책문(諡冊文)·애책문(哀冊文)을 만들었다.

산릉도감은 대개 공조판서가 제조를 맡아 왕릉을 조성하는 기관으로 명당의 선정, 주변의 조경 정비, 능역(陵役)의 조성, 정자각(丁字閣)과 비각·재실 등 건축물의 조성, 석물 축조 등의 업무를 담당하였다. 왕릉을 만드는 데는 4, 5개월이 걸리며 빠르면 3개월 늦게는 6개월도 걸린다. 지관(地官)이 장지를 정하고 광(壙)을 파고 석물(石物, 상설象設)을 설치하고 홍살문, 정자각, 재실(齋室) 등을 짓고 봉분을 쌓고 떼를 입히는 데 적잖은 시간이 걸렸다. 특히 돌을 뜨고 운반하고 다듬는 일은 매우 힘든 일이었다. 왕릉을 만드는 데는 일반 백성, 군사, 승려들이 동원되었다. 발인과 매장이 끝나면 칠우제(七虞祭)를 마치고 졸곡제(卒哭祭)를 지낸다. 이때까지 대략 5, 6개월이 소요되는데 졸곡제를 치르고 난 후에는 그동안 금지되었던 풍악을 울리는 일, 기녀를 가까이 하는 일, 고기를 먹는 일 등이 허락된다.

3년상 기간이 끝나면 왕의 위패는 혼전(魂殿)에서 종묘로 옮겨진다. 이를 부묘(祔廟)라 한다. 조선은 5묘제를 받아들여 5대까지의 왕만 종묘 정전에 모시고 나머지는 영녕전(永寧殿)에 모시게 되어 있으나 대부분의 왕이 그대로 정전에 남아 종묘 정전은 좌우로 기다란 건물이 되었다.

2. 왕릉의 형식과 시설물

조선 왕조는 1392년 개국한 이래 왕조의 문을 닫은 1910년까지 518년의 세월을 이어 오면서 27대에 걸친 왕과 왕비를 배출하였다. 이들 역대 왕과 왕비의 무덤 42기를 '조선 왕릉'이라 부른다.

조선시대에는 왕과 왕비를 포함한 왕실 가족의 무덤을 신분에 따라 능(陵), 원(園), 묘(墓)로 구분하였다. '능'은 산릉(山陵)이라고도 하는데 왕과 왕비의 무덤을 가리킨다. 왕세자와 왕세자비 그리고 왕의 사친(私親, 왕의 자리에 오른 왕의 친부모)의 무덤을 '원(園)'이라 하였다. 그 외에 왕위 계승과 관계없는 대군, 군, 공주, 옹주, 부마를 비롯하여 나머지 사람들의 무덤은 모두 '묘(墓)'라 불렀다.

능·원·묘에 관계된 조선 왕실의 무덤은 모두 119기로, 능이 42기, 원이 13기, 묘가 64기이다. 조선 왕릉 42기는 재위한 왕과 왕비 그리고 실제 재위하지는 않았으나 자손이 왕위에 올라 추존된 왕과 왕비의 능을 포함한다. 그러나 여기에 제10대와 제15대 왕으로 재위한 연산군과 광해군의 무덤은 포함되지 않는다. 폐위되어 묘로 조성되었기 때문이다. 반면 추존 덕종(제9대 성종 부) 경릉, 추존 원종(제16대 인조 부) 장릉, 추존 진종(제22대 정조 양부) 영릉, 사도세자(추존 장조, 제22대 정조 부) 융릉, 추존 문조(제24대 헌종 부) 수릉은 추존되어 능으로 조성된 경우이다.

조선 왕릉은 왕과 왕비를 합장하는지 여부에 따라 단릉, 쌍릉, 합장릉으로 구분된다. 왕릉에는 중종의 정릉, 문정왕후의 태릉처럼 왕이나 왕비 한쪽만 모신 단릉(單陵)도 있고, 태종과 원경왕후의 헌릉처럼 하나의 구릉 위에 왕과 왕비의 봉분을 나란히

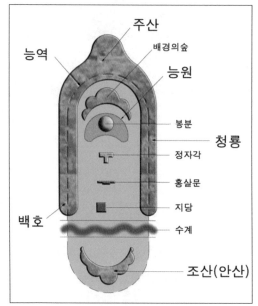

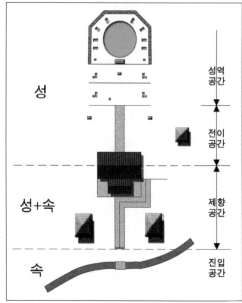

조선시대 왕릉 배치도   조선시대 왕릉 조영도

만들거나, 아니면 세조와 정희왕후의 광릉처럼 작은 구릉 두 개를 나란히 만들고 그 위에 각기 봉분을 조성한 쌍릉(雙陵)도 있으며, 왕과 왕비를 하나의 봉토에 합장한 동릉이실(同陵異室)의 합장릉(合葬陵)도 있다. 그런데 합장릉에는 장조(사도세자)의 융릉과 정조의 건릉처럼 혼유석을 한 개만 둔 것도 있고, 인조와 인렬왕후의 장릉(長陵)처럼 혼유석을 두 개 둔 것도 있다.

조선 왕릉은 죽은 자가 머물며 산 자와 죽은 자가 만나는 성역이라는 개념 아래 성(聖)과 속(俗), 유교 이념의 위계질서가 반영되도록 능역을 조성하였다. 따라서 능역은 크게 진입(속세)~제향(성역과 속세가 만나는 공간)~능침(성역)의 세 공간으로 나뉘며, 세 공간에는 각기 역할 수행에 필요한 시설물들이 설치되었다.

1) 진입 공간

조선시대 왕릉의 공간 구조에서 속세의 공간인 진입 공간은 평소 왕릉의 관리와 제례 준비를 위해 마련된 공간이다. 진입 공간에는 재실, 연못, 화소, 금천교(禁川橋) 등이 있다. 재실은 왕릉 관리와 산릉제를 준비하던 곳이기도 하며, 이 두 가지를 주요 업무로 삼았던 능참봉이 근무하는 장소이기도 했다. 또한 재실 주위에는 제례 때 필요한 향과 기물을 보관하던 향대청, 전사청이 있었다.

금천(禁川)은 말 그대로 '건너가는 것을 금하는 시내'로, 금천교를 중심으로 외부 공간은 속세, 내부 공간은 선왕의 영혼이 머무는 성역임을 표시한다. 따라서 왕릉을 참배하려는 사람은 반드시 금천과 금천교를 건너야만 제향 공간으로 나갈 수 있었다. 또한 금천과 금천교는 함부로 출입하는 것을 막는 의미도 있었다. 금천 주변에는 습지에 강한 오리나무를 심었다.

2) 제향 공간

산 자가 죽은 자를 맞이하여 제사를 지내는 곳이다. 홍살문을 들어서면 가마에서 내린 왕 또는 제관이 판위에서 4배하는 것을 시작으로 제례가 시작된다. 신하들은 홍살문 밖에서 절을 한다.

① 홍살문과 판위

금천교를 건너면 마주치는 것이 홍살문이다. 한자로는 홍전문(紅箭門) 또는 홍문(紅門)이라고 쓴다. 이는 여기부터는 삼가고 조심해야 할 신성한 구역이라는 것을 표시하는 것으로 붉은 색칠을 한다. 왕릉 건축물의 색깔도 대부분이 붉은색이다. 예부터 붉은색은 도깨비와 잡귀를 막는 색이다. 따라서 홍살문의 붉은색은 신성한 구역으로 들어오려는 잡귀를 막기 위한 것이다. 홍살문 중앙에는 홍살을 꼬아 삼지창을 만들고 태극 단청을 하였다. 태극은 하늘, 땅, 사람을 의미한다. 홍살문은 가운데를 중심으로 좌우가 낮아지는 산(山)자형, 같은 높이를 유지하는 일자형이 있다.

홍살문을 들어서면 오른편에 박석을 깔아 네모지게 구획을 마련해 놓은 부분이 있다. 이것의 명칭과 용도에 대해서는 논란이 많으나, 판위(版位)라고 부르며 왕이 능을 참배할 때에 홍살문 안으로 들어서서 북향하여 국궁사배(鞠躬四拜)하는 자리이다. 또

홍살문   판위

한 왕이 참배를 마치고 돌아갈 때에도 국궁사배하는 사릉위(辭陵位)이다.

② 참도

제향 공간인 홍살문에 들어서면 시선이 차단되어 정자각 너머 능침 공간이 보이지 않는다. 이는 능침 공간의 성역성과 신비감이 드러나도록 조성한 때문이다. 홍살문에서 정자각까지 이르는 길에는 박석이 깔린 길이 있는데 이를 참도(參道)라 한다. 정자각에서 보았을 때 약간 높게 조성된 오른쪽 길이 신도(神道), 왼쪽 낮은 길이 왕이 밟고 다니는 어도(御道)이다. 신(神)이 다니는 신도는 능에서 바라보았을 때 언제나 우측에 배치한다. 음양 중 좌측은 양(陽)에 해당되며, 우측은 음(陰)에 해당된다. 사람이 사는 양택 공간에서는 양에 해당하는 좌측이 우측보다 높지만, 죽은 사람의 집인 무덤, 곧 음택 공간에서는 반대로 우측이 좌측보다 높다. 한편 참도의 바닥이 거친 이유는 고개를 숙여 아래를 살핌으로써 선왕의 영혼에 존경을 표하도록 하기 위함이다.

참도는 정자각 월대(月臺)에 바로 이어지지 않고 월대 앞에서 오른쪽으로 꺾여 동쪽 계단으로 이어진다. 사대부가의 사당이나 향교, 서원 등 선현의 위패를 모시고 제를 지내는 곳은 모두 이런 구조로 되어 있는데 가운데로 월대에 오르는 것이 아니라, 동입서출(東入西出), 즉 동쪽으로 올라서 서쪽으로 내려가도록 되어 있다. 동쪽 계단 가운데 돌로 삼태극과 구름무늬를 새겨 장식한 소맷돌이 있는 계단이 신이 오르는 신

참도에서 바라본 정자각

계(神階), 그 옆의 소맷돌이 없는 계단이 왕이나 제관들이 오르는 동계(東階)이다.

③ 정자각

동쪽 계단을 올라 월대에 서면 다시 판위가 설치되어 있다. 판위는 월대에 올라 정자각(丁字閣)을 정면으로 바라볼 때 오른편에 있는데, 일반적으로는 네모나게 구획지어 있지 않지만 간혹 구획이 되어 있는 곳이 있는데 헌관(獻官)이 서향하여 서는 자리이다. 물론 왕이 제례에 참여할 때에는 왕이 초헌관이 된다.

정자각은 말 그대로 지붕이 고무래 정(丁)자 모양으로 되어 있으며, 일반적으로 정면 3칸, 측면 1~2칸의 구조를 갖는 맞배지붕 형태이다. 맞배지붕은 단순하면서도 단아하다. 음양의 운동을 나타내는 정중동(靜中動) 중에서도 정(靜)에 속하며 이는 음에 해당된다. 왕릉은 음택이기에 맞배지붕을 한다.

산릉제를 지낼 때 정자각 안에 여러 가지 제물들을 진설해 두며, 왕릉을 옮길 때는 재궁(梓宮)을 임시로 두기도 한다. 산릉제가 끝나면 영혼은 정자각 뒷면의 신문(神門)으로 나가 신도(神道)를 따라 능으로 올라가고, 왕이나 제관은 정자각 서쪽 계단으로 내려오게 된다. 정자각의 서쪽 계단에는 신계가 없다. 산릉제가 끝났는데도 혼령이 왕을 따라오면 왕궁과 온 나라가 시끄러워지기 때문에 신계를 생략한 것이다.

정자각에 오르는 신계와 동계

④ 예감과 산신석

정자각 뒤편 봉분에 오르는 언덕 왼편 아래에 돌로 만든 작은 구덩이가 있는데 이를 예감(瘞坎)이라고 한다. 예감은 산릉제를 지내고 나서 축문과 폐백을 묻는 곳이다. 그 반대쪽인 오른편 아래에는 넓적한 돌을 깔아 놓았는데, 이를 산신석(山神石)이라 한다. 산신석은 산릉 조성 후 3년간 산신에게 제사를 지내는 곳이다.

⑤ 비각과 수복방

비각(碑閣)은 능 주인의 업적과 치적을 기록한 신도비(神道碑)나 비갈(碑碣)을 보호하는 집이다. 신도비는 조선 초기의 제1대 태조 건원릉과 제3대 태종 헌릉에서 볼 수 있으며, 이후에는 대개 비갈만 있다. 왕의 업적은 실록 등에 그 기록이 남게 되므로, 굳이 다시 각석하는 것을 피하기 위함이다.

수복방(守僕房)은 능을 관리하는 수복(守僕, 수능군)들이 사용하던 건물이다. 왕릉은 종9품의 능참봉 밑에 70여 명의 수복들이 관리하였다. 비각과 같이 능침에서 바라보았을 때 정자각의 왼쪽, 곧 동쪽에 위치한다.

수라간(水剌間)은 제례를 위한 제기를 보관하던 장소이다. 때로는 능을 관리하는 수복들이 이곳에서 음식을 조리하거나 밥을 먹기도 하였다. 대개 능침에서 바라보았

예감

산신석

을 때 정자각 오른쪽, 예감의 앞쪽에 위치한다.

3) 능침 공간

능침 공간의 핵심이 되는 시설은 봉분이다. 봉분은 주변 산세와 지형에 따라 단릉·
쌍릉·합장릉·삼연릉·동원이강릉·동원상하릉 등 다양한 방식으로 조성되었으나, 대부
분은 원형의 봉분 양옆과 뒤쪽 산면에 곡장을 두르고, 그 둘레에 소나무를 심어 봉분
의 존재를 강조하였다. 능침 공간은 죽은 자를 위한 공간이므로 일반인의 출입이 금지
되었다.

① 강과 잉

정자각 뒤쪽에 있는 둥근 언덕을 강(岡)이라고 한다. 강은 신라 왕릉이나 고려 왕릉
에는 없는 조선 왕릉에서만 볼 수 있는 독특한 양식이다. 풍수에서는 땅의 기운 중에
가장 좋은 기운을 생기(生氣)라고 한다. 좋은 기운은 생명을 지켜 준다. 그 같은 기운
이 생명지기(生命之氣), 곧 생기이다. 이러한 생기를 저장하고 있는 것이 왕릉의 강이
다. 생기 저장 탱크인 강에는 생기를 주입해 주는 부분이 있다. 왕릉 뒤쪽에 봉긋하게
솟아 오른 부분이 그것인데, 이를 잉(孕)이라 한다. 왕릉 택지 때 왕릉이 명당 혈에 자
리하고 있는지 확인할 수 있는 풍수적 잣대가 바로 잉과 강의 존재 유무였다. 잉과 강
이 반드시 존재해야 왕릉 택지로 선택되었다.

② 능침

강은 둥글게 생겼다. 그러나 강 위를 살펴보면 평평한 평지가 조성되어 있다. 둥근 강 위에 석축을 쌓아 평탄하게 만들어 놓은 것이다. 석축 위에 있는 평탄한 부분을 능원(陵原)이라고 한다. 능원은 봉분이 있는 능침 공간과 문인의 공간과 무인의 공간, 그리고 망주석이 서 있는 명당 공간으로 구분된다. 능원 바닥을 보면, 동서로 가로지르는 장대석(長臺石)들이 능원을 3단으로 구분해 놓았다. 가장 상단에 있는 봉분은 선왕의 유해가 영면하고 있는 왕릉 침전에 해당되기에 능침(陵寢)이라 한다. 그리고 중단에는 장명등과 문인석이, 하단에는 무인석이 배치되어 있다. 이는 왕, 문인, 무인이라는 조선 왕조의 신분 질서가 왕릉 양식에도 반영된 것이다.

정자각에서 바라본 강(태릉)

곡장 뒤쪽의 잉(세종 영릉)

한편 능원에서 정자각 방향을 바라보면 시야가 넓어짐을 느낄 수 있다. 이것은 능원이 그 높이에 의하여 개방성을 갖고 있기 때문이다.

조선 건국 후 태조부터 문종까지는 왕릉의 현궁(玄宮)을 돌로 만든 석실(石室)로 하였으나, 세조 때부터 석회, 모래, 황토 등을 섞어 다져 만든 회격(灰隔) 방을 썼다. 왕릉의 내부 구조가 석실에서 회격으로 만든 방으로 변한 이유는 무엇일까? 왕릉을 만드는 것은 당시로서는 대역사였다. 특히 석실을 만드는 데 따르는 백성들의 부담과 폐해는 컸다. 태종의 능을 만들기 위해 동원된 부역군은 1만 명이 넘었고, 돌을 운반하다가 죽은 사람이 백여 명이나 됐다. 이에 세조는 거대한 돌을 사용하는 석실을 만들지 말라는 유언을 남겼다. 따라서 세조 이후 왕릉에는 석회 혼합물로 만든 회격으로 만든 방이 석실을 대신하게 되었다.

광릉의 정희왕후 능 전경

왕릉의 현궁은 땅을 3m 깊이로 파서 석회, 모래, 황토 등을 섞어 다져 만든 회격으로 방을 만들고, 재궁(梓宮)을 넣고 입구를 막는다. 그리고 그 위에 숯가루를 50cm 두께로 덮는다. 이는 해충을 막는 동시에 신성한 지역임을 나타내기 위한 것이다. 또한 숯가루 위에 일정한 높이까지 흙을 덮고, 그 위에 또다시 회격을 하여 내구성을 강화한다. 그리고 최종적으로 흙을 덮어 봉분을 완성하고, 봉분에는 사초(莎草)를 입혔다. 이렇게 조성된 봉분은 600년이 넘는 세월 속에서도 무너지지 않고 제 모습을 지킬 수 있었다.

왕릉 속에는 어떤 부장품이 들어 있을까? 때로는 쓰던 물건을 그대로 넣기도 했으나, 대부분 작고 거칠게 만든 부장품을 넣었다. 거기에는 성리학적 이념을 바탕으로 예를 갖추면서도 사치를 멀리하려는 조선 왕실의 철학과, 백성들의 피와 땀을 아끼는 애민사상이 녹아 있다.

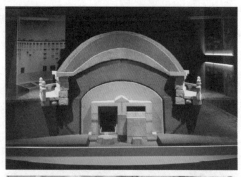

석실과 회격

봉분이 있는 능침 공간은 삼면이 곡장(曲墻)으로 둘러싸여 있다. 곡장에는 일월성신(日月星辰), 즉 해와 달, 그리고 별자리를 나타내는 문양이 박혀 있다. 곡장으로 둘러싸인 내부는 혈(봉분)이 있는 능침에 속한다. 그 외 능원 지역은 모두 명당자리에 해당된다. 곡장과 봉분 사이에는 능침을 수호하는 석호(石虎)와 석양(石羊)이 각각 4마리씩 엇갈려 배치되어 있다. 석호는 능을 호위하는 수호신의 의미를, 석양은 땅 속의 사악한 귀신과 기운을 물리치고 죽은 이의 명복을 기원하는 의미를 지니고 있다.

봉분의 아랫부분은 병풍석(병석)으로 둘러싸여 있다. 병풍석은 봉분의 흙이 흘러내리는 것을 방지하며, 모란이나 연꽃 등의 무늬를 새겨 봉분을 장식하기도 하였다. 그러나 세조가 병풍석을 쓰는 것이 공력이 많이 들어 민폐를 끼친다며 쓰지 말라고 유언하여 세조의 광릉 이후로 병풍석을 쓰지 않았다. 하지만 난간석은 두었다. 난간석은 봉분 바깥쪽에 난간처럼 빙 둘러친 것이다. 난간석 기둥에는 대개 자축인묘(子丑寅卯) 따위의 12간지 글자가 방위에 따라 새겨져 있다.

한편 봉분 주변에는 바람을 막아 아늑한 분위기를 조성하기 위해 소나무를 빙 둘렀다. 그리고 소나무 주변에는 산불을 예방하기 위해 떡갈나무를 심었다. 왕릉의 우거진 숲도 계획적으로 조성하였던 것이다.

곡장의 일월성신

③ 혼유석

봉분 앞에는 혼유석(魂遊石)이 놓여 있는데 돌로 된 상이라고 해서 석상(石床)이라고도 부른다. 간혹 상석(床石)이라고도 쓰는 경우를 볼 수 있는데 이것은 잘못된 것이다. 정자각이 없는 민묘(民墓)의 경우 봉분 앞에다 상석을 설치한다. 민묘 상석은 상돌이라는 제사상이다. 반면 왕릉의 경우 제물을 정자각 안에 진설한다. 왕릉의 석상은 제물을 차려 놓은 상석이 아닌 '망자의 혼령이 나와서 노는 돌', 즉 혼유석이다.

혼유석의 다리는 둥근 북 모양을 하고 있다고 해서 북돌 또는 고석(鼓石)이라고 부르는데 처음에는 네 귀퉁이와 중앙에 하나씩 두어 모두 다섯 개였으나 영릉(세종의 능)부터는 네 개로 바뀌었다. 북돌은 귀면(鬼面)을 장식하거나 때로는 문고리 모양을 새기는 경우도 있다.

혼유석

장명등

④ 장명등

혼유석 앞 약간 단을 낮춘 자리 정면에는 장명등(長明燈)을 두었다. 장명등은 문인석과 무인석이 마주 보는 중간에다 세웠는데, 사찰 대웅전 앞에 놓는 석등이 왕릉 양식으로 남은 것이다.

석등은 본래 대웅전 앞마당을 밝혀 주는 조명 시설이었다. 능침 속에 있는 왕이나 대웅전 안에 있는 부처는 본디 동격이다. 이 같은 왕즉불(王卽佛) 관념에 따라 능침을 대웅전 삼아 능원이라는 앞마당에 세워 놓은 것이 고려 왕릉의 석등이었다. 그러므로 석등은 본래 불교의 풍수 양식이다. 그런데 이러한 석등이 조선 왕조의 유교 풍수와도 통했다. 석등에 불을 밝히는 것과 밝을 명(明)이 통하고, 이는 명당(明堂)과도 연결된다. 그래서 조선 왕릉에 장명등이라는 새로운 풍수 명칭으로 존재할 수 있었던 것이다.

능원은 봉분이 있는 능침 공간과 무인석과 무인석이 서 있는 명당 공간으로 구분된다. 명당 하면 떠오르는 것이 명당발복(明堂發福)이다. 발복 중에서도 장생발복(長生發福)을 최상으로 친다. 건강과 정력도 좋고, 풍류도 즐기고, 효심도 있고, 관직 운도 따르고, 재물복도 있는 발복이 장생발복이다. 따라서 장생발복이 명당(明堂)에서 불길처럼(燈) 일어나라는 뜻에서 장명등(長明燈)이라고 불렀던 것이다. 장명등 풍수의 관념은 우리 생활에서도 찾아볼 수 있었다. 요즘은 이사한 친지나 친구 집을 방문할 때 주로 휴지나 세제를 선물하지만, 얼마 전까지만 해도 성냥과 초를 선물하였다. 집안에 행복과 행운이 불길처럼 활활 타오르라는 집들이 선물인 것이다.

망주석과 세호

⑤ 망주석

　능원은 봉분이 있는 능침 공간과 문인 공간과 무인 공간, 그리고 망주석(望柱石)이 서 있는 명당 공간으로 구분된다. 문인석은 복두(幞頭)를 쓰고 홀(笏)을 쥔 형상이고, 무인석은 투구를 쓰고 장검을 쥔 형상을 하고 있는데 그 옆에는 석마(石馬)를 하나씩 두었다. 망주석에는 세호(細虎)라는 짐승을 하나는 위로 오르고 하나는 밑으로 내려가는 형상을 돋을새김으로 새겨 놓았다. 망주석은 터진 곡장 입구, 그것도 곡장 안쪽에 위치한다. 이는 망주석의 기능이 예사롭지 않음을 보여 준다.

　망주석의 용도를 이해하기 위해서는 풍수적인 접근이 필요하다. 봉분이 있는 능침 공간은 잉에 뭉쳐 있는 생기(生氣)가 곡장 뒤쪽으로 들어와 혈(穴)을 만든 공간이다. 혈 자리에 입지한 봉분은 이로써 생기를 받는다. 그런데 생기는 바람을 맞으면 흩어지고 만다. 이를 막는 장풍(藏風)의 용도로 삼면에 곡장을 쳤다. 이것이 곡장의 풍수적 용도인 것이다. 그런데 곡장 앞쪽은 터져 있을 수밖에 없다. 절을 하는 후손 왕들과 절

헌릉의 곡장과 망주석

을 받는 왕릉 봉분이 서로 마주해야 하기 때문이다. 터진 곡장 앞쪽으로 생기가 유출
될 수 있다. 이때 양쪽에 서 있는 망주석이 생기 유출을 막는 역할을 하는 풍수적 용도
물, 즉 수구막(水口幕)인 것이다. 이렇게 볼 때 망주석에 돋을새김해 놓은 세호 역시
곡장 안의 생기를 보호하는 역할을 하는 상징물이라 할 수 있다.

제3부

근대 및 일제 강점기의
경성, 그리고 서울

11장 대한제국 황제의 궁궐, 경운궁

　'을씨년스럽다'는 말은 "날씨나 분위기 따위가 몹시 스산하고 쓸쓸한 데가 있다"라
는 뜻이다. '을씨년'은 '을사년→을시년→을씨년'의 변화를 거친 말로 단독으로는 쓰이
지 않고 '을씨년스럽다', '을씨년스레'의 꼴로만 쓰인다. 일본제국주의는 을사년(乙巳
年)인 1905년(광무 9) 11월 17일 '한일외교권위탁조약', 소위 을사보호조약으로 대한
제국의 외교권을 박탈하고 '한국통감부'를 설치하였다. 1910년(융희 4)에 체결된 한일
병합조약으로 대한제국이 일본제국주의에 '병합'되었다고는 하지만, 1905년 을사조약
으로 이미 속국이 된 것이나 진배없었다. 나라 잃은 백성들의 스산하고 쓸쓸한 마음은
이렇게 우리말에 남아 오늘날까지도 전해지고 있다.

　'을씨년스럽다'는 말이 유래할 정도로 우리 민족에게 씻을 수 없는 아픔을 안겨 준
역사의 현장은 서울시 중구 정동에 자리 잡고 있는 경운궁(덕수궁)이다.

　한편 정동(貞洞)이라는 지명은 조선 태조의 계비(繼妃) 신덕왕후, 神德王后) 강씨(康
氏)의 능침인 정릉(貞陵)이 있었던 데서 비롯되었다. 1392년 조선의 개국과 더불어 현
비(顯妃)에 책봉된 강씨는 병을 얻어 1396년(태조 5) 8월 13일 생을 마감하였다. 9월
28일에는 봉상시(奉常寺)에서 존호를 신덕왕후라고 하고 능호(陵號)를 정릉으로 정하

여 헌의하였다.

신덕왕후의 죽음을 슬퍼한 태조는 몸소 능지(陵地)를 물색하여 도성 안의 취현방(聚賢坊) 북원(北原)으로 정하였다. 이후 여러 달의 공사를 거쳐 1397년(태조 6) 정월에 신덕왕후를 정릉에 모시게 되었다. 그러나 신덕왕후의 정치적 라이벌이었던 이방원이 왕위에 오른 이후, 1408년(태종 8) 5월 24일 태상왕(太上王, 태조)이 승하 하자 정릉은 도성 밖 사을한(沙乙閑) 산기슭으로 옮겨지게 되었다. 이에 대해 『태종실록』 1409년(태종 9) 2월 23일자에는 "옛 제왕의 능묘가 모두 도성 밖에 있는데, 지금 정릉이 성 안에 있는 것은 적당하지 못하고 또 사신이 묵는 관사(館舍, 태평관)에 가까우니 밖으로 옮기도록 한다"고 그 이유를 적고 있다. 이렇게 해서 정릉은 성 밖으로 옮겨졌으나 '정릉동' 혹은 '정동'이라는 지명을 남겨 놓았다.

1. 정동과 경운궁의 역사

1) 정릉동 행궁과 경운궁

정동을 이해하는 데 빼놓을 수 없는 것이 경운궁이다. 정동이 없는 경운궁은 있을 수 없고, 경운궁이 없는 정동 역시 상상하기 어렵다. 이러한 경운궁의 역사는 정릉동 행궁(行宮)에서 시작되었다. 1592년(선조 25) 임진왜란이 일어나자 선조는 의주까지 몽진(蒙塵)하였다가 다시 한성으로 돌아왔다. 하지만 당시 성내의 대가(大街), 즉 지금의 종로 북쪽에 있던 경복궁, 창덕궁, 창경궁, 종묘를 비롯하여 종로의 종루(鍾樓), 각 관아, 성균관 및 대신들의 저택들은 모두 전쟁으로 소실된 형편이었다. 오직 남부(南部), 즉 남산 기슭 일대와 중앙의 소공주택(小公主宅, 지금의 조선호텔)과 더불어 정동 방면의 집들만이 남아 있었다. 이곳은 한성을 점령한 일본군 주장(主將) 우기타 히데이에(宇喜多秀家)를 비롯한 여러 장수들이 주둔했던 곳이었기 때문에 왕족과 고위 관료들의 저택이 남아 있을 수 있었다. 어쩔 수 없이 선조는 이곳을 왕이 임시로 거처하면서 기거하는 행궁(行宮)으로 삼았다. 처음에는 여러 사람이 거처하기엔 좁았기 때문에 주변 여러 채의 민가들까지 포함하여 이를 왕궁으로 개조, 목책(木柵)을 돌려 세웠고, 1595년(선조 28)에는 길가에다 동문을 세웠다. 1607년(선조 40)에는 별전을 지어 생활공간이 다소 여유로워지기도 했지만, 전각 배치 등이 다소 산만한 느낌을 주었고 전체적인 분위기도 궁궐과는 거리가 있었다.

선조는 생전에 정궁을 지어 돌아가려 하였으나, 나라의 형편이 여의치 않아 뜻을 이루지 못하다가 1608년(선조 41) 2월 1일 행궁의 정전에서 승하하였다. 광해군은 정릉동 행궁 서청(西廳)에서 즉위한 후 1611년(광해군 3)에 창덕궁을 중건하고 10월에 그리로 옮겨 가면서 행궁을 '경운궁(慶運宮)'이라 부르게 하였다. 하지만 다시 보름 만에 경운궁으로 이어(移御)하여 3년 반 동안 더 머물다가, 1615년(광해군 7) 4월에야 창덕궁으로 옮겨 갔다.

한편 1623년(인조 1) 반정에 성공한 인조가 경운궁 별당에서 즉위하였으나 곧 대비와 함께 창덕궁으로 이어하였다. 이후 경운궁은 정식 궁궐이 아닌 옛 행궁 터로서 즉조당(卽祚堂), 석어당(昔御堂)과 왕비의 궁방인 명례궁(明禮宮) 건물이 몇 채 들어서는 정도로 유지되었다.

2) 정동과 외국 공사관

1876년(고종 13) 조선은 외세에 굴복해 어쩔 수 없이 개항을 했지만, 외국인의 도성 내 입지는 엄격하게 제한되었다. 이 때문에 조선과 가장 먼저 외교관계를 맺은 일본도 1880년(고종 17)에야 공사관을 설치할 수 있었고, 그 공사관도 서대문 밖(지금의 서울금화초등학교)에 둘 수 있었다. 외국인의 도성 내 거주가 합법화된 것은 1882년(고종 19) 11월 조청상민수륙무역장정(朝淸商民水陸貿易章程)이 체결된 이후의 일이다.

정동에 진출한 최초의 서양인은 초대 미국 공사로 부임한 푸트(Lucius Harwood Foote) 일행이었다. 푸트는 1882년(고종 19) 5월 22일에 체결된 조미수호통상조약에 따라 특명전권공사의 신분으로 1883년(고종 20) 5월 12일 제물포에 상륙하여 이 땅에 첫발을 내디뎠다. 5월 19일에는 비준서까지 교환함으로써 조선과 미국 사이에 정식 외교관계가 수립되었다. 이들 일행은 박동(磚洞)에 있던 독일인 묄렌도르프(Paul

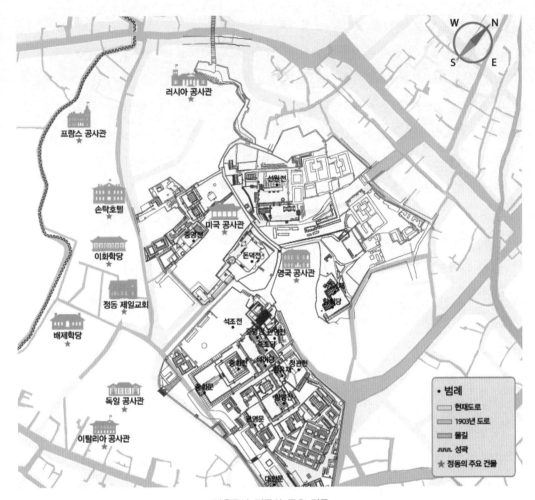

경운궁과 정동의 주요 건물

Georg von Möllendorff)의 집에 잠시 거처하다가 이후 정동에 집을 사들였는데, 이것이 곧 미국 공사관의 시초이자 정동이 서양인 마을로 변모하는 출발점이었다. 이후 형성된 도성 내 외국인 거주지는 크게 서구인과 청국인 그리고 일본인이 사는 곳으로 구분되었다.

일본인들은 남산의 북측 산록을 중심으로 거주지를 형성하고, 청국인들은 수표교와 서소문 일대를 중심으로 거주지를 형성한 데 반해, 인원이 많지 않았던 서구인들은 정동을 중심으로 여러 나라 사람들이 모여 살았으며 그 중심에는 각국의 공사관이 있었다. 그 결과 정동 일대는 외교 중심지로 변모하였다. 미국 공사관과 영국 공사관 (1884년)은 정동의 동쪽과 서쪽에 나란히 자리하고, 그 북쪽으로 러시아 공사관(1885 년)과 프랑스 공사관(1889년)이, 다시 그 남쪽으로는 독일 영사관(1891년)이 포진하였다. 공사관 주변으로 공사관에 근무하는 외국인과 선교사들이 자리를 잡음에 따라 정동은 자연스럽게 서구인들의 집단 거주지의 성격을 띠게 되었다.

서구 열강들이 정동과 그 주변에 공사관 또는 영사관을 개설한 까닭은 무엇일까? 먼저 들 수 있는 것이 당시 정동이 교통로의 요충지였다는 점이다. 정동은 도성의 서쪽 끝에 해당하는 위치인 동시에 인천으로 이어지는 마포와 양화진 가도의 진입로 역할을 하는 지리적 이점을 지니고 있었다.

둘째, 정동은 도성 안쪽에 자리하면서도 상대적으로 외진 곳이고 빈터도 많이 남아 있었다. 따라서 토지와 가옥의 매입이 쉬워 공사관 부지 선정에 용이하였다. 또한 외교 공관을 특정 지역에 몰아넣음으로써 일반 백성과 격리하는 효과를 고려한 측면도 있었던 것 같다.

각국 공사관의 개설과 더불어 민간인 신분의 서양인들이 정동에 정착하기 시작한 것은 1884년(고종 21)부터이다. 그 선두 인물이 바로 알렌(Horace Newton Allen)이다. 1884년 9월 22일에 조선에 들어온 알렌은 푸트 공사의 주선으로 미국 공사관에 인접한 집 한 채를 넘겨받게 된다. 이렇게 하여 정동에 터전을 잡은 알렌은 다시 자신의 동료를 위해 이웃하는 땅과 가옥을 매입하였다. 이 집은 1885년(고종 22) 조선에 들어온 북장로교 선교사 언더우드(Horace G. Underwood)에게 돌아갔으며, 스크랜턴 (William B. Scranton)과 아펜젤러(Henry G. Appenzeller)도 역시 미국 공사관과 가까운 정동 서편에 자리를 잡았다. 이후 조선에 입국한 헐버트(Homer B. Hulbert), 길모머(George W. Guilmore) 등도 자국 공관과 가까운 정동 일대에 머물게 되었다.

서양인 선교사들이 점유한 정동 일대는 대략 정동길을 경계선으로 양분되어 그 동쪽 편에는 '미국 장로교 선교 기지'가 들어섰고, 건너편인 서쪽 성벽 아래에는 '미국 감리교 선교 기지'가 터를 잡게 되었다. 다만, 1897년(광무 1) 대한제국이 선포되고 새롭게 경운궁이 조영되는 과정에서 인접한 장로교 선교회 거주지는 대부분 해체되어 궁궐 전각들로 대체되었다. 하지만 경운궁과 떨어져 있던 감리교 선교 기지, 즉 지금의 이화여고, 정동제일교회, 옛 배재고등학교 자리는 그 형태를 고스란히 보존하였다.

선교사들이 정동 일대를 활동의 본거지로 삼으면서 다수의 교회가 창설되었다. 오늘날 정동 안쪽에 남아 있는 정동제일교회와 성공회대성당은 물론이고 새문안교회와 상동교회까지도 그 출발점을 정동에 두고 있는 까닭이다. 선교사들은 대부분 선교 목적이 우선이었지만, 당시 조선 정부로부터 아직 선교 활동이 공개적으로 허용되지 않았으므로 먼저 학교를 설립하여 교육 사업에 주력하였다. 따라서 정동 일대에는 1885년(고종 22) 배재학당, 1886년 이화학당과 경신학교의 전신인 언더우드학당, 그리고 1887년 정신여학교의 모체가 된 정동여학당 같은 근대 교육기관이 설립되었다.

정동을 중심으로 서양인들이 집결하는 현상은 비단 미국인들의 경우만은 아니었고, 다른 서구 나라들도 마찬가지였다. 대개는 자국의 공관을 중심으로 그 인근으로 거주 영역을 차츰 확대하는 현상이 나타났다. 서양인의 숫자가 차츰 늘어나면서 거주 공간의 부족으로 정동 지역에서 벗어나 서대문 바깥쪽으로도 이들의 정착지가 차츰 확장되었다. 그래도 손탁호텔이나 정동구락부와 같은 사교 공간이 정동 안쪽에 존재하고 있었으므로 여전히 일상생활의 중심축은 정동을 벗어나지 않았다.

3) 아관파천과 경운궁

1896년(고종 33) 2월 11일 러시아 공사관으로 거처를 옮겼던 고종은 빗발치는 환궁 요청을 받아들이지 않다가 1년 만인 1897년 2월 20일 경운궁으로 환궁하였다. 경복궁이나 창덕궁이 아닌 경운궁으로 옮긴 것은 바로 주변에 미국, 영국, 러시아 등 서구 여러 나라의 공사관이 밀집해 있었기 때문이다. 을미사변과 같은 직접적인 신변의 위협과 일본의 국정 간섭 등에서 벗어나기 위한 장소를 선택한 것이다.

고종은 러시아 공사관에 머물면서 이미 경운궁으로 환궁할 뜻을 굳히고 1896년 8월 10일 경운궁의 수리를 명령하였으며, 경복궁에 있던 명성왕후의 빈전(殯殿)과 집옥재(集玉齋)에 봉안하여 오던 역대 선왕의 영정(影幀)을 옮기도록 하였다. 1897년(광무 1) 2월 20일 마침내 경운궁으로 환궁한 고종은 연호를 광무(光武), 국호를 대한(大韓)으로 하여 제국과 황제를 칭하였다.

1904년 경운궁 대화재

　고종이 경운궁으로 환궁할 때 중심 건물은 함녕전(咸寧殿)과 즉조당(卽祚堂)이었다. 함녕전은 처음에는 선덕전(宣德殿)으로 명명하였다가 함녕전으로 바꾸었는데, 고종의 침전이자 관료들을 소견하는 곳으로 쓰였다. 즉조당은 태극전(太極殿)·중화전(中和殿)으로 이름이 바뀌었는데, 임금과 관료들이 모여 행사를 여는 정전으로 쓰였다. 정문은 인화문(仁化門)으로 정전 정면에 남향하고 있었다.

　1898년(광무 2) 3월 3일에는 경운궁 동남쪽 모퉁이에 대안문(大安門)을 새로 세웠다. 그런데 1900년(광무 4) 10월 14일 경운궁의 정전과 선원전(璿源殿)이 실화로 불타버리는 사고가 발생했다. 고종은 1901년(광무 5) 8월 25일 법전 영건(營建)을 위한 영건도감(營建都監)을 설치하는 한편, 1902년(광무 6) 5월 12일 새로 지을 법전의 이름을 중화전으로 하고 그때까지의 중화전은 본래 이름인 즉조당으로 되돌리라고 명하였다. 9월 15일 영건도감에서 경운궁의 영건을 고하였고, 고종은 10월 19일 중화전에서 하례를 받고 죄수들을 사면하였다. 이날 중화전 외삼문(外三門)의 이름을 조원문(朝元門)

석조전 (1900)	준명당 (1902)	즉조당 (1897)	함녕전 (1897)
		중화전 (1902)	
		중화문 (1902)	조원문 (1902)
		인화문 (1897)	

대안문 (1902)

1902년 경운궁의 주요 건물

으로 정하여 정전 체제를 갖추었다.

1904년(광무 8) 4월 14일 함녕전의 온돌을 수리하다 실화한 것이 바람을 타고 번지는 바람에 중화전, 즉조당, 석어당 등 경운궁의 중심부가 불에 타 잿더미가 되는 대참사가 발생하였다. 고종은 수옥헌(漱玉軒, 현 중명전)으로 옮겨 가 그날 신료들을 만난 자리에서 경운궁의 중건을 못 박았다. 본래의 법궁인 경복궁이나 창덕궁으로 이어해야 한다는 의견도 있었으나 고종은 단호히 경운궁 중건을 고집하였다.

고종이 수옥헌으로 옮겨 가 있는 동안 일제는 대한제국을 더욱 압박해 왔다. 1904년(광무 8) 5월 20일 한일의정서를 체결하여 고문 정치를 실시하는 한편, 외교권에 제한을 가하였다. 10월 5일에는 제실제도정리국(帝室制度整理局)을 설치하여 황실과 정부를 통제하기 시작하였다. 또한 황제권의 군사 기반이었던 원수부(元帥府)를 폐지하고 경찰권과 군사권을 장악하였다. 고등경찰제도를 실시하고 관제(官制)를 정비한다는 명목으로 관료기구에도 침투하였다. 일본 헌병이 궁성을 경비하는가 하면, 군대로 궁성을 수비하게 하여 위협을 가하기도 하였다.

이 와중에 1906년(광무 10) 1월 중화전이 복원되고, 4월 25일부터 대안문을 수리하기 시작하여 대한문으로 명칭을 바꾸었다. 경운궁 중심 구역이 어느 정도 복구되자 9월 13일 고종은 중명전에 나가 각국의 영사를 접견하였다. 이듬해 1월 24일 고종은 중화전에 나아가 황태자비 책비례(冊妃禮)를 행하였고, 2월 1일에는 황태자비의 관례(冠禮)를 행하였다.

1907년(광무 11) 7월 고종이 헤이그 만국평화회의에 특사를 보내자 이를 빌미로 이토 히로부미(伊藤博文)가 고종에게 양위(讓位)를 압박하였다. 고종은 이를 거부하고 황태자가 대리하도록 했으나, 7월 21일 밤 끝내 순종에게 양위하고 말았다. 7월 24일 이완용과 이토 히로부미가 한일협약(韓日協約) 및 이의 실행에 관한 비밀각서를 조인함으로써 일제는 행정, 사법, 군사 등 전권을 장악하게 되었다.

순종은 연호를 융희(隆熙)로 바꾸고 8월 27일 돈덕전(惇德殿)에 나아가 즉위식을 올렸다. 9월 7일 영왕(英王) 은(垠)이 황태자로 책봉되었으며, 고종은 태황제(太皇帝)가 되어 궁호(宮號)를 덕수(德壽), 부호(府號)를 승녕(承寧)으로 하였다. 11월 13일 순종과 황후, 황태자 등이 일제의 의도대로 창덕궁으로 이어하였다. 일제는 1910년 한일병합조약을 강제하면서 궁호를 내세워 고종을 '덕수궁 전하'로 격하시켰다.

4) 경운궁의 해체

1919년 고종은 양위한 뒤 13년간 거처하던 침전인 함녕전에서 승하하였다. 고종이 승하하면서 덕수궁도 궁궐로서의 수명을 마치게 된다. 그 후 덕수궁은 영역이 크게 축소되었을 뿐 아니라 전각들이 파괴되고 왜곡되었다.

1922년 일제는 기다렸다는 듯이 미국 공사관(현 미국 대사관저) 동측으로 영성문(永成門)을 관통하는 도로를 개설하였다. 그러면서 선원전 권역의 건물들이 철거되고 터는 팔려 나가기 시작했다. 도로 서쪽으로 떨어져 나간 순헌황귀비(純獻皇貴妃) 엄씨의 혼전(魂殿)이 헐린 후 그 자리에 경성제일공립고등여학교가 신축되었고, 이듬해인 1923년에는 그 맞은편에 경성여자공립보통학교(현 덕수초등학교) 교사가 세워졌다. 1927년에는 그 동쪽 언덕 위를 밀어내고 경성방송국 청사와 구세군 건물이 들어섰다.

한편 일제는 덕수궁 동쪽에 새로운 경성부 청사를 1925년 3월에 착공하여 1926년 10월에 완공하였다. 이 경성부 청사의 완공을 계기로 조선총독부~경성부청사~남대문~경성역을 연결하는 태평로를 직선화하고 확장하였다. 그 결과 현재의 서울광장까지 이어졌던 경운궁 동쪽 영역이 많이 축소되었다. 1933년에는 궁내에 있던 대부분의 건물들이 훼손·철거되었는데, 이때 잔존한 전각들은 대한문, 광명문, 중화문, 중화전, 즉조당, 석어당, 함녕전 행각 일부, 홍덕전, 구여당, 정관헌 등에 불과하였다.

1968년 태평로 확장으로 도로 한가운데 홀로 남은 대한문

1945년 8월 15일 해방 이후에도 덕수궁 연못이 겨울에 스케이트장으로 바뀌는 등 훼손은 계속되었다. 1968년에 태평로 확장이 이루어지면서 다시 한 번 동측 담장이 서측으로 밀려났다. 공원화된 덕수궁의 모습을 시민에게 개방한다는 취지로 투시형 담장이 설치되기도 하였다. 한편, 태평로 확장으로 궁궐 담장이 철거되어 도로 한복판에 홀로 남은 신세가 된 대한문은 원래 지금보다 33m 더 서울광장 쪽으로 나가 있었다.

2. 경운궁의 공간 구조

경운궁은 조성 당시부터 삼문삼조(三門三朝)의 공간 구성을 염두에 두었다. 삼문은 대안문~조원문~중화문을 이르며, 삼조는 외조~치조~내조로 연속되는 세 공간을 가리킨다. 외조는 조정 관료들이 근무하는 관청이 있는 곳으로 경운궁에서는 대안문과 조원문 사이가 해당되며, 이곳에 궐내의 행정을 맡아 보는 궐내각사와 원수부(元帥

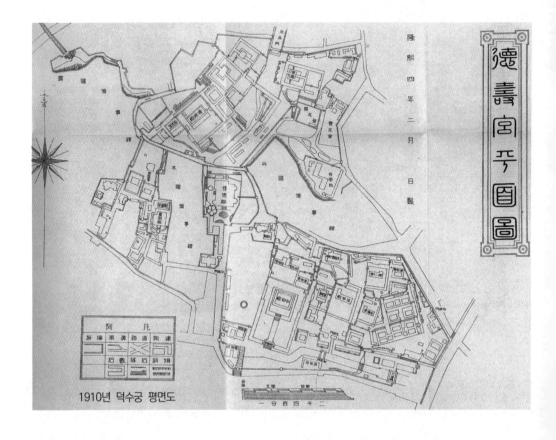

1910년 덕수궁 평면도

府)와 궁내부가 있었다. 치조는 왕과 관료들이 정치를 행하는 곳으로 정전과 편전이 있다. 치조의 중심은 중화전과 그 주변을 둘러싸고 있는 중화문과 회랑이다. 내조는 왕과 왕비를 비롯한 왕족의 일상 생활공간으로 침전인 함녕전 등이 있었다.

　궁성의 외문으로는 남쪽의 정문으로 인화문(仁化門), 동쪽 대문으로 대안문(大安門), 소문으로 포덕문(布德門), 서남쪽 소문으로 용강문(用康門), 서쪽 소문으로 평성문(平成門), 북쪽 소문으로 영성문(永成門)이 있었다. 인화문 앞은 도성 성곽이 가깝게 지나가 공간도 협소하고 정면으로 나가는 길을 내기 어려웠다. 따라서 인화문은 곧 정문의 기능을 잃고 동문인 대안문이 그 기능을 대신하게 되었다.

1) 외조 구역

① 대한문(대안문)

　대한문은 1898년(광무 2) 원래 경운궁의 동문으로 세워졌으나, 1900년(광무 4) 이후 정문 역할을 하게 되었다. 대한문은 본래 대안문(大安門)이었다. 대안문이라는 이름은 국태민안(國泰民安)을 기원하는 뜻에서 붙여졌다고 한다. 1906년(광무 10) 4월 25일 고종의 명에 의해 수리하면서 대한문으로 이름을 바꾸고 새로 상량문을 지어 집어 넣었다. 상량문은 대한제국의 수도인 한성 산하의 아름다움을 찬양하고 경운궁이 법전인 중화전을 갖추고 정문으로 대한문을 갖춤으로써 궁궐 제도를 완비한 것을 노래하고 있다. 또한 소한(霄漢), 운한(雲漢) 등 하늘을 가리키는 뜻으로 '한(漢)'자를 취하였음을 밝히고 있다. 따라서 대한(大漢)은 '큰 하늘'이라는 뜻을 담아 '한성이 창대해진다'는 뜻을 품고 있다.

　대한문에 담긴 이러한 뜻은 경복궁의 광화문(光化門), 창덕궁의 돈화문(敦化門), 창경궁의 홍화문(弘化門), 경희궁의 흥화문(興化門) 등 모든 궁궐의 정문에 교화와 덕화를 뜻하는 '화(化)'가 들어가 있는 것과는 지향점이 다름을 알 수 있다. 1905년(광무 9) 을사조약으로 대한제국의 국권은 심각한 위기에 봉착하였고, 이러한 위기 상황을 돌파하기 위한 고종의 의지가 대한문 현판에 담긴 것이다. 이러한 의지는 1907년의 헤이그 만국평화회의 밀사 파견이라는 역사적 사건으로 나타났다.

　현재 대한문은 태평로에 나란한 덕수궁 담장에서 뒤로 살짝 물러난 곳에 위치한다. 그러나 이는 경운궁 중건 당시의 자리가 아니다. 경운궁은 1910년 한일병합조약 이후 태평로가 정비되면서 몇 차례 잘려 나갔고, 궁궐 담은 그때마다 철거되고 다시 지어졌다. 1960년대에는 궁궐의 모습을 밖에서 조망할 수 있도록 담장이 철거되기도 했다. 현재의 담장은 궁궐의 가치를 지키기 위해서는 담장이 필요하다는 주장에 따라 다시 쌓았고, 도로 한복판에 남았던 대한문은 원래 자리에서 33m 뒤로 물러나 지금의 자리로 옮겨졌다.

② 금천교

　궁궐의 진입 부분을 구성하는 요소 중 하나가 금천교(禁川橋)다. 금천교는 궁궐 안으로 들어서면 가장 먼저 만나는 다리로 궁궐의 내부와 외부를 나누는 기준점이다. 경

현재의 대안문

운궁 남측으로 흐르는 정릉동천 물길을 궁궐 안으로 끌어들여 금천교를 만들었는데,
이 물길은 다시 궁 밖으로 흘러 지금의 서울광장을 가로질러 청계천으로 합류되었다.

  그런데 현재의 금천교는 경운궁 건설 당시의 금천교가 아니다. 경운궁은 두 개의
정문이 있었던 까닭에 다른 궁과 달리 유일하게 두 개의 금천교를 지녔던 궁궐이다.
첫 번째 금천교는 고종이 러시아 공사관에서 경운궁으로 환궁했을 때 있었던 다리다.
당시의 금천교는 경운궁 남측에 인화문이 들어서면서 조성되었을 것으로 여겨진다.
인화문의 위치가 현재의 중화문 자리로 추정되고 즉조당이 중화전 역할을 했다는 점
을 감안하면, 금천교의 위치는 현재의 중화전과 중화문 사이가 유력하다. 중화전 조정
(朝庭)의 정4품 품계석 주변에 구멍이 뚫린 박석이 있는데, 박석에 구멍이 뚫려 있는
것은 이곳에 금천이 흐르고 그 위에 금천교가 놓여 있었기 때문일 것이다. 첫 번째 금
천교는 1902년(광무 6) 중화전이 건설되면서 현재 위치로 옮겨졌다. 금천 또한 복개되
어 그 자리에 조정이 마련된 것이다.

  두 번째 금천교는 중화전이 새로 세워지면서 만들어진 현재의 것이다. 1900년 이후

대한문과 금천교

정문 역할을 한 대안문과 1902년 경운궁을 중건하면서 세운 조원문(朝元門) 사이에 있던 이 금천교는 언제인지 알 수 없는 시기에 땅에 묻혔다가 1986년에 발굴·복원되었다. 오늘날 우리가 보는 금천교는 대한문과 금천교 사이의 거리가 짧아 매우 초라해 보인다. 이는 태평로가 확장되면서 대한문이 서쪽으로 밀려났기 때문이다.

2) 치조 구역

① 중화문

중화문(中和門)은 본래 경운궁의 정전인 중화전의 정문이었다. 현재는 금천교를 건너면 곧바로 중화문에 이른다. 이는 경복궁과 창덕궁에 비해 너무 소략한 공간 구성이다. 경복궁의 정전인 근정전에 가기 위해서는 광화문~홍례문~근정문을, 창덕궁의 정전인 인정전에 가기 위해서는 돈화문~진선문~인정문을 거쳐야 한다. 경복궁과 창덕궁의 예에 따라 1902년(광무 6) 경운궁을 중건하면서 대안문과 중화문 중간에 조원문을 설치하여 삼문 구조를 갖추었다. 그러나 대한문에서 금천교를 지나 중화전에 이르는 길 사이에 있던 조원문이 덕수궁 공원화 과정에서 철거되면서 대한문~조원문~중화문의 삼문 체제가 붕괴되어 오늘에 이르고 있다.

② 중화전

중화전(中和殿)은 경운궁의 핵심 공간으로서 왕의 즉위식과 조참의례(朝參儀禮), 외국 사신 접견 등 중요한 국가 의식을 행하던 정전이다. 그런데 중화전은 경복궁의 근정전(勤政殿), 창덕궁의 인정전(仁政殿), 창경궁의 명정전(明政殿), 경희궁의 숭정전(崇政殿) 등 정전에 공통적으로 들어가 있는 '정(政)'이 아닌 '화(和)'자가 들어가 있다.

근정전은 '나랏일에 부지런하라'는 의미를 담고 있고, 인정전은 '어진 정치를 편다', 명정전은 '정치를 밝힌다', 숭정전은 '정사를 드높인다'는 뜻을 지니고 있다. 정전의 명칭에는 대개 임금을 비롯한 정전에서 일하는 신료들에게 기대되는 덕목이 반영되어 있다. 하나같이 올바른 정치를 통해 나라를 잘 다스리기를 염원하는 뜻이 담겨 있는 것이다. 유독 중화전에 '정'이 아닌 '화'를 쓴 이유는 무엇일까? 경운궁은 1897년(광무 1) 선포된 대한제국의 황제가 거처하던 궁궐이다. 따라서 중국에 사대(事大)의 예를 행하던 제후 국가인 조선의 여타 궁궐의 정전과 명칭이 다를 필요가 있었다. 중화전의 '화'는 『주역』의 건괘(乾卦)에 "보전대화 내리정(保全大和乃利貞)"이라는 글귀에서 따왔다. 이는 우주의 화합과 협조를 보존하면 모든 일이 이로움을 얻는다는 뜻으로, 오래도록 평안하게 통치하기를 기원하는 의미를 지니고 있다.

고종이 러시아 공사관에서 경운궁으로 환궁할 당시의 중심 건물은 함녕전(침전)과 즉조당(정전)이었다. 함녕전은 처음에는 선덕전(宣德殿)으로 불렸다가 바뀐 것이고, 즉조당은 태극전(太極殿)과 중화전(中和殿)으로 이름이 바뀌었다. 그런데 1900년(광무 4) 10월 14일 경운궁의 정전과 선원전이 화재로 모두 불타 버리는 사고가 일어났다. 고종은 1901년(광무 5) 8월 25일 영건도감을 설치하고 이듬해 5월 12일 새 정전의 명칭을 중화전으로 하였다. 이때 지어진 중화전의 규모는 전면 5칸, 측면 4칸의 2층 건물이었으며, 주변 행각(복도 건물)은 128

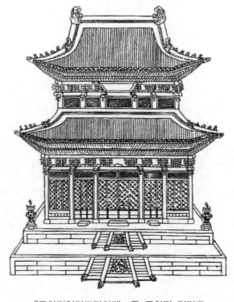

『중화전영건도감의궤』 중 중화전 정면도

중화전과 그 일대 전경

칸에 달했다.

그러나 경운궁의 아픔은 여기서 끝나지 않았다. 1904년(광무 8) 4월 14일 발생한 대화재로 경운궁의 중심 건물들이 잿더미가 되었던 것이다. 중화전이 복원된 것은 1906년(광무 10) 1월의 일이다. 이때는 정면 5칸, 측면 4칸의 단층 건물로 세워졌는데, 정면 5칸 중 중앙에 위치한 어칸을 넓게 만들어 상징성과 기능성을 높였다. 건물 안에는 어좌(御座)와 보개(寶蓋)가 있는데, 보개 중앙에는 두 마리의 용이 새겨져 있다.

중화전을 받치고 있는 월대는 이중으로 하여 격을 갖추고 있다. 월대에 오르는 계단 중앙에는 용이 새겨진 답도가 있다. 중화전 월대에는 드므(또는 두멍, 방화수 따위를 담는 넓적한 독)가 놓여 있는데, 상단 오른쪽 드므에는 나라가 태평스럽게 만년토록 오래 지속되라는 뜻의 '국태평만년(國泰平萬年)'이란 글씨가, 왼쪽 드므에는 성스러운 임금의 수명이 만년토록 오래 지속됨을 기뻐한다는 뜻의 '희성수만세(囍聖壽萬歲)'란 글씨가 새겨져 있다.

즉조당과 준명당

③ 즉조당과 준명당

임진왜란으로 의주로 피난 갔던 선조가 돌아와 임시 거처로 사용하던 것이 즉조당(卽祚堂)이다. '즉조당'이라는 이름은 1623년(인조 1) 반정에 성공한 인조가 이곳에서 즉위식을 거행했다고 해서 그렇게 불리게 되었다. 대한제국을 선포한 고종도 이곳에서 황제로 즉위하였고, 순종의 즉위식 역시 이곳에서 거행되었다. 즉조당은 고종이 대한제국을 선포하면서 이름이 태극전(太極殿)과 중화전으로 바뀌었으나, 1902년(광무 6) 새 중화전이 건립되면서 다시 즉조당으로 불렸다. 현재의 즉조당은 1904년 화재 이후 중건한 것이다. 고종이 일제에 의해 퇴위된 1907년부터 1911년까지 고종의 후비 순헌황귀비(純獻皇貴妃) 엄씨가 이곳에서 거처하였다.

즉조당에는 "구천의 큰 문이 이 궁전에서 열리니(九天閶闔開宮殿), 만국

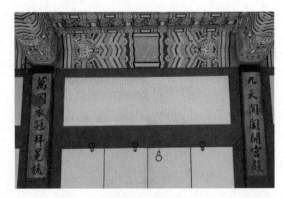

즉조당 내부 주련

의 사신들이 면류관에 절하네(萬國衣冠拜冕旒)"라는 뜻의 주련이 있다. 이는 대한제국 선포 당시 경운궁의 정전이었던 즉조당에서 하늘의 창합문이 열리고 만국의 사신들이 황제에게 조회하는 광경을 표현한 것이다.

즉조당 옆에는 운각(雲閣, 다락집 복도)으로 연결된 준명당(浚明堂)이 있다. 준명당은 고종이 환궁할 당시 새로 지은 전각이다. 준명(浚明)은 '다스려 밝힌다', 또는 '다스리는 이치가 맑고 밝다'는 의미를 갖고 있다. 대한제국 초기에는 고종이 신하나 외국 사신을 접견하는 용도로 사용하였다. 1904년(광무 8) 화재로 소실된 후 다시 건축되었으며, 1916년 고종의 총애를 받았던 덕혜옹주를 위해 유치원으로 사용되기도 하였다.

④ 석어당

즉조당과 함께 처음부터 경운궁의 공간을 구성하던 건물이 석어당(昔御堂)이다. 석어당이라는 이름은 임금이 머물렀던 집이라는 뜻으로, 1593년(선조 26) 선조가 의주에서 환도한 후에 임시로 정사를 보던 곳이다. 경운궁 내의 유일한 2층 건물로, 1층은 대청을 중심으로 방이 배치되었으나, 2층은 칸막이 없는 큰 대청으로 이루어져 있다.

1618년(광해군 10) 인목대비가 광해군에 의해 경운궁에 유폐되었을 당시 이곳에 거처하였다. 1623년(인조 1) 반정 후에 광해군은 석어당에서 인목대비에게 죄를 고하고 인조에게 옥새를 건넸다고 한다. 조선 후기 경운궁은 어려운 시절의 쓰라림을 안은 궁으로 회상되었고, 영조를 비롯한 여러 왕들이 석어당에서 선조를 추모하면서 자기 성찰의 시간을 가졌다고 한다. 1904년의 대화재로 소실되었으나 중건되었다.

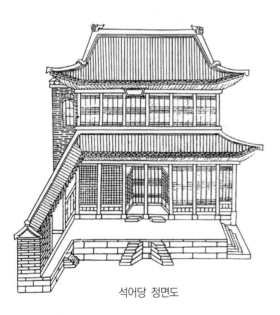

석어당 정면도

⑤ 중명전(수옥헌)

중명(重明)이란 본디 '일월이 함께 하늘에 있어 광명이 겹친다'는 뜻으로,

석어당 전경

임금과 신하가 각기 제자리에서 직분을 다한다는 말이라고 한다. 하지만 중명전은 광명은 고사하고 대한제국의 비운의 역사 현장으로 기록되고 있다.

원래 중명전 구역은 정동의 서양 선교사들의 거주지였으나, 1897년(광무 1) 경운궁이 확장되면서 궁궐로 편입되었다. 최초의 중명전은 1899년 이전에 건축되었는데, 이때는 수옥헌으로 불리며 도서관으로 사용되었다. 그러다가 1901년의 화재로 소실되어 러시아 건축기사 사바틴(A. I. Sabatin)의 설계로 다시 세워졌다. 이때 신축된 건물이 오늘날까지 이어지고 있는데, 본래는 경운궁 서편 경내에 있다가 일제가 1922년에 중명전과 석조전 사이에 도로를 개설하면서 궁 바깥으로 떨어져 나왔다.

대한제국 황실 도서관으로 사용되던 수옥헌의 운명을 바꾼 것은 1904년(광무 8)의 대화재였다. 경운궁의 전각 대부분이 소실되자 고종은 수옥헌에 거처를 정하고 화재 수습에 나서면서 일시적으로 편전으로 사용하였다. 이후 당호가 수옥헌에서 중명전으로 바뀌었다.

중명전 전경

　한편 중명전은 1905년(광무 9) 11월 17일 일제의 강압에 의해 을사보호조약이 체결된 장소이자, 1907년(광무 11) 7월 고종이 을사조약의 부당성을 국제 사회에 호소하기 위해 헤이그 만국평화회의에 특사를 파견한 장소이기도 하다. 1910년(융희 4) 한일병합조약 이후 일제가 경운궁을 축소·훼손하면서 중명전은 경성구락부(Seoul Club)에 임대되었고, 1928년 3월 12일에 일어난 화재로 외벽만 남고 소실된 뒤 다시 재건하여 외국인을 위한 사교 클럽으로 주로 사용되었다. 해방 이후 자유당 정부가 들어서면서 국유 재산으로 편입되었다가, 1963년 박정희 대통령이 영구 귀국한 영친왕과 이방자 여사에게 중명전을 돌려주었다. 중명전은 1977년에 다시 민간에 매각되었는데, 관리 소홀과 개조로 원형을 짐작할 수 없을 정도로 훼손되었다. 그 후 2003년 정동극장에서 매입한 뒤 2006년 문화재청에 관리 전환하여, 2007년 2월 7일 사적 제124호로 덕수궁에 편입되었다. 2009년 12월 복원을 거쳐 2010년 8월부터 전시관으로 일반에 공개하고 있다.

⑥ 석조전

중화전 서쪽에 위치한 석조전(石造殿)은 건물 전체가 돌로 만들어진 3층 건물로, 우리나라에서 가장 오래된 신고전주의 양식의 건물이다. 석조전은 1893년(고종 30) 이래 대한제국 총세무사로 일했던 영국인 브라운(John M. Brown)의 권유로 짓기 시작했다. 설계는 중국 상하이에서 활동했던 영국인 건축가 하딩(J. R. Harding)에 의해 이루어졌으며, 설계에만 2년여가 소요되었다. 1900년(광무 4) 말에 시작된 기초 공사는 1901년에 마무리되었지만 본격적인 공사는 미루어졌다. 공사가 중단된 이유는 알려진 것이 없지만 같은 해에 시작된 중화전 공사의 영향이 있었을 것으로 추정된다. 1903년 9월에 공사가 재개되었는데, 이때 설계를 맡았던 하딩이 공사감독으로 임명되었다. 공사 진행 도중 석조전 공사를 발의한 브라운 총세무사가 1904년(광무 8) 11월 일본인 재정고문으로 교체되었고, 1905년부터는 영국인 데이비슨이 하딩에 이어 공사감독을 맡아 1910년(융희 4) 6월에 공사가 마무리되었다.

석조전을 건축하는 데 당시 돈 300만 원(현재 가치 약 2,500억 원)이란 엄청난 자금이 소용되었다. 그런데 당시 정부 재정은 관리들에게 월급을 지급할 수 없을 정도였던 데 반해, 황실 재정은 정부 재정의 반을 넘을 만큼 규모가 컸다. 1910년 6월 석조전이 완성되었을 때 대한제국과 일본 사이에 병합조약이 논의되고 있었고, 8월 24일 일본 통감관저에서 통감 데라우치 마사타케(寺內正毅)와 총리대신 이완용이 한일병합조약을 체결하였다. 고풍스러운 궁궐 내 자리한 서양식 건축물의 화려함 속에는 이처럼 가슴 아픈 근대사의 질곡이 숨겨져 있다.

한편 석조전은 그리스 건축을 조형(祖型)으로 르네상스 양식을 가미한 이른바 콜로니얼(식민지) 양식 건물로서, 화려한 로코코 양식의 내부와 이오니아 식 기둥의 이용이 눈길을 끈다. 이러한 모양의 건물은 18세기 이후 영국 식민지 여러 곳에 세워진 바 있다. 또한 영국인 하딩의 설계로 같은 기간에 서양식 정원과 분수대가 세워졌다.

석조전은 고종 황제의 집무실과 외국 사신들의 접견실로 사용할 목적에서 지어졌다. 1층에는 시종들이 대기하고, 2층은 황제의 접견실, 3층은 황제와 황후의 침실과 응접실로 사용할 계획이었다. 그러나 석조전이 완공될 당시 경운궁은 더 이상 황제가 거처하는 공간이 아니었다. 1919년 고종 서거 이후 미술관으로 개조된 석조전에서 일

석조전 전경

본 미술품만 전시하는 데 대한 반감이 높아지자, 1936년 이왕직(李王職)이 석조전에 잇대어 건물을 짓고 창경원 박물관의 소장품을 옮겨 오기로 결정했다. 2년여의 공사 끝에 1938년 새로운 미술관이 완성되었는데, 이것이 현재의 석조전 서관이다. 1945년 해방 이후 석조전에서는 미소공동위원회가 열리기도 하였다.

석조전은 2014년 10월 '석조전 대한제국역사관'으로 단장하여 공개하고 있다.

석조전의 주요 연혁

1910년 6월	덕수궁 석조전 준공
1911~1922년	영친왕 방문시 임시 숙소
1933~1945년	덕수궁미술관과 이왕가미술관
1946~1947년	미소공동위원회 회의장
1955~2004년	국립박물관, 궁중유물전시관 등
2014~현재	석조전 대한제국역사관

3) 내조 구역

① 함녕전

함녕전(咸寧殿)은 1897년(광무 1) 고종이 러시아 공사관에서 환궁할 당시 왕의 침전으로 건립되었다. 함녕전은 대청마루를 중심으로 양옆으로 온돌방을 들이고 퇴칸에 방을 두른 전형적인 침전 건물이다. 고종은 이곳에서 거처하다가 68세를 일기로 승하하였다. 승하 후 함녕전은 고종의 빈전 및 혼전(魂殿)으로 사용되었다. 1904년 대화재로 소실되기 전 함녕전 행각에는 정문인 광명문(光明門)을 비롯해 많은 건물들이 갖추어져 있었다. 지금은 함녕전 뒷마당부터는 계단식 정원으로 되어 있고, 모란과 소나무들이 어우러져 있다.

② 덕홍전

덕홍전(德弘殿)은 1896년(고종 33)명성왕후의 빈전으로 지어졌다. 원래 이름은 경소전(景昭殿)이었으나, 1897년 1월 6일 경효전(景孝殿)으로 바뀌었다. 고종은 명성황

함녕전

후의 국장이 끝난 후에도 계속하여 혼전으로 사용토록 했다. 그러다가 1912년에 전혀 다른 용도의 건물로 변화한다. 일제는 순종의 알현실(謁見室)이었던 창덕궁 인정전을 모방하여, 경효전을 개조하여 경운궁에 거주하던 고종의 알현실로 바꾸었다.

경효전이 덕홍전으로 개조되면서 정면의 문들도 서양식 판문으로 바뀌었다. 덕홍전 내부에는 조명 시설이 갖추어졌고, 바닥은 마루로 변경되었으며 서양식 커튼이 설치되는 등 내부는 서양풍으로 장식되었다. 덕홍전의 정문인 융안문(隆安門)은 경효전 시절에는 맞배지붕이었으나 덕홍전으로 개조되면서 팔작지붕으로 바뀌었다.

③ 정관헌

정관헌(靜觀軒)은 함녕전 뒤편 동산 위에 있는 건물로서, 연회를 위해 1900년(광무 4)에 러시아 건축가 사바친이 설계해 지은 서양식 건물이다. 정면 7칸 측면 5칸의 로마네스크 양식으로 지었으며, 정면과 좌우 발코니가 화려하게 꾸며져 있고, 회색과 붉은색 벽돌로 벽면이 다양하게 장식되어 있는 등 화려하고 이색적인 모습이다. 다양한 건축재를 사용하여 지은 건축물로 서양풍 양식에 전통 목조 건축 요소가 가미된 독특

덕홍전

한 모습이다. 한때 태조·고종·순종의 영정과 어진을 모시기도 한 곳이다. 정관헌이란 솔밭과 어우러진 함녕전 등을 고요하게 내다보는 곳이라는 뜻이다.

정관헌은 1898년(광무 2) 9월 8일 김홍륙이 고종이 즐겨 마시는 커피에 아편을 넣어 살해하려다 미수에 그친, 소위 김홍륙 '독다(毒茶) 사건'의 현장이기도 하다. 김홍륙은 함경도 사람으로 연해주를 출입하는 가운데 러시아어를 익혀 1884년(고종 21)에 이범진(李範晉)이 러시아공사 베베르와 조로통상조약(朝露通商條約)을 체결할 때 통역관이 되어 출세의 기회를 잡았으며, 1896년 아관파천(俄館播遷) 때는 비서원승(祕書院丞)이 되고, 윤용선(尹容善) 내각에서는 학부협판(學部協辦)이 되었다. 그 뒤 러시아 세력을 믿고 권력을 남용함으로써 이를 규탄하는 방서(榜書)가 나붙기도 하였다. 1898년 친러파가 몰락할 때 관직에서 물러났으며, 같은 해 8월 러시아와의 교섭에서 사리(私利)를 취하였다는 죄목으로 전라남도 흑산도로 유배되었다. 이에 앙심을 품게 된 김홍륙은 고종의 생일인 9월 8일 만수성절(萬壽聖節)에 전선사주사(典膳司主事)인 공홍식을 시켜, 고종과 태자가 마시는 커피에 아편을 넣게 하였다. 공홍식은 은전 1,000원을 주겠다는 조건으로 궐내보현당고직(闕內普賢堂庫直) 김종화(金鍾和)를 매수하여 행동

정관헌

에 옮기게 하였다. 고종은 냄새가 이상하여 마시지 않았고, 태자는 마시다가 토하고 쓰러졌고 내시와 희빈 등은 구토와 복통 등을 일으켰다. 이 사건으로 김홍륙·공홍식·김종화는 교수형에 처해졌다.

④ 선원전 터

1901년(광무 5) 7월 11일 완성된 선원전에는 숙종을 비롯한 7위의 어진(御眞, 왕의 초상화)을 모셔 황실의 격을 갖추었고, 빈전(殯殿)과 혼전(魂殿)도 설치했다. 선원전 일대는 대한제국을 상징하는 신성한 공간이었으나, 1919년 고종이 승하 후 1년제가 끝나자마자 일제는 어진을 돌볼 사람이 없다는 이유로 선원전을 헐어 순종이 있는 창덕궁으로 옮겼고, 그 부지는 조선은행, 식산은행, 경성일보사 등에 매각했다. 이후 해인사의 불교중앙포교소와 경성여자공립보통학교(현 덕수초등학교), 경성제일공립고등여학교(옛 경기여고 터)가 차례로 들어서면서 이 일대는 완전히 해체되었다. 현재는 경기여고 터의 선원전 복원을 비롯한 덕수궁 장기 복원계획이 수립되어 추진 중이다.

3. 외국 공사관과 외세의 활동무대

1880년대 조선이 외국과 조약을 체결하면서 외국 공사관이 하나둘 서울에 설치되기 시작하였다. 그중 서양 여러 나라의 공사관은 주로 정동 일대에 설치되었다. 그리하여 용산과 남산 자락 일대가 일본의 영향권, 청계천 일대가 중국의 영향권이었던 데 비해 정동 일대는 서양 세력의 근거지가 되었다.

미국 공사관은 현재 미국 대사관저(하비브 하우스)로, 영국 공사관은 현재 영국 대사관으로 쓰이고 있다. 러시아 공사관은 대부분 없어지고 현재 미국 대사관저의 서북편, 경향신문사 동쪽 나지막한 산자락에 건물의 일부가 탑처럼 남아 있다. 프랑스 공사관은 현 창덕여자중학교 운동장 자리에 있었다.

① 러시아 공사관

구러시아 공사관 전경

러시아 공사관은 1884년(고종 21) 7월 7일 조로수호통상조약(朝露修好通商條約)이
체결된 이듬해인 1885년에 착공되어 1890년에 준공되었다. 러시아 공사관은 르네상
스풍의 우아한 벽돌 건물로 2층 구조의 건물 한쪽에 탑을 세운 형태였으며, 그 건물과
대지 규모에서 미국·영국·프랑스·독일 공사관보다 컸다. 러시아 공사관은 비교적 수
목이 무성하고 지대가 높았던 상림원(上林苑) 지역을 끼고 세워진 탓에 이내 한성의
랜드마크가 되었다. 공사관 건물의 핵심은 3층으로 된 전망탑 부분이었는데, 가뜩이
나 공사관 자체가 높은 언덕에 세워져 있었으므로 이곳에 오르면 경복궁과 경운궁 등
4대문 안을 내려다볼 수 있는 이점이 있었다.

이곳은 1896년(고종 33) 2월 11일 고종이 세자와 함께 옮겨 와 이듬해 2월 20일 경
운궁으로 환궁할 때까지 피신했던 소위 아관파천(俄館播遷)의 현장이기도 하다. 해방
후 남북이 분단되고 동서냉전이 심화되는 과정에서 폐쇄되었고, 6·25전쟁으로 대부분
이 파괴되고 탑 부분과 지하 공간만 남게 되었다. 1973년에 현재의 모습대로 복원하였
고, 1981년 주변의 조경과 보수 공사를 실시하였다.

SONTAG HOTEL SEOUL KOREA.   J. BOHER PROPRIETOR.

손탁호텔

② 손탁호텔 터

　손탁호텔은 우리나라에 세워진 최초의 서양식 호텔으로 러시아 공사 웨베르의 인척인 앙투아네트 손탁(Antoinette Sontag)이라는 여인이 경영하였다. 손탁은 러시아 공사 부인의 추천으로 명성왕후와 연을 맺어 궁중에 드나들면서 서양 요리를 만들고 외빈을 접대하는 역할을 맡았다. 손탁은 타고난 사교성과 능숙한 조선어로 명성왕후는 물론 고종과도 거리낌 없이 마주 대하는 사이가 되었다. 이후 손탁은 러시아 공사관과 궁중을 수시로 오가며 양측의 연락을 담당하기도 하였다. 청일전쟁 후 명성왕후가 일본을 견제하기 위해 러시아 세력을 끌어들이려 할 때 그 다리를 놓았던 것도 손탁이었다. 그 공로로 손탁은 왕실 소유의 정동 29번지의 집을 하사받아 1895년에 외국인들을 대상으로 살롱을 개설하였다. 이후 이곳은 정동 일대에서 활동하던 서양인들과 민영환, 윤치호, 서재필, 이상재, 이완용 등 그들과 관련된 세력의 고급 사교장 역할을 하였다. 여기서 이들이 조선의 중립화를 목표로 이른바 '정동구락부(貞洞俱樂部)'라는 친목 단체를 결성하였다. 정동구락부는 이른바 춘생문(春生門) 사건이나 아관파천 등에 깊숙이 개입하고, 특히 독립협회의 모체로서 중요한 역할을 하였다.

손탁은 1896년(고종 33) 아관파천 당시 러시아 공사관으로 피신한 고종에게 서양 음식을 대접하는 일도 맡았다고 한다. 1902년(광무 6) 3월 손탁은 한옥 건물을 헐고 그 자리에 2층 양옥의 손탁호텔을 건립하였다. 손탁호텔은 본래 황실 궁내부에서 거액의 자금을 들여 지은 궁내부 소속의 특정 호텔이었다. 대외관계가 복잡해지고 외국 귀빈들의 방문이 빈번해지면서 그들을 접대하고 머물게 할 영빈관이 절대적으로 필요해졌기 때문이다. 그래서 1902년 10월 건물을 준공하고 손탁에게 경영을 맡겼다.

그러나 손탁호텔은 러일전쟁(1904)에서 러시아가 패배한 이후 점차 쇠퇴하기 시작하였다. 1909년 9월 손탁이 프랑스로 돌아간 이후에도 한동안 유지되다가 1917년 이화학당에 팔렸다. 이화학당은 1922년에 호텔 건물을 헐고 그 자리에 3층짜리 프라이홀을 지었다. 그러나 이 홀도 1975년 화재로 없어지고, 현재는 이화여고 100주년기념관이 들어서 있다.

③ 정동제일감리교회

정동교회는 1887년(고종 24)에 미국인 선교사 헨리 아펜젤러가 세운 감리교회이다. 19세기 조선에 세워진 유일한 서구식 개신교 예배당으로서 창립 초기 정동교회의 담임목사가 배재학당장을 겸하고 있어, 교인의 상당수가 배재학당과 이화학당의 학생들이었다. 서재필이 미국 망명에서 돌아온 후 협성회(協成會)를 조직하였을 때, 그 활동을 주도한 사람들이 노병선·이승만·신흥우 등 정동교회의 청년들이었다.

정동교회 예배당에서는 개화기 이래 수많은 강연회와 음악회 등이 열리기도 하였다. 개화 개혁운동과 민족운동의 지도자였던 노병선·최병헌·현순·손정도 등도 이 교회를 거쳐 간 인물들이다. 삼일운동 때는 담임목사였던 이필주(李弼柱)와 장로 박동완(朴東完)이 민족 대표로 참가하여 교회 전체가 핍박을 당하기도 하였다.

④ 이화학당

이화학당(梨花學堂)은 우리나라 여성 신교육의 발상지로서, 1896년(고종 33) 5월 미국 북감리회 여선교사 스크랜턴 부인이 세운 사립여학교이다. '이화학당'이라는 교명은 1897년(광무 1) 명성왕후가 내린 것이다. 1904년(광무 8)에 4년제 중등과를 설치하였으며, 1908년(융희 2) 보통과와 고등과를 신설하였다. 이후 1910년(융희 4) 4월 4년 과정의 대학과를 신설하여 초등·중등·고등교육을 모두 실시하게 되었다. 현재 이화학당 동북쪽에는 유관순이 사용한 우물이 보존되어 있다.

⑤ 배재학당

배재학당(培材學堂)은 선교사 아펜젤러가 1885년에 세운 기독교계 학교이다. '배재학당'이라는 교명은 학교 설립 소식을 들은 고종이 1887년(고종 24) 2월에 하사한 것이다. 처음에는 의료 선교사 스크랜턴의 집에서 시작하였다가 1887년 9월 반지하 1층, 지상 1층으로 된 벽돌 교사를 신축하였다. 건물에는 예배실과 4개의 교실, 도서실, 학당장실, 사무실 등이 있었고, 반지하에는 학생들의 기술 훈련을 위한 산업부의 공작실이 있었다. 초기부터 학당 내에 활판소를 설치하여 영문과 한글 활자를 주조하였는데, 초창기에는 『독립신문』도 여기에서 인쇄되었다.

1896년경의 이화학당

1907년경의 원구단과 황궁우

　1896년(고종 33) 11월 30일에는 서재필의 지도 아래 배재학당 학생과 교사들을 중심으로 학당 내에 협성회가 조직되어 토론회를 개최하고 기관지 『협성회보』를 발행하였다. 협성회는 독립협회와 만민공동회운동 당시 개화 개혁운동의 일선 선봉대로도 중요한 역할을 하였다.

4. 황제의 길, 원구단

1) 대한제국의 선포

　1897년(광무 1) 2월 20일 고종은 러시아 공사관에서 나와 경운궁으로 환궁하였다. 이로써 경운궁은 조선의 새로운 정궁으로서 확고한 위상을 차지하게 된다. 이어서 고종의 황제 등극에 대한 요구가 이어졌고, 이에 고종은 황제 즉위를 수락하였다.

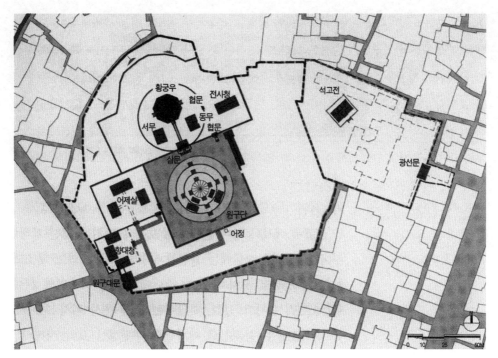

원구단 추정 배치도

원구단은 1897년 10월 2일 건립되기 시작하였다. 공사는 빠른 속도로 진행되어 10월 11일에 완성되었다. 이전부터 원구단 건립 준비가 진행되었던 것으로 보인다. 10월 12일 고종은 문무백관을 거느리고 원구단에서 천신에게 고제(告祭)를 올린 후 칭제건원(稱帝建元), 곧 대한제국을 선포하고 황제로 즉위하였다.

원구단은 원단(圜壇)이라고도 하는데, 이는 '천원지방(天圓地方)'의 음양론에 따라 둥그런 모양으로 제단을 쌓아 하늘에 제사를 올렸기 때문이다. 본래 이 자리에는 임진왜란 이후 중국 사신의 영빈관과 연회장으로 사용되던 남별궁(南別宮)이 있었다. 사대외교의 상징이었던 남별궁이 자주독립의 대한제국을 선포하는 자리로 바뀐 것이다.

2) 원구단의 해체

일제는 대한제국을 강점한 후 1913년에 원구단을 헐어 내고, 이듬해 그 자리에 지상 3층 지하 1층의 석조로 된 건평 580여 평의 조선총독부 철도호텔을 세웠다. 철도호텔을 건설하면서 원구단의 흔적은 사라졌다. 다만 원구단 건립 2년 후인 1899년(광무 3)에 세워진 황궁우가 남아 있다. 황궁우에는 천신과 지신, 그리고 인신(태조)의 신위를 모셨다. 원구단과 황궁우 사이에 있던 벽돌로 만든 삼문은 그 모습을 그대로 유지하고 있다. 이후 철도호텔은 조선호텔로 명칭이 바뀌었다가, 해방 후 귀속 재산으로 분류되어 미군정의 관리하에 들어갔다. 조선호텔 건물은 1968년 헐리고 그 자리에 현재의 웨스틴 조선호텔 건물이 들어섰다.

한편, 원구단이 헐린 후 철도호텔 정문으로 사용되었던 원구단의 정문은 한때 우이동 그린파크호텔의 정문으로 사용되었다가, 현재 원구단 정비 계획에 따라 원구단 주변에 다시 세워졌다.

철도호텔과 황궁우

12장 근대 민족·건국운동의 산실, 북촌

　조선 왕조는 한성을 만들 때부터 도성 안, 곧 4대문 안의 땅을 모두 국유지로 지정
하였다. 그리고 왕족과 고위 관료들에게 백악산(북악산) 아래에 집터를 나누어 주고
그 일대에 집을 짓고 살게 하였다. 그 외의 다른 지역도 신분 계층과 직업에 따라 각기
주거지로 삼게 하였다. 이런 정책에 따라 남산 아래에는 지위가 낮은 양반들, 효자동
일대에는 내시들, 관철동 등 청계천 일대에는 장사꾼들, 혜화동 일대에는 백정들이 집
단 마을을 이루어 거주하게 되었다. 그리고 4대문 바깥에는 하급 군인이나 양민·천민
들이 자연스레 모여 살았다.

　이런 조건에서 북부에 속하는 북촌(北村)이 형성되었다. 북촌은 경복궁과 창덕궁
사이, 곧 서쪽의 삼청동, 중간의 계동, 동쪽의 안국동이 중심을 이루는데, 왕족과 고위
관료의 집단 거주지로 정착되었다. 사람이 살기에는 산비탈인 구릉이 평지인 들판보
다 생활 조건이 훨씬 좋다고 한다. 북촌은 남향하여 양지바르고 산에서 내려오는 물
또한 맑아 사람이 살기 좋은 조건을 갖추고 있었다. 즉 북촌은 자연 조건으로 따져도
주거지로서 최상의 적지였던 것이다.

　일제 강점기에 청계천을 경계로 북쪽에는 조선인이, 남쪽에는 일본인이 주로 거주

하게 되면서, 북촌은 경성(京城)을 동서로 가로지르는 종로의 배후지로서 삼일운동을 비롯한 각종 민족운동의 진원지 노릇을 하였다. 해방 직후 조직된 '조선건국준비위원회' 또한 북촌을 터전으로 삼아 북촌의 정치적 상징성이 여전함을 보여 주었다.

오늘날 북촌이라고 하면 흔히 한옥마을을 먼저 떠올린다. 서울시도 북촌 한옥마을을 유네스코 세계문화유산으로 등재하기 위해 많은 노력을 기울이고 있다. 그러나 북촌의 한옥은 1920년대를 전후하여 개량된 것으로 전통적인 양반 가옥과는 다소 거리가 있다. 무엇보다 북촌은 조선시대 집권 양반들의 주거지로서 조선 정치사의 이면을 화려하게 장식한 곳이자, 한국 근현대사의 굵직굵직한 사건들과 흐름을 같이했던 역사의 현장이었다. 따라서 우리는 북촌을 역사의 현장으로서 재발견할 필요가 있다.

1. 1884년 갑신정변과 북촌

예부터 북촌에는 기와집이 즐비하게 늘어섰다. 북촌 양반들은 대지를 분양받아 집을 지으면서 여느 마을과는 달리 많은 경비를 들여 덩실한 기와집을 짓고 살았다. 그런데 여기에는 두 가지 제약이 있었다. 첫째, 집의 규모가 100칸을 넘지 못하게 제한하였다. 이 제한으로 아무리 큰 규모의 집이라도 99칸으로 지어졌다. 둘째, 담장의 높이 또한 보통 남자의 키보다 높지 않게 제한하였고 집의 처마 끝은 담장의 높이를 넘지 못하게 하였다.

한편 분양받은 터에 집을 짓다 보니 막다른 골목이 되기 일쑤였다. 집 앞까지 도로를 내고 보니 그 뒤쪽이나 다른 방향으로 길을 낼 수가 없었던 것이다. 또한 뒤쪽에 산이 가로막고 있는 지형이어서 도로가 더 뻗을 수가 없었다. 그러나 고위 관료들은 세월이 흐르면서 요령껏 이런 제한 규정을 어겼다. 99칸의 규모는 대체로 지켜졌으나 담장과 처마의 높이는 조금씩 올려 지은 것이다. 그리하여 솟을대문이 집 앞에 떡하니 자리 잡게 되었다. 왕족과 고위 관료들의 숫자가 늘어나자 북촌은 점차 좁아터지기 시작하였다. 그래서 차츰 주변으로 넓어져서 우대(상촌) 마을이 형성되었다. 우대 마을은 사직동, 체부동, 통의동, 통인동, 필운동, 옥인동, 창성동, 효자동, 궁정동 등이다.

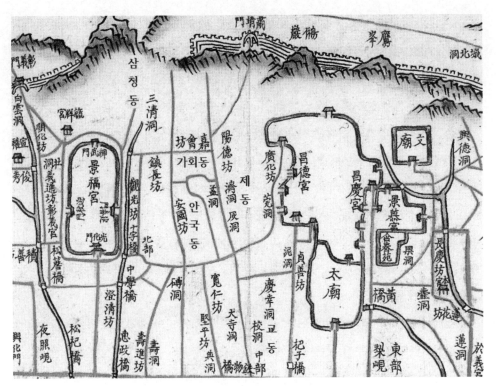

동여도 중 도성도에 표시된 북촌

　한편 북촌에 터를 잡을 수 없었던 직위가 낮은 양반들은 남산 아래쪽에 자리를 잡기도 하였다. 조선 중기에 지금의 인현동인 건천동 일대 이순신 등이 산 것으로 보아도 알 수 있다. 반면 북촌에는 신진 고위 관료 세력으로 등장한 정철, 김상용 등이 비집고 들어와서 살았다.

　북촌의 위세와 권위는 조선 후기에 들어 더욱 높아졌다. 막강한 권력을 쥔 세도가들이 새로이 터전을 잡았기 때문이다. 이는 안동 김씨와 여흥 민씨로 대표된다. 김조순은 안동 김씨 세도정치를 이룩한 장본인이었다. 그는 자하동에 살다가 더욱 위세를 떨쳐보려 했는지 집을 교동(지금의 경운동)으로 옮겼다. 그런 뒤에도 김좌근 등 안동 김씨 세도가들은 교동을 중심으로 대궐 같은 집을 지어 모여 살았다. 여흥 민씨 세도가들도 안동 김씨 못지않게 북촌으로 진출하였다. 이들은 여주 일대에서 가난하게 살다가 세도를 잡고서 안국동 일대로 진출하였다.

19세기 말 새로운 문물을 도입할 적에도 북촌은 교육·문화의 중심지가 되었다. 조선 왕실은 1894년(고종 31) 9월 18일 왕실 자제들에게 신교육을 시키기 위한 왕실학교로 교동소학교(현 교동초교)를 설립하였다. 1895년 7월 '소학교령'이 공포된 이후에는 계동소학교(현 재동초교)와 매동소학교(현 매동초교)가 북촌에 세워졌다.

북촌의 이러한 입지와 이점은 시골 양반들에게 선망의 대상이 되었다. 따라서 북촌으로 진출하는 것이 신분 상승의 기회라는 의식이 뿌리내리게 되었다. 그리하여 갑오개혁으로 신분제가 폐지된 이후 재산을 모은 한미한 시골 양반이나 신흥 부호들이 애써 이곳에 집을 마련하였다. 가회동에 의사 백인제의 집, 안국동에 무관 가문 출신 윤보선의 집, 관훈동에 사업가 이진승의 집, 계동에 지주 가문 출신 김성수의 집이 새로 자리를 잡았다. 그러나 사회 지도층 인사들의 거점으로서 북촌이 차지하는 지위와 비중에는 변함이 없었다.

1882년(고종 19) 6월 9일에 일어난 임오군란은 민씨 정권의 요청으로 청이 개입하면서 진압되었다. 이때부터 청은 조선에 군대를 주둔시키고, 조선의 내정과 외교 문제에 깊이 간여하였다. 청의 내정 간섭이 강화되면서 개화파 관료들 사이에서 청과의 관계를 어떻게 할 것인가를 놓고 갈등이 커져 갔다. 온건 개화파는 청의 간섭을 적극적으로 거부하지 못하고 받아들였다. 이에 반해 급진 개화파는 청의 간섭으로 정부의 개화 정책이 원만하게 추진되지 못하는 현실을 강력하게 비판하였다.

개혁이 뜻대로 전개되지 않자, 김옥균은 1883년(고종 20) 6월 일본으로 건너가 차관을 도입하여 개혁 자금을 마련하고자 하였다. 그러나 일본 내 사정으로 차관 교섭에 실패하여 집권 온건 개화파와 대립하고 있던 급진 개화파의 입지는 더욱 약화되었다. 김옥균은 귀국하기 직전 일본의 사상가인 후쿠자와 유키치(福澤諭吉)에게 다음과 같이 자신의 심정을 토로하였다.

나는 돈이 없이는 아무것도 할 수 없다. 지금 빈손으로 돌아가면 집권 사대당이 나를 비판하며 궁지에 몰아넣을 것이다. 어쨌든 우리 개화당이 심한 타격을 받을 것이며, 우리 개혁안도 없어질 것이다. 조선은 영구히 청나라의 속국이 될 수밖에 없다. 우리 당과 사대당은 공존할 수 없기 때문에 최후의 선택을 할지도 모르겠다.

이와 같이 김옥균을 비롯한 급진 개화파는 비상 수단을 써서라도 민씨 정권을 무너뜨리고 자신들이 생각하던 개화 정책을 추진하려고 하였다. 때마침 청과 프랑스 사이에 베트남 문제를 둘러싸고 전쟁의 기운이 일었다. 청은 이에 대한 대비로 한성에 주둔시킨 청군 병력 절반을 빼내어 베트남 전선에 이동시켰다.

한성에는 이제 청군 1,500여 명만 남게 되었다. 김옥균 등 급진 개화파는 이를 절호의 기회로 여겼다. 1884년(고종 21) 8월에 일어난 청불전쟁에서 프랑스 함대가 청의 함대를 격파하였다. 급진 개화파는 마침내 정변을 일으킬 시기가 왔다고 판단하고 정변을 계획한 뒤, 일본에 지원을 요청하였다. 급진 개화파의 요청에 대해 일본도 지원을 약속하였다. 급진 개화파를 도와 조선 침략에 걸림돌이었던 청과 민씨 정권을 몰아내고 조선에서 우위를 차지하려 했던 것이다.

1884년(고종 21) 12월 4일 급진 개화파는 우정국 축하연을 이용하여 민씨 정권의 고위 관료들을 죽이고 새로운 정부를 수립한 후 혁신정강 14개조를 발표하였다.

1. 대원군을 가까운 시일 안에 돌아오게 하고 청에 조공하는 허례의 행사를 폐지할 것.
2. 문벌을 폐지하여 인민 평등의 권리를 제정하고 능력에 따라 관리를 등용할 것.
3. 지조법을 개혁하여 간사한 관리를 뿌리 뽑고 백성의 곤란을 구제하며, 국가 재정을 넉넉하게 할 것.
4. 내시부를 없애고 그 가운데 재능이 있는 자는 등용할 것.
5. 국가에 해독을 끼친 탐관오리를 처벌할 것.
6. 각 도의 환곡을 영구히 폐지할 것.
7. 규장각을 폐지할 것.
8. 급히 순사를 두어 도둑을 막을 것.
9. 혜상공국(보부상 조직)을 폐지할 것.

갑신정변의 주역 김옥균

10. 그전에 유배, 금고된 사람들을 사정을 참작하여 석방할 것.

11. 4영을 합쳐 1영으로 하고 영 중에서 장정을 뽑아 근위대를 설치할 것, 육군 대장
    은 세자를 추대할 것.

12. 재정은 모두 호조에서 관할케 하고 그 밖의 재무 관청은 폐지할 것.

13. 대신과 참찬은 합문 안의 의정부에서 회의 결정하고 정령을 공포해서 시행할 것.

14. 정부는 6조 외의 불필요한 관청은 모두 없애고 대신과 참찬이 협의해서 처리케 할 것.

정강은 청나라에 대한 종속 관계를 청산하고 인민 평등권의 제정과 능력에 따른 인
재 등용을 표방하였다. 또한 행정 조직의 개편과 조세 제도의 개혁을 모색하였다. 일
본의 메이지(明治) 유신을 본보기로 하여 근대 국가를 건설하려고 한 것이다. 그러나
갑신정변은 청군의 신속한 개입과 기대했던 일본군의 일방적 철수로 12월 6일 '3일천
하'로 끝나고 말았다.

갑신정변은 우리나라에서 처음으로 근대적 국민 국가를 건설하려고 시도하였던 사
건으로 큰 의미를 지닌다. 또한 양반 지주층의 일부가 위로부터의 개혁을 꾀하였다는
점에서 갑오개혁의 본보기가 되었다. 하지만 일본의 침략 의도를 간파하지 못하고 무
력 지원을 받아 정변을 일으킴으로써 대다수 관료와 일반민의 지지를 끌어내지 못한
채, 오히려 외세의 조선 침략을 가속화하는 결과를 가져왔다. 또한 토지 문제에 그다
지 관심을 보이지 않는 등 농민들의 바람을 적극적으로 받아들이려고 하지 않았다.

이와 같이 우리나라 근대 국가 건설 운동의 불길을 댕긴 갑신정변의 무대 또한 북
촌이었다. 갑신정변 당시 북촌에는 당대의 세도 가문인 노론들이 살았다. 이 같은 기
득권 세력의 본거지에서 근대 국가를 지향하는 갑신정변이 일어났던 것이다. 이는 갑
신정변의 성격과 관련하여 중요한 시사점을 던져 준다.

① 박영효의 집(현 경인미술관)

종로구 관훈동 30번지 경인미술관 자리는 원래 갑신정변의 주역 가운데 하나인 금
릉위(錦陵尉) 박영효(朴泳孝, 1861~1931)의 집이었다. 당시의 가옥은 현재 남산골 한
옥마을로 옮겨져 아쉽게도 그 자리에서 옛 모습을 찾아볼 수는 없다.

박영효는 진사 박원양의 막내아들로 수원에서 태어났다. 당시 그의 집안은 짚신을 팔아 생계를 꾸릴 정도로 가난했다고 한다. 그러나 한 집안인 우의정 박규수의 권고로 12세 때인 1872년(고종 9) 4월 철종의 딸 영혜옹주(永惠翁主)와 결혼하여 부마가 되고, 정1품인 금릉위에 봉해지면서 처지가 바뀌게 되었다. 그의 아버지는 일약 공조판서가 되어 집도 한성으로 옮겼다. 영혜옹주는 결혼한 지 4개월 만에 죽었지만 부마로서 그의 지위는 그대로 유지되었다. 박영효는 14세 되던 1874년(고종 11) 이후 큰형 박영교를 따라 박규수의 집을 드나들면서 김옥균·서광범 등과 교류하였다. 그리고 1880년을 전후해서는 개화운동의 선두 주자가 되었다.

박영효는 1882년(고종 19)에 일어난 임오군란의 수습책으로 맺어진 제물포 조약에 따라 동년 9월 정사(正使)로 임명되어 김옥균·서광범·민영익 등과 함께 일본을 방문하였다. 이때 그가 일본으로 가는 배 안에서 태극기를 만들어 국기로 사용한 것은 잘 알려진 사실이다. 박영효는 일본에 머무는 동안 외교관계가 없는 나라의 사절과도 접촉하여 국제 정세를 파악하는 한편, 메이지 유신 10년간의 일본의 발전상을 시찰하였다. 이듬해 1월 귀국한 박영효는 곧 한성부 판윤에 임명되었다.

한성부 판윤으로서 박영효는 최초의 근대식 인쇄소인 박문국(博文局)을 설립하고 이곳에서 최초의 신문 『한성순보』를 발간하는 데 중추적 역할을 하였다. 또한 김옥균이 일본에서 작성한 『치도약론(治道略論)』을 토대로 치도국(治道局)을 두어 도로 정비 사업을 벌이는 한편, 순경부(巡警部)를 설치하여 민생 치안을 담당케 하였다. 일본에서 배워 온 서양 문물제도를 도입하여 한성부를 혁신하려 한 것이다.

그러나 도로 정비 사업을 하면서 민가를 철거하는 과정에서 민원이 잇따라 부임 3개월 만에 광주유수겸수어사(廣州留守兼守禦使)로 좌천되었다. 하지만 수어영(守禦營)에 연병대를 신설하여 신식 군사 훈련을 시킨 것이 민씨 척족의 경계를 사 이것도 6개월 만에 그만두게 되었다. 후일 이 수어영 연병대의 일부 병력은 갑신정변에 동원되었다.

1884년(고종 21) 11월 급진 개화파가 정변 준비에 본격적으로 착수하자 박영효의 집은 탑골승방(현 탑골공원), 수유리 화계사와 더불어 주된 모의 장소가 되었다. 철종의 부마였던 박영효의 집 또한 궁이었기 때문에 여럿이 출입하더라도 의심을 피할 수 있었다. 정변이 실패로 끝나자 박영효 또한 망명객의 신세를 면치 못하게 된다.

갑신정변 당시 박영효의 집이었던 경인미술관

② 일본 공사관(현 천도교중앙대교당)

1876년(고종 13) 조선은 외세의 강요에 못 이겨 개항을 했지만, 외국인의 도성 내 입지는 여전히 엄격하게 제한되어 있었다. 조선과 가장 먼저 외교관계를 맺은 일본은 1880년(고종 17) 11월 공사관인 청수관(淸水館)을 서대문 밖, 지금의 금화초등학교 교정에 두었다. 그러나 청수관은 1882년(고종 19) 6월 9일 발생한 임오군란으로 소실되고 말았다.

1882년(고종 19) 8월 30일 제물포 조약 이후 일본은 교동에 새로운 공사관을 마련하였다. 일본이 교동에 공사관을 마련한 것은 박영효가 자신의 집 일부를 일본 측에 팔았기 때문이었다. 교동 일본 공사관은 급진 개화파가 갑신정변을 모의한 주요 현장 중 하나이기도 했다. 김옥균을 비롯한 갑신정변의 주역들은 거사를 준비하면서 일본 공사 다케조에 신이치로(竹添進一郎) 등과 이곳에서 만나 재정적·군사적 지원 문제를 협의했다.

1884년(고종 21) 12월 4일 저녁 7시 우정국 개국 축하연을 이용하여 거사에 돌입한 정변 주역들은 고종을 모시러 창덕궁으로 들어가기에 앞서 일본 측의 지원을 최종 확인하기 위해 교동 일본 공사관에 들렀다. 이들은 12월 6일 예상을 뒤집은 청국 군대의 신속한 대응으로 정변이 '3일천하'로 끝나 버리자 이곳에 다시 피신하였다가, 인천을 거쳐 일본으로 망명을 떠났다.

③ 경우궁(현 현대사옥)

종로구 계동 9-1번지에는 우리나라를 대표하는 기업 중 하나인 현대사옥이 있다. 원래 이곳은 갑신정변의 주요 현장 중 하나인 경우궁(景祐宮)이 있던 공간이다. 경우궁은 순조의 생모인 수빈 박씨의 신주를 모신 사당이었다.

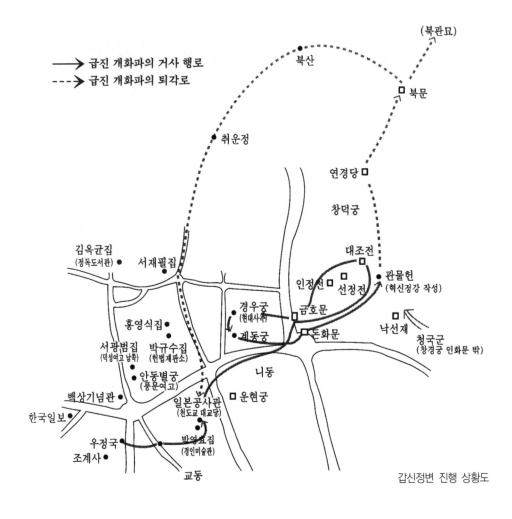

갑신정변 진행 상황도

1884년(고종 21) 12월 4일 저녁 7시 우정국 개국 축하연 자리에서 거사의 깃발을 올린 급진 개화파는 곧바로 교동 일본 공사관을 거쳐 창덕궁의 국왕 침전으로 들어갔다. 김옥균 등은 고종에게 우정국 사태를 보고하고 다른 궁으로 옮길 것을 권하여 경우궁으로 모시고 갔다.

그런데 경우궁은 사당으로 사람이 살지 않기 때문에, 겨울철 방한 시설은 물론 음식 반입 등에 불편한 점이 많았다. 그래서 다음날 오전 10시경 그 남쪽에 위치한 고종의 사촌 형 이재원이 살던 계동궁(桂洞宮)으로 처소를 옮겼다. 민왕후와 대왕대비는 계동궁이 비좁고 누추해 잠시도 머무를 수 없다며 완강히 창덕궁으로 돌아갈 것을 요구하였다. 이에 급진 개화파는 어쩔 수 없이 환궁 일정을 앞당겨 오후 5시경 창덕궁으로 돌아왔다.

창덕궁으로 환궁한 직후 김옥균, 박영효 등 급진 개화파 인사들과 종친들은 창덕궁 성정각(誠正閣) 뒤편에 있는 관물헌(觀物軒) 건넛방에 모여 밤을 지새우며 새 정권에서 실시할 혁신 정강을 협의하였다. 정강은 6일 아침 9시 국왕의 전교(傳敎)로 공포되었다. 그러나 오후 3시경 청국 군대 1,500명이 창덕궁을 수비하던 군사들과 일본군에게 공격을 개시하였다. 전세가 불리해지자 일본 공사 다케조에 신이치로와 일본군은 창덕궁 북문을 통해 교동의 일본 공사관으로 되돌아갔다. 김옥균, 박영효, 서광범, 서재필 등도 그 뒤를 따랐다. 창덕궁 북문에서 김옥균 등과 헤어진 홍영식과 박영교 등은 북관묘(北關廟, 현 올림픽기념 국민생활관)까지 고종을 모시고 갔다가, 뒤따라 도착한 청국군에게 모두 참살당하였다. 한편 일본 공사관으로 피신한 다케조에 신이치로와 김옥균, 박영효 등은 12월 7일 오후 불타는 공사관을 뒤로 하고 서대문과 양화진을 거쳐 인천에 도착한 뒤 일본으로 탈출하였다.

④ 박규수와 홍영식의 집 (현 헌법재판소)

종로구 재동 83번지에는 현재 헌법재판소가 자리 잡고 있다. 이곳에는 개화파의 산실이라 할 수 있는 박규수의 집과 갑신정변의 주역 중 한 사람인 홍영식의 집이 있었다. 박규수의 집에는 백송(白松)이 있었는데, 지금도 헌법재판소에는 천연기념물 제8호 재동 백송이 있다.

헌법재판소 내에 있는 백송

　박규수(1807~1877)가 재동에 자리를 잡은 것은 1869년(고종 6) 4월 평안감사에서
한성판윤으로 영전되어 한성으로 올라온 이후로 추정된다. 북학파의 거두 연암 박지
원의 손자이기도 한 박규수는 실학사상의 꽃을 피웠던 할아버지처럼 이곳에서 개화사
상의 기초를 놓았다. 박규수가 개화사상의 산파 노릇을 할 수 있었던 것은 1860년대에
서 1870년대에 걸쳐 대내외적 위기에 대응하여 벌인 그의 활동과 깊게 관련되어 있다.
　박규수는 1861년(철종 12) 열하부사(熱河副使)로 청나라를 방문하여 영불연합군의
북경 점령 사건을 목격하였다. 1862년에는 진주 농민 봉기의 안핵사(按覈使)로 현지에
파견되어 민생의 현실을 눈으로 확인할 수 있었다. 이때 그는 농민 항쟁의 수습 방안
으로 삼정(三政), 곧 부세(賦稅) 제도의 개혁을 적극 제안하였다. 이후 평안감사로 있
으면서 1866년(고종 3) 대동강에 불법 침입한 미국의 무장 상선 제너럴셔먼호의 격침
을 지휘하였다. 이러한 경험을 통해 박규수는 안팎으로 밀려드는 위기에 대처하기 위
해서는 개항 통상과 서구 문물의 수용이 필요하다는 인식을 가지게 되었다.

특히 1872년(고종 9) 진하사(進賀使)의 정사(正使)로 중국을 다시 방문하여, 서양 제국의 사정과 양무운동의 진행 상황을 상세히 탐문하고 돌아온 뒤로는 공공연히 개항통상론(開港通商論)을 주장하기에 이른다. 북촌의 총명한 양반 자제들을 모아 자기 집 사랑방에서 개화사상을 가르치기 시작한 것도 이 무렵이었다. 갑신정변의 주역들은 박규수의 사랑방에 모여 『연암집』과 서양의 정치·경제·역사·지리·풍속 등을 소개한 중국 서책들을 읽으며 신사상에 눈을 떴다.

한편 우정국 개국 축하연의 주인공인 홍영식(洪英植, 1855~1884)의 집은 스승인 박규수의 집과 담 하나를 사이에 두고 있었다. 홍영식은 영의정을 지낸 홍순목의 아들로, 박규수 문하에서 개화사상의 세례를 받았다. 당대 최고 명문 집안에서 태어난 그는 19세 때인 1873년(고종 10) 식년문과에서 병과로 급제하여 규장각 대교·직각 등의 관직을 거치며 탄탄대로의 출셋길을 걸었다. 1881년(고종 18)에는 신사유람단의 조사(朝士)로 선발되어 일본 육군을 시찰하고 돌아오기도 하였다. 이후 홍영식은 외아문 참의와 협판을 거쳤으며, 1883년(고종 20)에는 '조미수호통상조약'에 따른 보빙사(報聘使)의 전권부대신으로 전권대신 민영익을 수행하고 미국을 방문하는 등 개화 정책을 일선에서 이끈 촉망받는 신진 관료였다.

일본과 미국을 방문하면서 문명개화의 실상을 두 눈으로 확인한 홍영식은 근본적인 국정 쇄신이 필요하다는 것을 깨닫게 되었다. 1884년(고종 21) 홍영식은 내아문 협판을 거쳐 병조참판에 임명되었다. 동년 5월에는 우정국총판을 겸하게 되면서 우정국 개국에 전력하였다. 우정국이 정변의 중심 무대가 된 것도 이 때문이었다. 그러나 정변이 실패로 끝나 자신은 청국군에게 죽임을 당하고, 아버지 홍

수신사 시절의 홍영식

순목마저 자결을 하면서 온 집안이 풍비박산 나고 말았다. 그 후 홍영식의 집터에는 우리나라 최초의 서양식 병원인 광혜원이 들어섰다. 광혜원의 설립은 미국 북장로회 의료 선교사로 입국한 알렌이 우정국 사건 당시 중상을 입은 민영익을 치료해 준 것이 그 계기가 되었으니, 실로 아이러니한 운명이라 아니할 수 없다.

그런데 갑신정변은 끝내 실패할 운명이었을까? 정변의 주역들은 서구 근대국가를 지향하였으나, 그 행동 방식은 대단히 전근대적이었다. 즉 국왕만 수중에 넣는다면 조선 전체를 장악할 수 있다고 생각했던 것이다. 정변이 성공하기 위해서는 일반 민중들의 적극적인 지지와 참여가 필요했지만, 이들은 이를 위해 적극 노력하지도 않았을 뿐만 아니라 그 필요성조차 뚜렷이 인식하지 못하였다. 그 이유는 무엇일까? 정변의 주역들인 김옥균·박영효·홍영식·서광범 등의 집은 박규수의 재동 집을 중심으로 반경 200m 안팎에 자리 잡고 있었다. 이들은 북촌이라는 제한된 공간에서 태어나고 자란 까닭에 일반 민중의 존재를 진지하게 고려하지 못했다.

갑신정변을 통해 이들이 이루고자 했던 '혁신 정강'에는 민중의 지지를 끌어낼 강령이 없었다. 바로 이러한 한계로 인해 갑신정변이 실패할 수밖에 없었다고 할 수 있다.

2. 1919년 삼일운동과 북촌

1917년 10월 러시아 혁명에 성공한 소비에트 공화국의 레닌은 세계의 식민지, 반식민지의 민족 해방을 지원할 것을 선언하였다. 이어 1918년에는 미국의 대통령 윌슨도 '세계 평화와 민주주의'를 선언하고 제1차 세계대전의 전후 처리를 위해서 열린 파리 강화회의에서 '민족 자결'의 원칙을 제시하였다. 윌슨이 말한 '민족 자결'은 독일과 같은 패전국이 지배하던 식민지에만 적용되는 것으로, 미국이나 일본과 같은 전승국의 식민지는 그 대상에서 제외되었다. 그러나 이러한 사실을 제대로 알지 못한 상태에서 민족 자결주의에 관한 소식이 전해졌고, 이에 민족주의자들을 중심으로 파리강화회의에 민족 대표를 파견하여 조선의 독립을 청원하자는 여론이 거세게 일어났다.

1919년 1월 상하이의 신한청년당은 파리강화회의에 보낼 독립청원서를 작성하여 김규식을 파리에 대표로 파견하였다. 이어 상하이에 망명해 있던 여러 인사들이 독립운동의 촉진을 위해 국내를 비롯하여 일본, 만주, 연해주 등지로 파견되었다.

1919년 2월 8일 도쿄에서 2·8 독립선언서가 낭독되었다. 일본 유학생들이 조선청년독립단을 조직한 뒤 '독립선언서'를 작성하여 그날 오후 도쿄의 조선YMCA 강당에서 유학생 총회를 열고 이를 발표한 것이다. 국내에서는 1919년 1월 하순부터 천도교, 기독교, 불교 그리고 학생 대표들이 비밀리에 모임을 갖고 대대적인 만세 시위운동을 모의하였다.

삼일운동은 종교계 인사들을 중심으로 준비되었다. 천도교에서는 손병희, 최린 등이, 기독교에서는 이승훈 등이, 불교계에서는 한용운 등이 참여하였다. 이들은 대외적으로 조선의 독립을 청원하고, 대내적으로는 대중화, 비폭력 등의 원칙에 따라 운동을 전개한다는 방침을 세웠다. 민족 대표 33인의 이름으로 서명한 '독립선언서'도 비밀리에 준비되어 전국에 미리 배포되었다.

1919년 3월 1일 오후 2시가 가까워지면서 탑골공원에는 수많은 학생과 시민들이 모여들었다. 학생 동원을 담당했던 연희학교 김원벽과 보성학교 김기덕이 임무를 완수한 것이었다. 민족 대표들은 원래 탑골공원의 군중들 앞에서 독립선언서를 낭독할 계획이었다. 그러나 예상보다 훨씬 많은 사람들이 모여들자 계획을 바꾸어 인사동에 있는 음식점 태화관으로 옮겨 독립선언서를 낭독한 뒤, 자진 투옥되었다.

민족 대표들이 오지 않자, 탑골공원에서는 경신고보 졸업생으로 시골 교회 전도사였던 정재용이 앞으로 뛰어나와 이미 배포된 독립선언서를 낭독하였다. 선언서 낭독이 끝나자 누가 먼저랄 것도 없이 '조선 독립 만세!'를 외쳤다. 시위 군중은 여러 대열로 나뉘어 각 방면으로 행진하였다. 억눌려 온 조선 민중의 독립에 대한 열망은 한번 불붙자 삽시간에 전국으로 번져 나갔다.

이와 같이 일제 침략에 맞선 조선인의 거족적인 독립 만세 운동으로 한국 민족주의의 신기원을 이룩한 것이 삼일운동의 역사적 위상이다. 삼일운동은 북촌 계동 84-10번지에 있던 김성수의 집과 중앙고보 숙직실에서 모의되었으며, 독립선언서는 경운동 88번지 이종일의 집에서 전국으로 배포되었다. 결국 삼일운동은 북촌에서 모의되어, 탑골공원~보신각으로 이어지는 종로 거리에서 그 역사적 깃발을 올리게 되었다고 할

독립선언서

수 있다.

① 이종일의 집(현 천도교 수운회관)

종로구 경운동 88번지 수운회관 입구에는 '독립선언서 배부터'라는 표지석이 있다. 삼일운동 당시 독립선언서에 서명한 민족 대표 33인 중 한 사람인 이종일(李鍾一)의 집이 바로 여기에 있었다. 그렇다면 왜 이종일의 집에서 독립선언서가 배부되었을까? 이는 이종일이 출판사 보성사(普成社)의 사장이었던 것이 주된 이유였다. 현 조계사 서편 경내에 자리 잡고 있던 보성사는 1910년 말 창신사와 보성학원 소속의 보성인쇄소를 병합하여 만든 천도교 계열의 인쇄소였다. 이후 보성사는 최남선이 설립한 광문회(光文會)의 신문관(新文館)과 더불어 당대의 인쇄·출판을 주도하였다. 이 보성사에서 기미독립선언서가 인쇄되었다.

1919년 2월 최남선이 기초한 독립선언서가 신문관에서 조판된 뒤 보성사로 넘겨졌다. 2월 27일 사장 이종일은 공장 감독 김홍규, 총무 장효근과 같이 오후 6시부터 10시까지 극비리에 인쇄를 완료하였다. 그런데 마침 인쇄소의 기계 소리를 듣고 온 형사 신승희가 현장을 목격하였다. 이에 이종일은 형사를 끌고 밖으로 나가 손병희로부터 받은 5천 원을 건네주며 눈감아 줄 것을 간청하여 위기를 넘겼다. 당시 지방 면장 월급이 30~40원이었으므로 5천 원은 엄청난 거금이었다. 10시가 넘어 마침내 인쇄가 완료되었고, 2만여 장의 독립선언서를 손수레에 싣고 이종일의 집으로 가던 중 이번에는 일본 경찰의 검문을 당하였다. 그러나 인쇄된 족보라고 속여 무사히 옮길 수가 있었다. 독립선언서는 이종일의 집에 보관하였다가 2월 28일 전국 각지로 배포함으로써 거족적인 독립운동의 발판을 마련하였다.

② 김성수의 집

종로구 계동 84-10번지에 위치한 대동세무고등학교 입구에는 중앙고보의 주인이었던 김성수가 서울에 올라와 살던 집이 있다. 김성수의 집은 삼일운동의 주축 세력인 천도교계와 기독교계가 첫 접촉을 했던 장소이다.

삼일 독립운동의 준비는 1919년 1월 하순 일본 동경 유학생 송계백이 계동 중앙고보 숙직실로 교사 현상윤을 방문해, 교장 송진우와 함께한 자리에서 동경 유학생들의 거사 계획을 알리고 '2·8 독립선언서'의 초안을 전달한 것이 계기가 되었다. 이후 현상윤과 송진우, 보성고보 교장 최린, 그리고 최남선 등이 최린의 집과 중앙고보 숙직실 등지에서 회동을 거듭하며 거사를 모의하기 시작하였다. 이들은 민족 자결의 원칙에 입각하여 독립운동을 전개한다는 데 의견의 일치를 보고 1월 말에서 2월 초에 걸쳐 여기에 참여할 민족 대표를 교섭하는 작업에 먼저 착수하였다. 그러나 교섭 대상에 오른 박영효, 윤용구, 한규설, 김윤식 등 대한제국 시기 요직을 맡았던 명망가들이 난색을 표하면서 거사 계획은 처음부터 난관에 봉착했다.

결국 차선책으로 종교계를 중심으로 한 거사가 모색되었는데, 천도교계의 경우 중진인 최린이 참여하고 있으므로 별 문제가 없었으나 기독교계의 경우 새로 지도자를 교섭해야 했다. 이과정에서 떠오른 인물이 바로 평안북도 정주에서 오산학교를 경영하던 이승훈 장로였다. 2월 7일경 최남선이 인편으로 이승훈에게 급히 상경을 청하는 편지를 보냈고 이에 이승훈은 곧 서울로 올라왔다. 2월 11일 계동 김성수의 집에서 송진우를 만나 거사 계획을 들은 이승훈은 그 자리에서 쾌히 승낙을 하고 곧바로 기독교계의 세 규합에 착수하였다.

이승훈과 송진우의 회동으로 물꼬를 튼 천도교 측과 기독교 측의 협력이 이후 순탄

하기만 했던 것은 아니다. 양측의 매
파 역할을 하던 송진우가 한발 물러
선 때문이었다. 평안도 일대에서 동
지를 규합한 후 2월 17일 재차 상경
한 이승훈은 천도교 측과의 연락이
두절되자 한때 기독교계 단독의 거
사를 생각하기도 하였다.

김성수의 집

　그러던 중 2월 21일 최남선이 이
승훈의 숙소로 찾아와 이승훈과 최
린의 회담이 전격 성사됨으로써 기
독교 측과 천도교 측의 합작 교섭이 다시 급물살을 탔다. 2월 24일 이승훈과 함태영은
최린과 함께 송현동 34번지 현 덕성여자중학교 자리에 있던 천도교 중앙총부로 손병
희를 방문하여 양측의 독립운동 일원화 방침을 최종 확정하였다.

　천도교 측과 기독교 측의 교섭을 성사시킨 최린은 이어 계동 43번지 만해 한용운의
거처로 찾아가 불교계의 민족 대표 참여를 내락 받았다. 삼일운동의 민족 대표들이 천
도교와 기독교, 불교 지도자들로 이루어진 것은 이러한 이유 때문이었다.

　③ 한용운의 집

　종로구 계동 43번지의 '중앙탕'이란 옛 상호를 달고 있는 '배스 하우스(bath house)'
라는 쇼룸 골목 맞은편에 '유심당'이라는 작은 한옥 게스트 하우스가 있다. 이곳이 바
로 삼일운동 당시 만해 한용운이 살던 집이다. 한용운은 이곳에서 1918년 9월 월간지
『유심(唯心)』을 창간하여 12월까지 3권을 발행하였다.

　한용운은 불교에 입문한 뒤로 주로 교학적 관심을 가지고 대장경(大藏經)을 열람하
는 일에 열중하였다. 특히 한문으로 된 불경을 우리말로 옮기는 일, 즉 불교 대중화 작
업에 주력하였다. 1910년 12월『조선불교유신론(朝鮮佛敎維新論)』을 저술한 이래 민중
불교 사상에 입각해 조선 불교의 일본화에 맞서 불교 개혁운동을 전개하였다. 그가 편
집 겸 발행을 맡은 월간『유심』또한 불교를 대중화하는 데 목적을 둔 잡지였다. 널리

불교를 알리고 민족정신을 고취할 것
을 목적으로 간행된 이 잡지는 후일 그
가 관계한 또 다른 잡지인 『불교』와 함
께 괄목할 만한 문화 사업의 하나였다.

한용운은 백용성 등과 함께 불교계
를 대표하여 삼일운동에 참여하였다.
그는 독립선언서 내용을 놓고 최남선
과 의견 충돌을 빚었다. 좀 더 과감하

한용운의 집

고 현실적인 내용이 들어가야 한다고 생각했던 것이다. 한용운의 뜻은 행동 강령인 공
약 3장을 마지막에 삽입하는 것으로 부분적으로 반영되었다.

공약 3장(公約三章)

하나. 오늘 우리들의 이 거사는 정의, 인도, 생존, 번영을 위하는 민족의 요구이니,
　　　오직 자유의 정신을 발휘할 것이요, 결코 배타적 감정으로 치닫지 말라.

하나. 마지막 한 사람에 이르기까지, 마지막 한 순간에 다다를 때까지, 민족의 정당
　　　한 의사를 시원스럽게 발표하라.

하나. 모든 행동은 가장 질서를 존중하여, 우리들의 주장과 태도를 어디까지나 떳떳
　　　하고 정당하게 하라.

④ 중앙고보 숙직실과 손병희의 집

중앙고보(중앙고등학교) 숙직실은 동경 유학생 송계백이 찾아와 교사 현상윤과 교
장 송진우에게 유학생들의 거사 계획을 알리고 2·8 독립선언서 초안을 전달함으로써
삼일운동의 도화선을 놓은 장소이다.

중앙고등학교 정문을 지나면 앞마당에 6·10 만세운동 기념비'와 함께 '삼일운동 책
원지'라고 적힌 기념비가 서 있다. '삼일운동 책원지' 기념비를 지나면 당시의 모습대
로 복원된 숙직실 건물이 있는데, 너무 후미진 곳이라 눈에는 잘 띄지 않는다.

중앙고등학교를 나와 서쪽 길로 돌아 내려오다 보면 가회동 주민센터가 있는 곳에

삼일운동 책원지 기념비

중앙고보 숙직실

손병희의 집터

'손병희 집터'라고 적힌 표지석을 볼 수 있다. 민족 대표 33인의 좌장이었던 천도교 제3대 교주 손병희의 집이 이곳에 있었다. 가회동 170번지에 있었던 손병희의 집은 800평도 훨씬 넘는 대저택이었다. 따라서 과거 손병희의 집은 현재 가회동 주민센터 북쪽의 북촌민예관 건물과 뒤편의 민가 몇 채를 아우르는 권역이었을 것으로 추정된다.

손병희의 집은 삼일운동 거사 전날인 2월 28일 민족 대표 33인 가운데 23인이 상견례를 겸해 얼굴을 익히고 독립선언식의 절차를 협의하기 위해 회합한 장소이다. 명월관의 분점인 태화관은 일제의 강제병합 당시 매국노 이완용이 살았던 곳이다. 그러므로 나라를 팔아먹는 모의를 한 그 장소에서 독립을 선언하는 것 또한 의미 없는 일은 아니었다. 그러나 대중과 유리된 민족 대표들만의 독립선언식 거행이 과연 적절한 처사였을까? 독립선언서에 서명했던 민족 대표들 가운데 다수는 이후 친일로 돌아섰다.

3. 1920~1930년대 민족운동과 북촌

삼일운동을 기점으로 국내 민족운동의 양상은 크게 변화하였다. 삼일운동 이후 복벽주의(復辟主義, 전제군주제로의 복귀) 정치사상이 퇴장하고 공화주의 정치사상이 확고히 자리 잡는 것과 함께, 서양의 자유주의와 사회주의 사상이 점차 확산되기 시작했다. 이 과정에서 전통 시대의 지배 세력들이 밀려나고, 서구 근대 사상을 수용한 신지식인들이 민족운동의 지배 세력으로 등장하였다.

1920년대 이후 우리나라의 민족운동은 사상 및 계급적 특성, 민족관, 사회 변혁 방식 등에 따라 다양한 양상을 띠게 되었다. 사상에서 따라서는 자유주의운동과 사회주의운동으로, 계급적 특성에 따라서는 부르주아 민족주의운동과 민중적 민족주의운동으로, 민족관에 따라서는 민족주의운동과 계급주의운동으로, 사회 변혁 방식에 따라서는 문화주의운동과 사회주의운동의 모습을 띠게 되었다.

이 다양한 모습 가운데 문화운동은 대체로 부르주아 민족주의자들이 자유주의 사상에 입각하여 인간의 가치인 문화를 바꿈으로서 사회를 변혁하고 민족의 독립 문제를 해결하려 한 운동이었다. 인간의 가치를 바꾸어 사회를 변혁하는 것은 무력을 통한 체제의 전복보다는 긴 시간이 요구되는 것이어서, 문화운동은 혁명적·급진적이라기보다는 개량적·점진적이었다. 또한 독립을 포기하지는 않았지만, 일차적인 목표를 문화의 향상과 변화에 두었으므로 그 목표를 실현하기 위해서라면 어느 정도 일제와 타협도 하였다. 이러한 문화운동에 대해 민족정신 함양과 실력 양성론적 독립운동론으로 보는 견해, 일제에 유도된 비민족적 문화 계몽·실력 양성운동론으로 보는 견해, 서구 문명화를 지향하는 개화운동론으로 보는 견해 등이 있다.

이와 같이 1920년대에 접어들어 국내의 민족운동이 문화운동을 중심으로 전개되면서, 물산장려운동, 민립대학 설립운동, 문맹 퇴치 운동 등이 활발히 전개되었다. 이러한 민족운동의 거점은 사회 지도층 인사들이 주로 거주하던 북촌이었다. 북촌 중에서도 3백만 신도를 자랑하던 천도교 중앙대교당, 중앙종리원, 수운기념관 등이 자리 잡고 있던 경운동 88번지 일대가 그 핵심이었다. 중앙대교당과 수운기념관은 종로2가 YMCA회관 강당과 더불어 당대의 민족적 여론을 대표하는 각종 집회가 열리던 민의의 마당이었다. 또한 중앙종리원 건물은 천도교청년회, 조선농민사, 개벽사 등이 입주하여 『개벽』, 『신여성』, 『어린이』, 『조선농민』등 6~7종의 잡지를 매월 6만여 부씩 발행한 민족 언론의 심장이기도 하였다.

① 천도교 중앙대교당

천도교 중앙대교당은 천도교의 총본산 교당이다. 천도교는 1860년(철종 11) 최제우가 보국안민(輔國安民), 포덕천하(布德天下), 광제창생(廣濟蒼生)을 선포하며 창시한 동학에서 비롯되었으며, 1905년(광무 9) 12월 1일 3대 교주 손병희에 의해 천도교로 개칭되었다. 이듬해 1월 일본에서 귀국한 손병희는 회현방(會賢坊)에 천도교의 중앙본부인 육임소(六任所)를 설치하였다. 3월에는 전국에 72개 대교구를 조직하고 대교당을 세우기로 하였다. 천도교 중앙총부는 1906년 5월 1일 『종

천도교 중앙대교당

령』제25호를 통해 교인 한 사람당 한달에 10전을 내어 재정을 마련하도록 하였다.

1918년 4월 5일 천일 기념일에는 손병희를 비롯한 140여 명의 교역자가 참석한 부구총회(部區總會)를 개최하여 교당 신축을 결의하였고, 신축 자금은 전국 교인들의 성금으로 충당하기로 하여 호당 10원 이상을 내도록 공포하였다. 이때 걷힌 모금액은 약 100만 원에 달하였는데, 그중 대교당과 중앙총부 청사 건축에 사용된 약 27만 원을 제외한 대부분의 성금이 독립운동 자금으로 사용되었다.

일제는 성금이 독립운동 자금으로 쓰이는 것을 막고자 교당 건축에 관한 지출부를 압수하고 성금을 돌려주도록 하였다. 중앙총부는 1919년 2월 4만 원을 각 교구에 송금하였고, 나머지는 4월 5일 천일 기념일까지 교인이 내는 연성미와 상계하여 돌려주도록 하였다. 그러나 교인들은 감시의 눈을 피해 성금을 되돌려 받은 것처럼 위장하였고, 성금 액수를 10분의 1로 줄여 기록하기도 하였다.

교당 부지는 윤치오 소유의 대지를 2만 원에 매입하고 주변 가옥 10여 채를 사들여 1,824평을 확보하였다. 중앙총부 건물은 1918년 12월 1일 교일 기념일에 맞춰 공사를

시작하여 1920년 4월에 낙성할 계획이었으나 삼일운동으로 공사가 지체되다가 1920년 2월에 재개할 수 있었다. 대교당의 초기 설계안은 400평이 넘는 규모였으나, 집회 장소로 사용될 것을 우려한 조선총독부가 구조의 안정성을 구실로 건축 허가를 내 주지 않아 현재 규모로 축소되었다.

천도교 중앙대교당은 1921년에 완공되어 명동성당, 조선총독부 청사와 함께 경성의 3대 건물로 평가받았다. 중앙대교당 1층에 위치한 대강당은 기둥이 없는 넓은 회당에 약 3천 명을 수용할 수 있는 시설을 갖추었다. 대강당의 천장 구조는 기둥 없는 넓은 공간을 확보하기 위해 미국산 철제 앵글을 사용했다. 바닥은 다다미를 깔아서 신발을 벗고 설교를 들을 수 있었다. 해방 후 긴 의자가 들어오면서 입식으로 바뀌었고, 1976년에 다다미를 해체하고 콘크리트로 마감하였다.

천도교 중앙대교당은 1920년대와 1930년대에 걸쳐 각종 회합 장소로 이용되었으며, 한국 근대 문학과 여성 및 아동 인권운동의 중심 역할을 하였다. 태평양전쟁이 발발한 후에는 일제에 의해 잠시 군피복 공장으로 전락하기도 하였으나 해방 이후 백범 김구 선생의 환국 행사와 강연이 개최된 역사적인 공간이기도 하다.

② 천도교 중앙종리원(현 수운회관)

천도교 중앙총부로 사용되는 수운회관 정문 왼편에는 '세계 어린이 운동 발상지'라는 기념비가 서 있다. 바로 이곳이 1920~1930년대 천도교 계열 민족운동과 사회운동의 거점이었던 중앙종리원 건물이 있던 장소이다.

삼일운동 이후 일제는 제한적으로나마 언론·출판·결사의 자유를 허용하여 각종 사회단체와 언론단체가 활동할 수 있었다. 천도교 청년회는 개벽사(開闢社)를 중심으로 잡지를 출판했는데, 이 시기 잡지와 신문 출판 활동이 활발하게 이루어진 것을 신문화운동이라고 부른다. 청년회는 『개벽』, 『부인』, 『신여성』, 『어린이』, 『별건곤(別乾坤)』, 『학생』, 『중성(衆聲)』, 『새벗』, 『혜성(彗星)』, 『제일선(第一線)』, 『신경제(新經濟)』와 같은 다양한 잡지를 발간하였다.

천도교 청년회는 소파 방정환을 중심으로 천도교 소년회를 조직하여 어린이운동을 본격적으로 전개하였다. 소파 방정환은 1920년 8월 『개벽』 제3호에 「어린이 노래」란

세계어린이운동 발상지 기념비

시를 발표했다. 또한 1922년 5월 1일 천도교 소년회 창립 1주년을 맞아 '어린이의 날'을 선포하고 각종 행사를 개최하였다. 방정환은 '어린이'라는 호칭을 우리 사회에 보편화시키며 어린이운동을 이끌었다. 방정환을 비롯한 천도교 인사들은 어린이운동이야말로 후천개벽을 실천하는 올바른 길이라고 믿었다.

이상세계인 후천개벽은 어떤 속박도 없는 자유로운 삶을 전제로 한다. 그런데 20세기 초 천도교 인사들의 눈에 비친 어린이들의 삶은 여성 및 노동 빈민과 마찬가지로 가장 억눌린 것이었다. 어린이의 가냘픈 어깨 위에 육체노동의 무거운 멍에가 씌워져 있었고, 그들의 권익은 어른들에 의해 늘 유린되었다. 하늘이 허락한 권리를 어린이들에게도 되돌려 주자는 목적을 뚜렷이 하기 위해, 천도교에서는 피압박 계층의 요구가 분출되는 노동절을 어린이날로 삼았다.

천도교 소년회는 5월 1일이 노동절과 겹치는 관계로 1927년부터는 5월 첫째 일요일을 어린이날로 정하여 기념하였다. 그러나 일제의 탄압으로 1939년부터는 어린이날 행사도 중단되었다. 해방 이듬해인 1946년 5월 첫째 일요일인 5일에 어린이날 행사를 재개하였고, 이후부터는 요일과 무관하게 5월 5일을 어린이날로 정하여 기념행사를 하였다.

4. 해방 후 건국운동과 북촌

1945년 8월 15일 일제의 갑작스러운 항복 선언이 식민지 조선에 전해졌다. 해방의 기쁨도 잠시, 국내외의 여러 정치 세력들은 예상되는 사회적 혼란을 막고 새로운 정부를 수립하기 위해 발 빠르게 움직였다. 가장 먼저 움직인 사람은 몽양(夢陽) 여운형이었다. 여운형은 한 해 전인 1944년 8월에 이미 일제의 패망과 민족의 독립에 대비하여 비밀 결사 조직으로 조선건국동맹, 소위 건국동맹을 만들었다. 건국동맹은 중앙 및 지방 조직을 갖추고 군사 행동을 계획하기도 하였다. 1945년 8월 15일 해방이 되자 여운형은 이 건국동맹을 기반으로 하여 조선건국준비위원회(건준)를 만들어 각 지역의 치안과 행정을 담당하였다. 건준은 사회 질서를 유지하는 한편, 식량을 비롯한 생활필수품 확보에 노력하였다.

건준은 처음에는 순조롭게 구성되어 갔다. 좌우익 지식인은 물론 각지의 유지까지 광범위하게 참여하여 민중의 폭넓은 지지도 얻었다. 9월 8일 상륙하여 38선 이남을 관할할 미군의 진주를 앞두고, 건준은 중앙 조직을 실질적인 정부 형태로 개편하여 9월 6일 경기여자고등학교 강당에서 조선인민공화국을 선포하는 한편, 각 지부를 인민위원회로 전환하였다. 이 과정에서 좌익이 주도권을 장악함으로써 일부 민족주의 세력이 탈퇴하기도 하였다.

일본의 조건 없는 항복을 마냥 기뻐할 수 없었던 이유

"홀연 전화가 울렸다. … 왜적이 항복한다 했다. 아! 왜적이 항복! 이것은 내게 기쁜 소식이라기보다는 하늘이 무너지는 듯한 일이었다. 천신만고 끝에 수년 동안 애를 써서 참전할 준비를 한 것도 다 허사이다. 시안과 푸양에서 훈련을 받은 우리 청년들에게 여러 가지 비밀 무기를 주어 산둥에서 미국 잠수함에 태워 본국으로 들여보내어 국내의 중요한 곳을 파괴하거나 점령한 뒤에 미국 비행기로 무기를 운반할 계획까지도 이국 육군성과 다 약속이 되었던 것을 한번 해 보지도 못하고 왜적이 항복하였으니…." - 김구, 『백범일지』 중에서

이승만의 '정읍 발언'

이제 우리는 무기 휴회된 공위가 재개될 기색도 보이지 않으며 통일 정부를 고대하나 여의케 되지 않았으니 우리는 남방만이라도 임시 정부 혹은 위원회 같은 것을 조직하여 38 이북에서 소련이 철퇴하도록 세계 공론에 호소하여야 할 것이니 여러분도 결심하여야 할 것이다. - 조선민보, 1946. 6. 5.

건준과 함께 다양한 정치 세력들이 등장하기 시작했다. 사회주의 활동을 하던 사람들은 1925년 4월 17일에 창당되었다가 1928년 9월 일제의 탄압과 내부 분열로 해산되었던 조선공산당을 1945년 8월 24일 재건하였다. 지주와 기업가들을 중심으로 한 일단의 인사들은 1945년 9월 16일에 고려민주당, 조선민족당, 한국국민당 등을 통합하여 한국민주당(한민당)을 창당하였다. 이와 함께 이승만(10월 16일)과 김구(11월 23일)를 비롯하여 해외에서 활동하던 독립운동가들도 속속 귀국하였다. 이러한 정치 세력들은 새로운 국가 건설의 방향에 대해 저마다 다른 생각을 가지고 있었으며, 정치적 이념의 차이도 컸다. 이들은 민족국가를 건설하는 데 힘을 하나로 모으지 못하였다. 더구나 미군정은 한국인들이 만든 행정 기구와 그 활동을 전혀 인정하지 않았다. 이 때문에 대한민국 임시정부의 요인들은 개인 자격으로 귀국해야 했으며, 인민공화국이나 지방인민위원회의 활동도 많은 지장을 받았다.

해방 직후 전개된 새로운 국가 건설을 위한 여러 활동의 중심 무대 또한 북촌이었다. 해방 직후 첫 번째 정치 집회가 8월 16일 오후 1시 건준 주최로 휘문중학교(현 현대 사옥)에서 열렸다. 8월 18일에는 계동 한학수의 집(현 산내리 한정식) 사랑방에서 원세훈을 위원장으로 하는 고려민주당이 결성되었고, 1946년 7월 25일 좌우합작위원회의 구성과 출범을 선언한 장소이기도 하다. 미국과 소련은 1946년, 1947년 두 차례에 걸쳐 서울과 평양에서 임시 민주 정부 수립을 논의하기 위한 미·소공동위원회를 열었다. 1946년 3월 서울에서 모스크바 3국 외상 회의 결정을 실현하기 위해 개최된 제1차 미·소공동위원회는 임시 민주 정부 구성에 참여할 단체를 놓고 이견을 보였다.

소련은 임시 민주 정부가 신탁 통치를 위한 수단이므로 모스크바 3국 외상 회의 결정을 반대하는 정당은 임시 민주 정부에 참여할 수 없다고 주장하였다. 하지만 미국은 임시 민주 정부에 모든 정치 단체를 참여시켜야 한다고 주장하였다. 회의는 미국과 소련의 주장이 맞서면서 아무런 성과를 거두지 못한 채 무기한 연기되었다.

제1차 미·소공동위원회가 결렬되자, 이승만은 통일 정부 수립이 어렵다면 남한만이라도 정부를 수립해야 한다는 '정읍발언'을 발표하여 큰 반향을 불러일으켰다. 이러한 이승만의 정읍발언에 대처하고 해방 1주년에 임시 민주 정부 수립을 목표로 여운형, 김규식 등 중도파가 중심이 되어 좌우합작위원회가 구성되고 출범을 선언하였던

것이다. 해방 이후에도 북촌은 한국 정치의 굵직굵직한 사건들이 벌어진 역사의 현장
으로서 명맥을 이어 갔다.

① 조선건국준비위원회 본부

현대 사옥 주차장 맞은편인 계동 84-2번지의 보헌빌딩 자리에는 원래 임용상의 집
이 있었다. 1945년 8월 15일 저녁에 발족한 조선건국준비위원회는 임용상의 집에 그
본부를 두었다. 임용상의 집은 2004년 4월 철거되었고, 그 자리에 2005년 5월 보헌빌
딩이 들어섰다. 건준의 모태는 조선건국동맹, 소위 건국동맹이라 부르는 단체였다. 건
국동맹은 1944년 8월 10일 여운형과 조동호·현우현·이석구·김진우 등이 중심이 되어
설립하였다. 조선건국동맹에는 이념을 떠나 민족주의자는 물론이고 사회주의자들도
대거 참여하였다. 조선건국동맹은 전국 10개 도에 조직망을 형성하고, 산하에 농민동
맹을 조직하였다. 농민동맹은 징용과 징병 시행 반대, 민심 선동과 교란, 전쟁 물자 수
송 방해 등의 활동을 전개하였다. 이런 건국동맹이 존재는 1940년대 전반기가 민족운

조선건국준비위원회 본부 터(현 보헌빌딩)

동의 '암흑기'가 아니라는 것을 반증한다.

　일제의 패망이 다가오면서 조선총독부가 당면한 문제는 일본인들의 생명과 재산을 안전하게 보호하는 것이었다. 이를 위해서는 우선 치안을 유지하고 일본인에 대한 테러를 제어할 수 있는 적절한 조치가 필요했다. 따라서 조선의 유력한 지도자들과 교섭하기 시작하였는데, 이 과정에서 송진우·여운형 등과 접촉하게 되었다.

　조선총독부가 여운형을 처음 접촉한 것은 1945년 6월경이었지만, 치안 문제에 관하여 본격적으로 접촉한 것은 해방 직전인 8월 14·15일이었다. 최종 회담은 8월 15일 오전 7시 50분경 협심증을 앓고 있던 아베 노부유키(阿部信行) 총독으로부터 정무를 위임받은 엔도 류사쿠(遠藤柳作) 정무총감의 관저(현 한국의 집)에서 열렸다. 엔도 류사쿠와의 최종 담판에서 여운형은 조건부로 총독부 쪽의 요구를 수락하였다. 애초 총독부의 요구는 치안을 유지하고 일본인과 총독부의 재산을 보호해 달라는 것으로, 정권을 넘겨주겠다는 것은 아니었다. 그런데 여운형은 여기에 조건을 붙여서 총독부와의 교섭을 단순한 치안 유지 차원이 아니라 정권 인수의 수준까지 끌어올렸던 것이다. 그 담판에서 여운형이 내세운 다섯 가지 조건은 다음과 같다.

　1. 전국적으로 정치범·경제범을 즉시 석방할 것.
　2. 서울의 3개월분 식량을 보장할 것.
　3. 치안 유지와 건국운동을 위한 정치운동에 절대로 간섭하지 말 것.
　4. 학생과 청년을 조직, 훈련하는 데 대하여 간섭하지 말 것.
　5. 노동자와 농민을 건국 사업에 동원하는 데 대하여 간섭하지 말 것.

　여운형이 총독부에 요구한 5개 조항은 사실상의 정부 수립을 위한 작업이라 할 수 있다. 이런 교섭이 있었기에 여운형은 정권 인수를 준비하는 기구를 자신 있게 결성할 수 있었다. 8월 15일 저녁 건국동맹 위원들을 중심으로 조선건국준비위원회가 구성되었다. 여기에는 안재홍 등 건국동맹 위원이 아닌 인사들도 많이 참가하였다. 건준은 공산주의자를 중심으로 한 극좌파와 중도 좌파인 건국동맹, 안재홍 등의 중도 우파 등 정치적 입장이 다른 다양한 세력들이 모인 일종의 연합전선의 성격을 띠고 있었다. 그러나 미군이 한반도에 진주한 후 좌익과 우익은 곧 분열의 길을 걷게 된다. 좌익은 조선 인민공화국을 급조한 반면, 우익은 대한민국 임시정부를 받든다는 명분으로 건준을 비판하였던 것이다. 건준은 날이 갈수록 어려운 입장에 처하게 되었고 급기야 발족한 지 2개월이 채 못 된 10월 7일 해산되고 말았다. 『중국의 붉은 별』의 저자이자 1945년 말부터 1946년 초까지 2개월간 개성에 체재했던 에드가 스노우(Edgar Snow)는 이 시기를 다음과 같이 회고했다.

미국은 아무런 준비 없이 조선에 상륙했다. 그러나 조선에는 건국준비위원회가 있었다. 정치적 준비가 있었던 것이다. 만일 건국준비위원회를 살렸더라면 조선의 건설은 더 신속하고 수월했을 것이다.

건준의 출범은 우리 현대사에서 매우 중요한 사건이었다. 비록 실패로 끝나고 말았지만, 외세의 개입과 같은 다른 변수가 없었더라면 스스로의 힘으로 평화적으로 정부 수립을 이루어 낼 수 있었을 것이라는 가능성을 확인시켜 주는 사례이기도 하다. 그런 점에서 건준의 역사적 의의는 매우 크다고 할 수 있다.

② 여운형의 집

해방 직후 건준이 계동에 본부를 둔 것은 인근에 여운형의 집이 있었기 때문이다. 당시 여운형이 살았던 집은 현재 현대 사옥 북쪽에 있는 계동 140-8번지 '안동칼국수'라는 음식점 간판이 붙은 집이다. 'ㅁ'자형으로 방이 4개인 전형적인 중부 지방형 주택인 이 집은 여운형이 조선중앙일보사 사장으로 있던 1933년부터 1936년 사이에 독지가로부터 기증받은 것이다. 1947년 3월 17일 폭탄 테러로 크게 파손되는 등 위험에 노출되자, 여운형은 명륜동으로 거처를 옮겼다. 이후 계동 집은 가족들만 기거하였다. 여운형은 명륜동으로 거처를 옮긴 지 4개월 만인 1947년 7월 19일 암살범에게 혜화동 로터리에서 피살되었다. 그의 나이 62세 때의 일이다.

여운형은 한 시대를 누빈 정치적 풍운아였다. 일제 강점기에는 우파인 대한민국 임시정부와 좌파인 조선공산당 양쪽에서 활발히 활동하였다. 1923년 모스크바에서 개

조선건국준비위원회에서 연설하는 여운형(1945. 8.16)

최된 피압박민족 대표자 대회에 참석하여 베트남의 호치민(胡志明) 등과 함께 대표 연설을 할 정도로 널리 알려져 있었다. 해방 직후 여운형은 호남형에 연설도 잘해 청년이나 학생들에게 특히 인기가 높았다. 여운형은 굵직굵직한 담판으로도 유명했는데, 먼저 삼일운동 직후 일본행을 수락한 일화가 있다. 조선총독부에서 독립운동을 분열시키려 핵심 인물인 그를 일본으로 초청하자 주변에서 모두 만류하였다. 하지만 여운형은 언론활동의 자유를 조건으로 이를 수락하고 동경에 건너가 일본을 비판하는 연설로 초청한 사람들을 당혹케 했다. 이로 인해 천황과의 면담도 취소되었다고 한다. 해방 직후 조선총독부와 행한 정권 인수 문제에 관한 담판도 중요한 담판으로 꼽힌다.

여운형은 1945년 해방 이후 1947년 7월 19일 사망 때까지 모두 12번의 테러를 당했다. 거의 2개월에 한 번씩 당한 셈이다. 테러가 계속되자 『독립신보』의 주필이었던 고경흠이 당분간 은거할 것을 권유했으나, 여운형은 이렇게 대답했다고 한다. "나는 침상에서 편안히 죽기를 바라지 않는다. 설사 내가 서울 거리 한복판에서 피 흘리며 쓰러진대도 나는 영광으로 생각한다." 일제 강점기 시절부터 죽는 것이 무서우면 독립운동을 못한다고 말해 왔던 여운형. 죽음을 두려워하지 않고 똑바로 응시했던 그였기에 그토록 뜨겁게 생을 살아 낼 수 있지 않았을까.

여운형의 옛 집

헌법재판소

　여운형의 집은 1987년 종로구청에서 도로 확장 공사를 하면서 원래 건물의 3분의 1
만 남아 있는데, 집 앞쪽이 사라져 버려 당시의 분위기는 찾아보기 힘들다. 좌우 합작
을 통한 '통일 민족국가'의 건설에 한평생을 매진한 여운형 선생의 잘려 나간 옛집은
두 동강 난 우리 국토처럼 분단의 아픈 상처를 상징적으로 보여 준다.

　③ 경기여자고등학교 강당(현 헌법재판소)
　종로구 재동 83번지 헌법재판소가 자리하고 있는 부지는 원래 박규수의 집과 홍영
식의 집이 있던 곳이다. 이후 홍영식의 집에는 우리나라 최초의 서양식 병원인 광혜원
(제중원)이 문을 열었다. 일제 강점기에는 한성고등여학교, 경성여자고등보통학교, 경
기고등여학교(현 경기여자고등학교)가 차례로 그 뒤를 이었다. 경기여자고등학교가
1945년 10월 정동 1번지의 일본인 여학교 자리로 이전한 뒤에는 1949년부터 창덕여자
고등학교 교사로 사용하였다. 창덕여자고등학교가 1989년 방이동으로 이전한 후,
1993년 6월 헌법재판소가 청사를 신축하고 입주하였다.
　해방 직후 경기여자고등학교 강당에서 1945년 9월 6일부터 8일까지 조선건국준비

위원회 위원장 여운형과 박헌영 등의 좌익 세력이 전국인민대표자대회를 개최하고 '조선인민공화국'의 수립을 선포하였다. 1945년 9월 6일 결성된 조선인민공화국은 박헌영을 중심으로 한 좌익 세력이 대한민국 임시정부에 맞서기 위해 급조한 정부였다.

조선인민공화국은 출발부터 적지 않은 문제점을 가지고 있었다. 첫째, 국민적 대의성의 결여를 들 수 있다. 당시 좌익적인 분위기가 강했다 하더라도 한 국가의 정부를 만드는 데는 절차와 순서가 있는데, 그것을 무시하였던 것이다. 둘째, 미군정과 우익의 예상되는 반발을 어떻게 극복할 것인지에 대한 준비가 거의 없었다. 셋째, 국외에 있던 좌익 세력마저도 조선인민공화국의 대표성을 인정하지 않았다.

급조된 조선인민공화국은 여러 활동에서 자가당착에 빠지는 경우가 많았다. 대표적으로 신탁통치 문제에 대한 입장을 들 수 있다. 좌익은 미소공동위원회를 통해 임시정부를 세운다는 모스크바 삼상회의의 신탁통치 결정을 지지했는데, 이는 자신들이 수립한 조선인민공화국을 부정하는 결정이었다.

13장 일제 황민화 정책과 남산 일대

    실패로 끝난 갑신정변의 여파로 1885년(고종 22) 1월 9일 조선과 일본 사이에 한성
조약이 체결되었다. 이 조약에 따라 조선 정부는 일본 공사관 대체 부지로 남산 일대
를 제공하였다. 이후 남산 일대는 날로 확장해 가는 일본 세력의 핵심 근거지로 자리
잡았다. '한일외교권위탁조약(을사조약)'에 따라 1906년(광무 10) 2월 1일 한국통감부
가 설치되면서 일본 공사관은 폐지되고 '통감관저'가 되었다. 1910년(융희 4) 한일병
합조약 이후에는 '총독관저'가 되었는데, 1939년 9월 22일 경무대(景武臺, 지금의 청와
대) 총독관저의 신축과 더불어 그곳으로 옮겨질 때까지 그 기능을 유지하였다. 이후
1940년 11월 22일 '시정기념관(始政記念館)'이 되었다.

    한일병합조약 이후 한성은 조선의 수도에서 경기도 행정 중심지인 경성(京城)으 로
강등되었다. 경성부(京城府) 청사는 예전의 행정 중심지인 육조거리(지금의 세종 로)
가 아니라 남촌에 세워졌다. 첫 경성부청 자리는 현재의 신세계백화점 자리로 1896년
에 일본 영사관을 설치하였던 건물을 이어 사용하였다. 이는 경성의 행정이 조선인이
아닌 일본인을 중심으로 행해진다는 것을 뜻했다. 경성부청이 남촌에 자리하면서 경
성의 중심은 점차 남촌으로 바뀌어 갔다. 이후 청사가 비좁아져 1926년 현재의 서울시

청 자리로 옮겨졌다.

식민 지배의 또 다른 축인 금융권의 설치도 남촌을 중심으로 이루어졌다. 중앙 금고 역할을 하는 조선은행(1908)과 조선상업은행(1911), 조선식산은행(1918), 조선저축은행(1935) 등이 남대문로 일대에 포진하였다. 동양척식회사는 고가네초(黃金町, 현 을지로)에 위치하여 조선을 일본인의 것으로 만드는 토지 수탈의 첨병 역할을 했다.

식민 지배의 또 하나의 지표가 철도의 건설이었다. 1894년(고종 31) 청일전쟁 이후 병사의 원활한 수송을 위해 건설되었던 경부선, 선편으로 인천에 도착하는 일본인들의 경성 입성을 수월하게 하기 위해 설치된 경인선이 바로 그것이었다. 일본인들은 경성역이라는 관문을 통해 경성에 진입했다. 조선시대 한성의 얼굴이 숭례문이었다면 일제 강점기에는 경성역이 그 역할을 했다. 초기에는 남대문역이라 불렸으나 1926년 새 청사를 짓고 경성역으로 개칭하였다.

한편 남산은 1898년(광무 2) 경성신사 설립을 시작으로 박문사(博文寺), 서본원사(西本院寺)와 동본원사(東本院寺) 별원 등이 세워져 일본인들의 종교가 이식·전파되는 근거지로 자리 잡았다. 조선의 '남촌'은 일제의 '혼마치(本町)'로 탈바꿈하여 각종 식민 통치 기구와 종교 기관들이 모여드는 집합처가 되었다.

1. 일제 식민지 침략의 심장부

① 조선총독부 터

지하철 4호선 명동역 1번 출구에서 5분가량 걸어가면 서울애니메이션센터와 리라초등학교가 있다. 지금은 서로 별개의 공간으로 나뉘어 있지만, 이 두 곳은 모두 '중구 예장동 8번지'라는 하나의 지번에 묶여 있는 단일 구역이었다. 일제 강점기 때 이곳은 식민 통치의 핵심인 조선총독부가 있던 '왜성대정(倭城臺町) 8번지'였다.

이곳에 조선총독부가 있었다는 것은 도로변에 놓여 있는 '김익상(金益相) 의사 의거 터'와 '통감부 터'라는 표석을 통해서도 알 수 있다. 1905년(광무 9) 11월 17일 '한일외교권위탁조약(을사조약)'에 따라 대한제국의 외교권이 박탈되고 일본 공사관과 영사

남산에서 바라본 조선통감부 청사

관이 철폐되었다. 한국통감부와 이사청(理事廳)은 이듬해 2월 1일 설치되었는데, 통감부의 새 건물을 마련하기에는 시일이 촉박하였다. 더구나 초대 통감으로 임명된 이토 히로부미의 부임도 지연되고 있었다. 이에 우선 급한 대로 한국주차일본군사령관(韓國駐箚日本軍司令官)이었던 하세가와 요시미치(長谷川好道)를 임시 통감대리로 임명하고 그의 주관 아래 한국 정부의 외부(外部) 청사를 빌려 통감부를 개청하였다.

광화문 앞에 있던 외부 청사가 통감부로 전환된 것은 외교권의 박탈로 이 공간이 무용지물이 되었기 때문이다. 1906년 3월 2일 이토 히로부미가 통감으로 부임하였고, 3월 28일 원유회(園遊會)를 겸하여 통감부 개부식(開府式)을 다시 개최하였다. 이후 통감부가 현 중구 예장동 8번지로 옮겨진 과정은 1936년에 편찬된 『경성부사』에 보인다.

통감부 개청과 동시에 남산 기슭에 부내(府內)를 내려다보는 좋은 위치를 골라 임시로 목조 청사의 건축을 계획하여 메이지(明治) 40년(1907) 2월에 낙성하고, 28일 구 외부(舊外部)에서 이곳으로 이전했다. 지금의 왜성대 은사과학관(恩賜科學館) 건물 북단의 일동(一棟)이 곧 이것이다. 통감관저는 지금의 총독관저이고 구 공사관으로

남산에서 바라본 경성 시가지

서 이에 충당했다. … (중략) … 통감부 청사의 건축에 착수하는 것과 동시에 통감관
저 부근을 중심으로 하여 기타 각소에 관사의 건축을 서둘러 종래 극히 적막했던 왜
성대 일대에는 당시 경성 사람들에게 낯설었던 동경풍의 관사가 처마를 잇기 시작
했다.

　통감부는 이렇다 할 고층 건물이 없던 시절 경성 시가지가 한눈에 내려다보이는 언
덕 위에 세워져 보는 사람으로 하여금 위압감을 느끼게 하는 효과를 얻었다.
　한편 1910년(융희 4) 한일병합조약으로 '한국통감부'가 '조선총독부'로 바뀌면서 집
무 공간이 크게 부족하게 되어 연말까지 증축 공사를 진행하였다. 하지만 증축 공사에
도 불구하고 공간 부족 문제는 여전했으므로, 1911년 기존 건물과 별도로 2차 증축 공
사를 진행하였다. 부속 건물들이 들어선 자리는 옛 통감부 청사 남쪽이자 경성신사 북
쪽에 해당하는 공간으로서, 현재 리라초등학교가 자리한 곳과 거의 일치한다. 이후에
도 총독부의 건물 확충은 계속 이어졌으나, 남산 왜성대 쪽에는 더 이상 여유 공간이
없는 형편이었으므로, 새로운 증축 공사는 크게 이루어진 것이 없었다. 대신 정동과

서소문동 일대에 총독부 분실을 따로 운영하는 것으로 사무 공간의 확충을 꾀하였다.

총독부의 남산 시대는 1926년 1월로 끝이 난다. 1916년 6월 25일 경복궁 흥례문 자리에서 지진제(地鎭祭)를 올리고 지지부진하게 신축 공사를 벌여오던 신청사가 1925년 1월 대공사를 마치고 완성되었던 것이다. 조선총독부는 1926년 1월 4일 경복궁 신청사에서 시무식을 열고 1월 6일부터 8일까지 이전 작업을 완료하였다. 하지만 정식 준공식은 이른바 '시정기념일'에 맞추어 10월 1일에 거행되었다. 이로써 조선총독부의 남산 시대는 막을 내렸다. 총독부가 옮겨진 후 옛 청사는 사은과학관(賜恩科學館)으로 사용되었으며 이 일대는 관사가(官舍街)를 이루게 되었다.

남산의 조선총독부 건물은 한국전쟁 때 포격으로 불탔다. 1957년 12월 10일 이 자리에 '서울중앙방송국(현 KBS)' 신청사가 들어섰다. 1976년 11월 2일 한국방송국이 여의도로 이전하고 난 뒤 이 건물은 '국토통일원'과 '국가안전기획부' 시절을 거쳐 지금은 서울애니메이션센터로 사용되고 있다.

② 조선사편찬위원회 터

서울애니메이션센터 바로 옆에는 '만화의 집'과 '서울사회복지교육원'이 있다. 이곳은 서울시 중구 예장동 8-20번지로 일제 강점기 때 조선사편찬위원회(朝鮮史編纂委員會)가 있던 곳이다. 삼일운동 이후 일제는 물리적인 탄압보다는 사상·이념적인 선전으로 조선인들의 민족의식을 말살하는 쪽으로 방향을 틀었다. 이를 담당할 기구로 1922년에 조선사편찬위원회를 설치하였고, 1925년에는 조선사편수회(朝鮮史編修會)로 개편하였다. 조선사편찬위원회의 설치는 1921년 사이토 마코토(齋藤實) 총독의 발의로 계획되었다. 이때 계획된 『조선사』는 1921~1926년 5년간에 걸쳐 완성할 예정이었는데, 한국 사회에 대한 제반 조사도 겸하고자 하였던 것으로 보인다. 최초의 계획안은 구로이타 가쓰미(黑板勝美), 나이토 코우지로(内藤虎次郎) 등 일본 사학자들과의 실무적인 협의 과정에서 수정·변경되었다.

조선사편찬위원회의 조직은 '위원회'라는 기구 속에 각 위원이 동등한 자격으로 참여하는 체제였다. 즉 '위원회'를 최고 기구로 하고 위원 중에서 선임된 간사와 편찬주임 등이 편찬 업무를 관장하도록 하였다. 그러나 실제로는 동경제국대학 교수인 구로

서울사회복지교육원

이타 가쓰미가 편찬계획을 주도하였고, 이나바 이와키치(稻葉岩吉)가 실무 책임자로서 편찬주임과 간사를 겸하는 등 소수의 일본인들이 모든 업무를 장악하고 있었다.

조선사편찬위원회는 10년 계획으로『조선사』편찬에 착수하였다. 첫 3년은 사료 수집, 다음 5년은 사료 수집과 편찬·기고, 마지막 2년은 초고 정리에 충당하기로 하였다. 그리하여 1923년 1월 제1차 위원회에서 『조선사』의 편찬 강령을 확정한 것을 시작으로 사료 수집에 착수하였다. 1923년 5월에는 도지사회의에서 '조선사료보존에 관한 협의회'를 개최하여 지방 관청에 소재한 관변 사료의 보존 및 수집을 지시하였다. 그리고 '사료차입규정'을 정하여 전국에 산재한 민간 자료의 채방(採訪)에 주력하였다. 채방 방법은 각 위원별로 담당 지역을 설정하고 그 지방의 관청에 통보한 후 해당 관청이 미리 수집하여 놓은 사료를 담당 위원이 일괄적으로 열람하는 것이었다. 이것은 시간과 경비를 절약한다는 명목에 의한 것이었지만, 시행 과정에서 강제적으로 사료를 수집케 하는 약탈적 방법이기도 하였다.

한편 일제는 편찬 기관의 격과 편찬 담당자의 권위를 높여 이를 국가적 수사사업(修史事業)으로 확대하였다.『조선사』가 한쪽에 치우치지 않은 공정한 사서라는 점을 부각시켜야만 했던 것이다. 이에 따라 1925년 종래 총독부 부속 기관으로 있던 편찬위원회를 칙령에 의한 총독 직할의 독립 관청인 조선사편수회로 개편하였다.

조선사편수회의 자료 수집 결과 1938년까지 도서 4,950책, 사진 4,510점, 화상(畵像) 453점 등이 수집되었다. 이를 토대로 1932~1938년 7년간 35권의『조선사』를 간행하였으며, 수집된 자료 중 중요한 것을 선별하여『조선사료총간(朝鮮史料叢刊)』을 출판하였다. 특히 이 책에는 임진왜란 관련 자료가 압도적으로 많았다. 이는 일제가 임진왜란 당시 조선 사회의 참혹상과 정부의 무능 부패를 왜곡, 강조함으로써 한국인들로 하여금 자국의 역사에 대해 열등감과 혐오감을 갖게 하기 위한 의도였다.

『조선사』를 간행한 이후의 조선사편수회는 연구 기관으로서의 성격이 강해졌다. 이는 중일전쟁·태평양전쟁 등으로 인하여 자료 수집과 같이 장기간을 요하는 사업보다 전쟁 수행에 유익한 연구를 통한 소위 '연구보국(硏究報國)'이 요구되었기 때문이다. 이에 따라 조선사편수회는 연구 논문집으로서 1944년 제1집으로 『근대조선사연구』, 제2집으로 『조선통치사논고』를 간행하였다. 또한 1945년에는 나카무라 히데타카(中村榮孝)의 주관으로 일선관계사(日鮮關係史), 조선민족사상사(朝鮮民族思想史), 조선동란사(朝鮮動亂史)에 관한 연구를 진행하였으나 일제 패망과 더불어 중지되었다. 조선사편수회는 1946년 5월 31일 해산되었다.

③ 통감(총독)관저 터

소방방재본부에서 서울유스호스텔 쪽으로 들어가는 길목(중구 예장동 2-1번지)에는 '다목적 광장'이라 불리는 공터가 있다. 이곳에는 본래 1910년 8월 29일 데라우치 마사타케(寺內正毅) 통감과 대한제국의 총리대신 이완용이 한일병합조약을 체결한 장소인 '통감관저'가 있었다. 갑신정변의 결과 1885년(고종 22) 체결된 한성조약에 따라 1885년부터 일본 공사관이 자리 잡고 있었다. 을사조약에 따라 1906년(광무 10) 2월 1일 한국통감부가 설치되면서 공사관은 폐지되고 '통감관저'가 되었다. 1910년 한일병합조약 이후 '총독관저'가 되었다가 1939년 경무대 총독관저가 신축된 이후 시정기념관으로 쓰였다.

1926년 출간된 『경성의 광화(京城の光華)』라는 책에는 총독관저에 수령 500년이 된 은행나무가 있음을 전하고 있는데, '다목적 광장'으로 들어가는 진입로 쪽에 이 은행나무가 아직까지 서 있는 모습을 볼 수 있다.

녹천정(綠泉亭) 부근에는 전설의 명목(名木)인 '대공손수(大公孫樹, 은행나무)'가 있다. 수령 500년이 넘고, 나무 둘레가 네 발(양팔 길이)로도 모자라며, 높이는 관저의 옥상에 닿아 있고, 가지는 남산 기슭을 덮고 있다. 이 정정한 고목은 문록의 역(임진왜란)에 가토 기요마사(加藤淸正)가 말을 매어 두었다고 전한다.

2015년 8월 22일 광복 70주년을 기념하여 세운 거꾸로 세운 동상과 통감(총독)관저 터 표석

현재 남산 다목적 광장에는 '통감관저 터' 표지석과 '거꾸로 세운 동상 판석', '기억의 터' 등이 있다. '통감관저 터' 표지석은 한일병합 100주년이었던 2010년 8월 29일 한일병합조약을 체결하였던 통감관저 터에 그 사실을 알리기 위해 설치되었다. 당시 표석 명칭을 두고 서울시와의 대립 속에서 민족문제연구소 등 한국과 일본 시민 단체들이 주도하여 설치하였다.

'거꾸로 세운 동상 판석'은 하야시 곤스케(林權助)의 동상에 사용됐던 판석(바닥이 평평한 돌) 조각 3점으로 만들었다. 일본 외교관이었던 하야시 곤스케는 1904년 한일의정서와 한일협약, 1905년 을사조약 체결에 앞장서며 남작(男爵) 작위까지 받았던 인물이다. 해방 후 하야시 곤스케의 동상은 시민들에 의해 파괴됐고 총독관저도 철거됐다. 하지만 철거 기록이 없어 관저의 정확한 위치를 찾지 못하다가 2006년 '남작하야시곤스케군상(男爵林權助君象)'이라고 쓰인 동상 좌대 판석이 발견되면서 관저 터를 확인할 수 있었다.

역대 조선 총독

역대	이름	취임 연월일	비고
1	데라우치 마사타케(寺內正毅)	1910년 10월 1일	자작, 백작, 육군대장, 육군대신
	데라우치 마사타케(寺內正毅)	1911년 8월 30일	백작, 육군대장, 원수, 수상
2	하세가와 요시미치(長谷川好道)	1916년 10월 16일	백작, 원수, 육군대장
3	사이토 마코토(齋藤實)	1919년 8월 12일	남작, 자작, 해군대장, 수상
	(임)우가키 가즈시게(宇垣一成)	1927년 4월 15일	육군대장
4	야마나시 한조(山梨半造)	1927년 12월 10일	육군대장
5	사이토 마코토(齋藤實)	1929년 8월 17일	자작, 해군대장, 수상
6	우가키 가즈시게(宇垣一成)	1931년 6월 17일	육군대장
7	미나미 지로(南次郞)	1936년 8월 5일	육군대장
8	고이소 구니아키(小磯國昭)	1942년 5월 29일	육군대장, 수상
9	아베 노부유키(阿部信行)	1944년 7월 24일	육군대장, 수상

서울시는 그동안 방치됐던 동상 잔해를 모아 이번에 표석을 만들었다. 표석에는 동상에 쓰였던 '남작하야시곤스케군상' 글자가 거꾸로 표기됐다. 표석에 '거꾸로 세운 동상'이라는 이름이 붙은 이유다. 국가적인 치욕을 영원히 잊지 않겠다는 뜻이 담겼다. 표석 아랫부분에는 검정 돌인 오석을 배치했다.

2016년 8월 29일 19,755명의 국민 모금으로 일본군 위안부를 기리는 '기억의 터'를 조성하였다. 이곳에는 위안부 피해 할머니 247명의 이름 및 시대별 증언이 거울처럼 매끈한 오석(烏石)에 새겨져 있다. 공원을 찾은 이가 피해자의 아픔 너머로 비친 자신의 모습을 비쳐볼 수 있게 하기 위해서다. 현재를 살아가는 우리와 피해자들의 아픈 과거가 별개가 아니라는 뜻도 담겨 있다.

한편 일제 강점기에 이 땅에 군림한 일제 총독은 모두 8명이었다. 이들은 하나같이 전현직 군인 출신으로 강권적인 식민통치를 행하였다. 초대 총독 데라우치는 도로 폭을 정하는 기준을 "포차 두 대가 지나갈 수 있는 너비로 하라"고 하였다. 여기에서도 조선 통치에 대해 그들이 갖고 있던 기본 인식이 잘 드러난다.

조선 총독의 지위와 권한은 식민지 조선의 '왕'이라고 표현할 수 있을 정도로 가히

조선헌병대사령부

절대적이었다. 총독은 군사를 통수하고 식민지 조선에 관한 제반 정무를 통괄하는 제반 행정권을 가지는 것은 물론, 사실상의 입법권과 사법권 또한 장악했다. 또 이왕직·이왕세비·조선 귀족 감독권을 행사했다.

조선 총독은 일제 군부, 그중에서도 당시 야마가타 아리토모(山縣有朋)를 중심으로 한 육군이 주도권을 장악하였다. 전부 9대 8명의 조선 총독 중 7명이 육군 출신이었다는 사실만 보아도 이들이 얼마나 강력한 영향력을 행사했는지를 알 수 있다.

④ 헌병대사령부 터

지금의 남산 한옥마을은 조선시대에는 청학동으로 불렸으며, 후조당(後凋堂)이라는 정자가 있었다. 후조당은 수양대군이 한명회 등과 함께 계유정난을 모의했던 곳으로 알려져 있다. 이곳에서 똑바로 북상하면 탑골공원과 종묘 중간에 다다른다.

일제 강점기에 이곳에는 조선헌병대사령부가 자리 잡고 있었다. 일제는 조선을 강제로 병합한 뒤, 1910년부터 1919년까지 헌병경찰제도에 의한 무단통치를 실시했다. 헌병경찰제도는 헌병이 군사경찰뿐 아니라 일반 민사 업무나 행정 업무까지 담당한

제도였다. 따라서 조선헌병대사령부 터는 경무총감부 터이기도 하다.

일본군 헌병의 한국 주차는 1896년(고종 33) 1월부터 시작되었다. 1895년 발생한 을미의병의 공격으로부터 군용 전선을 지키기 위해 파견된 임시 헌병에서 출발하였다가, 러일전쟁을 앞둔 1903(광무 7)년 12월 한국주차헌병대가 본격 편성되면서 체제를 갖추었다. 이후 1906년(광무 10) 10월 증원 및 편제 개편에 따라 제14헌병대로 개칭되면서 본래 임무인 군사경찰 업무보다 치안경찰 업무를 주로 담당하게 되었다. 제14헌병대는 1907년(광무 11) 10월에 한국주차헌병대로 개칭되었고, 1910년 강점 후에는 조선헌병대로 개편되었다.

헌병경찰제가 폐지된 것은 1919년 삼일운동 이후 보통경찰제가 실시되면서였다. 헌병은 본래의 군사경찰 임무로 되돌아갔으나 그 대신에 전국 각처에는 경찰서와 파출소가 빽빽하게 배치되어 거미줄 같은 지배망이 구축되었다. 소위 문화정치는 이러한 강력한 치안 유지망을 바탕으로 실시할 수 있었다.

조선헌병대사령부의 옛터에는 해방 후 수도경비사령부가 자리 잡았다.

⑤ 정무총감관저 터

남산 한옥마을 옆쪽에 자리 잡은 '한국의 집'은 본래 의친왕 이강의 별저였다. 그러나 1910년 한일병합조약 이후 정무총감(政務總監)의 관저로 사용되었다. 정무총감은 조선 총독의 밑에서 군사 통수권을 제외한 행정, 사법을 통괄하던 직책이다.

2. 일본 신사와 사원, 공원의 설립

① 조선신궁 터

일제가 조선을 식민 지배하는 동안 전국 각지에 크고 작은 신사가 세워졌다. 조선에 세워진 1,141개의 신사는 크게 관폐대사(官弊大社), 국폐소사(國幣小社), 일반 신사로 나눌 수 있다. 전국적으로 관폐대사는 2개, 국폐소사는 8개, 일반 신사는 1,131개가 세워졌다. 관폐대사는 역대 천황 중에서 특별히 공덕이 높았던 자들을 봉사하던 곳으

일제 강점기 관폐대사와 국폐소사 현황

등급	명칭	위치	현재
관폐대사(官弊大社)	조선신궁	서울 남산	안중근의사기념관
	부여신궁	충남 부여읍 부소산	부소산 삼충사
국폐소사(國弊小社)	경성신사	서울 중구 예장동	남산원, 숭의여자대학
	강원신사	춘천 봉의산	세종호텔춘천
	대구신사	대구 달성	달성공원
	광주신사	광주 구동	광주공원
	전주신사	전주 다가산 정상	다가공원
	용두산신사	부산 초량왜관	용두산공원
	평양신사	평양 경상동	
	함흥신사	함흥 동운동	

로 '신궁'이라는 이름이 붙으며, 일본 황실의 운영을 담당하는 궁내청에서 신궁 운영비를 부담한다. 국폐소사는 관폐대사 다음으로 지위가 높은 신사로 일본 정부(조선총독부)에서 신사의 운영비를 제공한다.

전국 주요 거점에 세워진 국폐소사들은 현재 공원이나 학교, 호텔 등으로 완전히 변신했다. 1908년(융희 2) 서울 중구 예장동에 있던 경성신사는 현재 남산원, 숭의여자대학이 들어서 있다. 부산 용두산에 우뚝 솟은 부산타워 자리는 원래 용두산 신사가 있던 자리로 주변 터는 공원 등 시민공간으로 사용되고 있다. 대구를 대표하는 달성공원 역시 대구 신사가 들어섰던 곳이다. 광주 시민들은 광주 신사가 있던 자리에 광주공원을 세워 광주의 대표 쉼터로 만들었다. 전주의 다가공원 역시 일제 강점기 때 전주 신사로 쓰이던 자리였다. 한편 춘천에 있던 강원 신사 자리엔 세종호텔 춘천이 들어서 있다.

조선신궁은 조선에 세워진 1,141개의 신사 중 우두머리 격의 신사였다. 신사에서 제신과 더불어 중요시되는 것은 신사부지(神社敷地)인 진좌지(鎭坐地)였다. 당시 조선

신궁의 진좌지 후보로 경남 방
면, 충남 부여, 경성 등이 꼽혔
는데, 결국 경성으로 결정되었
다. 경성이 선정된 것은 한반도
통치의 중심지로서 조선신궁의
안전을 도모할 수 있고 일본인
의 참배가 용이했기 때문이었
다. 처음에는 경복궁 신무문 밖
북악산 기슭이 고려되었으나,
경성 시가의 중심이 북으로 옮

일본의 이세신궁

겨질 수 있다는 이유로 1915년 후보지를 남산 왜성대공원(남산공원)으로 정하였다.

이후 조선총독부는 1918년 조선신궁 공사에 본격 착수하면서 비용 절감을 이유로
조선신궁을 한양공원에 건립하기로 결정하였다. 왜성대공원 쪽은 사유지가 많아 토지
구입 자금이 많이 들었기 때문이다.

조선총독부는 일본 신사 건축의 대가이자 메이지신궁(明治神宮)의 조영(造營)을 감
독한 이토 주타(伊東忠太) 동경제국대학 교수를 초빙하여 조선신궁을 설계하게 하였
다. 그는 이세신궁(伊勢神宮)의 건축 양식인 신메이즈쿠리(神明造) 양식을 변형하여 설
계하였다.

조선총독부는 1920년 본전 공사를 시작으로 본격적인 조선신궁 조영을 시작하였
다. 1920년 5월 27일 한양공원 내 부지에서 대대적인 지진제를 올리고 1921년 6월 10
일 근시제(釿始祭)를 거행, 1922년 1월 8일 정전 기초 공사를 마쳤다. 1924년 4월 3일
에는 상량제(上樑祭)를 집행하였다.

조선총독부는 이후로도 조선신궁의 권위를 높이기 위해 많은 노력을 기울였다.
1925년 6월 27일 호칭을 '조선신사(朝鮮神社)'에서 '조선신궁(朝鮮神宮)'으로 바꾸고,
궁사(宮司) 역시 칙임(勅任) 대우로 격을 높였다. 또한 조선신궁의 예제(例祭, 날짜를
정하여 있는 본보기에 따라 지내는 제사)도 궁내성에서 칙사를 파견하는 칙제(勅祭)로
거행하였다. 칙제사(勅祭社)는 일본 내에도 16개사밖에 없었고, 해외로서는 조선신궁

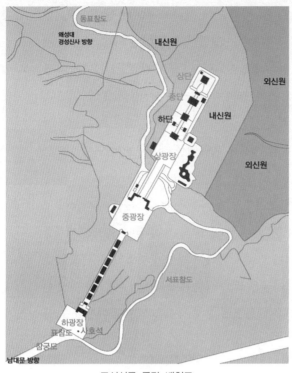
조선신궁 공간 배치도

이 유일하였다.

조선신궁은 경성 서북쪽을 향한 장방형 건물로, 본전의 주요 건물이 있는 상중하 3단의 공간과 세 개의 광장으로 이루어져 있었다. 본전의 상단·중단·하단의 공간은 옛 식물원 자리와 분수대, 상광장은 현 안중근의사기념관 및 서울시교육정보연구원 건물 자리, 중광장은 현 백범공원 자리, 하광장은 김유신 동상이 있는 공간에 있었다.

조선총독부는 신궁에 진입하는 도로도 새로 만들었다. 신궁으로 통하는 길을 산도(参道)라 하는데, 남대문 사거리에서 남산 쪽으로 오르는 정면 도로인 오모테산도(表参道)와 하얏트호텔 쪽으로 이어지는 남산순환도로가 이때 만들어졌다. 당시엔 숭의여대 쪽 길을 히가시산도(東参道), 하얏트호텔 쪽 길을 니시산도(西参道)라고 불렀는데, 힐튼호텔과 숭의여대 쪽으로 갈라지는 삼거리(하광장)에 대형 '도리이(鳥居)'가 서 있었다.

일제가 우리 민족에게 신사 참배를 강요한 것은 1930년부터였다. 이는 1936년 8월 신사 규칙을 개정한 이후 더욱 본격화되었다. 1937년 중일전쟁이 발발하자 매월 1일을 애국일로 정하고 신사 참배를 비롯하여 궁성요배, 히노마루(일장기) 게양, 황국 신민의 서사 제창, 근로 봉사 등을 월례 행사로 강요하였다. 조선신궁의 참배자 수는 1936년에 연간 100만 명을 넘고, 1940년에 215만 명, 1942년에 265만 명으로 증가했다. 일제는 신사 참배는 종교가 아니라는 논리로 다른 종교의 신자들에게까지 참배를 강요했다.

1945년 8월 15일 해방은 더 이상 이 땅에 신궁과 신사가 존재할 수 없음을 의미하는 날이기도 했다. 해방 직후인 8월 16, 17일 이틀 만에 전국 대부분의 신사가 조선인에 의해 불타 사라졌다. 하지만 조선신궁의 최후는 달랐다. 조선인에 의해 '파괴'된 것이 아니라, 일본인 의해 '해체'되었다. 일본 천황이 패전을 공식 발표한 다음날인 8월 16일 오후 5시 신령으로 하여금 하늘로 돌아가라는 의미의 승신식(昇神式)을 지냈다. 이 승신식은 일본 신도가 시작된 이래 처음 있는 행사였다. 이후 일제는 각종 신물(神物)을 일본으로 보낸 데 이어, 10월 7일 남은 시설을 불태움으로써 20여 년에 이르는 조선신궁의 역사를 '스스로' 끝냈다.

조선신궁의 배전과 본전이 있던 남산 분수대와 옛 식물원 자리에는 한때 이곳이 조선신궁이 있던 자리임을 전하는 유일한 흔적이 남아 있다. 본전 앞에 세워진 비문을 받쳤던 농대(壟臺)가 그것이다. 이 농대는 화초에 가려져 찾기가 어렵지만, 서울을 찾는 일본인 관광객들이 자주 찾고 있다. 지금은 남산 식물원도 없어져 아무 볼 것 없는 이곳에서 일본인들은 옛 조선신궁 본전을 배경으로 단체 사진을 찍고 돌아간다. 그들은 오래 머물지도 않는다.

조선신궁의 입지 평가 기준

① 제신과 관계가 있는 곳, 조금이라도 불상불결(不祥不潔)하지 않은 곳
② 공간이 광활하여 군중이 모이기에 충분할 것
③ 울창한 수림을 가진 곳, 특히 배경으로 숲이 우거진 곳
④ 약간 고지대에 위치할 것
⑤ 되도록 남향으로 할 것
⑥ 되도록 맑은 물이 흐르는 곳
⑦ 시가지의 번잡한 거리와는 격리된 곳
⑧ 시가로부터의 교통이 가능하고, 특히 넓은 참배로가 있는 곳
⑨ 주위에 시야를 가리는 것이 없을 것
⑩ 시가로부터 화재의 우려가 있는 풍향을 피할 것
⑪ 멀리서보는 것만으로 감동을 줄 수 있는 경관을 가질 것
⑫ 경내로부터 사방이 좋은 전망을 가질 것

조선신궁 참배로

② 한양공원 터

한성조약(1885)에 따라 일본인들의 도성 내 거류가 공식 허용되자 진고개(泥峴) 일
대는 점차 일본인들의 집단 거주지가 되었다. 지금의 예장동 일대, 예부터 속칭 '왜장
대'라 불려 온 곳이다. 임진왜란 때 이 일대가 일본군의 주둔지였고, 속칭 왜장터라 불
리는 것을 왜장(倭將) 또는 왜성(倭城)과 관계있기 때문이라고 생각한 일본인들이 '왜
성대(倭城臺)'란 이름을 붙였지만, 실은 조선시대 영문(營門) 군졸들의 무예 연습장이
었기 때문에 예장(藝場)이라 불리던 것이 음이 바뀌어 '왜장'이라 불리게 된 것이다.

일본 거류민들은 왜성대 인근에 처음에는 신사를, 청일전쟁 이후에는 충혼기념비
를 세울 것을 계획하였다. 이 계획을 들은 일본 공사 하라 다카시(原敬)는 일본인 공원
을 조성할 생각으로 조선 정부와 교섭하여 1897년(광무 1) 3월 1헥타르에 달하는 땅을
얻어냈다. 그해 7월 거류민회는 이곳을 왜성대공원(倭城臺公園)이라 명명하고 제1기
경상비 300원을 계상하여 도로 개설에 착수하였다. 이듬해부터 휴게소·분수지·주악당
·연무대를 신설하고 벚꽃 600그루를 심어 공원화해 갔으며, 경성신사를 세웠다.

(京101)　　THE KANYO PARK, SEOUL　　京城南山漢陽公園　　(朝鮮名所)

남산 한양공원

을사조약이 체결된 이듬해인 1906년(광무 10) 8월 15일 경성 이사청(理事廳)은 고시 제23호, 이사청령 제5호로 '경성공원규칙'을 발표하였다.

남산 북면 일대 지역 중 장충단, 체신국, 주차군사령부, 통감부의 각 소속지, 왜성대 일본 공원 및 민유지를 제외한 나머지 지역 전부를 경성공원이라 하고… (중략) … 앞으로 경성 이사청이 이를 관리하며… (중략) … 수목의 훼손, 토석 및 지초(芝草) 채취, 조수의 포획 등 행위를 엄금한다.

한편 경성부는 일본 거류민의 수가 점차 늘어나자 왜성대공원 서쪽에 새로운 도시 공원을 추가로 조성할 것을 계획하였다. 경성부는 농상공부대신 조중응, 내부대신 송병준 등 친일 각료의 도움을 받아 왜성대공원 서편에 한국인과 일본인 공동 공원을 만들기로 하고 1908년 초 일본 거류민단이 남산 서북쪽 일대 30만 평의 땅을 영구 무상

한양공원 비

대여 받도록 했다. 1908년 봄부터 공사비 1,800원을 들여 도로 개설, 정자 및 각종 공원 시설 공사를 시작하여, 1910년 5월 29일 정식 개원하였다. 고종은 이 개원식에 칙사를 보내 치하하고 '한양공원'이라는 친필 휘호를 하사하였다. 지금도 남산 케이블카 탑승장에서 멀지 않은 곳에 '한양공원'이라고 새겨진 비석이 남아 있다.

그런데 비 뒷면을 보면 정으로 쪼아 놓아 한 글자도 알아볼 수 없다. 고종의 친필이 새겨진 비가 왜 이렇게 되었을까? 비문이 훼손된 연도와 이유는 정확히 알 수 없다. 그러나 조선총독부에서 편찬한 조선신궁 건립 10주년 기념 사진집인『은뢰(恩賴)』에 실린 훼손되기 전 한양공원 비문 뒷면 사진을 통해 그 일단의 이유를 짐작할 뿐이다.

한양공원기

경성은 조선의 큰 도읍이자 궁궐이 있는 곳으로, 관상하고 유람함이 오래되었다. 사민(士民)이 이를 기억하기 위하여 명치(明治) 무신년(戊申年, 1908)에 유지(有志)가 함께 하나의 큰 공원을 설립하고자 하였다. 남산 서쪽 끝자락의 구지(舊地)는 수풀이 우거진 곳이었는데 관청에 청하여 역부(役夫)의 제공을 허락받았고, 공사하고 흙과 돌을 치웠으며, 창고를 세우고 도로를 닦았다. 공원은 달의 언덕에 축조하여, 화합의 풍속을 만들고자, 거듭 분간하여 상서롭게 완성하였다. '한양공원'이라고 이름하였다. 사계절의 경치는 더욱 최고의 아름다운 경치가 되었다. 몇 명의 경성거류민단의 유지를 쫓지 아니하고, 이제 그 관리를 요청하여 유지의 □□□□에게 주어 후세에 전한다.(□ : 미확인) 명치(明治) 45년(1912) 3월, 경성거류민단민장 후루시로 강도우(古城菅堂).

③ 경성신사와 노기신사 터

경성신사(京城神社)는 1898년(광무 2) 11월 한성에 거주하던 일본인들이 일본 이세신궁(伊勢神宮)에 있던 신체 일부를 가져와 남산 왜성대에 모신 신사이다. 처음에는 남산대신궁(南山大神宮)으로 불렸으나, 1913년 5월 경성신사로 이름이 바뀌었다. 이후 1929년 9월 10만 원의 돈을 들여 서쪽 50m 지점에 신사를 다시 짓고 천좌식(遷座式)을 올렸다. 1930년 9월 경성부는 1907년 10월 방문한 일본 황태자 요시히토(嘉仁, 다이쇼 천황)가 왜성대공원 갑오전역기념비 부근을 둘러본 것을 기념하는 비석을 경성신사 경내에 세웠다. 23년이나 지난 일을 새삼스럽게 왜 기념하려고 했을까? 이는 일제의 대륙 침략전쟁 개시라는 시대적 상황을 고려해야만 이해할 수 있다.

1936년 8월 조선총독부가 관리 비용 일체를 부담하는 국폐소사(國幣小社)로 격상되었다. 경성신사는 활쏘기 대회 등 일본인들을 위한 각종 행사를 열기도 하여, 그들의 전통을 잇는 역할을 했다.

경성신사 경내에는 러일전쟁의 영웅인 노기 마레스케(乃木希典)를 기리는 노기신사(乃木神社)도 있었다. 독일에서 군제와 전술을 공부하고 돌아온 노기는 청일전쟁 당시 보병 제1여단장으로 출정했고, 1896년 제3대 타이완 총독으로 부임했으며, 러일전쟁에서는 제3군 사령관으로 뤼순을 공략했다. 1907년에는 가쿠슈인(學習院) 원장을 역임했고 자신을 신임하던 메이지 천황이 죽자 장례일에 부인과 함께 자결했다. 일본군 최고의 지도자로서 살아 있던 당시에도 '해군의 도

경성신사(위)와 노기신사(아래)

일본 신사 배전 앞에 세우는 카스가 도로(왼쪽)와 현재 남산원에 있는 카스가 도로(오른쪽)

고, 육군의 노기'라고 추앙받았다. 노기신사는 1933~1934년에 세워졌는데 조선의 각 지방 유지들에게 후원금을 거두었으며, 심지어 초등학교 학생들에게까지 반강제적인 성금을 거두어 조성하였다고 한다.

경성신사가 있던 위치는 중구 예장동 8-3번지 숭의여자대학, 리라아트고등학교, 사회복지법인 남산원 등이 자리한 지역이다. 이곳에는 경성신사와 관련한 기록과 증언 이외에도 물적 증거 또한 남아 있다. 현재 남산원 한쪽에 놓여 있는 미타라이샤(手水舍)가 대표적이다. 미타라이샤는 참배하기 전에 손을 씻기 위해 물을 담아 두는 수조다. 이 수조에는 마음을 씻으라는 뜻의 '세심(洗心)'이란 글자와 "소화(昭和) 9년(1934) 9월 어느 날 타카기 부부가 봉납했다(奉納御手水舍一棟寄進者高木德彌同貞子昭和九年九月吉日)"는 문구가 새겨져 있다. 지금은 용도가 바뀌어 화분처럼 쓰이고 있다.

남산원 뜰에 놓여 있는 기묘하게 생긴 돌 탁자도 경성신사 관련 유물이다. 이 돌 탁자는 본래 일본 신사의 배전(拜殿) 앞에 놓여 있던 '카스가 도로(春日燈籠)'였는데 받침 부분을 뒤집어 탁자로 쓰고 있다. 숭의여자대학과 남산원 곳곳에 산재한 옛 석재를 이용해 만든 스탠드, 화단 등의 구조물에서도 신사의 흔적을 볼 수 있다. 이 석재들에서 다양한 직업의 일본인 이름을 확인할 수 있는데, 일제 강점기 경성신사에 시주를 한 사람들의 이름이다. 지금도 가이드북을 든 많은 일본인 관광객들이 찾고 있다.

박문사와 신라호텔 영빈관

④ 박문사 터

장충단공원 맞은편, 현재 신라호텔이 자리하고 있는 언덕을 일제 강점기에는 이토 히로부미(伊藤博文)의 호인 '춘무(春畝)'를 따서 '춘무산(春畝山)'이라 불렀다. 이 언덕의 신라호텔 영빈관 자리에는 이토를 기리는 절인 '박문사(博文寺)'가 있었다.

이토를 기리는 절을 세우자고 처음 아이디어를 낸 사람은 제2차 사이토 마코토 총독 시절 정무총감을 지낸 고다마 히데오(兒玉秀雄)였다. 그는 이토 히로부미의 "훈업을 영구히 후세에 기념"하고, "명복을 기원"하며, "불교의 진흥"을 도모하고, 일본인과 조선인의 "굳은 정신적 결합을 도모"한다는 명목으로 박문사 건립을 기획하였다. 박문사를 세운 주체는 사단법인 '이토 히로부미 기념회'였다. 이들은 일본과 조선의 독지가들이 출연한 기금과 지역별 할당으로 모은 성금으로 1932년 4월 23일 기공식을 하여, 이토의 23주기 기일인 10월 26일 낙성식을 올렸다. 박문사 건립에는 친일파 이광수, 박영효, 윤덕영 같은 사람들이 직간접적으로 참여하였다. 1939년에는 안중근 의사의 아들인 안준생이 만선시찰단(滿鮮視察團)의 일원으로 방문하여 이토 히로부미의 아들에게 사죄하는 '쇼'를 연출하기도 하였다.

가마쿠라(鎌倉)시대 선종 사원의 가람 배치를 모방한 박문사의 위상을 1930년대 경성의 명소를 소개한 우편엽서는 이렇게 쓰고 있다.

박문사는 시냇물이 흐르고 언덕이 있는 아름다운 녹음에 둘러싸인 장충단공원 언덕 위에 있으며 고(故) 이토 히로부미 공을 제사 지내는 사원입니다. 이 사원은 소화 7년에 조동종(曹洞宗)이 아름다운 철근 콘크리트로 만들었습니다.

우리가 명치위흉의 영웅에게 조문하고, 그의 풍모를 기리면서 먼지 하나도 날리지 않는 청정한 경내는 물론, 울창한 송림을 스치는 바람이 바위에서 쏟아지는 시냇물과 어울려 풍운의 극치를 이루는 풍광을 감상하며 산보하는 것은 실로 의미 깊은 일입니다.

그런데 박문사의 본전과 서원(西院)은 본래 조선시대 역대 왕들의 어진을 봉안하던 경복궁 선원전과 그 부속 건물을 이전하여 세운 것이었다. 정문 또한 경희궁의 정문인 흥화문(興化門)을 옮겨다 놓았다. 담은 조선총독부 청사를 신축하면서 경복궁의 동문인 건춘문 북쪽으로 옮겨진 광화문 옆 담장을 헐어다가 쌓았다. 남별궁 석고단을 덮고 있던 석고각(石鼓閣)을 해체해 박문사의 종 덮개로 사용하기도 하였다. 결국 박문사의 건설 자체가 궁궐 파괴와 병행하여 진행된 것이다.

후일 일제는 태평양전쟁 말기 폭격에 대비하여 통조림을 비롯한 막대한 군수 물자를 비축하기 위한 장소로 박문사의 지하 창고를 이용하였다. 해방 후 잠시 이곳에는 안중근 의사의 위패가 모셔지기도 하였다가, 한국전쟁 후 국군전몰장병합동위령소가 설치되었다.

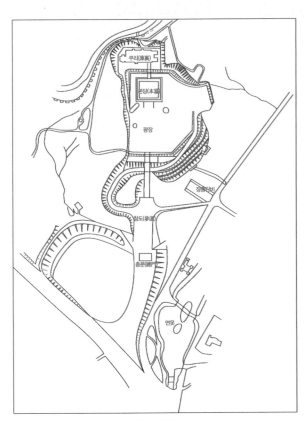

박문사 배치도

현재 박문사의 가람은 남아 있지 않다. 1959년 이승만 대통령의 지시로 이 자리에 국빈을 위한 영빈관을 짓기 시작하여, 박정희 대통령 시절인 1967년에 완공되었기 때문이다. 정문으로 쓰였던 흥화문도 1988년 경희궁을 복원하면서 옮겨 가, 지금은 흥화문을 본떠 만든 새 정문이 손님을 맞고 있다.

3. 일제 침략에 대한 저항의 자취

① 와룡묘

중구 예장동 산 5-6번지에는 서울특별시 민속자료 제5호인 와룡묘가 자리 잡고 있다. 와룡묘는 중국 삼국시대 촉한(蜀漢)의 정치가인 제갈공명을 모시는 묘사(廟祠)이다. 대한제국기 고종의 후궁이자 영친왕의 생모인 순헌황귀비(純獻皇貴妃) 엄씨가 세웠다는 설이 전한다. 그런데 왜 남산 중턱에 제갈공명을 모신 사당을 세운 것일까?

1890년대 초까지만 해도 조선 정부는 남산 중턱의 고지대에는 왕궁을 엿본다는 이유로 건물을 짓지 못하게 하였다. 그런데 청일전쟁 후 남산 북쪽 기슭에까지 일본인들이 거주하게 되었고, 1898년(광무 2)에는 왜성대 근처에 경성신사까지 세워졌다. 이에 고종은 일본의 세력권이 남산 북쪽으로 확대되는 것을 막기 위해 와룡묘를 세웠다. 1897년(광무 1) 대한제국을 선포한 이후 고종은 후한시대 영웅들을 모시는 사당을 많이 세웠다. 종로구 숭인동에는 관우를 모시는 동묘(東廟)를, 경희궁에는 유비를 모시는 서묘(西廟)를 세웠다. 또한 일본 세력이 남산의 동쪽으로 진출하는 것을 막기 위해 1900년(광무 4)에는 장충단을 만들었다.

1897년 고종 황제가 사용한 연호는 '광무(光武)'였다. 중국 역사에서 광무를 시호(諡號)로 사용한 이는 후한(後漢) 유수(劉秀)의 광무제(光武帝) 밖에 없다. 광무제는 유(劉)씨의 일원으로, 한고조(漢高祖)의 후예로 알려져 있었다. 한은 서기 9년 황실의 외척인 왕망에 의해 멸망하고 신(新)나라가 세워졌다. 이때 멸망한 한을 역사에서는 전한(前漢)이라 한다. 서기 22년 왕망의 급진적인 정책으로 신나라의 평판이 나빠지자, 한고조의 후예인 유수는 곧 군대를 일으켰다. 유수는 23년에 왕망을 격파하고 수도를 낙양

와룡묘 전경

(洛陽)으로 옮겨 스스로 황제임을 선포하고 한을 재건하였다. 이를 역사에서는 후한 (後漢)이라 한다. 유수는 이후 10년간 통치권을 강화하고 적미(赤眉)의 난을 비롯한 국내의 반란을 진압하는 한편, 북쪽 유목 민족을 진압하고 남쪽 변방 지역에 대한 통치권을 되찾는 업적을 이루었다.

대한제국을 선포하여 스스로 황제에 오른 고종은 광무라는 연호를 사용함으로써 한나라를 다시 일으킨 유수와 같은 인물이 되고자 하는 자신의 뜻을 담았던 것이다.

② 장충단

1900년(광무 4)에 진고개 일대에 자리하던 일본인들의 거주지가 확대되어 남산의 동쪽으로 진출하기 시작하였다. 이에 고종은 11월 10일 이를 막기 위해 지금의 신라호텔 영빈관 자리에 있던 어영청 분영인 남소영(南小營) 터에 사당을 세웠다.

장충단(奬忠壇)은 1895년(고종 32) 8월 20일 발생한 을미사변으로 순국한 궁내부 대신 이경식, 시위대장 홍계훈 등 충신들을 기리기 위해 만든 제단이었다. 입구에는

일제 강점기 장충단 공원

소나무로 홍여문(虹如門)을 세우고, 큰 나무에 대한국기를 걸어 사방에 세웠으며, 제단 위쪽부터 홍계훈, 이경직을 비롯해 명성왕후를 보위하다 생을 마감한 무인들의 위패를 배치하였다. 고종은 장충단에 대한제국 제일의 추모 공간의 위상을 부여하였고, 1908년(융희 2)까지 해마다 봄, 가을에 위령제를 지냈다. 위령제를 지낼 때는 군악을 연주하고 조총(弔銃)을 쏘면서 엄숙하게 거행하였다. 당시의 모습을 보여 주는 민요로 "남산 밑에 장충단을 짓고 군악대 장단에 받들어 총일세"라는 가사의 노래가 전한다.

불법적인 한일외교권위탁조약(을사조약)이 체결된 이후 일제의 침략이 더욱 거세지자 장충단에서 받드는 제사가 일반 민중들을 크게 고무하였다. 일제의 횡포와 만행이 심해지면 심해질수록 장충단에 대한 존경이 더욱 높아져 갔던 것이다. 1910년 한일병합조약을 전후하여 널리 애창된 「한양가(漢陽歌)」의 한 구절 또한 이러한 일면을 잘 보여 준다.

남산 밑에 지어진 장충단 저 집 나라 위해 몸 바친 신령(神靈) 뫼시네.

태산 같은 의리에 목숨 보기를 터럭같이 하도다. 장한 그분네.

이를 잘 알고 있던 일제는 1908년(융희 2) 대일 감정 악화를 이유로 장충단 제사를 금지시켰다가, 1910년 8월 22일 대한제국 병합 직후 폐사시키고 말았다. 이후 1920년 대에는 장충단 일대에 벚꽃 수천 그루를 심고 연못과 놀이터, 산책로를 설치하였다. 일제의 장충단 무력화 작업은 여기서 끝나지 않았다. 1932년 장충단 동편에 일제 침략의 원흉인 이토 히로부미를 기리는 박문사를 세웠던 것이다. 1937년에는 상해사변 당시 일본군 결사대로 전사한 '육탄 3용사'의 동상을 세워 대륙 침략을 위한 '정신기지'로 탈바꿈시켰다.

장충단에는 본래 제단과 사전(祀殿)·부속 건물 등이 있었고, 그 앞에 '장충단'이라고 새긴 석비가 세워져 있었다. 이 건물들은 한국전쟁 때 모두 파괴되었고 지금은 장충단 비만이 홀로 남아 있다. 앞면에 전서체로 쓴 '장충단'이란 세 글자는 순종의 친필이고, 뒷면에 새겨진 글은 충정공 민영환이 지은 것이다. 장충단비는 1969년에 신라호텔 영빈관 자리에서 장충단공원 입구로 옮겨졌다.

현재 장충단공원은 일제 침략의 잔재들은 모두 철거되고, 을미사변 당시 순국한 장병들, 일제의 침탈에 맞섰던 이한응 선생과 이준 열사, 그리고 국제 사회에 민족의 독립을 선언하였던 유림 세력 등 일본에 맞서 민족의 자존을 지키려 했던 영령들을 추모하고 기념하는 장소로 꾸며져 있다.

14장 독립운동가의 한이 서린 서대문형무소

일제 강점기 서대문형무소는 독립을 위해 일제에 대항했던 독립투사들이 반드시 거쳐야 할 필수 코스와 같았다. 서대문형무소를 거쳐 간 독립투사의 면면은 한국 근대사의 흐름을 고스란히 보여 준다. 일제 강점 초기인 1910년대에는 김구, 양기탁, 이승훈을 비롯한 '105인 사건' 관계자, 삼일운동 관련자 1,692명 등이 서대문형무소를 거쳐갔다. 1920년대에는 조선공산당 운동 관련자를 비롯하여 수많은 노동자와 농민들이, 1930년대에는 여운형, 최용달, 김태준 등이 수감되었다. 침략전쟁이 막바지로 치닫던 1940년대에도 많은 정치범들이 수용되어 있었다. 이들 대부분은 '치안유지법', '사상범 예방금지령' 위반으로 구속되었다. 뿐만 아니라 전향하지 않는 한 형기를 다 살더라도 석방될 수 없었다.

서대문형무소는 1907년 7월 24일 이완용과 이토 히로부미가 한일협약 및 이의 실행에 관한 비밀각서를 조인함으로써 일제가 행정, 사법, 군사 등 대한제국 내정의 전권을 장악하면서 그 출현을 보게 되었다. 일제는 군대를 해산시키는 등 한국을 식민지화하기 위한 제반 절차를 밟아 갔다. 이러한 일제에 대항하여 전국 각지에서 격렬한 의병 활동이 벌어졌다. 일제는 격렬히 저항하는 한국인들을 대중으로부터 격리시키고 탄압하기 위해 전국 주요 도시에 감옥을 세웠다. 경성에는 1908년(융희 2) 10월 21일 서대문 밖 인왕산 기슭 금계동에 일본 감옥 간수 출신인 시텐노 가즈마(四天王數馬)의 설계로 5만 엔이라는 비용을 들여 경성감옥을 신축하였다.

준공 당시에는 480평 규모의 감방과 80평 정도의 청사 및 부속 건물이 전부였다. 전면은 벽돌이었지만 지붕은 함석(양철), 주위 벽은 판자 위에 아연판을 두른 허술한 목조건물이었다. 2층의 옥사는 감시하기 쉽게 T자형, 부채꼴 형태의 세 방향으로 뻗어 있었으나, 햇빛을 차단시키는 바람에 음산하기 이를 데 없었다. 감방은 복도를 사이에 두고 마주 보고 있었고, 복도 천장을 뚫어 철망 사이로 위층을 훤히 올려다볼 수 있게 만들었다. 최대 수용 인원은 5백 명 정도였다. 경성감옥은 1912년 9월 3일 서대문감옥으로 이름을 바꾸었고, 1916년에는 여사(女舍)를 신축하였다. 이후 1923년 5월 5일 서대문형무소로 다시 명칭을 바꾸면서, 새 청사와 사형장을 세웠다. 1935년에는 제 1~6사(현존)를 신축함으로써 상당한 규모의 시설을 갖추었고 수용 인원도 3천 명으로 늘어났다.

1. 서대문형무소의 통제 시스템

1) 기본 구조와 공간 통제

19세기 서구 감옥은 영국과 미국에서 그 고전적 완성을 보았는데, 기본 전략은 격리와 고립 속에서 강제 노동을 통해 처벌과 교정을 꾀하는 것이었다. 특히 1842년 영국에서 완성된 펜턴빌(Pentonville) 감옥은 세계에서 가장 많이 모방된 감옥이었다. 펜턴빌 감옥은 중앙 감시탑을 중심으로 4개의 사동이 방사형으로 연결된 구조로, 사동 내부는 130개의 방이 3층으로 되어 있고, 복도마다 40개의 독거실이 있었다.

펜턴빌 감옥은 운동장과 교회당도 격리의 원칙에 따라 만들었다. 운동장은 수감자들이 운동을 할 때에도 서로 접촉하는 일이 없도록 1인용으로 격리되었다. 교회당도 수감자들이 앉는 의자 사이에 칸막이를 설치하여 예배 때 접촉을 차단하면서 많은 인

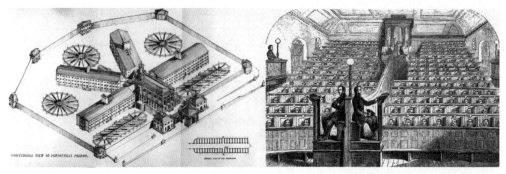

펜턴빌 감옥 조감도   펜턴빌 감옥 예배당

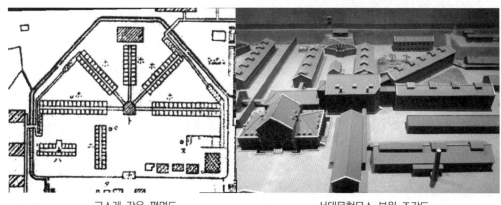

고스게 감옥 평면도   서대문형무소 복원 조감도

원을 동시에 감시하기 쉽게 설계되었다. 이러한 형태의 감옥은 영국의 식민지 여러 곳에 건설되었을 뿐만 아니라, 일본의 고스게(小菅) 형무소에도 많은 영향을 미쳤다. 고스게 형무소는 펜턴빌과 같은 방사형 구조로서 중죄인을 수용하는 감옥의 대명사로 널리 알려져 있었다.

일제는 식민지 조선에서 격증하는 수형자를 수용하기 위해 1933년 서대문형무소를 증축하였다. 이때 일제는 고스게 형무소를 모방하여 서대문형무소를 방사형 구조로 만들었다. 감시사무소를 중심으로 양쪽으로 뻗은 K자형의 옥사였다. 식민지라는 강압적 통치 환경에서 처벌 기구의 위용을 부각시키면서 감시와 격리의 편의성에 초점을 맞추었던 것이다. 1935년 5월 12일자 『조선일보』에는 새롭게 증축된 서대문형무소를 아래와 같이 소개하고 있다.

신건물의 설계 내용을 보면 전부 콘크리트로서 이중으로 여섯 채를 짓게 되는데 전부 남향으로 일광이 잘 쪼이도록 되었으며 감방은 독방이 242개, 잡거방이 36개 그리고 독방 감방에 부속된 병실이 여섯 개, 잡거방에 부속된 병실이 다섯 개라 한다. … (중략) … 이번에 증축하는 감방은 약 오백 명가량은 수용할 수 있게 되었다 하며 그 설계는 도이(土居) 형무소장이 일본 각지의 형무소를 시찰한 나머지 기후(岐阜) 형무소와 동경 고스게(小管) 형무소의 건축 양식을 본받아 절충하여 설계한 것인데 적어도 조선 안에서는 제일이라고 할 수 있는 모던 형무소로서 '죄수아파트'라고 할 만한 최신식의 것이라 한다.

대체로 방사형 설계 건물은 감시에만 유리할 뿐 볕이 잘 들지 않고 환풍이 안 된다는 결점을 지니고 있다. 때문에 서구에서는 원칙적으로 20세기 이후에는 이런 건물을 짓지 않았다. 사람이 살기에 대단히 부적합한 이런 건물 속에서 냉난방 없이 여름과 겨울을 보냈던 수형자들은 호흡기 계통의 질병으로 사망하는 경우가 많았다.

감방 내부의 공간 배치는 수형자들의 자의적인 동작을 차단하고 정형화된 행동을 강제하도록 세심하게 고안되었다. 이불과 청소 도구, 세면기, 책, 휴지 등 일상 용구들의 위치는 물론 수형자들의 착석 위치도 번호순으로 정해져 있어 아침과 저녁 두 차례 있는 점검 때 감시구를 향해 정좌(正坐)한 상태로 확인받게 되어 있었다.

다음은 1944년 7월 서대문형무소 감방 주의서에 규정된 감방 규칙의 일부이다.

1. 수건은 종사절(縱四切)하여 출입구 쪽으로부터 번호순으로 정리할 것.
2. 책은 반드시 책꽂이에 세워 둘 것.
3. 책 속에 끼워 둔 휴지 편지 등은 몰수하므로 반드시 책꽂이 옆 시찰구 아래 둘 것.

위와 같이 일상 생활용품들의 세세한 배치까지 일일이 규정해놓은 것은 수형자들이 정돈된 생활을 몸에 익히도록 유도하는 한편, 보안 점검에 만전을 기하기 위함이었다. 정해진 물품 이외의 것이 없는지 수시로 방을 점검하였기 때문이다.

2) 동작 통제

감방 안에서 앉는 방향과 눕는 방향은 모두 출입구를 향해야 했다. 간수가 감시구를 통해 얼굴을 확인할 수 있도록 자세와 방향을 잡는 것이다. 질병 등 특별한 사유로 허락을 받기 전에는 눕지 못하며, 벽이나 이불에 기대거나 비틀어 앉는 것이 불가능했다. 눕는 자세는 독방의 경우 반드시 머리를 감시구 반대편에 두고 바로 누워야 했다. 머리를 출입구 쪽으로 둘 경우 얼굴을 확인하기 곤란하기 때문이다. 또한 감시를 위해 한밤중에도 전등불을 소등하지 않았다. 전등불 때문에 눈이 부셔도 이불로 얼굴을 덮을 수 없었다.

한편 이동하는 시간을 제외하고는 서 있는 것도 허용되지 않았다. 또한 이동 시에는 대열을 만들어 2열 또는 5열 종대로 복창하며 행진하게 했다. 이는 수형자 간에 대화는 물론 눈짓, 손짓 등을 통한 의사소통을 막기 위해 정형화된 규제 장치이다.

표준화된 동작의 중요성이 커지기 시작한 것은 공장 작업의 개시와 깊은 연관이 있었다. 감방 내에서 수공업적 작업을 하던 때와 달리, 매일 감방과 공장 사이를 많은 수형자들이 왕래하게 되면서 군대 행진과 같이 엄격한 구령 양식이 도입되었던 것이다. 이는 작업장으로 이동할 때는 물론, 운동이나 목욕을 위한 이동 시에도 활용되었다.

3) 협동 및 소통 통제

일제 강점기 서대문형무소 내 수형자의 지위는 ① 노동을 많이 하는가 ② '건전한' 생각을 가졌는가 ③ 품행이 좋은가, 즉 고분고분하며 효율적인 노동력을 발휘하고 있는가에 따라 주어졌다. 이 같은 기준은 수형자의 식사에도 그대로 적용되었다.

서대문형무소 내에서 식사는 정해진 시간에 각자 주어진 몫 이상의 것을 취할 수 없게 되어 있었다. 식사는 기본적으로 노동량에 따라 그 양과 질이 결정되었다. 공장에서 집단 노동을 하지 않는 환자나 독방 안의 사상범에게는 가장 적은 양과 낮은 질의 식사가 공급되었다. 따라서 감방에 먹을 것을 두고 따로 먹거나, 틀에 박혀 번호가 찍히지 않은 밥을 별도로 먹는 행위, 식사를 나눠 먹는 행위는 엄중한 벌을 받았다. 예컨대 잡거방에서 함께 생활하는 여러 명의 수형자들 가운데 외부 사식을 받는 사람이 있더라도 옆 사람에게 나눠 줄 수 없게 되어 있었다. 이를 어기고 나눠 먹은 사실이 발각되면, 비눗물을 먹여 토하도록 함으로써 수형자들 간의 협동을 근본적으로 차단하였다. 이는 함께 생활하는 수형자들을 철저하게 개별화시키려는 전략의 일환이었다.

또한 감옥 내 수형자들은 대화는 물론 눈짓, 손짓까지도 나누는 것이 원칙적으로 금지되었다. 사회로부터 차단되어 엄한 규율과 고된 노동에 시달리던 수형자들에게 대화와 소통은 식사 다음가는 위안이었다. 그러나 서대문형무소의 경우 감방 내 수형자들 간의 정보교환과 소통을 철저히 차단하였다. 특히 구치감 내 피의자 집단과 사상범들에 대해서는 더욱 철저했다. 판결 전 피의자들 간의 의논을 막아야 했고, 일반 수형자들에 대한 사상 전파를 막아야 했기 때문이다. 삼일운동 이후부터 1930년대 초반 사회운동이 팽창, 발전할 때에는 사상범들을 격리시키기 위한 독방이 증설되었다.

형무소 당국은 수형자들 사이의 소통을 간수를 통해 제재하는 데 그치지 않고, 함정을 만들어 걸려들도록 유도한 다음 가혹하게 징벌하는 방법을 사용하기도 했다. 사상범의 경우에는 같은 방 안에 밀고자를 두어 정치적인 선전, 특히 공산주의 사상을 전파하는지를 철저히 감시하였다.

4) 수형자의 하루 생활

서대문형무소에서 징역을 살았던 항일 독립운동가의 수는 기록된 것만 헤아려도 5천 명이 넘는다. 이렇게 많은 사람들 가운데 형무소 체험기를 남긴 사람은 매우 드물었다. 다행히도 일본인 이소가야 스에지(磯谷季次)가 체험기『우리 청춘의 조선』을, 김광섭이『나의 옥중기』를 남겨 항일 독립운동가들의 수형 생활에 대해 증언하고 있다. 이 체험기들을 통해 수형자의 일상생활을 재구성하면 다음 표와 같다.

수형자의 일상에서 가장 큰 비중을 차지하는 것은 작업이었다. 평균 작업 시간은 9시간 30분에 달했다. 수형자의 하루 일과가 이같이 작업에 맞춰 짜였기 때문에, 일조 시간이 짧아지고 날씨가 추워져 사실상 작업이 어려운 겨울철의 경우 취침 시간이 상식적으로 이해하기 어려울 정도로 증가되었다. 예를 들어 작업 시간이 가장 짧은 12월

수형자의 하루 일과

1. 기상나팔(간수의 "기상!" 외침/종소리)
2. 뛰어 일어나 이불을 개고 세수
3. 점검
4. 아침 식사(공장에서 하는 경우도 유)
5. 나체로 문 앞에 선다.
6. 간수가 문을 열면 인사
7. 무명 수건을 들고 달린다.
8. 공장 입구에서 허들을 넘으면서 입을 '아' 벌리거나 자신의 번호를 큰소리로 외친다(몸에 아무것도 감추지 않았음을 증명하는 행위).
9. 간수에게 인사하고 발바닥을 닦으며 공장 안으로 들어간다.
10. 작업복을 입고 라디오 체조(10분)
11. 조회(10~20분 정도)
12. 작업
13. 오전 휴식 15분
14. 작업
15. 점심 식사
16. 작업
17. 오후 휴식 15분
18. 저녁 식사
19. 감방으로 이동
20. 간수가 문을 닫으면 무릎을 꿇고 숨을 고른다.
21. 점검(문이 열리면 경례를 하고 나서 번호를 부르면 대답한다).
22. 간수의 구령에 따라 취침

의 경우 취침 시간은 저녁 8시에서 다음 날 아침 7시 반까지 무려 11시간 반이나 되었다. 작업을 하지 않는 형사 피고인의 취침 시간은 이보다 더 빨라, 오후 5시 반부터 취침을 시키는 일도 있었다.

누워도 잠이 오지 않아서 책이라도 보는 척하며 마음을 달래 보고도 싶었지만 그것조차 위법이요. 잘 때에는 자는 것이 감방의 규칙이라 불면조차 무형(無形)한 범칙이다. … (중략) … 차라리 일어나고 싶었지만 기상나팔 전에는 일어나지 못한다.

감옥 내 시간이란 인체 시계와는 상관없이 짜여진 일과에 맞추기 위한 것이었으므로, 기상은 물론 취침 시간까지 규정에 따라야 했다. 1938년 개정된 '조선감옥령시행규칙'에서는 9월에서 3월까지의 기간에 오전과 오후에 주었던 각 15분간의 휴식 시간마저 폐지하였다. 여름철에 비해 짧은 작업 시간을 보충하기 위해서였다.

2. 서대문형무소의 역사 유적

① 서대문형무소 역사관

서대문형무소 역사관은 1923년 서대문형무소 보안과 청사로 지어진 건물을 1998년에 전면 재단장하여 개관한 것이다. 이 보안과 청사는 지하에 감방이 있어 독립 운동가들에게 갖은 고문을 자행한 역사의 현장이기도하다. '치안유지법 위법'이라는 죄명으로 체포된 독립 운동가들은 이곳 보안과 청사에서 '비행기 태우기', '가죽조끼 입히기' 등 몸과 마음을 짓이기는 상상을 초월하는 고문을 당하였다. 이러한 고문을 받고 나면 전기도 들어오지 않고 변기도 없고 돗자리도 깔려 있지 않은 지하 감방의 시멘트 바닥에서 맨몸으로 자야 했다.

전시관 1층은 '추모의 장'으로 각종 영상물을 상영하고 독립운동 관련 도서를 비치하여 일제의 만행을 한눈에 볼 수 있게 하였다. 전시관 2층은 '역사의 장'으로 일제의 침략 역사와 민족 저항 사료를 전시하였으며, 옥중 생활상을 관람객이 직접 체험할 수 있는 공간도 마련되어 있다. '체험의 장'으로 분류되는 지하층에는 일제의 고문 잔학상과 수형자의 수감 상태를 움직이는 모형으로 재현하였다.

옛 보안과 청사

② 담장과 망루, 옥사

서대문형무소 수형자들의 탈옥을 막고 동태를 감시하기 위해 설치했던 담장과 망루의 일부를 원형대로 보존하였다. 1907년(광무 11) 담장을 처음 설치할 당시에는 나무 기둥에 함석을 붙였으나, 1923년 현재의 붉은 돌담을 설치하였다. 담장의 높이는 4.5m, 길이는 1,161m였으나, 현재는 앞면 79m, 뒷면 208m만 남아 있다. 망루는 6개소 중 2개소만 원형대로 보존하였는데, 8면에 감시창이 설치되어 있고 높이는 10m이다. 정문의 망루는 1923년에 설치되었으며, 뒤쪽의 망루는 1930년에 설치한 것이다.

1987년 서울구치소가 경기도 의왕시로 옮겨 갈 당시에는 옥사는 모두 15개 동이었으나 역사성과 보존 가치를 고려하여 제9·10·11·12·13옥사·중앙사(中央舍)·나병사를 보존하였다. 그중 옥사 3개동(제10·11·12옥사)과 사형장은 1988년 2월 20일에 사적 제324호로 지정되었다. 제10·11·12옥사 건물은 1915년에 지어졌고, 제13옥사·보안과 청사·사형장은 1923년에, 제9옥사는 1929년에 지어졌다. 제13옥사(공작사)는 애국지사와 투옥자들을 강제 동원하여 노동을 시켰던 곳으로 형무소·군부대·관공서에서 사용하는 관용 물품을 주로 만들었으며, 태평양전쟁을 일으킨 이후에는 군수용품 생산 작업을 모든 형무소 작업의 최우선 과제로 삼아 강제 노동을 실시하였다. 옥사는 낮에

서대문형무소 담장과 망루

옥사 전경

도 햇빛이 차단되어 매우 어둡고 침침했으며, 감방은 가운데 복도를 사이에 두고 마주보게 하였다. 감방 생활은 고통 그 자체였다. 소설가 심훈은『옥중에서 어머니께 올리는 글월』에서 아래와 같이 증언하였다.

쇠고랑을 차고 용수는 썼을망정 난생처음으로 자동차에다가 보호 순사까지 앉히고 거들먹거리며 남산 밑에서 무악재 밑까지 내려 굶는 맛이란 바로 개선문으로 들어가는 듯하였습니다. 어머니! 날이 몹시도 더워서 풀 한 포기 없는 감옥 마당에 뙤약볕이 내리쪼이고 주황빛의 벽돌담은 화로 속처럼 달고 방 속에는 똥통이 끓습니다. 밤이면 가뜩이나 다리도 뻗어 보지 못하는데, 빈대와 벼룩이 다투어 가며 진물을 살살 뜯습니다. 그래서 한 달 동안이나 쪼그리고 앉은 채 날밤을 새웠습니다. 그렇건만 대단히 이상한 일이지 않겠습니까? 생지옥 속에 있으면서 하나도 괴로워하는 사람이 없습니다. 누구의 눈초리에나 뉘우침과 슬픈 빛이 보이지 않고, 도리어 그 눈들은 샛별과 같이 빛나고 있습니다.

심훈의 편지에서 보듯 이렇다 할 난방 시설이나 환풍 시설이 없는 감방은 더위나 추위만으로도 견디기 힘든 고통을 안겨 주었다. 더위가 기승을 부리는 한여름에는 감방에 놓인 변기통에서 나는 악취로 머리가 아플 정도였다. 또 겨울에는 어김없이 동상이 찾아오곤 했다. "이불이 차갑기가 쇠붙이 같다"는 수형자들의 증언은 겨울철 감방의 온도가 어떠했는지 짐작할 수 있게 한다.

1935년도 조선총독부 자료에 따르면 수형자 중에서 58퍼센트가 질병에 걸려 있었다고 한다. 질병 가운데 가장 큰 비중을 차지한 것은 소화기 계통의 질병으로 21퍼센트가 이 병으로 고통을 당했다. 이외에도 피부병이 18퍼센트, 호흡기 계통 13퍼센트, 외상 5퍼센트 순으로 질환이 있었다.

서대문형무소 생활이 얼마나 힘들었는지는 여운형의 사례를 통해서도 알 수 있다. 여운형은 1929년 7월 상해에서 체포되어 1930년 경성지방법원에서 징역 3년형을 선고받아 서대문형무소에서 복역하였다. 그는 감옥에서 소화불량으로 체중이 79킬로그램에서 61킬로그램으로 무려 18킬로그램이나 줄었고, 치질 때문에 네 번이나 수술을 받아야 했다.

서울시는 1988년 12월부터 서대문 독립공원을 조성하였다. 그러면서 15개의 옥사 중 보존 대상이 아닌 옥사를 철거하여 이 건물들의 벽돌 상당 부분을 건축업자에게 매각하였다. 건축업자는 그 벽돌 일부를 평창군 소재 콘도 건축 현장에 판매하였는데, 이 사실이 알려지자 비난 여론이 일었고 이에 서울시가 반출을 금지하였다. 이후 나머지 벽돌들은 공원 조성 사업에 사용되어 공원 바닥에 깔려 있다.

옥사 내부

③ 유관순 독방
서대문형무소 안에서 가장 악명 높은 곳은 독방이었다. 독방은 사람을 쉽게 노인으로 만들어 버린다고

옥사 벽돌을 이용한 기념물

여사 감옥 전경

해서 감옥 속의 감옥이라고도 불렸다. 그중에서도 지하 독방은 더욱 악랄한 공간이었다. 독방은 아주 좁아 겨우 앉아 있을 만한 크기의 방이다. 이 지하 독방은 1916년에 만들어져 1930년경에 지상으로 옮겨졌다. 여사(女舍) 감방으로 연결되어 있던 지하 체벌 방으로서, 유관순이 수감되어 있었기 때문에 일명 '유관순 동굴'이라고도 불렸다. 서대문 독립공원을 만들 때 발굴·복원되었다.

④ 사형장

사형장은 1923년에 만들어진 일본식 목조 건물이다. 이 사형장에서는 서대문형무소를 비롯하여 전국에서 사형 선고를 받고 투옥된 애국지사들을 서대문형무소로 이감한 후 사형을 집행하였다. 사형장의 둘레에는 높이 5m의 붉은 돌담이 쌓여 있고, 면적은 50m^{2}이며, 내부에는 개폐식 마루판 위에 사형수가 앉는 의자가 있으며, 그때 사용한 굵은 동아줄이 내려져 있다. 앞면에는 사형을 집행할 때 배석자들이 사용한 긴 의자가 그대로 보존되어 있다.

사형장으로 들어가는 사형수들은 입구에 외롭게 서 있는 한 그루 미루나무를 붙잡고 잠시 통곡했다고 한다. 이 미루나무는 사형수들의 한이 서려 잘 자라지 않는다는 일화가 전해지고 있다.

사형장 바로 옆에는 사형을 집행한 시신을 형무소 밖 공동묘지까지 몰래 옮기기 위해 일제가 뚫어 놓은 비밀 통로가 있다. 일제가 그들의 만행을 감추기 위해 폐쇄했으

사형장 전경

나 1992년 서대문독립공원을 조성할 때 입구에서 40m를 복원하였다.

3. 주변 역사 유적

① 독립문

1896년(고종 33) 2월 11일 고종의 아관파천으로 정권을 장악한 이완용, 안경수 등 정동구락부 세력은 김홍집 내각이 추진하였던 신문 발간 계획을 수용, 서재필로 하여 금 『독립신문』의 발행을 이끌게 하였다. 『독립신문』의 발간에 드는 비용은 전적으로 조선 정부의 예산으로 충당되었다. 한편 7월 2일에는 안경수가 회장, 이완용이 위원장 이 되어 독립협회를 결성하였다.

1894년 7월 25일 일어난 청일전쟁은 1895년 4월 17일 시모노세키(馬關) 조약의 체 결로 끝나는데, 이 조약에서 청나라는 조선이 자주국임을 인정하였다. 독립협회는 청 일전쟁 당시 헐린 영은문(迎恩門) 자리에 조선이 독립국이 되었음을 상징하는 독립문

일제 강점기의 독립문

을 세우려고 하였다. 결국 독립협회는 독립문을 건립하기 위해서 만들어진 추진위원
회의 성격을 지닌 것이었다.

　독립문을 건립하는 데 필요한 비용은 기본적으로 일반 백성들의 성금으로 충당하
려는 계획이 세워졌다. 당시 성금을 낸 사람들은 왕실을 비롯하여 관료들, 직업을 알
수 없는 민중들을 망라하였다. 이들에게는 모두 회칙에 따라 회원 자격이 주어졌다.

　독립문은 1896년(고종 33) 11월 21일 정초식(定礎式)을 거행한 데 이어, 1898년(광
무 2) 1월 중순 완공을 보았다. 『경성부사(京城府史)』에는 러시아인 사바틴이 설계한
것이라고 기록되어 있으나 확실치 않다. 화강석으로 쌓은 이 문은 높이 14.28m, 폭
11.48m로, 중앙에 홍예문이 있고, 내부 왼쪽에 옥상으로 통하는 돌계단이 있으며, 정
상에는 돌난간이 둘러져 있다.

　현재 독립문은 1979년 금화터널과 사직터널을 연결하는 고가도로가 건설되면서,
원래 위치에서 서북쪽으로 70m 떨어진 서대문독립공원으로 옮겨진 것이다.

　독립문 앞에는 사적 제33호로 지정되어 있는 영은문 기둥받침 두 개가 서 있다. 영

19세기 말의 영은문

은문은 1544~1545년까지 재위한 조선 12대 인종 때 만들어졌다. 조선은 중국과 사대
관계에 있었으므로, 매년 중국의 사신을 이 영은문에서 맞았다. 이때 중국 사신을 접
대하던 곳이 모화관(慕華館)으로 영은문 안쪽에 있었다. 이렇게 서대문 밖 의주가도에
있던 영은문과 모화관은 중국에 대한 사대관계를 상징하는 건축물이었다. 지금은 모
두 없어지고 영은문 기둥받침만이 검게 그을린 채 남아 있다.

② 독립관

독립관은 독립문과 함께 자주독립을 상징하는 건축물이다. 이 건물은 원래 조선시
대에 중국 사신들에게 영접연과 전송연을 베풀던 모화관이었으나 조선이 자주독립 국
가임을 표방한 1895년(고종 32) 갑오개혁 이후에 사용하지 않아 방치된 채로 남아 있
었다. 이에 독립협회는 모화관을 개수하고, 1897년(광무 1) 5월 23일 왕태자(순종)가
한글로 친서한 '독립관' 현판식을 거행하였다.

독립협회는 개수한 독립관을 사무실 겸 집회 장소로 사용하기로 하고, 매주 일요일
오후 강연회를 개최하였다. 그러나 강연회가 큰 성과를 보지 못하자, 8월부터는 토론

독립문과 독립관　　　　　　　　　　　　　복원된 현재의 독립관

회가 개최되었다. 8월 29일 첫모임을 가진 이후 토론회는 학생과 시민들의 커다란 호응 속에 회를 거듭하면서 성황을 이루었다. 이에 따라 독립협회는 계몽 단체로 자리를 잡아 나갔다. 이렇게 독립관은 공론 형성의 장으로서 시민사회의 기초를 다지는 데 커다란 역할을 하였다.

　독립관은 본래 독립문 남쪽에 자리 잡고 있었다. 그러나 이후 소실되어 흔적을 찾을 수 없던 것을 정부에서 서대문형무소 자리에 독립공원을 조성하면서 1996년 12월 현재의 독립문 서북쪽에 복원하여 놓았다.

③ 서대문 독립공원

　서대문 독립공원은 독립문과 서대문형무소 유적을 정비하여 조성하였다. 1987년 서울구치소가 경기도 의왕시로 옮겨 가자 서울시는 법무부로부터 이를 매입하고 85억 원의 예산을 들여 1988년 12월부터 조성 공사를 시작, 1992년 8월 15일 개원하였다. 1896년(고종 33) 7월 2일 조직된 독립협회는 이곳에 독립문과 독립관을 건립하고 아울러 이곳을 '독립공원'으로 조성하려 했다고 한다. 현재의 '독립공원' 명칭도 그 같은 역사적 사실에서 유래하였다.

15장 우대(상촌)의 권력과 경관의 변화

2017년 현재 서울의 서촌(西村)은 경복궁의 서쪽을 의미한다. 행정구역으로는 청운동, 궁정동, 신교동, 옥인동, 효자동, 창성동, 통인동, 누상동, 누하동, 통의동, 체부동, 필운동, 사직동, 내자동, 적선동, 내수동 일대가 해당된다. 2002년 이명박 서울시장의 "강북 뉴타운" 계획이 발표되고 난 뒤 이곳을 재개발하던 사람들이 북촌에 빗대어 경복궁 서쪽이니 서촌이라 불렀다. 북촌이 먼저 관광명소로 이름이 알려지자 그 좋은 이미지를 이어받는 것도 나쁘지 않다고 생각한 이 지역 사람들과 이해관계가 맞아 떨어져 서촌이 된 것이다.

그러나 조선시대의 서촌은 소의문(서소문)에서 돈의문(서대문)에 이르는 지역을 가리킨다. 18세기 이가환은 『옥계청유첩서』에서 한성의 서촌에는 "상업하는 소민의 거주지이고 사대부가 섞여 산다"고 하였다. 서촌은 행정구역 개념이 아니라 취락의 개념이다. 당시 5촌이라 함은 여기에 동촌, 남촌, 북촌, 중촌을 합한 것이다. 취락의 개념으로도 볼 때는 해의 이동 방향, 양지와 음지, 하천의 상류인가, 하류인가, 개천의 북쪽인가 남쪽인가의 측면에서 이해해야 한다. 북반구 중위도 지방에서는 해가 잘 드는 곳, 남향이 좋은 집터이고 산을 등지고 물을 앞에 두는 곳이 좋은 입지 조건이 된다.

한양(漢陽)의 양(陽)은 해가 잘 드는 곳을 가리킨다.

이 조건에 가장 잘 부합되는 입지가 한성부 안에서는 백악산(북악산)의 남쪽 사면이 된다. 주거지의 측면에서 도성 안에서 가장 좋은 입지에 들어선 건물은 경복궁, 창덕궁, 창경궁 등의 궁궐이다. 백악산과 응봉산을 등지고 있으며 남향에 해당하고 청계천의 북쪽 지역이 된다. 경복궁과 창덕궁 사이가 북촌이 되고 남산의 북쪽 사면, 북향을 하는 곳에 들어선 취락이 남촌이 된다. 동촌은 타락산(낙산) 아래, 서촌은 인왕산을 등지고 동향하는 지역이 된다. 중촌은 청계천, 종로, 을지로 지역이다. 중촌에 사는 사람들을 중인이라 불렀고 주로 의원(醫員), 화원(畵員) 등의 기술직이나 통사(通詞), 율사(律士) 등의 관리직이다.

5촌에 상촌(上村)과 하촌(下村, 아래대)을 합하면 7촌이 된다. 개천의 상류와 하류 개념으로 볼 때는 청계천 발원지인 인왕산 아래 지역이 우대, 청계천의 하류 지역인 광희문, 동대문, 왕십리 근처가 아래대가 된다. 우대를 한자로 표현하면 위 상(上), 집터 대(垈), 상대(上垈)이다. 즉 윗동네이다. 아래대는 아래 하(下), 집터 대(垈), 하대(下垈)이다. 즉 아랫동네이다. 아래대에서는 군부대나 목장을 하는 사람, 의장군, 세습적인 직업군인이 많이 살았다. 또 성벽에 붙어 있는 바깥쪽 마을은 '자내(字內)'라 하여 농사를 짓거나 돼지, 닭 등을 키우는 사람들이 살았다. 따라서 경복궁 서측 마을은 원래 이름을 찾아 상촌이나 우대라 부르는 것이 마땅하다. 이곳에는 조선시대 궁궐 내시와 서리, 녹사 등의 하급 관리인 아전이 주로 살았다. 아전(衙前)이라 함은 관아 앞에 사는 사람을 일컫는 말이다.

1. 조선시대의 우대(상촌)

조선 초기에는 인왕산 자락에 민가가 들어서지 못했다. 경복궁이 훤히 내려다보이는 산자락에 민가를 짓는 것을 허용하지 않았기 때문이다. 또한 조선 초기 경복궁 인근 백악산(북악산)이나 인왕산에 거주지를 둔 관료들의 경우도 경복궁으로부터 보이지 않는 골짜기에 터를 잡았다. 안평대군(1418~1453)의 별장인 무계정사(武溪精舍)

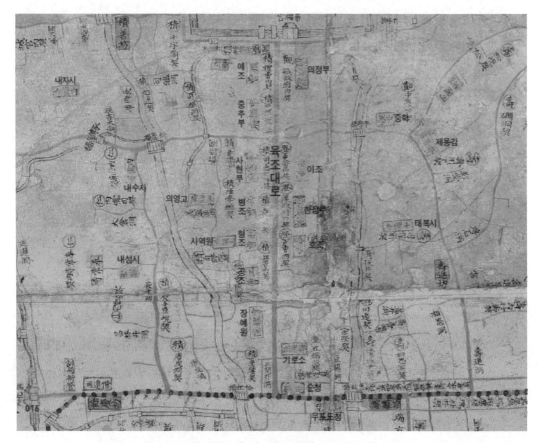

도성대지도에 표기한 육조를 비롯한 각 관청의 위치

는 인왕산 기슭에 있었지만, 경복궁이 내려다보이지 않는 창의문 밖의 부암동에 해당하는 위치이다. 또한 그의 살림집인 비해당(匪懈堂)은 수성동(水聲洞) 골짜기의 기린교 부근, 지금의 누하동에 있었다. 모두 경복궁에서 바라보았을 때 드러나지 않는 곳이다. 다만 산자락이 아닌 평지의 경우 경복궁의 담을 넘겨다 볼 수 없는 지역이라면 큰 제약이 없었다.

한성부의 우대 지역이 양반과 중앙 관청에 소속되었던 하급 관리들인 이서(吏胥) 계층의 거주지가 된 것은 임진왜란 이후부터이다. 임진왜란으로 경복궁이 불타버려 오랫동안 폐허가 되자, 높은 곳에 집을 지어도 별문제가 없었기 때문이다. 이서 계층이 중앙 관청과 가까운 인왕산 기슭에 모여들기 시작하면서 본격적인 거주지가 형성되었다. 인왕산 기슭에 본격적으로 주거지가 형성되면서 양반과 이서 계층의 거주지는 고도의 높이에 따라 고관들의 기와집과 이서 계층의 초가집들로 나눌 수 있다.

임진왜란 이후 우대 지역에 들어선 양반가의 집이나 정자가 들어섰던 곳 중에서 기록상 가장 먼저 나타나는 곳은 이항복이 살았다는 필운동의 필운대 일대이다. 필운동은 전형적인 양반 거주지는 아니지만 필운대 주변에 이항복의 장인인 권율로부터 물려받은 집이 있었다. 필운대는 지형적으로 인왕산의 중턱에 위치하여 도성이 한눈에 내려다보인다.

인왕산 동쪽 기슭에서 전형적인 양반의 거주지라 할 수 있는 곳은 청풍계라 불린 현재의 청운동 일대와 옥류천이 흘렀던 옥인동, 그리고 궁정동 일대이다. 자하문로 33길 22-8(청운동 52번지) 일대는 김상용(1561~1637)의 살림집이었던 '늠연당(凜然堂)'

조선시대 한성 서부와 북부에 입지한 관공서

	관공서	위치		관공서	위치
1	종친부	북부 관광방	16	중학	북부 관광방
2	충훈부	북부 광화방 → 관인방	17	서학	서부 여경방
3	예조	서부 적선방	18	중추부	서부 적선방
4	의정부	북부 관광방	19	훈련도감	서부 여경방
5	병조	서부 적선방	20	잠생전	북부 관광방
6	형조	서부 적선방	21	제생원	북부 양덕방
7	사헌부	서부 적선방	22	공조	서부 적선방
8	종부시	북부 진장방 → 관광방	23	사간원	북부 관광방
9	내자시	서부 인달방	24	봉상시	서부 여경방 → 인달방
10	사도시	북부 광화방	25	군기시	서부 황화방
11	사재감	북부 의통방 → 순화방	26	내섬시	북부 준수방 → 서부 인달방
12	관상감	북부 광화방	27	선공감	북부 의통방 → 서부 여경방
13	사역원	서부 적선방	28	사온서	서부 적선방
14	내수사	서부 인달방	29	장예원	서부 적선방
15	사직서	서부 인달방			

겸재 정선의 『장동팔경첩』 중 청송당과 청휘각

과 정자인 '태고정(太古亭)'이 있었다. 필운대로 9나길 27(옥인동 47번지) 일대도 김수
항(1629~1689)이 세운 '청휘각(淸暉閣)'이라는 정자가 옥류천변에 있었다. 태고정이
나 청휘각은 두 개의 계류가 흐르는 사이에 위치하고 있다는 공통점이 있다.

자하문로 26길 19(궁정동 2번지)에도 김상헌의 '무속헌(無俗軒)'이 있었다. 또한 창
의문로 32(청운동 89번지) 일대는 성수침(1493~1564)의 집과 독서당인 '청송당(聽松
堂)'이 있었다. 성수침은 조광조의 문인으로 중종 14년(1519)에 현량과(賢良科)에 천거
되었다. 그러나 기묘사화가 일어나 조광조와 그를 추종하던 많은 사람들이 처형 또는
유배당하자 벼슬을 단념하고 '솔바람 소리 들리는 집'이라는 뜻의 '청송당(聽松堂)'이라
는 편액을 내걸고 두문불출하였다. 성수침은 '청송당'에서 은거하면서 성혼, 이이와 같
은 대학자를 키워냈다. 이에 후대 서인 세력들은 '청송당'을 기호학파의 발생지로 부르
며 성지순례 하듯 다녀갔다고 한다. 이와 같이 임진왜란 이후 인왕산 동쪽 기슭에 거
주한 주요한 인물들의 세거지를 지도에 표시하면 다음과 같다.

다음 지도를 통해 임진왜란 이후 주요한 인물들의 거주지를 살펴보면 그 입지에 있
어서 몇 가지 특징이 보인다. 먼저 이들의 거주지는 인왕산과 평지의 경계 부분에 해
당되어 일반 민가들과는 어느 정도 거리를 유지하면서 자연과는 가까이 위치하고 있

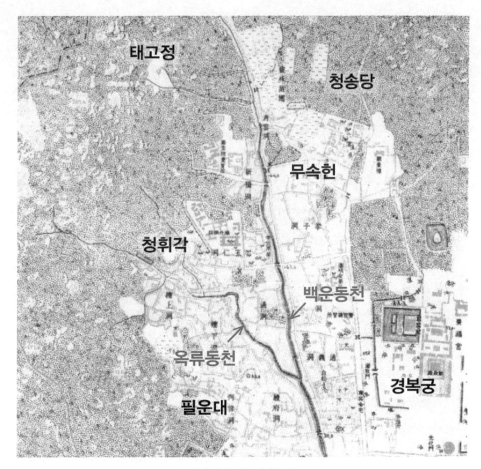

우대의 세거지와 정자의 분포

다. 따라서 주거 환경이 매우 쾌적하였다. 특히 태고정과 청휘각의 위치는 두 계류가 합류하는 사이 지점이서 풍류를 즐기기에는 적당한 위치였다.

두 번째는 지도에서 보듯이 크게 옥류동 물길과 인왕동(수성동) 물길이 남쪽에서 합쳐지고 있다. 이 합류 지점의 일대는 홍수의 위험이 컸을 것으로 짐작된다. 그러나 주요한 인물들의 거주지는 이 홍수 위험 구역으로부터 벗어나서 고도가 상대적으로 높은 곳에 위치하고 있다. 이는 이들의 거주지가 홍수의 피해가 훨씬 적은 곳에 입지 하였음을 보여준다. 이와 같이 주요한 사대부 가문의 양반들은 경치가 좋고 도성이 내 려다보이는 인왕산 쪽으로 거주지를 형성하였다.

한성부 서부와 북부에는 육조를 비롯한 많은 관청들이 자리 잡고 있었다. 따라서 이곳에서 근무하는 이서 계층은 근무지와 거주지 근접의 유리함 때문에 인왕산 아래쪽의 비교적 고도가 낮은 곳, 오늘날의 누상동, 누하동, 체부동, 통인동, 통의동, 창성동, 효자동 등에 거주지를 형성하였다. 이런 곳은 꼬불꼬불한 거리와 좁은 골목길로 되어 있으며 초가집이 빽빽이 들어차 있었다. 이렇게 꼬불꼬불한 좁은 골목길에 사람들이 많이 모여 사는 동네를 위항(委巷)이라 하며, 그곳에 사는 사람을 위항인(委巷人)이라고 한다. 결국 인왕산 기슭도 많은 이서 계층이 생활하던 위항이었다. 한성부의 대표적인 위항으로는 북촌과 남촌의 중간 지대인 청계천 일대였다. 청계천 일대에는 역관이나 의원으로부터 상인에 이르기까지 재산이 넉넉한 사람들이 살았다.

누각골이라 불렸던 누각동, 지금의 누상동, 누하동에 사는 이서 계층은 관청에 근무하면서 부업도 했던 것으로 보인다. 특히 누각동은 이서 계층의 집중 거주 지역으로 이들은 집집마다 담배쌈지와 갓을 만들어서 팔았다고 한다. 또한 이서 계층 가운데에는 은퇴한 뒤에는 분재나 화훼 재배로 생계를 꾸려가는 사람이 적지 않았다고 한다.

한편 조선 후기에는 이들 이서 계층 중에서도 역관이나 의원 같이 한문에 능통한 위항인들을 중심으로 양반들의 전유물이라 할 수 있던 한시(漢詩)를 짓는 시인들이 나타났다. 이들을 위항시인(委巷詩人)이라고 하였다. 위항시인들이 모여서 시사(詩社)를 열었던 모임 장소 중 하나가 바로 옥류동과 인왕동, 현재의 옥인동 일대이다. 대표적인 위항시인으로 천수경(1758~1818)을 들 수 있다.

천수경은 1790년대 초에 옥류동으로 이사하여 장동 김씨의 청휘각(淸暉閣) 바로 위쪽에 '송석원(松石園)'이라는 당호를 가진 초가를 짓고 살면서 위항시인들에게 모임 장소를 제공하였다. 이것이 그 유명한 '송석원시사(松石園詩社)'이다. 그러나 천수경의 사후에 장동 김씨 가문이 이 터를 사들였다. 이후 송석원이라는 명칭은 장동 김씨 가문의 별장으로 인식되게 되었다.

이와 같이 조선시대 우대 지역은 왕족과 양반, 그리고 이서 계층의 거주지로서 역사가 오래된 곳이다. 하지만 경복궁에 인접하여 있는 관계로 주택의 입지에는 제한이 있었으며, 고도에 따라 주요 거주 계층의 신분이 나뉘었음을 알 수 있다. 사직단과 궁(宮)을 중심으로는 왕실과 이와 관련된 최고 신분 계층이 넓은 필지를 차지하고 있었다. 오늘날 청운동, 옥인동, 궁정동 등을 중심으로는 한성을 내려다볼 수 있는 고도가 높고 경치 좋은 곳에는 고위층 양반들의 집과, 별장, 정자 등이 위치하고 있었다. 또한 고도가 상대적으로 낮으며 관청과 가까운 필운동, 체부동, 누상동, 누하동 일대에는 작은 규모의 필지인 이서 계층의 초가집이 들어차 있었다.

2. 일제 강점기의 우대 지역

조선시대 대규모 필지를 형성하고 있었으며 왕실과 관련된 최고위 계층의 권력자들이 거주했던 공간들은 일제 강점기에 그 경관이나 토지 이용에 변화를 겪게 된다. 토지 이용의 특성상 소규모 필지가 통합되어 큰 필지로 되는 것보다 대규모 필지가 분할되어 여러 개의 필지로 나누어지는 것이 더 용이하다. 따라서 조선시대 궁과 같은 대규모 필지들은 소규모 필지에 비해 변화의 가능성이 많았다.

일제 강점기 우대 지역에 있던 왕실과 관련한 주요한 공간은 공적인 용도와 주택지로 변화하였다. 먼저 공공의 목적을 가진 용도로 변화한 경우이다. 이는 사직단(社稷壇)과 선희궁(宣禧宮)에서 찾아볼 수 있다. 사직단은 1907년(광무 11)에 이미 신주를 불태우고 제사를 폐지하였다. 1923년에는 사직단 인근의 땅 6만 6천 평을 편입하여 사직공원을 조성하였다. 그리고 1932년에는 사직공원 북쪽 약 500평을 분할하여 김상용의 옛집에 있던 매동국민학교(현 매동초등학교)의 이전 부지로 넘겨주었다. 신교동 국립서울농아학교 부지는 원래 영조의 후궁으로서 사도세자의 생모인 영빈 이씨를 모신 선희궁이 있었다. 1908년(융희 2) 선희궁을 육상궁(毓祥宮)으로 옮겨간 후에 1910년대에 들어와서 일제가 제생원이라는 고아원을 서대문에서 이곳으로 이전시켰다.

다음은 주택지로 분할된 경우이다. 그 대표적인 공간이 창의궁(彰義宮)이다. 영조가 왕이 되기 전 연잉군(延礽君) 시절 살던 창의궁은 주택지로 분할되었다. 창의궁은 1908년(융희 2) 7월 폐궁되었다. 일제는 1910년 한일병합 당시 국유지였던 창의궁을 동양척식주식회사에 불하하였다. 1908년 12월 30일 설립된 동양척식주식회사는 이 창의궁 터를 직원 사택 부지로 사용하기 위해 이미 한일병합 이전부터 택지 정리를 해

통의동에 남아 있는 동척 사택

놓았다. 그리고 한일병합 이후 사택을 건설하여 이용하였다.

조선시대 장동 김씨의 세거지였던 청운동과 옥인동 일대는 일제 강점기 초기에는 친일파들이 초대형 저택을 신축하였다. 그 대표적인 인물이 이완용과 윤덕영이다. 이완용의 집은 원래 약현(藥峴, 중림동)에 있었다. 그러나 이완용이 1907년(광무 11) 정미7조약 체결에 앞장선 데 대한 보복으로 민중들이 그의 집을 불태웠다. 그 뒤 이완용은 남산의 왜성구락부, 장교동에 있던 이복 형 이윤용의 집, 그리고 저동과 인사동의 집들을 전전하였다. 이후 1913년에 이완용은 자하문로 77-10(옥인동 2번지)와 자하문로 69(옥인동 18번지), 자하문로 67-1(옥인동 19번지) 일대에 4000평 가까운 대저택을 신축하였다. 한편 윤덕영은 송석원이 자리 잡았던 필운대로9나길 27(옥인동 47번지) 일대에 대저택을 신축하였다. 윤덕영의 집은 1917년판『경성부 관내 지적 목록』에 1만 6,628평으로 기재되어 있다.

이서 계층의 주요 거주지였던 필운동, 체부동, 통인동, 누상동, 누하동은 일제 강점기에 들어와서도 일반 서민 계층의 거주지로서 유지되었다. 1910년대에 필운대를 중

1929년 경성부 지형 명세도 상의 벽수산장과 이완용 소유의 토지

심으로 배화여자고등보통학교가 들어서 근대적인 경관이 이곳에서도 나타나지만, 나머지 대부분은 조선시대 필지의 특성이 그대로 유지되었다. 한편 1926년 1월 조선총독부가 경복궁 경내의 신청사로 이전하였다. 이후 조선총독부와 그와 관련된 관공서들과 인접한 궁정동, 효자동, 창성동, 통의동 일대에 일본인들의 토지소유와 거주가 증가하였다. 일본인들의 증가는 이 지역에 일본식 가옥이 많이 만들어졌다. 이 가옥들은 대체로 관공서나 일본인 회사의 직원 사택으로 20～30평 정도의 소형 주택이다. 이것으로 볼 때 대체로 이 지역은 직급이 낮은 사람들의 거주하였음을 알 수 있다.

청운동 일대는 일제 강점기 초반까지는 주택이 많이 들어서지 않고 수려한 풍광이 유지되고 있었다. 그러나 1920년대에 이르러 성수침의 세거지였던 창의문로 32길(청운동 89번지) 일대에 경기상고와 경복고등학교가 들어서게 된다. 그러다가 1930년대에 와서 대형 필지를 중심으로 분할이 활발히 일어나고 거주로의 변화가 많이 발생한다. 이는 1936년을 전후로 하여 일어난 경성부의 급격한 도시화와 관련이 있다.

1937년의 만주사변을 계기로 경성부는 대륙침략을 위한 배후 병참기지로서의 중요성이 증대되면서 일본인들의 조선 진출이 가속화되었다. 또한 식민지 수탈정책으로 와해된 농촌으로부터의 이농인구가 유입됨에 따라 경성부의 인구는 급격하게 증가하게 된다. 그 결과 경성부는 심각한 주택 부족 문제에 직면하게 된다. 이와 더불어 근대화를 진행하기 위해서는 새로운 도시의 건설 내지는 도시 내부 구조의 재편성이 불가피하게 되었다. 기존의 도시 내부 지역이었던 우대 지역에도 이러한 압력에 의하여 청운동 일대의 대형필지가 분할되면서 소규모 필지의 도시형 한옥, 불량한 목조 주택, 일본식 가옥 등이 들어서게 되었다. 이때 자하문로 33다길 47-1(청운동 52번지) 청풍계 일대와 그 인근의 자하문로 125-3(청운동 50번지), 자하문로 131-16(청운동 53번지) 일대는 일제의 비호를 받았던 미쓰이(三井)물산주식회사가 직원들의 사택으로 개발하였다. 이곳은 격자형 골목에 규칙적인 필지로 분할되었다. 일본의 미쓰이물산주식회사는 1899년 홍삼 전매가 실시된 이래 1900년부터 독점 위탁하여 성장한 회사다. 통의동, 궁정동 등 여러 곳에 동양척식회사의 사택이나 조선총독부의 직원 사택이 있었다. 그러나 다른 곳에 비해 청운동 지역의 직원 사택은 필지 규모가 대규모라는 것이 특징이다. 이는 이곳이 직원 중에서도 고위층이 거주하였던 곳이었음을 의미한다.

3. 해방 이후의 우대 지역

1945년 해방 이후에도 인왕산 동쪽 기슭 일대는 주거지의 확대가 계속되었다. 해방 직후 260만 명에 이르는 해외동포의 귀국(중국 동북지역에서 100만, 중국 대륙에서 10만, 동남아 지역에서 10만, 일본에서 140만 명), 한국전쟁 중 북쪽에서 남쪽으로 이주한 피난민, 그리고 이촌향도(離村向都) 등에 의해 서울의 인구가 크게 증가한 것과 관련이 있다. 이 과정에서 우대지역은 구역별로 차별화하면서 경관 변화가 이루어진다. 저소득층의 소형 주택지구가 형성되는 곳이 나타나는가 하면 고급 단독주택과 빌라가 들어서는 곳이 나타난다. 1948년 정부 수립 이후 경무대(청와대)가 들어선 이후 정권과 연관된 권력층들이 거주하게 되며 청와대와 관련된 건물들이 들어서게 된다.

청운동은 일제 강점기 때 미쓰이물산주식회사가 소유했던 토지가 많았다. 해방 이후 한국전쟁을 거치는 동안 국유지로 유지되다가 1960년대에 이르러 인구의 증가와 함께 필지 분할이 많이 발생하였다. 이때 일반 개인들의 소유로 이전되는 현상이 나타난다. 1960년대의 필지 분할은 미쓰이물산주식회사가 직원들의 사택으로 개발하였던 자하문로 125-3(청운동 50번지), 자하문로 131-16(청운동 53번지)에서 나타난다. 이곳은 대부분 양옥의 2층 건물이 건설되고 비적 쾌적한 주거 환경을 형성하게 된다.

1970년대에는 자하문로를 따라 흘렀던 개천을 복개하고 도로를 확장하였다. 청풍계에서 흘러나와 자하문로 개천에 합쳐지던 지류도 복개된다. 또한 이때에 자하문로 36길 22(청운동 7번지), 즉 자하문 터널 윗부분 산 쪽에는 11개동의 청운아파트가 들어선다. 청운아파트는 2005년에 완전히 철거되었으며 이 자리에는 '청운공원'이 조성되었다. 1980년대 청운동 일대는 일제 강점기와 한국전쟁을 거치면서 지어졌던 한옥과 오래된 건물이 들어서 있던 지역에 재개발 사업이 시작된다. 즉 경기상고 위쪽의 자하문로 36길 16-14(청운동 1번지), 자하문로 36길 16-11(청운동 3번지), 자하문로 36길 28(청운동 4번지), 자하문로 36길 16(청운동 15번지) 일대와 청풍계 주변의 자하문로 33다길 38(청운동 55번지), 자하문로33길 53(청운동 56번지), 자하문로 33나길 1(청운동 57번지) 일대에 벽산빌라와 같은 고급빌라와 고급 단독 주택들이 들어선다.

옥인동은 한국전쟁 이후 증가한 피난민과 1960년대 이후 지방에서 상경한 사람들의 유입이 많았던 곳이다. 자하문로에 접해 있는 자하문로 77-10(옥인동 2번지) 일대는 이미 일제 강점기에 필지가 분할되며 한옥이 입지하여 주거지로 형성이 되어 있는 상태였다. 이완용의 집이 있었던 자하문로 67-1(옥인동 19번지) 일대는 1950년대에 국유지였다가 분할되면서 주거지로 형성된다.

지방에서 상경한 사람들이 들어와 자리를 잡게 되는 곳은 주로 필운대로 9나길 27(옥인동 47번지)이다. 이곳은 일제 강점기 후반부터 송석원 주변으로 조금씩 민가가 들어서기 시작하여 한국전쟁이 끝나면서 본격적으로 저소득층을 중심으로 주택 지역을 형성하게 된다. 그리하여 송석원 터를 제외한 나머지 지역에 옥류천과 그 지류가 흘러가는 골짜기를 따라 슬레이트 지붕의 집들이 입지한다. 규칙적으로 필지를 분할하여 주택이 입지한 것이 아니기 때문에 47번지에 분할된 지번들이 불규칙적으로 나타나고 있으며 미로형의 골목이 나타난다.

한편 윤덕영의 '벽수산장'이 있던 필운대로 9나길 27(옥인동 47번지)에서도 1970년대 고급 단독 주택들이 들어서게 된다. 1935년에 준공된 벽수산장은 경성의 아방궁으로 불렸다. 1940년 10월 윤덕영 사망 이후 양손(養孫)으로 들어온 윤강로가 윤덕영의 자작 작위와 벽수산장 일대를 모두 상속했으나, 1945년 해방 직전 미쓰이물산주식회사에 팔아 버렸다. 벽수산장 일대는 해방 이후 적산이 되었다. 그 가운데 벽수산장 건물은 덕수병원에 불하되었다가 한국전쟁 초기 서울을 점령한 북한 측의 조선인민공화국 청사로, 서울 수복 이후에는 유엔군 장교 숙소, 1954년부터는 '국제연합한국통일부흥위원회(United Nations Commission for the Unification and Rehabilitation of Korea)', 약칭 '언커크'에서 이 건물을 사용하였다. 벽수산장은 1966년 4월 5일 화재로 인한 지붕 수리 중 2, 3층이 소실되었다. 1973년 이 일대의 도로정비사업 중에 완전히 철거된 이후 현재의 고급 단독 주택들이 들어섰다. 결국 필운대로 9나길 27(옥인동 47번지) 일대 윤덕영 소유였던 벽수산장 터는 여전히 고급 주거환경으로 유지되고 있으며, 그 주변 지역으로는 소형 주택들이 형성되어 대조를 이루고 있다.

이와 같이 옥인동은 고급 주택지와 소형 주택지가 동시에 나타나는 곳으로 권력이 작용한 곳과 그렇지 않은 곳이 극명하게 대립된다. 윤덕영의 벽수산장 터에 여전히 고급 단독 주택들이 들어서게 된 것은 이곳의 지형 조건 때문이다. 소형 주택들이 밀집한 곳에 비해, 이곳은 주변이 다 내려다보이는 탁 트인 지형이며 물이 모이는 골짜기 부분이 아니어서 홍수의 피해가 적은 곳이기 때문이다.

조선시대 이서 계층의 주거지, 일제 강점기에 일반 서민 계층의 거주지였던 필운동, 체부동, 통인동, 누상동, 누하동 일대는 해방 이후에도 소규모 필지가 밀집된 형태를 그대로 유지한다. 해방과 한국 전쟁 이후 서울로 몰려든 지방민과 피난민들이 많이 정착하게 됨으로써 전형적인 서민층의 주거지로 형성된다.

통의동, 궁정동, 효자동 등은 조선시대 경복궁, 일제 강점기 조선총독부, 그리고 해방 이후에는 조선총독관저가 경무대(청와대)로 사용되면서 그 영향을 직접적으로 받은 곳이라 할 수 있다. 해방 이후에도 관공서와 여러 기관들이 교체된 반면에 일제 강점기 때 지어진 한옥과 일본식 가옥이 쇠락한 모습으로 남아 있다.

4. 우대(상촌)의 역사 유적

① 필운대

배화여자중고교 교사 뒤편에는 높다란 암벽이 있다. 그 가운데에는 고종 때 영의정을 지낸 이유원(1844~1888년)이 1873년에 이곳을 방문한 후 그 느낌을 적은 글씨가 새겨져 있고, 그 왼쪽 면에 '필운대(弼雲臺)'라는 글씨가 세로로 새겨져 있다.

필운은 이항복의 호로, 필운은 서산(西山)을 의미하는 것으로 인왕산을 뜻한다. 인왕산을 필운이라 부른 것은 1537년(중종 32) 3월 조선을 방문한 명나라 사신 정사 공용경(龔用卿), 부사 오희맹(吳希孟)과 관련이 있다. 중종은 공용경 일행을 경회루에 초청하여 주연을 베푼 뒤 공용경과 오희맹에게 북쪽 백악산과 서쪽 인왕산의 이름을 붙여줄 것을 요청하였다. 이때 공용경은 백악산을 공극(拱極)이라는 이름을 지었고, 부사 오희맹은 인왕산을 필운(弼雲)이라 하였다. 이 필운은 '우필운용(右弼雲龍)'에서 따온 것이다. 운용(雲龍)이란 어진 임금과 현명한 신하의 관계를 상징한다. 신하는 임금을 보필할 때 임금의 오른쪽에서 한다는 뜻이다. 인왕산이 경복궁의 정전인 근정전에서 남쪽을 향해 보면 인왕산이 오른쪽에 위치하기 때문에 이렇게 이름을 지은 것이다.

그러나 중종 때 이외에는 인왕산을 필운산이라고 불렀던 적이 없었다. 다만 순조 때 유득공의 아들 유본예가 조선시대 한성의 역사를 간략하게 서술한 『한경지략(漢京識略)』에 등장한다. 『한경지략』에 의하면 필운대는 성 안 인왕산 밑에 있었다. 오성 부원군 이항복이 젊을 때 필운대 밑에 있는 도원수 권율의 집인 처가에 거처하면서 스스로 별호를 서운(西雲)이라 하였다. 지금 석벽에 새겨져 있는 '필운대' 석자가 오성의 글씨라 한다. 필운대 옆에 있는 사람들의 집에 꽃나무들을 많이 심어서 성 안 사람들이 봄날 꽃구경할 때 먼저 여기를 손꼽으며 거리 사람들도 술병을 차고 와서 시를 짓노라 날마다 모여든다. 보통 거기서 지은 시를 "필운대풍월(弼雲臺風月)"이라 한다.

② 배화여고 생활관

배화학당은 기독교 선교와 여성 계몽을 위하여 1898년 미국 남감리교 소속 선교사

겸재 정선의 『장동팔경첩』 중 필운대와 현재의 필운대

인 J. P. 캠벨의 부인이 한성부 인달방 고간동(내자동)에 한옥 여러 채를 구입하여 학교 교회인 캐롤라이나학당(Carolina Institute)이라는 여성 교육기관을 설립하면서 시작되었다. 당시에는 여학생 2명과 남학생 3명이 수학했다. 캐롤라이나학당은 1903년 (광무 7) 윤치호에 의해 배화학당이라는 공식 이름을 갖게 되었다. 이후 늘어나는 교인과 학생들로 인하여 배화학당은 지금의 자리로 1915년 무렵 이전했던 것으로 추정되고, 생활관도 교사 및 한옥기숙사와 함께 이 무렵 완공된 것이라 한다.

배화여고 생활관은 처음 선교사를 위한 주택으로 지어졌다. 건물의 제일 아래층은 반지하로 되어 있어 현관으로 들어서려면 계단을 올라가야 한다. 그리고 현관 앞에는 돌출된 지붕을 만들어 그 위를 발코니로 사용하였다. 내부에는 중앙에 홀과 계단실이 있고 그 양옆으로 방이 있다. 생활관의 전체적인 외관은 서양식 붉은 벽돌과 기둥을 사용하였지만, 지붕은 한옥의 기와지붕을 사용하여 서양식과 한국식 건축이 섞인 독특한 외관을 하고 있다.

③ 수성동 계곡

수성동(水聲洞)은 예전에 큰 바위가 있고 가운데로 옥류동천(玉流洞川)이 흘러 비가 오면 폭포 소리가 요란한 곳이라 하여 지어진 이름이다. 청계천 발원지 중 하나인 옥류동천은 1930년대에 복개되어 그 물소리는 사라지고 이름만 남았다.

수성동은 옥류동천과 그 바위의 빼어남으로 인해 겸재 정선의 그림 진경산수화에도 시인 묵객들의 노래에도 등장한다. 겸재 정선은 『장동팔경첩』 중의 「수성동」으로, 추사 김정희는 「수성동 우중에 폭포를 구경하다. 심설의 운에 차함(水聲洞雨中觀瀑 次沁雪韻)」을 통해 비 오는 날 수성동 옥류동천의 폭포에 대한 감회를 시로 남겼다.

골짝을 들어서자 몇 걸음 안가(入谷不數武)

발 밑에서 우레소리 우르르르릉(吼雷殷屐下)

젖다못한 산 안개 몸을 감싸니(濕翠似裹身)

낮에 가도 밤인가 의심되누나(晝行復疑夜)

자리 깔아 무엇하리 조촐한 이끼(淨苔當舖席)

개와(蓋瓦)와 마찬가지 둥그런 솔은(圓松敵覆瓦)

예전에는 조잘대던 집시락물이(簷溜昔啁啾)

이제 와선 대아의 소리 듣는 듯(如今聽大雅)

산 마음이 정히도 숙연해지니(山心正肅然)

지저귀는 소리 없네 온갖 새들도(鳥雀無喧者)

원컨대 이 소리를 가지고 가서(願將此聲歸)

저 야속한 무리들을 깨우쳤으면(砭彼俗而野)

저녁 구름 갑자기 먹이 퍼지니(夕雲忽潑墨)

그대더러 시의 뜻을 그리란 걸세(敎君詩意寫)

『한경지략』에 수성동은 옛날 비해당(匪懈堂) 안평대군(安平大君, 1418~1453)이 살던 집터였으며, 그리고 개울을 건너는 다리가 있는데 이름을 기린교(麒麟橋)라고 한다고 기록되어 있다. 기린교는 겸재 정선의 『장동팔경첩』 중 「수성동」에도 나타난다.

'비해당(匪懈堂)'은 안평대군이 세종으로부터 받은 호다. 비해당이란 뜻은 노(魯)나라 헌왕(獻王)의 둘째 아들인 중산보(仲山甫)가 주(周)나라 선왕(宣王)의 명령을 받고 제(齊)나라로 성을 쌓으러 떠날 때에 윤길보(尹吉甫)가 전송하며 지어준 시(詩)에 등장한다. 『시경』 증민(蒸民, 백성들)에 "지엄하신 임금의 명령을 중산보가 받들어 행하고,

겸재 정선의 『장동팔경첩』 중 수성동과 현재의 수성동 계곡

나라 정치의 잘되고 안 됨을 중산보가 가려 밝히네, 밝고도 어질게 자기 몸을 보전하며, 이른 아침부터 늦은 밤까지 게으름 없이 임금 한 분만을 섬기네"에서 마지막 구절 원문인 "숙야비해(夙夜匪懈) 이사일인(以事一人)"에서 "비해"를 취한 것이다. 세종은 재주가 뛰어난 안평대군이 혹시라도 딴 마음을 먹거나 엉뚱한 움직임에 휩쓸리지 않고 동궁(문종)을 잘 보필하기를 바라는 마음을 담은 것이다. 안평대군 역시 그렇게 노력했지만 세상의 흐름은 세종도 아들도 전혀 예상할 수 없었던 방향으로 흘러갔다.

안평대군은 1453년(단종 1) 수양대군(首陽大君)이 왕위를 빼앗기 위하여 일으킨 계유정란(癸酉靖亂)으로 강화 교동도(喬桐島)로 유배되어 그곳에서 36세의 일기로 사사(賜死)되었다. 이후 비해당은 안평대군의 큰아버지이자 세종의 둘째 형 효령대군(1396~1486)이 차지하게 된다. 한편 부암동에는 안평대군의 별장으로 알려진 무계정사(武溪精舍) 터가 있으며, 이곳에 무계동(武溪洞)이라는 각자가 새겨진 바위가 남아 있다.

④ 송석원과 벽수산장 터

인왕산 동쪽 기슭인 필운대로 9나길 27(옥인동 47번지) 일대는 조선시대 한성의 5

대 경승(백운동, 삼청동, 인왕동, 쌍계동, 청학동) 가운데 하나인 인왕동 부근으로 일찍이 옥류동이라 불렀다. 순조대 이후 옥류동에서 풍광으로 가장 이름난 곳은 송석원(松石園)이었다. 정조 때 활동한 평민시인 천수경(千壽慶, 1758∼1818)이 옥류동 골짜기에 초가집을 짓고 송석원이라 이름 지은 뒤 송석원으로 널리 알려졌다. 천수경은 1786년(정조 10) 이곳에서 시사(詩社)를 결성하였는데, 이른바 송석원시사(松石園詩社)라고 한다. 옥인동에 있었으므로 옥계시사(玉溪詩社)라고도 하며, 인왕산에 거주하던 역관이나 의원 같이 한문에 능통한 위항시인(委巷詩人)들이 주로 참여하였다. 송석원 주변에는 시사의 핵심 인물들이 살고 있었고, 인근의 경관도 수려하여 위항인(委巷人)은 물론 사대부들 사이에서도 큰 이목을 끌었다.

송석원의 경관을 보여주는 그림으로는 18세기 후반 작가인 이인문(李寅文, 1745∼1821)의 「송석원시회도(松石園詩會圖)」와 김홍도(金弘道, 1745∼?)의 「송석원시사야연도(松石園詩社夜宴圖)」가 있다. 이 중 「송석원시회도」는 1791년 초여름의 저녁 무렵 송석원에서 열린 시회 장면을 그린 것이다. 그림 아래쪽에 인왕산에서 내려오는 시내가 흐르고, 그 위쪽의 잡목이 우거진 큰 바위를 배경으로 시회가 열리고 있다. 사람들이 모여 앉은 바위 옆에 '송석원(松石園)'이라는 글씨가 적혀 있다. 이곳이 바로 송석원임을 나타낸 것이다. 송석원은 옥류동에서 인왕산의 북쪽 자락으로 깊이 들어간 공간임을 알 수 있다. 1817년(순조 17)에 추사 김정희가 가로로 써서 새긴 '송석원'이라는 각자가 있었다고 하는데, 지금은 그 위치를 찾을 수 없다.

조선 후기 위항문학의 중심지였던 송석원 자리는 일제 강점기에는 친일파인 윤덕영에게 점유되어 당시 '한양 아방궁', '조선 아방궁', '아방궁(阿房宮)' 등으로 불릴 만큼 거대하고 화려한 벽수산장(碧樹山莊)이 지어지면서 송석원 흔적은 모두 없어졌다. 지금은 돌기둥만 남아 있는 벽수산장은 서양식 석조 슬레이트 건물로 약 일만여 평이 넘는 큰 대지에 지상 3층, 지하 1층에 모두 600여 평의 규모로 이루어져 있었다.

우리 건축에서는 대체로 집을 자연에 숨겨 동구에 이르기 전까지는 모습을 보이지 않는 것이 일반적이었다. 특히 왕궁을 내려다보는 건물은 금기였다. 하지만 벽수산장은 이러한 종래의 금기를 깡그리 무시하고 경복궁을 눈 아래 두었다. 이러한 벽수산장의 위치는 조선 왕조가 망했다는 사실을 웅변으로 증명하는 것이기도 했다.

송석원시회도(松石園詩會圖)

　　벽수산장의 설계도는 본래 프랑스인이 작성한 것인데 이를 1902년(광무 6) 주(駐) 프랑스 공사(公使)로 있던 민영찬이 후일 귀국하여 자신의 집으로 짓고자 하여 입수하였다고 한다. 민영찬은 1905년(광무 9) 11월 17일 "한일외교권위탁조약", 소위 을사보호조약 체결로 인하여 공사관이 프랑스로부터 철수되며 귀국할 때 이 설계도를 가져왔으나 가세가 기울어 건축으로 옮기지는 못하였다.

　　이후 이 설계도는 민영찬으로부터 순종의 장인 윤택영의 동생 윤덕영이 입수하였고, 1910년 한일병합 때 공로를 인정받아 일제로부터 받은 막대한 은사금(恩賜金)으로 1913년경부터 짓기 시작하였다. 벽수산장은 공사 중간에 건축업자의 파산 등으로 우여곡절을 겪다가 1935년경에야 완공했으니 건축에 20년이 훨씬 넘게 걸렸다.

　　벽수산장은 공사가 진행되던 당시부터 장안의 조롱거리가 되는 동시에 시중의 여

벽수산장 사진을 실은 일제 강점기 신문기사

벽수산장 터 정문 돌기둥

론이 좋지 못하였다. 윤덕영은 1935년 벽수산장 건물이 준공되자 중국의 신흥종교인 '세계홍만자회(世界紅卍字會)'의 조선지부에 벽수산장 건물을 빌려주었다. 그러나 윤덕영이 홍만자회 조선지부의 주석이었으니 실질적으로는 자신이 사용했을 것이다.

윤덕영이 온갖 비난을 들어가면서 지은 벽수산장은 그의 사후 2차 세계대전 때인 1941년 군부와 결탁한 일본의 재벌 미쓰이(三井)의 소유로 바뀌었다. 해방 이후에는 덕수병원, 한국전쟁 초기 서울을 점령한 북한 측의 조선인민공화국 청사로, 서울 수복 이후에는 유엔군 장교 숙소, 1954년부터는 '국제연합한국통일부흥위원회(國際聯合韓國統一復興委員會)', 약칭 '언커크'에서 이 건물을 사용하였다. 1966년 4월 5일 지붕 수리 중 2, 3층이 소실되었고, 1973년 도로 정비 사업을 하며 완전히 철거되었고 현재 단독주택들이 들어서 있다.

한편 벽수산장의 주변에는 친일파의 대명사인 이완용(1858~1926)의 집이 있었다. 1913년에 자하문로 67-1(옥인동 19번지) 일대에 들어선 이완용의 집은 3,000평이 넘는 '대저택'이었다. 지금의 종로프라자약국, 옥인파출소, 종로구보건소 등이 들어선 블록 전체가 그의 집터였다.

필운대로 68(옥인동 45번지) 군인아파트 일대, 옛 경우궁 자리에는 1911년에 세워진 경성부립순화병원(京城府立順化病院, 이하 순화병원)이 있었다. 순화병원은 콜레라

이완용 집터 일대

나 장티푸스 등의 급성 전염병 전문병원이었으나, 의료인도 부족했을 뿐만 아니라 효과적인 치료법도 없었다. 따라서 순화병원은 그저 격리 수용 시설에 불과했다. 일단 순화병원에 들어가면 살아 나오는 경우보다 죽어 나오는 경우가 더 많았다고 한다. 당연히 환자들은 이 병원에 가려 하지 않았다.

일제 경찰은 전염병이 돌면 집집마다 다니면서 감염이 의심되는 환자를 적발해 순화병원에 보냈다. 심하지 않은 발열 증상 때문에 순화병원에 끌려가 진짜 전염병에 감염되어 죽는 경우도 적지 않았다고 한다. 이러한 시대상을 반영하여 만들어진 욕이 '순화원 갈 놈(재수 없이 죽을 놈이라는 의미)'이라는 것이었다. 이 욕은 전통시대 '염병할 놈'의 변형판이었다.

⑤ 종로구립 박노수 미술관

종로구립 박노수 미술관은 일제 강점기 대표적 친일파인 윤덕영이 딸을 위해 1930년대 말에 지은 집이다. 1972년부터 박노수 화백이 이곳에 살았다. '서울특별시 문화재 자료 1호'인 이곳은 2011년 박노수 화백이 작품과 함께 종로구에 기증하였다.

박노수 미술관

박노수 가옥은 박공지붕(맞배지붕)에 서까래, 벽난로, 마루, 베란다 등으로 한식, 양식, 일본식, 중국식이 함께 어우러졌다. 이 건축 양식은 화양절충형(和洋折衷形)이라 할 수 있다. 화신백화점, 보화각(현재 간송미술관)을 설계한 박길룡 건축가의 작품이며, 일본에 대한 문화적 저항으로 서양식을 더 많이 가미한 건축이다.

박노수 가옥은 반지하층을 포함한 2층 구조로, 1층에는 벽돌조로 온돌방, 마루, 복도, 응접실이 있고, 2층은 목구조로 계단실을 중심으로 마룻바닥으로 된 방들이 있다. 내부에 벽난로가 설치되어 있다. 2층의 증축 부분을 제외하면 원형이 잘 남아 있어 1930년대 후반 한국인 건축가의 저택 설계를 살펴볼 수 있는 자료이다. 뒤뜰에서는 추사 김정희가 쓴 '송석원(松石園)'이라는 바위도 발견되었다.

⑥ 청운동 백세청풍(百世淸風) 각자

청풍계는 인왕산 아래 자하문로33 다길(청운동 52번지) 일대와 계곡 일부를 포함한 지명이었다. 원래는 푸른 단풍나무가 많아서 청풍계(靑楓溪)로 불렸는데 병자호란(1630년) 때 강화도를 지키다 순국한 선원(仙源) 김상용(1561~1637)이 별장으로 꾸

미면서 맑은 바람이 부는 계곡이라는 의
미인 청풍계(淸風溪)로 바뀌었다고 한다.

김상용이 인왕산 기슭 청풍계에 살았
던 집은 '태고정(太古亭)' 또는 '선원고택
(仙源故宅)'으로 불렸다. 태고정은 집터
에 있었던 정자 이름이고, 선원고택은
김상용 사후 자손 및 후학들이 부른 이
름이다. 오늘날 자하문로33 다길의 청운
현대아파트를 지나 올라가다 보면 커다
란 바위가 있다. 이 바위에는 '백세청풍
(百世淸風)'이라는 글자가 새겨져 있어서
청풍계의 흔적을 볼 수 있다. 그러나 현
재 이 바위 앞에는 나무가 심어져 있고,
그 위에는 '공관빌라'라는 고급 주택이
들어서 있어 그냥 지나치기가 쉽다.

『품계집승기』에서 청풍계 늠연사(凜
然祠)의 앞 청풍대라는 이름의 바위에 있
는 각자 「백세청풍(百世淸風)」은 주자(朱
子)의 글씨이며, 곁에 천유대(天遊臺)라
는 우뚝 솟은 절벽 위에 있는 각자 「대명
일월(大明日月)」은 송시열의 글씨라고
기록되어 있다. 현재는 '길이길이 오랜
세월 동안 밝고 곧은 절개'라는 뜻을 가
진 「백세청풍」 각자만 전하고 있다. 「백
세청풍」은 나라가 망하자 의롭지 못한
주나라 곡식을 먹을 수 없다며 수양산에
들어가 고사리만 캐먹다 굶어 죽은 백이

겸재 정선의 '청풍계'

백세청풍(百世淸風) 각자

(伯夷)와 숙제(叔齊)의 곧은 절개를 상징하는 말이다. 조선시대에는 「백세청풍」을 충신들의 고택에 현판으로 걸거나, 혹은 거주지의 바위나 비석에 새겨 기념하였다. 조선이 청나라보다는 명나라의 계승자임을 자처하는 뜻을 담은 「대명일월(大明日月)」 각자는 일제 강점기 때 훼손되어 없어졌다.

⑦ 선희궁(宣禧宮)

선희궁에서 선희(宣禧)란 '복을 널리 펼침'을 뜻한다. 1764년(영조 40)에 영조의 후궁이자 사도세자(思悼世子)의 생모인 영빈 이씨의 신위를 봉안하고 제사 지내던 사당이다. 1765년(영조 41) 7월에 영조는 영빈 이씨의 시호를 의열(義烈)이라 내리고 그 사당의 이름을 의열묘(義烈廟)라 하였으며 이후 다시 의열궁이라 고쳤다. 그러나 의열궁은 법전에 입각한 정식 이름이 아니라 편의상 부여된 이름, 즉 영조가 영빈 이씨에게 성의를 보여주려 붙인 이름이다. 당시 영빈 이씨 묘는 정식으로 봉원(封園, 묘의 이름을 원(園)으로 높이는 의식)되지 않았기 때문에 사당 이름에서 궁을 취할 수 없었다.

1788년(정조 12)에 정조도 영빈 이씨의 사당 이름을 선희궁이라 바꾸었지만 이 역시 정식으로 봉원하지 않은 상태에서 붙여진 이름이었다.

1870년(고종 7)에 고종은 선희궁의 신위를 육상궁 별묘(別廟, 다른 사당)로 옮겼다. 그러다가 1899년(광무 3) 사도세자가 장조(莊祖)로 추존되었다. 이에 영빈 이씨는 왕을 낳은 어머니의 신분이 된 결과 그 신위를 높이고 묘도 정식으로 봉원되었다. 이에 따라 1900년(광무 4)에 옛터에 선희궁을 다시 중건하였다. 그러나 1908년(융희 2) 7월 23일 제사친묘(諸私親廟)를 합사하라는 순종의 칙명에 따라 육상궁 별묘로 옮겨졌다. 조선총독부는 1912년 12월 선희궁 터에 제생원(濟生院) 양육부(養育部)를 설치하였다. 현재는 국립서울농학교와 국립서울맹학교가 자리 잡고 있다.

⑧ 육상궁과 칠궁

육상궁(毓祥宮)에서 육상(毓祥)이란 '상서로움을 기른다'는 뜻이다. 육상궁은 영조의 생모이며 숙종의 후궁인 숙빈 최씨의 신위를 모신 사당이다. 이 사당은 본래 육상

국립서울농아학교 내 선희궁 사당 본채

궁 정당(正堂)이지만 지금은 영조의 후궁인 정빈 이씨 사당인 연호궁(延祜宮)과 함께
있다. 한 건물에 두 현액이 걸려 있고 내부에 두 신위가 서(西, 숙빈 최씨), 동(東, 정빈
이씨)으로 함께 모셔져 있다. 영조는 왕위에 오른 1724년에 숙빈 최씨의 사당을 세워
숙빈묘(淑嬪廟)라 했으나, 1753년(영조 29)에 영조는 숙빈 최씨에게 화경(和敬)이라는
시호를 올리면서 육상궁으로 묘호가 승격되었다. 육상궁은 1882년(고종 19) 화재가
발생하여 불타버린 것을 다음해에 복구하였다.

현재 육상궁을 칠궁이라 부르고 있다. 이는 1908년(융희 2)에 7월 23일 제사친묘
(諸私親廟)를 합사하라는 순종의 칙명에 따라 여러 곳에 분산되어 있던 제궁들을 이곳
에 합설하였기 때문이다. 1908년 저경궁(儲慶宮), 대빈궁(大嬪宮), 연호궁(延祜宮), 선
희궁(宣禧宮), 경우궁(景祐宮)이 육상궁 경내로 옮겨왔다. 1929년에는 덕안궁(德安宮)
이 육상궁으로 옮겨와서 칠궁이 된 것이다.

저경궁(儲祥宮)에서 저경(儲慶)이란 '경사스러움을 쌓거나 이어감'을 뜻한다. 저경
궁은 선조의 후궁이며 인조의 생부로 1627년(인조 5)에 왕으로 추존된 원종(元宗)의
생모인 인빈 김씨의 신위를 봉안한 사당이다. 대빈궁(大嬪宮)에서 대빈(大嬪)이란 '크
고 높은 후궁'을 뜻한다. 대빈궁은 숙종의 후궁이며 경종의 생모인 희빈 장씨의 신위
를 봉안한 사당이다. 연호궁(延祜宮)에서 연호(延祜)란 '복을 맞이하거나 펼침'을 뜻한
다. 연호궁은 영조의 후궁이며 추존된 왕 진종(眞宗)의 생모인 정빈 이씨의 신위를 봉
안한 사당이다. 진종은 영조의 맏아들로 1725년(영조 1) 효장세자(孝章世子, 1719~
1728)에 책봉되었으나, 1728년(영조 4)에 10세의 어린 나이로 죽어 이복동생 사도세
자(思悼世子)가 왕세자가 되었다. 사도세자마저 즉위하지 못하고 죽자, 사도세자의 아
들 정조가 그의 양자(養子)가 되어 즉위함에 따라 진종으로 추존되었다. 경우궁(景祐
宮)에서 경우(景祐)란 '큰 복'을 뜻한다. 정조의 후궁이며 순조의 생모인 수빈 박씨의
신위를 봉안한 사당으로 선희궁의 신위를 함께 모시고 있다. 경우궁은 원래 종로구 계
동의 (주)현대사옥 자리에 있었다. 그러나 1886년(고종 23)에 현재 종로구 필운대로
68(옥인동 45번지)의 군인아파트 일대로 옮겼다. 이는 1884년(고종 21) 12월 4일에 갑
신정변과 관련이 있다.

1884년 12월 4일에 김옥균 등은 고종, 왕후, 대왕대비 등을 경우궁 모시고 갔다. 그

육상궁과 연호궁의 신실

런데 경우궁은 사당으로 사람이 살지 않았기 때문에, 겨울철 방한 시설은 물론 음식 반입 등에 불편함 점이 많았다. 그래서 12월 5일 오전 10시경 그 남쪽에 위치한 고종 의 사촌 형 이재원이 살던 계동궁(桂洞宮)으로 처소를 옮겼다. 왕후와 대왕대비는 계 동궁이 비좁고 누추해 잠시도 머무를 수 없다며 완강히 창덕궁으로 돌아갈 것을 요구 하였다. 이에 김옥균 등은 어쩔 수 없이 오후 5시경 창덕궁으로 돌아왔다. 갑신정변이 진압된 이후 고종은 경우궁의 엄숙한 분위기가 훼손되었다고 애통히 여기며 다른 곳 에 옮겨 짓도록 하였다.

덕안궁(德安宮)에서 덕안(德安)이란 '덕이 있고 편안함'을 뜻한다. 덕안궁은 대한제 국 고종의 황태자이자 일제 강점기에 순종(純宗)에 이어 이왕(李王)이 된 이은(李垠)의 생모인 순헌왕귀비(純獻王貴妃) 엄씨(嚴氏)의 신위를 봉안한 사당이다.

육상궁을 포함한 칠궁에는 재실 등 여러 부속 시설들이 있다. 칠궁의 재실(齋室)에 는 '송죽재(松竹齋)'와 '풍월헌(風月軒)'이란 두 현판이 걸려 있다. 재실 뒤 연호궁과 덕 안궁 사이에는 우물 '냉천(冷泉)'과 정자 '냉천정(冷泉亭)'이 있다. '냉천정'의 현판은 영 조의 친필이다. 냉천정은 냉천 곁에 지은 건물이며 본래 육상궁의 부속 건물이었다.

냉천은 육상궁을 지을 때 발견된 샘이라 한다. 냉천정 남쪽 아래 뜰에는 자연(紫淵)이라는 네모난 모양의 연못이 있다. 자연(紫淵)은 '신선 세계의 연못'을 뜻하며, 냉천에서 나오는 물은 이 연못으로 흘러 들어간다.

육상궁은 종묘와 더불어 조선시대 사묘제도(祠廟制度)를 엿볼 수 있는 귀중한 공간이다. 그러나 1968년 1·21 김신조 등 무장공비의 청와대 침투사건 이후 일반인 관람이 금지되었다가 33년 만인 2001년 11월 일반인에게 개방되었다.

⑨ 홍종문 가옥

홍종문 가옥은 언덕 위 부정형으로 생긴 좁은 대지에 동향으로 안채·행랑채·별당이 따로따로 건축되어 있다. 안채에 보관된 상량문에 따르면 1913년에 건립된 것으로 추정된다. 이 가옥은 1962년 대한테니스협회장을 역임한 홍종문이 매입하여 현재에 이르고 있다.

가옥은 한옥 살림채와 광, 정자, 현대식 양옥 등으로 구성되어 있다. 이 가운데 전통을 살린 한옥 살림채와 광(행랑채)이 1994년 서울특별시 민속자료로 지정되었다.

한옥 살림채는 안채와 사랑채가 분리되어 있지 않고, 대청을 사이에 두고 하나의 건물로 구성되어 있는 점이 특징적이다. 광은 맞배지붕을 하고 있고 방을 두어 행랑채의 기능도 갖추고 있다.

⑩ 창의궁 터와 백송

휘어진 가지와 짙푸른 잎을 갖추고 높은 바위 위에 서 있는 소나무는 시련을 이겨내는 인내심과 강인함을 보여주어 한민족의 기상을 상징한다. 또한 솔잎이 풍기는 은은한 향기는 우리 일상 여러 곳에서 친근하게 이용된다. 우리 민족의 소나무에 대한 신뢰와 애정은 남다르다 할 수 있다. 물론 집을 지을 때도 가장 으뜸으로 친 것이 소나무였다.

그런데 우리나라의 오래된 목조건물인 고려시대 지어진 영주의 부석사 무량수전 같은 건물은 기둥을 모두 느티나무로 썼다. 조선 초기에 지어진 강진의 무위사 극락전, 해인사의 장경판전 건물의 기둥도 모두 느티나무다. 느티나무는 나뭇결이 곱고 황갈색 빛깔에 약간 윤이 나고 썩거나 먹는 일이 적은데다 다듬기도 좋아서 가히 나무의 황제라 칭한다.

통의동 백송

시대를 더 거슬러 올라가서 삼국시대 귀족들이 집을 지을 때 느릅나무를 널리 이용했다는 기사를 『삼국사기』에서 볼 수 있다. 고려시대에 들어오면서 한반도의 수종의 소나무 위주로 변모되었다. 소나무는 햇볕을 좋아하는 나무이며 숲이 우거진 곳에서는 크게 번성하지 못한다. 그런데 사람들의 거주지가 확산되면서 숲에 불을 질러 농경지를 넓히고 집시고 난방을 하기 위해 나무를 베어내면서, 소나무가 좋아하는 환경이 늘어나게 되었다. 결국 느티나무나 느릅나무 같은 수종들은 사람의 접근이 어려운 깊은 산 속에나 살아남고 대신 소나무가 그 자리를 대신하였다.

조선 초기에 이미 다른 수종은 거의 고갈되어 활용할 수 있는 대상에서 벗어났고 궁궐을 짓거나 배를 만드는 데 쓰이는 나무는 거의 소나무 일색이 되었다. 소나무는 백송, 적송, 흑송으로 나눈다. 그중 백송은 중국, 흑송은 일본, 적송은 우리나라에 자생한다. 그래서 옛 궁궐이나 한옥을 지을 때 적송을 주로 썼다. 특히 안면도 적송을 궁궐에 많이 썼다. 우리나라에 흑송 자생 지역은 울릉도와 압록강변이다. 서울에서 흑송으로 지은 유일한 가옥은 이완용의 조카사위인 한상룡의 옛 가옥으로 서울 민속 문화재 22호인 '가회동 백인제 가옥'이다.

서울에 백송이 있는 곳은 통의동, 계동 헌법재판소, 조계사 세 곳이다. 이중 통의동 백송이 가장 크고 오래되었다. 그 백송은 1990년 7월 폭풍으로 쓰러져 밑동만 남았다. 지금 그 옆에는 묘목을 심어 자라고 있다. 통의동 백송이 있는 이곳은 창의궁(彰義宮)이 있던 곳이기도 하다. 창의궁은 영조가 왕이 되기 전 연잉군(延礽君) 시절 살던 집이다. 효종의 4녀 숙휘공주(淑徽公主, 1642~1696)의 부마 인평위(寅平尉) 정제현(鄭齊賢)의 옛 집이었다고 한다.

숙종의 아들 연잉군은 진사 서종제(徐宗悌)의 딸과 1704년(숙종 30) 2월 21일 혼인하였으나 사저(私邸)가 없어 출궁하지 못하였다. 이에 숙종은 1707년(숙종 33) 8월 29일 이 집을 구입하여 사저로 하사하였다. 그래서 연잉군은 1712년(숙종 38) 2월 12일 출궁하여 사저로 이사하였다. 숙종은 연잉군 사저의 서재에 양성헌(養性軒)이란 이름을 하사하였다. 또 직접 지은 시를 현판으로 만들어 연잉군 사저에 걸게 하였다. 1719년(숙종 45) 2월에는 영조의 첫째 아들인 효장세자(孝章世子, 眞宗으로 추존)가 이곳에서 태어났다. 연잉군은 1721년(경종 1) 8월 20일 경종의 세제(世弟)가 되어 사저를 떠나 경덕궁(慶德宮, 영조 36년 경희궁으로 고침)으로 들어갔다. 연잉군은 이후 경종의 뒤를 이어 창덕궁 인정문에서 왕위에 올랐다. 이에 왕자 때 살던 사저는 잠저(潛邸)가 되므로 그 이름을 창의궁으로 고쳐 부르게 되었다.

1725년(영조 1) 8월 10일, 영조는 창의궁에 잠저 때의 자신의 호적을 보관시켰다. 이는 왕의 호적이 존귀하므로 한성부 창고에 다른 호적과 함께 그대로 보관할 수 없다는 점과, 조선 태조와 인조가 잠저 때 작성된 호적을 찾아 본궁(本宮)에 각각 보관하였다는 전례를 따른 것이다.

1731년(영조 7) 1월 3일에는 1730년 11월 30일에 죽은 아들 효장세자의 신위를 창의궁에 안에 지은 효장궁(孝章宮)에 안치하였다. 이 효장궁은 이후 효장묘로 바뀌었다. 1752년(영조 28) 8월 2일에는 같은 해 3월 4일에 죽은 의소세손(懿昭世孫, 영조의 손자이자 사도세자의 장남)의 신위를 창의궁 안에 지은 의소묘(懿昭廟)에 안치하였다.

1765년(영조 41) 11월 18일 창의궁 안에 장보각(藏譜閣)을 완성하고 영조의 어진 2본과 어필·유서 등을 보관하도록 하였다. 영조는 자신의 잠저이기도 하지만 사랑하는 큰 아들과 큰 손자를 제사지내는 사당이 있는 창의궁을 자주 찾았다. 특히 1771년(영조 47)에는 창의궁에서 여러 날을 묵었고 정사를 돌보기도 하였다.

1870년(고종 7) 정월에는 고종은 정조의 첫째 아들로 5살 때 홍역으로 죽은 문효세자(文孝世子)의 묘인 문희묘(文禧廟)를 창의궁 의소묘 안에 있는 별묘(別廟)에 옮겼다. 1908년(융희 2) 7월에 의소묘·문희묘의 신위를 매장함으로써 창의궁은 폐궁되었다.

1908년 12월 30일 설립된 동양척식주식회사는 이 창의궁 터를 직원 사택 부지로 사용하기 위해 이미 한일병합 이전부터 택지 정리를 해 놓았다. 그리고 한일병합 이후 사택을 건설하여 이용하였다.

해방 이후 동양척식주식회사 사택단지는 적산으로 접수되어 재분할되었다. 이후 새로운 주택지가 들어서면서 현재는 사택단지에 있었던 건물의 흔적은 거의 찾아볼 수 없다.

⑪ 월성위궁 터

월성위궁(月城尉宮)은 경복궁역 3번 출구 근처에 있다. 월성위궁은 1732년(영조 8)에 영조의 둘째 딸 화순옹주(和順翁主, 1720~1758)가 김한신(金漢藎)과 결혼하자, 영조는 그를 월성위(月城尉)로 봉하고 이들 부부를 위해 창의궁 남쪽에 지어준 집이다.

화순옹주는 조선 왕실 여성 중 유일하게 남편을 따라 죽은 '열녀'다. 화순옹주는 1758년(영조 26) 김한신이 세상을 떠나자 그 죽음을 애도하며 곡기를 끊었고, 아버지인 영조의 만류에도 불구하고 결심을 바꾸지 않아 곡기를 끊은 지 14일 만에 죽었다.

화순옹주의 조카인 정조는 고모의 사후 25년인 1783년(정조 7) 고모의 정절을 기리며 월성위 부부의 무덤이 있는 충남 예산에 열녀문(화순옹주 홍문)을 세웠다. 정조는 당시 "부부의 의리를 중히 여겨 같은 무덤에 묻히려고 결연히 뜻을 따라 죽기란 어렵지 않은가. … (중략) … 어찌 우리 가문의 아름다운 법도에 빛이 나지 않겠는가. … (중략) … 아! 참으로 어질도다"라고 칭송했다.

화순옹주와 김한신 부부 사이에 자손이 없자 월성위의 조카인 김이주가 양자로 들어가 대를 이었는데, 바로 김정희의 조부이다. 김정희는 병조판서 김노경(金魯敬)과 기계(杞溪) 유씨(兪氏) 사이에 장남으로 태어났으나, 큰아버지인 김노영이 아들이 없어 양자로 입양되었고 이후 이곳은 김정희의 집이 되었다.

16장 서울의 출발과 그 범위의 확대

　1945년 8월 15일 일본 천황의 항복 선언과 동시에 한국인들은 해방을 맞았다고 생각했다. 하지만 조선총독부 통치기구는 바로 붕괴하지 않았다. 경찰을 비롯한 총독부 관리들은 어수선한 상황에서 모두 제자리를 지켰다. 미군은 9월 2일 포고 1호를 발표 후 9월 8일 인천항을 통해 서울로 들어왔다. 1945년 9월 9일 오후 3시 45분 조선총독부 제1회의실에서는 엄숙한 분위기에서 식이 거행되고 있었다. 미국 제24군단 사령관 존 리드 하지(John Reed Hodge) 중장과 제7함대 사령관 토마스 킨케이드(Thomas Cassin Kinkaid) 제독이 지켜보는 가운데 아베 노부유키(阿部信行) 총독, 고즈키 요시오(上月良夫) 일본군 제17방면군(方面軍) 사령관, 야마구치 기조(山口儀三) 진해 경비부 사령관은 항복 문서에 서명을 하였다. 항복 조인식은 30분 만에 끝나고 일본 국기가 내려졌다. 그러나 일장기 대신 올라간 것은 태극기가 아니라 성조기였다.

　해방 후에도 한동안 서울의 공식 명칭은 여전히 '경성부'였고, 그 행정수반은 경성부윤이었다. 미군은 서울 진주 직후 크릴로프 소령을 경성부 책임자로 발령하였고, 10월 25일에는 이범승을 크릴로프의 한국인 파트너인 경성부윤에 임명하였다. 경성부가 '서울시'로 바뀐 것은 해방 이듬해인 1946년 8월 15일의 일이다. 1946년 8월 15일 광복

1945년 9월 9일 총독부의 일장기 하강 및 성조기 게양 장면

1주년을 기하여 미군정 당국은 미국 도시에서 실시하고 있는 자치헌장(Home Rule Charter)을 본받아, 8월 10일 「서울시헌장」을 발표하였다. 「서울시헌장」은 총 7장 58조로 되어 있는데 그 중 행정기구에 관한 사항을 간추려 보면 다음과 같다.

첫째, 경성부를 서울시로 개칭한 후 특별시로 승격시켰다. 서울시헌장 1조는 경성부를 서울시(The City of Seoul)로 개칭하였고, 이를 미군정 법령 166호에 의해 특별자유시(The Independent City of Seoul)로 하였다. 이것은 해방 후 경성부·서울시·한성시라 부르던 명칭을 통일하는 계기가 되었다. 또 서울시는 특별자유시가 됨으로써 경기도 관할에서 벗어나 한 개의 도(道) 수준인 개별적 지방자치단체로 승격했다.

둘째, 서울시의 행정 집행 기구로서 시장을 두고 그 밑에 행정관장과 각 기구를 두도록 했다. 시장은 시민의 선거에 의해 선출되는 시의 집행기관장으로 시에 관한 제반법령을 시행하고 매년 예산안을 심사 제출할 책임을 졌다. 또 자기가 임명한 각부 및 위원회에 소속된 행정 사무를 감독하며, 시정에 관해 제출한 이의를 수리 검토하여 신청자에게 통지하고, 각 부서간의 조화를 도모할 책임을 지도록 하였다. 그밖에 헌장이 정하는 바에 따라 각 위원 및 간부 직원을 임명할 수 있는 권한을 가졌다. 시장이 임명한 행정관장은 시장·참사회·위원회 등에 대해 건의서를 제출하며, 예산안을 편성하고 직원을 통솔하는 권한을 가졌다.

셋째, 시의 입법기관으로서 참사회를 설치하도록 하였다. 참사회는 15명 이내의 참사회원으로 구성하며 시민의 투표로 선출하도록 하였다. 이들은 일반시민에게 보류된 권한과 직원 위원회에 부여된 권한을 가지며 시령(市令)을 결의할 수 있었다.

넷째, 각종 위원회를 설치하도록 규정하였다. 곧 공원위원회, 예술위원회, 도시계획위원회 등이 그것인데, 각 위원은 시장이 임명했다.

다섯째, 시법무관·재정관리관·회계검사관 및 인사처를 설치하도록 규정하였다. 시법무관·재정관리관·회계검사관은 모두 시장과 같이 시민의 투표로 선출했다. 그리고 인사처에는 서울시 인사행정관을 두고, 중앙청 인사행정처장이 그를 임명했다.

이처럼 서울시헌장은 조선총독부가 일본인들의 편익을 위하여 시행해 오던 법률상의 여러 가지 모호한 해석을 제거하는 동시에, 국민이 정부의 노복(奴僕)이 아니라 정부가 국민의 도구가 되도록 규정했다. 또 서울시는 도청과 관계없이 시민의 복리와 권리를 위하여 법률을 제정할 수 있었다.

1946년 9월 18일에는 미군정 당국에 의해 '서울특별시 설치' 법령이 공포되어 9월 28일부터 시행되었다. 이 날을 기하여 경성부라는 명칭은 '서울시'로 바뀌고, 경기도 관할에서 독립하여 특별시로 승격되었다. 그리고 초대 서울시장으로 김형민이 임명되었다. 1946년 9월 28일에는 역사학자들을 주축으로 '가로명제정위원회'가 구성되어 서울 지명에서 '일본색'을 지우는 작업을 시작하였다. 위원회는 보름도 안 되는 짧은 기간 동안 서울의 지명을 검토한 뒤, 10월 1일 새 동명과 가로명을 고시했다. 위원회는 일본식 지명인 마치(町)를 모두 동(洞)으로 바꾸었다. 그리고 일본인의 이름을 땄거나 식민통치와 관련해 특별한 상징성을 지녔던 지명에는 우리 역사상의 위인들 이름과 시호를 붙이기로 했다. 이에 따라 서울 일본인 거주민의 중심지였던 혼마치(本町)는 이순신 장군의 시호를 따서 충무로가 되었고, 중국인들이 많이 살았던 고카네초오(黃金町)는 살수대첩을 이끈 고구려의 명장 을지문덕의 이름을 따서 을지로가 되었다. 경복궁 남쪽 거리에는 세종(世宗) 같은 좋은 지도자가 거듭 나오라는 기원을 담아 세종로라는 이름을 붙였다.

대한민국이 수립된 이듬해인 1949년 서울시는 '서울특별시'로 전환하고, 1962년부터 국무총리 직속의 행정기구가 되었다.

1. 서울의 행정구역

해방은 한반도에서 짧은 시간 안에 격렬한 인구 이동을 가져왔다. 1945년 8월 15일 당시 약 2,500만이었던 한반도 인구 중 87만 여명의 일본인이 1, 2년 내에 되돌아갔다. 그 중에는 당시 100만 전후의 서울 인구 중 16만 정도가 포함되어 있었다. 반대로 중국 동북 지역에서 100여 만, 중국 대륙에서 10여 만, 동남아에서 10여 만, 일본에서 140여 만 명의 재외동포가 귀국했다. 이들 중 상당수는 이미 생활의 뿌리가 끊어진 고향으로 돌아가지 못하고 서울에 정착했다. 고향으로 돌아가더라도 우선 서울을 거쳐 가는 것이 보통이었다.

이런 가운데 서울의 인구는 폭발적으로 증가했다. 1945년 100만 전후인 서울의 인구는 1946년 126만, 1947년 165만, 1948년 170만까지 증가했다. 한편 대한민국 정부

1945년 한반도 인구 2,500만 (서울 90~100만)

일본인 귀환 87만 (서울 16만)

해방 직후 한반도 및 서울의 인구 변동

수립 직후인 1949년 8월 서울의 행정구역은 크게 확장되었다. 서울시는 1949년 「지방 자치법」이 시행될 때 고양군 뚝도면·숭인면·은평면 일원과 시흥군 도림리·구로리·번 대방리 등이 편입되어 그 면적은 약 136km² 약 268km²로 확장되었다. 그 해 서울시는 성북구가 신설되어 모두 9개의 구가 되었다.

휴전협정으로 전쟁이 끝난 직후인 1953년 수도가 부산에서 서울로 옮겨 오자 인구 는 급증하고, 도시 기능도 급속히 팽창하였다. 1962년 「서울특별시 행정에 관한 특별 조치법」이 제정되어 서울시는 국무총리 직속기구가 되었다. 시장의 행정적 지위도 장 관급으로 격상되었다. 1963년 서울시 면적이 대규모로 확장되어 약 593km²가 되었다. 이때 편입된 지역은 양주군·광주군·시흥군·김포군·부천군의 일부 지역 7개 면 54개 리였다. 이곳은 주로 한강 이남 지역이었다.

1973년 서울시 면적은 다시 약 605km²로 확장되고, 도봉구와 관악구가 신설되었 다. 이후 1975년 강남구, 1977년 강서구, 1979년 은평구와 강동구, 1980년 동작구와 구로구가 신설되었다. 1988년 중랑구가 동대문구에서, 노원구가 도봉구에서, 양천구 가 강서구에서, 서초구가 강남구에서, 송파구가 강동구에서 각각 분리·신설 되었다. 1995년 3월 강북구가 도봉구에서, 광진구가 성동구에서, 금천구가 구로구에서 각각 분리·신설되었다. 1973년 이후 고정된 면적에서 구가 이처럼 증설된 것은 인구증가에 따른 행정 수요의 증가를 분산시키기 위한 조치였다. 2015년 현재 서울은 25개구가 존 재하는 거대한 도시가 되었다.

2. 서울의 강남 개발

서울의 강남이라는 말은 한강 이남을 통틀어 일컫는 말이다. 일반적으로 서울 한강 이남의 동부 지역인 강남구, 서초구, 송파구, 강동구 등의 지역만을 의미하는 경우도 있다. 하지만 강남이라는 이름이 정착되기 전에는 영등포의 동쪽이라는 의미로 영동 (永東)이라는 말이 주로 사용되었다. 그리고 좁은 의미에서의 강남은 강남구, 서초구, 송파구를 의미하기도 하며, 그보다 더 좁은 의미로는 강남구와 서초구만을 뜻하기도

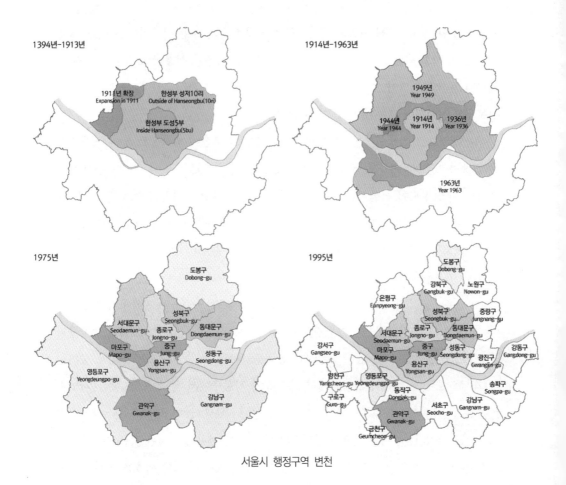

1394년-1913년

1911년 확장
Expansion in 1911

한성부 성저10리
Outside of Hanseongbu(10ri)

한성부 도성5부
Inside Hanseongbu(5bu)

1914년-1963년

1949년
Year 1949

1944년
Year 1944

1914년
Year 1914

1936년
Year 1936

1963년
Year 1963

1975년

도봉구
Dobong-gu

서대문구
Seodaemun-gu

성북구
Seongbuk-gu

종로구
Jongno-gu

동대문구
Dongdaemun-gu

마포구
Mapo-gu

중구
Jung-gu

성동구
Seongdong-gu

영등포구
Yeongdeungpo-gu

용산구
Yongsan-gu

관악구
Gwanak-gu

강남구
Gangnam-gu

1995년

도봉구
Dobong-gu

강북구
Gangbuk-gu

노원구
Nowon-gu

은평구
Eunpyeong-gu

성북구
Seongbuk-gu

중랑구
Jungnang-gu

서대문구
Seodaemun-gu

종로구
Jongno-gu

동대문구
Dongdaemun-gu

강서구
Gangseo-gu

마포구
Mapo-gu

중구
Jung-gu

성동구
Seongdong-gu

광진구
Gwangjin-gu

강동구
Gangdong-gu

양천구
Yangcheon-gu

영등포구
Yeongdeungpo-gu

용산구
Yongsan-gu

송파구
Songpa-gu

구로구
Guro-gu

동작구
Dongjak-gu

서초구
Seocho-gu

강남구
Gangnam-gu

관악구
Gwanak-gu

금천구
Geumcheon-gu

서울시 행정구역 변천

한다. 때로는 강남역 또는 강남역 사거리라는 말과 함께 서울의 2대 번화가 중 하나인 서울 지하철 2호선 강남역 주변에 형성된 상권을 지칭하는 뜻으로 쓰이기도 한다.

1963년 서울시에 편입되기까지 강남은 한적한 농촌지역이었다. 서울시는 강남지역개발의 필요성은 인식하고 있었지만, 1966년 제3한강교(한남대교) 건설계획 이외에는 실질적인 개발 청사진을 제시하지 못했다. 박정희 대통령이 앞장서서 추진한 경부고속도로의 일부가 1968년 말에 개통되었음에도 불구하고 그 기점인 제3한강교는 아직 완공되지 않은 상태였다. 이 일대는 영동지구개발, 한강종합개발계획, 남부순환도로 개통, 전철 2호선과 3호선 건설, 경부고속도로 건설로 완전히 탈바꿈한 동네이다.

제3한강교였던 한남대교가 1969년 개통되었고, 1970년에 한남대교와 연결되는 경

부고속도로가 개통된다. 이 무렵부터 강남 개발시대가 열린다. 강남개발은 정권 차원의 다목적 포석이었다. 시청을 중심으로 한 구도심의 급격한 팽창에 따른 도시문제를 해결하는 게 1차 목적이다. 또 휴전선에서 더 멀리 서울 인구를 분산하자는 안보상의 이유와 함께 경부고속도로 건설 재원을 확보하려는 숨은 뜻도 있었다. 당시 650만 명의 서울 인구 중 한강 이북과 이남의 인구 비율은 72대 28이었다.

1970년 영동 신시가지 개발사업 현장(위)과 1971년 12월 논현동에 처음 들어선 공무원 아파트(아래)

서울시는 1971년에 3,300만m²에 이르는 영동지구 개발을 계획했다. 그렇지만 경기도 광주대단지(성남)의 조성, 무허가 건물의 철거, 수돗물의 증산 등에 막대한 재원을 투입해야 할 형편이었으므로 당장 시행할 여유가 없었다. 그렇지만 재정이 부족하다는 것을 이유로 영동지구를 무작정 내버려둘 수도 없었다. 그리하여 서울시는 영동지구 개발을 정상궤도에 올려놓기 위해 거점개발 방식을 채택했다. 곧 몇 곳에 주택단지를 조성하고 버스를 다니게 함으로써 주민을 많이 늘리고, 강북지역에 사는 친지들이 이주민을 찾아오게 만들어야 한다고 생각했다.

이에 따라 가장 먼저 논현동 2만 3,000여 m²에 서울시와 산하기관에 근무하는 무주택 공무원들이 입주할 360가구의 공무원아파트 12개 동을 1971년 12월 완공됐다. 입주자는 일부 자금을 무상으로 지원받고 융자를 끼면 가구당 72만원 정도로 내 집을 마련할 수 있는 파격적인 조건이었다. 지금의 지하철 3호선 신사역에서 걸어서 6~7분, 서울시청에서 버스로 20분 거리였다. 그러나 드넓은 벌판에 들어선 5층짜리 아파트

12개동은 허허벌판에 돌멩이 하나를 던져놓은 듯했다.

이어 1972년 12월에 단독주택단지 열 곳을 완공했다. 1973년에는 압구정동·논현동·학동·청담동 등에도 모두 열 곳의 단독주택 단지를 조성했다. 이때 들어온 사람들이 강남 개척의 선구자들이었다. 주택단지 조성과 함께 서울시는 시내버스 노선을 강제로 배정했다. 이로써 영동지구는 점차 시가지로서의 모습을 갖추기 시작했다. 이들 주택단지는 이후 증축과 개축을 거듭해 지금은 제 모습을 알아보기 힘들 정도로 변해버렸다.

서울시는 토지와 건물을 구매하는 사람들에게 세금 감면 조치를 하여 영동지구 개발을 촉진했다. 1973년 영동지구를 개발촉진지구로 지정하고, 이곳에 땅을 사서 주택 등 건물을 지으면 나중에 그 건물을 팔더라도 부동산투기억제세, 부동산매매에 관한 영업세 등의 국세와 토지 및 건물에 대한 등록세·취득세 등 각종 지방세를 면제해 주었다. 이러한 여러 요인은 강남 시가지 형성을 촉진시켰다. 그리하여 1973년 말에 5만여 명이던 영동지구 내 인구가 개발촉진지구 효력이 끝난 1978년 말에는 21만여 명에 이르렀다. 5년 만에 4배로 늘어난 것이다.

1970년대 서울시정의 최대 과제였던 '강북인구집중억제' 정책은 영동지구 개발을 급속히 진행시켰다. 양택식 시장은 1972년 초 "사치와 낭비 풍조를 막고 도심 인구과밀을 억제하기 위해 종로구·중구·서대문구 등에 바·카바레·나이트클럽·술집·다방·호텔·여관·터키탕 등 각종 유흥시설의 신규 허가는 물론 이전도 불허한다."고 발표했다. 이와 함께 종로구·중구 전역, 용산구·마포구 내 시가지 전역, 성북구·성동구 내 일부 지역을 포함한 약 2,770㎡를 '특정시설제

강북 중고교 강남 이전 붐, 1983년 3월 21일 경향신문

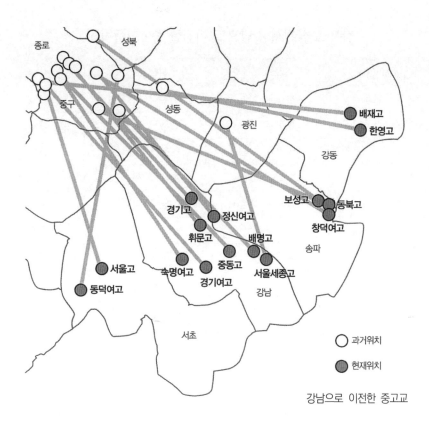

강남으로 이전한 중고교

한구역'으로 묶어버렸다. 이 같은 강북억제책은 거꾸로 강남개발촉진정책이 되었다. 이에 따라 한강 남북의 도시 기능이 변하기 시작했다. 강북의 바·카바레·술집 등이 가장 발 빠르게 규제도 없고 세금도 깎아주는 데다 주차도 편리한 강남으로 옮겨 갔다. 그리하여 신사동·압구정동·논현동 일대가 화려한 유흥가로 변했다.

강남의 아파트 개발 이외에 이곳을 변화시킨 다른 한 요인은 교육에 있었다. 강북에 있던 유서 깊은 고등학교를 대부분 강남으로 이전하도록 한 것이다. 학교 입장에서도 1974년 서울지역에 고교평준화가 실시된 이후 강남 이전을 희망하게 되었다. 교사와 시설이 낡았고, 교지가 협소하여 더 이상의 발전을 기대할 수 없었기 때문이다. 강북의 경기고등학교와 서울고등학교를 비롯하여 숙명여자고등학교, 경기여자고등학교 등을 강남으로 옮기자 자연스럽게 그 가족들이 강남으로 이주하면서 강남의 인구가 급증하기 시작하였다. 나아가 학교를 중심으로 각종 학원가가 들어서자 강남은 점차

강북 도심에서 강남으로 이전한 중·고등학교

학교명	당초 소재지	이전 위치	이전 년도
경기고등학교	종로구 화동	강남구 삼성동	1976
휘문중·고등학교	종로 계동	강남구 대치동	1978
숙명여중·고등학교	종로구 수송동	강남구 도곡동	1980
서울고등학교	종로구 신문로	서초구 서초동	1980
중동중·고등학교	종로구 수송동	강남구 일원동	1984
동덕여중·고등학교	종로구 창신동	서초구 방배동	1986
경기여자고등학교	중구 정동	강남구 개포동	1988

교육의 메카로 자리 잡게 되었다. 교육 여건의 개선은 교육열이 높은 시민들을 강남으로 끌어들이는 역할을 하여, 오늘날은 오히려 아파트 값 상승을 부추기는 요인이 되고 있다는 비판을 받고 있다.

강남개발 이후 40년이 흘렀다. 강남개발의 영향으로 강남북 인구는 2015년 말 기준으로 50 대 50으로 균형을 맞췄다. 강남개발은 현재 진행형이다. 주요 대기업은 앞 다투어 본사를 강남으로 옮기고 있다. 제2롯데월드 외에 현대자동차도 강남 노른자위 땅에 마천루를 짓기로 했다. 그러나 근래 강남북 균형개발론에 힘입어 소외된 강북개발이 추진되고 있다.

참고문헌

1장 백제시대의 한성

경기도박물관, 2006 『한성백제』

광진문화원, 2015 『삼국과 한강』

국립문화재연구소, 2001 『풍납토성 Ⅰ』

국립문화재연구소, 2009 『풍납토성 Ⅺ』

국립문화재연구소, 2011 「풍납토성 – 2011년 동성벽 발굴조사 현장설명회」

국립문화재연구소, 2012 『풍납토성 ⅩⅣ』

국립문화재연구소, 2013 『풍납토성 ⅩⅤ』

권오영, 2002 「풍납토성 출토 외래유물에 대한 검토」 『백제연구』 36, 충남대학교 백제연구소

권오영, 2007 「유물을 통해 본 풍납토성의 위상」 『風納土城 500년 백제왕도의 비젼과 과제』 국립
　　　문화재연구소

권오영, 2016 「유적과 유물이 말하는 풍납토성의 위상」 『고대 동아시아의 왕성과 풍납토성』 서울
　　　특별시

김기섭, 2016 「한국의 고대 왕성과 풍납토성」 『고대 동아시아의 왕성과 풍납토성』 서울특별시

김낙중, 2016 「3~5세기 일본의 왕성과 풍납토성」 『고대 동아시아의 왕성과 풍납토성』 서울특별시

김태식, 2001 『풍납토성, 500년 백제를 깨우다』 김영사

노중국·권오영, 2008 『백제 역사와 문화』 충청남도역사문화연구원

문동석, 1996 「한강유역에서 백제의 국가형성」 『역사와 현실』 21, 한국역사연구회

문동석, 2002 「풍납토성 출토 ‘大夫’銘에 대하여」 『백제연구』 36, 충남대학교 백제연구소

문동석, 2008 「5세기 한성백제의 정치동향과 대외관계」 『鄕土서울』 72, 서울특별시사편찬위원회

문동석, 2009 「한성백제의 도교문화와 그 성립과정」 『백제연구』 50, 충남대학교 백제연구소

문동석, 2010 「풍납토성 경당지구 발굴로 본 한성백제」 『인문논총』 20, 서울여자대학교 인문과학
　　　연구소

문동석, 2012 「한성백제의 차 문화와 다확」 『백제연구』 56, 충남대학교 백제연구소

문동석(공저), 2014 『금석문으로 백제를 읽다』 학연문화사

박순발, 2010 『백제의 도성』 충남대학교출판부

서울역사박물관, 2002 『풍납토성』

서울역사편찬원, 2015 『서울 2천년사 3 : 한성백제의 건국과 발전』

서울역사편찬원, 2015 『서울 2천년사 4 : 한성백제의 도성과 지배체제』

서울역사편찬원, 2015『서울 2천년사 5 : 한성백제의 문화와 생활』

신희권, 2002「백제 한성기 도성제에 대한 고고학적 고찰」『백제도성의 변천과 연구상의 문제점』
   국립부여문화재연구소

신희권, 2016「중국의 고대 왕성과 풍납토성」『고대 동아시아의 왕성과 풍납토성』서울특별시

이도학, 1992「백제 한성시기의 도성제에 관한 검토」『한국상고사학보』9

이병호, 2011「일제 강점기 백제 고지에 대한 고적조사사업」『한국고대사연구』61

이순자, 2009『일제 강점기 고적조사사업 연구』경인문화사

이형구, 2001「서울 풍납동 백제 왕성의 역사적 인식」『풍납토성의 발굴과 그 성과』한밭대학교
   향토문화연구소

정치영, 2007「한성기 백제 기와 제작기술의 전개양상」『한국고고학보』63

조가영, 2012「석촌동 고분군 조성 연구」서울대학교석사학위논문

충청남도역사문화연구원, 2007『한성도읍기의 백제』

한성백제박물관, 2012『한성백제박물관』

한성백제박물관, 2013『백제, 마한과 하나되다』

한성백제박물관, 2013『백제의 꿈, 왕도 한산』

한성백제박물관, 2013『온조, 서울 역사를 열다』

한성백제박물관, 2014『백제의 왕궁』

한성백제박물관, 2015『백제왕의 선물 사여품』

한성백제박물관, 2015『풍납토성, 건국의 기틀을 다지다』

한성백제박물관, 2016『몽촌토성 I』

한성백제박물관, 2016『백제 신라, 서울의 기억』

한신대학교박물관, 2004『풍납토성 IV』

한신대학교박물관, 2011『풍납토성 XII』

2장 고구려, 신라 지배하의 한성

경기도박물관, 2007『경기도의 고구려 문화유산』

고려대학교 고고환경연구소, 2007『홍련봉 제1보루』

광진문화원, 2015『삼국과 한강』

국립문화재연구소, 2009『아차산 4보루 발굴조사보고서』

노태돈, 2005「고구려의 한성 지역 병탄과 그 지배양태」『향토서울』66

서영일, 1999『신라 육상 교통로 연구』학연문화사

서울대학교박물관, 2000『아차산 제4보루』

서울대학교박물관, 2000 『아차산성』

서울대학교박물관, 2000 『특별전 고구려 : 한강유역의 고구려 요새』

서울대학교박물관, 2000 『한강유역의 고구려 요새』

서울대학교박물관, 2002 『아차산 시루봉 보루』

서울역사편찬원, 2015 『서울 2천년사 6 : 삼국의 각축과 한강』

서울역사편찬원, 2015 『서울 2천년사 7 : 신라의 삼국통일과 한주』

심광주, 2016 「이성산성과 하남시 고대유적의 성격」『고대 동아시아의 왕성과 풍납토성』서울특
        별시

전덕재, 2009 「신라의 한강유역 진출과 지배방식」『향토서울』73

최병현, 1997 「서울 강남지역 석실분의 성격」『숭실사학』10

최장열, 2002 「한강 북안 고구려보루의 축조시기와 그 성격」『한국사론』47

최종택, 2013 『아차산 보루와 고구려 남진경영』서경문화사

홍보식, 2008 「고고자료로 본 신라의 한강유역 지배 방식」『백제연구』50

황보경, 2016 『삼국과 한강』주류성

3장 고려시대의 남경

김갑동, 2002 「고려시대의 南京」『서울학 연구』18

김당택, 2010 「이성계의 즉위와 공양왕」『역사학 연구』38

김창현, 2006 『고려의 남경 한양』신서원

김창희·최종현, 2013 『오래된 서울』동하

백승종, 2007 『예언가 우리 역사를 말하다』푸른역사

서울역사편찬원, 2014 『서울 2천년사 10 : 고려시대 사상 문화와 남경』

서울역사편찬원, 2014 『서울 2천년사 8 : 고려시대 정치와 남경』

서울역사편찬원, 2014 『서울 2천년사 9 : 고려시대 사회 경제와 남경』

최종현, 2012 『남경에서 서울까지』현실문화

최혜숙, 2004 『고려시대 남경연구』경인문화사

4장 조선시대의 한성부

김당택, 2012 『(이성계와 조준·정도전의) 조선왕조 개창』전남대학교출판부

박경룡, 1995 『한성부연구』국학자료원

서울역사편찬원, 2013 『서울 2천년사 11 : 조선 건국과 한양 천도』

서울역사편찬원, 2013 『서울 2천년사 13 : 조선시대 서울의 도시 경관』

서울역사편찬원, 2013 『서울 2천년사 14 : 조선시대 한성부의 역할』

염정섭, 11998 「조선후기 한성부 준천의 시행」『서울학연구』 11

원영환, 1990 『조선시대 한성부연구』 강원대학교출판부

이현군, 2004 『조선시대 한성부 도시구조』 서울대학교박사학위논문

임민혁, 2006 「조선초기 예치사회를 향한 수도 한성 건설계획」『서울학 연구』 26

최종현, 2012 『남경에서 서울까지』 현실문화

5장 조선 왕조의 정궁, 경복궁

강제훈, 2004 「조선 초기의 조회의식」『조선시대사 학보』 28

강제훈, 2007 「조선 초기 조의의 의례 구조와 상징」『한국사 연구』 137

경성부, 1934 『경성부사』 2권

곽순조, 1999 「궁궐운영을 통하여 본 조선 전기 경복궁의 배치 특성에 관한 연구」 성균관대학교
     석사학위논문

김당택, 2012 『(이성계와 조준·정도전의) 조선왕조 개창』 전남대학교출판부

김대호, 2007 「일제강점 이후 경복궁의 훼철과 '활용'(1910~현재)」『서울학 연구』 29

김동욱, 1998 「조선 초기 창건 경복궁의 공간 구성」『건축역사학회 논문집』 통권 15호

김동욱, 2015 『동아시아 속 우리 건축 이야기』 김영사

김봉건, 2007 「경복궁 복원에 관한 고찰」『서울학 연구』 29

문화재청, 2007 『궁궐의 현판과 주련 1 - 경복궁 』

서울역사박물관, 2002 『서울역사박물관』

서울역사편찬원, 2013 『서울 2천년사 13 : 조선시대 서울의 도시 경관』

서울특별시시사편찬위원회, 2002 『개항 이후 서울의 근대화와 그 시련(1876~1910)』

서울학연구소, 1994 『궁궐지 I -경복궁·창덕궁』

신명호, 1998 『조선의 왕』 가람기획

신명호, 2002 『조선 왕실의 의례와 생활, 궁중 문화』 돌베개

오종록, 2001 「조선시대의 왕」,『역사비평』 통권 54호

유홍준, 2011 『나의 문화유산답사기』 6 창비

이상해, 2004 『궁궐·유교건축』 솔 출판사

임민혁 옮김, 1999 『주자가례』 예문서원

임민혁, 2004 「묘호의 예제 원리와 조선의 수용」『국사관논총』 104

임민혁, 2012 『조선의 예치와 왕권』 민속원

장영훈, 2005 『궁궐을 제대로 보려면 왕이 되어라』 담디

조재혁, 2004「조선초기 경복궁의 건축형식에 관한 연구」한양대학교석사학위논문

전우용, 2008『서울은 깊다』돌베개

조재모, 2003『조선시대 궁궐의 의례 운영과 건축 형식』서울대학교박사학위논문

한국건축역사학회편, 2006『한국 건축 답사 수첩』동녘

한국문화유산답사회, 2004『답사여행의 길잡이 15 : 서울』

한국학중앙연구원, 2011『조선의 왕으로 살아가기』돌베개

허균, 2005『사료와 함께 새로 보는 경복궁』한림미디어

허균, 2011『궁궐장식』돌베개

홍순민, 1996『조선왕조 궁궐 경영과 "양궐체제"의 변천』서울대학교박사학위논문

홍순민, 1999『우리 궁궐 이야기』청년사

홍순민, 2007「고종대 경복궁 중건의 정치적 의미」『서울학 연구』29

6장 조선 왕실이 사랑한 궁궐, 창덕궁

고려대학교박물관, 2012『동궐』

국립고궁박물관, 2011『창덕궁, 아름다운 덕을 펼치다』

국립문화재연구소, 2011『창덕궁 우물지·빈청지 발굴조사 보고서』

김지영 외, 2013『조선 왕실의 행사 3 – 즉위식, 국왕의 탄생』돌베개

노진하, 2014『낙선재 일곽의 조영배경과 건축특징』한국학술정보

문화재청, 2007『궁궐의 현판과 주련 2 – 창덕궁·창경궁』

서울학연구소, 1994『궁궐지 I – 경복궁 · 창덕궁』

신명호, 1998『조선의 왕』가람기획

신명호, 2002『조선 왕실의 의례와 생활, 궁중 문화』돌베개

이현진, 2007「조선왕실의 혼전」,『조선시대 문화사상』일지사

조재모, 2003『조선시대 궁궐의 의례 운영과 건축 형식』서울대학교박사학위논문

조재모, 2007「고종대 경복궁의 중건과 궁궐 건축 형식의 정형성」『서울학 연구』29

최종덕, 2006『조선의 참 궁궐 창덕궁』(주)눌와

한국건축역사학회편, 2006『한국 건축 답사 수첩』동녘

한국학중앙연구원, 2011『조선의 왕으로 살아가기』돌베개

한영우, 2006『조선의 집 동궐에 들다』열화당/효형출판

허균, 2011『궁궐 장식』돌베개

홍순민, 1999『우리 궁궐 이야기』청년사

7장 조선 왕실 여인들을 위한 궁궐, 창경궁

문영빈, 2002『창경궁』대원사

문화재청, 2010『창경궁 복원정비 계획』고려문화사

신명호, 1998『조선의 왕』가람기획

신명호, 2002『조선 왕실의 의례와 생활, 궁중 문화』돌베개

역사건축기술연구소, 2015『우리 궁궐을 아는 사전』돌베개

조재모, 2003『조선시대 궁궐의 의례 운영과 건축 형식』서울대학교박사학위논문

한국건축역사학회편, 2006『한국 건축 답사 수첩』동녘

한영우, 2006『조선의 집 동궐에 들다』열화당

홍순민, 1999『우리 궁궐 이야기』청년사

8장 조선의 국가 제사 공간, 종묘와 사직단

강문식·이현진, 2011『종묘와 사직』책과 함께

고궁박물관, 2014『종묘』

국립문화재연구소, 2008『종묘제례악』민속원

국립민속박물관, 2003『한국의 제사』

김당택, 2010「이성계의 즉위와 공양왕」『역사학연구』38

김동욱, 2005『종묘와 사직』대원사

김문식 외, 2011『왕실의 천지제사』돌베개

문화재청 종묘관리소, 2006『종묘』예인미술

문화재청, 2007『궁궐의 현판과 주련 1 – 덕수궁, 경희궁, 종묘, 칠궁』

이상해, 2004『궁궐·유교건축』솔 출판사

임민혁, 2010『왕의 이름, 묘호』문학동네

정연식, 2011「통일신라의 종묘 건축과 종묘제의 변화」『한국사연구』153

지두환, 2005『세계문화유산 종묘 이야기』집문당

최승식 외, 2012「서울 사직단의 입지와 공간구성특성에 관한 기초연구」『한국전통조경학회지』
        제30권 제1호

최종현, 2012『남경에서 서울까지』현실문화

최준식, 2009『서울 문화 순례』소나무

한국건축역사학회편, 2006『한국 건축 답사 수첩』동녘

한국문화유산답사회, 2004『답사여행의 길잡이 15 : 서울』

한백문화재연구원, 2015『서울 종묘광장 어도복원구간 내 유적』

한형주 외, 2009 『조선의 국가제사』 한국학중앙연구원

한형주, 2002 『조선 초기 국가제례 연구』 일조각

한형주, 2009 「조선전기 종묘 '동당이실제'의 비판과 재건 논쟁」 『한국사학보』 36

9장 조선의 인재 양성 기관, 성균관

강판권, 2011 『은행나무』 문학동네

국립중앙박물관, 2003 『조선 성리학의 세계 : 사유와 실천』

김봉렬, 1998 『서원 건축』 대원사

김태경, 1998 「조선시대 사묘 공간의 구성에 관한 연구」 『서울학연구』 9

김호일, 2000 『한국의 향교』 대원사

서범종, 2009 「조선 초기 성균관 구재의 기원과 운영에 관한 고찰」 『교육학연구』 제15권 제1호

서울역사박물관, 2002 『서울역사박물관』

신항수, 2006 「성균관 유생들의 성리학적 이상과 현실참여」 『내일을 여는 역사』 25 서해문집

이상해, 2004 『궁궐·유교건축』 솔 출판사

정낙찬, 1994 「조선전기 성균관 유생의 생활지도」 『한국교육사학』 16

정우진·심우경, 2012 「조선시대 성균관 반수(泮水)의 연원과 특성」 『문화재』 45권 3호, 국립문화
        재연구소

한국건축역사학회편, 2006 『한국 건축 답사 수첩』 동녘

한국문화유산답사회, 2004 『답사여행의 길잡이 15 : 서울』

10장 조선 왕조 왕통의 정통성을 드러내는 왕릉

국립문화재연구소, 2007 『역사의 숲 조선왕릉』

김민규, 2009 「조선 왕릉 장명등 연구」 동국대학교석사학위논문

김태경, 1998 「조선시대 사묘 공간의 구성에 관한 연구」 『서울학 연구』 9

서울특별시사편찬위원회, 2010 『서울의 능묘』

안희영, 2016 「조선왕릉 숲의 입지와 생태적 해석」 고려대학교석사학위논문

이범직, 2007 「조선시대 왕릉의 조성 및 그 문헌」 『한국 사상과 문화』 36

이창환, 2014 『신의 정원 조선왕릉』 한숲

임민혁, 2010 『왕의 이름, 묘호』 문학동네

장영훈, 2000 『왕릉풍수와 조선의 역사』 대원미디어

장영훈, 2005 『왕릉이야말로 조선의 산 역사다』 담디

전나나, 2012 「조선왕릉 봉분의 구조적 특성에 대한 일고」 『문화재』 45권 1호, 국립문화재연구소

정해득, 2013『조선 왕릉제도 연구』신구문화사

한국문화유산답사회, 2004『답사여행의 길잡이』15

한형주, 2010「조선초기 왕릉제사의 정비와 운영」,『역사 민속학』33

11장 대한제국 황제의 궁궐, 경운궁

국립고궁박물관, 2010『100년 전의 기억, 대한제국』

국립고궁박물관·민족문제연구소 편, 2007『대한제국 1907년 헤이그 특사』문화재청

김순일, 1991『덕수궁』대원사

김정동, 2002「근대 이후 서울의 '정동 동역' 변천사 연구」,『서울학연구』19

목수현, 2010「대한제국기의 국가 상징 제정과 경운궁」,『서울학연구』40

문화재청 덕수궁관리소, 2015『석조전 대한제국역사관』

박희용, 2010「대한제국의 상징적 공간표상, 원구단」,『서울학연구』40

부산근대역사관, 2005『근대 외교의 발자취』

서울시립대학교박물관, 2003『엽서로 보는 근대이야기』

서울역사박물관, 2002『서울역사박물관』

서울역사박물관, 2009『서울의 근대 건축』

서울특별시사편찬위원회, 2002『개항 이후 서울의 근대화와 그 시련(1876~1910)』

서울특별시사편찬위원회, 2002『일제 침략 아래서의 서울(1910~1945)』

안창모, 2009『덕수궁』동녘

우동선·박성진 외, 2009『궁궐의 눈물, 백년의 침묵』효형출판

이민원, 2004「일본의 침략과 대한제국의 경운궁」,『한국독립운동사연구』22

이민원, 2008「러·일의 갈등과 근대의 경운궁」,『한민족대외관계사연구소논집』2

이순우, 2012『손탁호텔』하늘재

이순우, 2012『정동과 각국공사관』하늘재

이욱, 2003「대한제국기 환구제에 관한 연구」,『종교 연구』30

이윤상, 2010「황제의 궁궐 경운궁」,『서울학연구』40

정수인, 2006「대한제국시기 원구단의 원형 복원과 변화에 관한 연구」,『서울학연구』26

주진오, 1993「독립협회의 주도세력과 참가계층—독립문 건립추진위원회 시기를 중심으로」,『동방학지』77·78·79

한국건축역사학회편, 2006『한국 건축 답사 수첩』, 동녘

한국문화유산답사회, 2004『답사여행의 길잡이 15 : 서울』

홍순민, 1999『우리 궁궐 이야기』청년사

홍순민, 2010 「광무 연간 전후 경운궁의 조영 경위와 공간 구조」 『서울학연구』 40

12장 근대 민족·건국운동의 산실, 북촌

고석규·고영진, 1996 『역사 속의 역사 읽기 3』 풀빛

김한종 외, 2003 『고등학교 한국 근현대사』 금성출판사

서울역사박물관, 2009 『서울의 근대 건축』

서울역사편찬원, 2015 『서울 2천년사 27 : 일제 강점기 서울의 항일운동』

서울특별시사편찬위원회, 2002 『일제 침략 아래서의 서울(1910~1945)』

서울특별시사편찬위원회, 2004 『대한민국 수도 서울의 출발(1945~1961)』

에드거 스노 지음 / 최재봉 옮김, 2005 『푸른 눈의 중국인, 에드거 스노』 김영사

이기형, 2000 『여운형 평전』 실천문학사

장규식, 2004 『서울, 공간으로 본 역사』 혜안

정재정·염인호·장규식, 1998 『서울 근현대 역사기행』 혜안

조규태, 2006 『천도교의 문화운동론과 문화운동』 국학자료원

13장 일제 황민화 정책과 남산 일대

강신용·장윤환, 2004 『한국근대 도시공원사』 대왕사

경성부, 1934 『경성부사』 2권

고석규 · 고영진, 1996 『역사 속의 역사 읽기 3』 풀빛

국성하, 2004 「일제 강점기 동화정책 수단으로써 '조선신궁'의 건립과 운영」 『한국교육사학』 26-1

권기봉, 2008 『서울을 거닐며 사라져가는 역사를 만나다』 알마

김성민, 1989 「조선사편수회의 조직과 운용」 『한국민족운동사연구』 3

박인재, 2002 『서울시 도시공원의 변천에 관한 연구』 상명대학교박사학위논문

서울시립대학교 박물관, 2003 『엽서로 보는 근대이야기』

서울역사박물관 한양도성연구소, 2015 『서울 한양도성』

서울역사박물관, 2015 『남산의 힘』

서울역사편찬원, 2015 『서울 2천년사 29 : 일제 강점기 서울의 교육과 문화』

서울특별시사편찬위원회, 2002 『일제 침략 아래서의 서울(1910~1945)』

서울특별시사편찬위원회, 2004 『대한민국 수도 서울의 출발(1945~1961)』

서울학연구소, 2003 『서울 남촌 : 시간, 장소, 사람』

신주백, 2007 「용산과 일본군 용산기지의 변화(1884~1945)」 『서울학 연구』 29

염복규, 2016 『서울의 기원 경성의 탄생』 이데아

오재인, 2016 「서울 남촌 필동·묵정동의 도시조직 변화연구」 서울대학교석사학위논문

이순우, 2010 『통감관저, 잊혀진 경술국치의 현장』 하늘재

이연경, 2013 『한성부 일본인 거류지의 공간과 사회』 연세대학교박사학위논문

이연경, 2015 『한성부의 작은 일본 진고개 혹은 본정』 spacetime

전우용, 2008 『서울은 깊다』 돌베개

전종한, 2013 「도시 '본정통'의 장소 기억」 『대한지리학회지』 제48권 제3호

정운현, 1995 『서울시내 일제유산답사기』 한울

정재정·염인호·장규식, 1998 『서울 근현대 역사기행』 혜안

朝鮮總督府朝鮮史編修會/편집부 역, 1986 『朝鮮史編修會事業概要』 시인사

최준식, 2003 『新서울기행』 열매출판사

친일문제연구회, 1996 『조선총독 10인』 가람기획

한국전통문화대학교 전통문화연구소 편, 2015 『은뢰 : 조선신궁에서 바라본 식민지 조선의 풍경』
    소명출판

14장 독립운동가들의 한이 서린 서대문형무소

권기봉, 2008 『서울을 거닐며 사라져가는 역사를 만나다』 알마

김광섭, 1976 『나의 옥중기』 창작과 비평사

김삼웅, 2000 『서대문형무소 근현대사』 나남출판

리영희·나명순, 2008 『서대문 형무소 : 옮기던 날의 기록 그리고 그 역사』 열화당

서대문형무소역사관, 2009 『3·1운동기 민중항쟁과 서대문형무소』

서대문형무소역사관, 2010 『경술국치 100년, 항일민족지도자와 서대문형무소』

서울특별시사편찬위원회, 2002 『개항 이후 서울의 근대화와 그 시련(1876~1910)』

이종민, 1998 『식민지하 근대감옥을 통한 통제 메카니즘 연구』 연세대학교박사학위논문

정운현, 1995 『서울시내 일제유산답사기』 한울

정재정·염인호·장규식, 1998 『서울 근현대 역사기행』 혜안

주진오, 1993 「독립협회의 주도세력과 참가계층 – 독립문 건립추진위원회 시기를 중심으로」 『동
    방학지』 77·78·79

한국문화유산답사회, 2004 『답사여행의 길잡이 15 : 서울』

15장 우대(상촌)의 권력과 경관의 변화

나각순, 2009 「한성부 청풍계·옥류동의 역사지리적 특징」 『백산학보』 83

대통령경호실, 2007 『청와대와 주변 역사·문화유산』

서울역사박물관, 2004 『바위글씨전』

서울역사박물관, 2010 『서촌, 역사 경관 도시조직의 변화』

서울역사편찬원, 2015 『서울 2천년사 26 : 경성부 도시행정과 사회』

서울역사편찬원, 2015 『서울 2천년사 28 : 일제 강점기 서울의 경제와 산업』

서울역사편찬원, 2015 『서울 2천년사 30 : 일제 강점기 서울 도시문화와 일상생활』

염복규, 2016 『서울의 기원 경성의 탄생』 이데아

오주석, 2007 『이인문의 강산무진도』 신구문화사

윤경로, 1999 「서울 지역 개신교 교회 창립 경위와 교인의 신앙 양태 및 사회 · 경제적 성향」 『서울학연구』 12

최석호, 2015 『골목길 근대사』 시루

최완수, 2004 『겸재의 한양진경』 동아일보사

최종현·김창희, 2013 『오래된 서울』 동하

허경진, 1992 「한성부 평민시인들의 모임터에 대하여」 『건축역사연구』 1권 2호

16장 서울의 출발과 그 범위의 확대

서울역사박물관, 2009 『광화문 年歌』

서울역사박물관, 2011 『강남 40년 : 영동에서 강남으로』

서울특별시사편찬위원회, 2004 『대한민국 수도 서울의 출발(1945~1961)』

안창모, 2010 「강남개발과 강북의 탄생과정 고찰」 『서울학연구』 41

이현군, 2011 『서울, 성 밖을 나서다』 청어람미디어

노주석, 2014 『서울 택리지』 소담

사진 및 도판 출처

- 풍납토성 및 몽촌토성 상상 복원도(29쪽), 경당지구 44호 복원도(41쪽), 현재의 석촌동 고분군(49쪽), 경당지구 196호 출토 유물과 복어 뼈(53쪽), 신라 방이동 고분군 전경 및 출토 단각고배(72쪽) : 한성백제박물관

- 조선 후기『연행도』중 벽옹도(270쪽), 송석원시회도(436쪽) : 국립중앙박물관

- 현재의 풍납토성 전경(34쪽), 풍납토성 출토 적심과 초석(36쪽), 풍납토성 출토 돌절구와 중국 난징 조가산 출토 돌절구(51쪽), 풍납토성 출토 완과 중국 월요 생산 완(52쪽), 나정 발굴 8각 건물지 및 복원 조감도(77쪽) : 국립문화재연구소

- 고구려 아차산 4보루 항공사진(67쪽), 홍련봉 1보루 출토 연꽃무늬 수막새(68쪽) : 고려대학교 고고환경연구소

- 경당지구 출토 중국 시유도기와 소가야 및 왜 토기(37쪽), 경당지구 9호 유구 전경(39쪽), 경당지구 9호 출토 대부명 토기 및 말뼈(40쪽), 경당지구 44호 전경(40쪽), 경당지구 206호 우물 및 출토 토기(41쪽) : 한신대학교박물관

- 경복궁 항공 사진(115쪽) : 서울특별시청

- 아차산 일대 고구려 보루 분포도(66쪽) : 최종택, 『아차산 보루와 고구려 남진경영』(서경문화사, 2013)

- 고려 남경 행궁 추정 복원도(83쪽) : 대통령 경호실, 『청와대와 주변 역사·문화유산』(2007)

- 신라 아차산성의 체성과 보축성벽(70쪽), 신라 아차산성 출토 '북한'명 기와(71쪽), 신라 산성의 현문식 성문과 이성산성의 현문식 성문(76쪽) : 심광주, 「이성산성과 하남시 고대유적의 성격」, 『고대 동아시아의 왕성과 풍납토성』(서울특별시, 2016)

- 고려시대 개경과 남방을 잇는 주요 교통로(89쪽), 남경과 그 주변의 역도 분포(95쪽) : 정요근, 『서울 2천년사』(제9권 고려시대 사회 경제와 남경, 서울특별시 시사편찬위원회 편저, 2014)

- 희생을 잡는 칼 난도(247쪽), 우주매안처도본(250쪽), 정조와 효의왕후의 신주(265쪽) : 국립고궁박물관

- 겸재 정선의 『장동팔경첩』중 청송당(422쪽)·청휘각(422쪽)·필운대(432쪽)·수성동(434쪽), 겸재 정선의 청풍계(440쪽) : 간송미술관

- 조선신궁 공간 배치도(389쪽), 박문사 배치도(397쪽) : 한국전통문화대학교 전통문화연구소 편, 『은뢰 : 조선신궁에서 바라본 식민지 조선의 풍경』(소명출판, 2015)

- 『동궐도』(8, 160, 163, 170, 173, 175, 179, 184, 185, 186, 192, 201, 204, 207, 222, 224, 227, 232, 233쪽) : 고려대학교박물관

- 도성삼군문분계지도(100쪽), 수문상친림관역도(104쪽), 경복궁도(139쪽), 종묘전도 및 영녕전 전도(237쪽), 문묘향사배열도(276쪽), 태학계첩(278쪽), 경운궁과 정동의 주요 건물(315쪽), 1904년

경운궁 대화재(318쪽), 1968년 대한문(321쪽), 1910년 덕수궁 평면도(322쪽), 1907년 원구단과 황궁우(342쪽), 원구단 추정 배치도(343쪽), 1970년 영동 신시가지 개발사업 현장(455쪽), 1971년 논현동 공무원 아파트(455쪽), 강남으로 이전한 중고교 위치도(457쪽) : 서울역사박물관

◦ 광화문 해태상(117쪽), 경복궁 전경(121쪽), 근정전 전경(125쪽), 경복궁 양상도회(128쪽), 경회루 전경(141쪽), 집옥재 전경(153쪽), 현재의 금천교와 1900년대 초의 금천교(165쪽), 인정전 전경(169쪽), 창덕궁 궐내각사 전경(183쪽), 주합루 전경(199쪽), 존덕정 전경(206쪽), 창경궁 전경(213쪽), 창경궁 구역 배치도(215쪽), 명정전 권역 전경(223쪽), 창경궁 내조 구역 배치도(228쪽), 창경궁 대온실 청사진(234쪽), 종묘 정전과 월대(248쪽), 종묘 정전 전경(249쪽), 종묘 정전 내부(251쪽), 영녕전 전경(255쪽), 팔일무(257쪽), 덕수궁 중화전 전경(327쪽), 즉조당과 준명당(328쪽), 석어당 전경(330쪽), 중명전 전경(331쪽), 석조전 전경(333쪽), 함녕전 전경(334쪽), 정관헌 전경(336쪽), 육상궁과 연호궁 신실(444쪽) : 문화재청

서울이 품은 우리 역사

초판 1쇄 펴낸 날 2017년 3월 10일

지은이 문동석
펴낸이 김삼수
펴낸곳 상상박물관
편집 김소라, 신중식
디자인 권대흥

등록 제318-2007-00076호
주소 서울시 강남구 선릉로93길 34 청진빌딩 B1
전화 0505-306-3336
팩스 0505-303-3334
이메일 amormundi1@daum.net

값 25,000원

ⓒ 문동석 2017 Printed in Seoul, Korea

ISBN 978-89-93467-31-4 03910